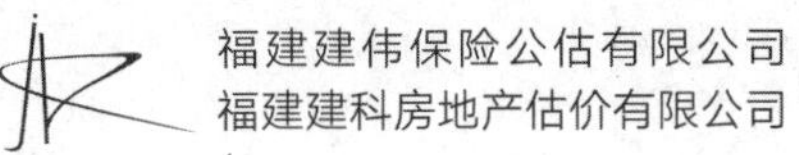

这是一本保险从业人员都应当阅读的实战性书籍

如何分析财产保险合同

RUHE FENXI CAICHAN BAOXIAN HETONG

主编◎陆荣华　副主编◎王凤官

中国金融出版社

责任编辑：王雪珂
责任校对：潘　洁
责任印制：丁淮宾

图书在版编目（CIP）数据

如何分析财产保险合同/陆荣华主编.—北京：中国金融出版社，2020.9
ISBN 978-7-5220-0719-9

Ⅰ.①如…　Ⅱ.①陆…　Ⅲ.①财产保险—保险合同—研究—中国
Ⅳ.①D923.64

中国版本图书馆CIP数据核字（2020）第136442号

如何分析财产保险合同
RUHE FENXI CAICHAN BAOXIAN HETONG

出版发行　中国金融出版社
社址　北京市丰台区益泽路2号
市场开发部　（010）66024766，63805472，63439533（传真）
网上书店　http://www.chinafph.com
（010）66024766，63372837（传真）
读者服务部　（010）66070833，62568380
邮编　100071
经销　新华书店
印刷　保利达印务有限公司
尺寸　169毫米×239毫米
印张　28
字数　366千
版次　2020年9月第1版
印次　2020年9月第1次印刷
定价　96.00元
ISBN 978-7-5220-0719-9

编委会

主　编

陆荣华

副主编

王凤官

编　委

阚小冬　邵春艳　张琦荣

王小英　陆青青　郑丽金

PREFACE 序

改革开放以来，我国保险业得到快速发展，伴随的是保险合同纠纷日渐增多；究其原因之一，乃对保险合同特性的认识不同，或有偏差，又或执行不到位。

所以，我们要强化对保险合同本质的学习、教育和宣传，让保险关系人各方都能对保险合同有正确的理解，尤其是要有对保险合同法律特性的洞察与理解，并能够正确执行。所谓保险合同的法律特性，即保险合同的保障性、经济补偿性或给付性、附合性、射幸性、最大诚信原则等；另外，保险合同又不同于由《合同法》调整的一般合同，它还具有受保险原理、保险目的和保险立法精神等调整的法律特征，因而学习将是全方位的。

编委会成员在保险业务服务、保险经纪和保险公估中介服务中，深深体会到正确理解和执行保险合同对于保险工作开展的重要性。所以，我们积极合力出版《如何分析财产保险合同》《如何解释和草拟保险合同》这两本书。愿各方读之，获益丰盛。

保险行业需要在法律框架下严格执行保险合同而健康发展，我们也都要在这样的健康环境中并行成长！是为序。

王凤官

庚子　夏日

FOREWORD 前言

保险合同当事方的权利和义务主要根据合同约定而确定。由于保险合同比一般贸易合同更加复杂，除了条款之外，还有许多保险原则、行业惯例以及外部因素都在不同程度地影响保险合同的执行，因此在理解合同条款时容易出现偏差，这也就是保险合同纠纷频发的原因。我国是大陆法系国家，保险纠纷主要根据法官的判决，以往的经典判例对后来类似的案件判决示范作用不大，而且大多数涉及保险责任纠纷的案件都是通过庭外协商解决，掩盖了一些必须澄清的、对行业十分重要的问题，如责任和责任免除的合理性、条款表述的真实含义、专有词汇的定义等。而且，保险合同的制式、表述、措辞也无法统一，许多保险专业人员对之无所适从，一般消费者更是一头雾水，影响了保险业的健康发展。

本书作者根据自己多年从业经验和专业知识编写了《如何分析财产保险合同》一书，旨在帮助保险从业人员了解财产（包括责任，下同）保险合同是如何分析的，通过将书中内容与国内财产和责任保险合同进行比较，了解之间的区别，找出后者不足之处，在实务操作中减少差错，避免可能会导致不利于自己的判决的诉讼。

本书共分九章，系统地论述了财产保险合同要素、原则、结构、主要内容、如何阅读保险合同、各种基本保险条款、合同当事方及可保利益、被保险事件、保单限额和损失评估、损失分摊、多种索赔来源以及合同外部因素。在每一章中都有一些值得比较和借鉴的地方，比如：

第一章对被保险人未及时交纳保险费可能导致的后果作了论述。按照国内保险单中的表述，如果被保险人未按照约定交纳保险费，保险人有权拒绝赔偿或按照所交保险费与应交保险费的比例赔偿，但这种做法难以操作，得不到法庭的支持。该章从法律和合理性角度对保险人应当和不应当采取的措施作了解释。该章将保险合同作为单务合同，因为在合同签订后，保险人有义务履行赔偿义务；对被保险人来说，如果要使保险合同一直有效，他必须继续支付保险费，但不能强迫其支付，也不能强制要求其遵守保单条款的约定。国内认为保险合同是双务合同，即投保人有义务依照合同约定支付保险费，保险人有义务按约定的条件赔偿。其实两者的根本区别在于，前者从保险合同生效后考虑合同当事人的义务问题，那时被保险人已经支付了保险费，保险合同已经成立；后者从投保时开始考虑这一问题，当时被保险人尚未支付保险费，保险合同尚未成立。

第二章论及“一切险”的表述问题。“一切险”这一名称源于英国的海洋保险，也广泛使用在财产险中，它承保除了列明风险事故之外的所有风险，该词一直在国内保险业使用，并未引起争议。但在美国，由于法庭认为该词存在误导性，它会使得保单购买者对其无所不包的责任范围产生错误的预期，因此保险人已经逐渐不再使用“一切”甚至“综合”这种表述。

第四章涉及可保利益的问题，包括财产权、合同权、法律责任、事实上的预期和代表身份的可保利益问题。保险从业人员对可保利益问题并不陌生，但对不同情况下的财产所有权的可保利益程度不太明确，因此可以从该章的讨论中得到启发，尽管有些情况在实践中并不经常遇到。在保险单项下获得保障的人，国内统称“被保险人”，而美国保险将被保险人分为指明被保险人、被保险人和额外被保险人，其财产保险合同中都有“谁是被保险人”一章，列出在保单项下能够获得保障的所有被保险人以及他们的保障程度。我国大多数财产保险合同都未列明谁是被保险人，导致许多本应当成为被保险人的人遭到索赔或诉讼时，都得不到保障。美国财产保险在投保时对保险财产的估值方式采用实际现金价值和重置成本两种，理赔时也用相同的方式计算赔款。尽管国内财产保险理赔方式上也有市场价值（即实际现金价）以及重置成本之分，保险合同约定投保人可以选择投保，但实际操作上并未这么做，要么未载明各种标的按照何种价值投保，并收取合适的保险费（重置成本费率高于市场价值的费率），一旦财产发生全损，合同双方对以何种估值方式赔偿产生纠纷，要么在按照重置成本投保的情况下，理赔人员为了维护补偿原则，往往在扣除标的的折旧费用后按照实际价值赔偿，损害了被保险人的利益。

第五章综述了财产保险事件的六个要素：所承保的财产或活动、所承保的原因、所承保的后果、所承保的情形、所承保的地点、所承保的期间。在满足其他保单约定的情况下，只有这六个要素都存在时，被保险人的损失才可能得到赔偿。这六个要素实际上也是保险合同所必须包含的内容。

第六章介绍了如何通过定期修改保单限额、使用通货膨胀防范条款、通过财产评估以及采用旺季批单来解决在快速通货膨胀的情况下，出现不足额保险的问题。

第八章讨论其他保险这一问题。其他保险在财产保险中普遍存在，我国绝大多数保险合同都制定了其他保险（重复保险）条款，约定保险人按本保险合同的保险金额（责任限额）与其他保险合同及本保险合同保险金额（责任限额）总和的比例承担赔偿责任。但是，要么在发生保险损失时，理赔人员不屑核实是否存在其他保险，进行必要的损失分摊，要么不清楚在什么情况下存在其他保险，如何进行损失分摊(比如，现有责任保险合同并未明确，在保单限额不同的情况下如何计算分摊损失)，第八章介绍的方法较好地解决了这个问题。

第九章介绍了影响保单分析的外部因素中的几个法律原则，如附和合同原则、合理预期原则、不合理优势原则、大体上履约原则、放弃和禁止反言原则，这些原则经常在庭外协商赔偿和法庭诉讼时采用。

本书除了适合保险从业人员阅读和参考之外，也适合作为院校教材，以便保险系学生通过对美国财产保险合同的系统性学习，在走上工作岗位之前，打下扎实的专业理论基础。

除了《如何分析财产保险合同》一书之外，本书作者还通过中国金融出版社先后出版了《精编英汉保险词典》《责任保险理论和实务》《美国商业普通责任保险》以及《美国职业责任保险》词典和书籍。

CONTENTS

目录

第一章　保险合同

保险涉及的是保险人和被保险人之间的特殊关系，这些关系可以通过保险合同这种可依法强制执行的协议来建立。本章先简单介绍保险关系，然后再进一步讨论，保险作为一种合同所具有的性质，保险关系的两种基本原则——补偿原则和大数法则，以及与补偿原则相关的可保利益原则、代位求偿原则、损失分摊原则和尽量减少损失原则。

第一节　保险关系

保险关系与其他个人和商业关系相似，但它们在某些方面存在区别。与其他个人关系类似，如果保险仅是以法律程序为基础，它要获得成功是不可能的。诚信和公平交易是非常必要的。如同其他商业关系，保险关系是建立在确定各方预期目的合同的基础上。

从表面上看，保险似乎是一种不等价交易。一般情况下，被保险人向保险人支付一定金额的保险费，但收到的却是保险人有条件的承诺。除非发生保险事故，否则不会要求保险公司去兑现自己的承诺。从短期来看，被保险人向保险人支付保险费，但几乎未收到任何金钱回报；从长期来看，被保险人所支付的保费甚至可能多于他所能收到的损失赔款。

尽管表面上看来不太公平，但大多数被保险人自愿与保险人建立保险关系。除非保险关系的建立是“公平”的，或者至少说是合法的，否则他们不会这么做。被保险人愿意建立这种看来不平等的关系，是因为他们知道保险的某些基本特点。面对着损失风险的大多数人，他们提供的保费资金用来补偿少数人遭受的损失。每个保险购买者都希望自己不会成为少数遭受损失的人，但他们都愿意为那些遭受保险损失的群体成员的利益提供部分资金。每个被保险人都愿意加入风险分担群体，并向该群体捐助与其带给该群体的风险程度相对应的保险费。

被保险人通常不直接与其他被保险人接触以共同建立风险分担群体，他们仅与保险公司签订合同。而保险人与大量的被保险人签订类似的合同，作为中间人来有效地管理风险池。保险需要大量的被保险人参与，才能精确地预测损失，以收取合适的资金来赔偿损失。保险公司必须精确地预测损失，才能够根据每个被保险人的风险状况，向其收取合理的保险费，还能最终赚取利润。如果保险公司不能盈利，就会失去从事保险业务的动力。

如本章后面部分所述，“大数法则”（law of large number）能够使保险公司在拥有大量风险单位的情况下，对预测损失具有某种程度的信心。这样，保险公司就能够向每个被保险人收取合适的保险费以承保预期损失而且还能盈利。

如果被保险人相信，他们的保险费是用来使少数遭受损失的人能够恢复到完整状态（make whole）——即对其进行补偿，他们是愿意支付的。每个恢复到完整状态的被保险人并未获得额外利益。更确切地说，保险机制的目的，是使遭受损失的被保险人恢复到损失未发生时的状况。不同的被保险人需要不同金额的资金去恢复完整，这被认为是公平的，因为所有被保险人在发生损失时有机会获得补偿而不是获益。

如果某些被保险人从保险索赔中获益，其他被保险人就会觉得受骗，他们也会去设法获益，整个保险机制可能最终被破坏。只有当保险被作为损失补偿而不是盈利机制时，被保险人才会将保险看作是一种“公平交易”。不能从保险中获益这一原则，被称为补偿原则（principle of indemnity），它是保险的本质。补偿原则在本章后面部分详细解释。

保险合同将大量的被保险人通过适当的分类聚集起来，并对少数受到损失的被保险人进行补偿。被保险人与被保险人之间无须相互认识——实际上，单个被保险人无法将足够数量的其他被保险人组织起来，使保险机制得以运作。另外，保险公司则通过与大量相对类似的客户签订合同来建立可供经营的风险池。

一、书面合同的作用

保险交易通过书面而不是口头合同进行。即使口头保险承诺书（oral insurance binder）有效，但除非知道它指的是某种类型的书面合同，否则难以解释这种承诺书。普通合同法并未要求保险合同需要以书面方式才能有效。虽然大多数美国州保险法要求采用书面合同，但采用书面合同还有其他更重要的原因。在合同成立和合同履行之间，经常有一段延迟的时间，也就是说，在保险合同生效以及损失发生之间会有间隔。由于保险协议比较复杂，最好在达成协议时将其条款都记录下来，这样今后就不会产生误解或纠纷。在某种损失发生后，被保险人和保险公司的经济利益是不同的，如果协议采用非书面方式，双方对协议条款的理解不可能完全客观，而书面协议就可以减少误解的可能性。

二、书面格式合同的作用

保险业大量采用事先印制的合同。其他事先印制的合同还包括租赁合同、购物单等，它们经常是考虑不周、不合适的，一旦发生合同纠纷，则经常以仓促订立、考虑不周作为抗辩理由。相比之下，使用格式保险合同可以确定和支持保险的基本特点。比如，在所有的家主保险中使用相同的标准格式合同可以实现同质性，使得保险公司能够将大数法则应用在该保险上。不采用标准格式合同，可能导致保障上的巨大差异，以至于无法将被保险人归类统计。

第二节　保险合同的要素

人们购买保险是为了获得保险人对其承担财务保障合同义务的承诺。如果保险人未能兑现承诺，被保险人就可以起诉他。如同其他合同，保险合同是有效的，因为它的条款可以通过法庭予以强制执行。

总之，保险合同中包含一整套可依法执行的协议，合同条款由双方达成的协议构成。通常，一方对合同条款提出建议，法律上称之为要约（offer），另一方接受这些条款，该行为称为承诺（acceptance）。在达成协议之前，许多合同的订立都需要经过大量的谈判，一旦达成协议，该协议就具有法律效力。对价（consideration）可以包括采取某些措施、承诺实施或放弃某些权利。合同一方必须提供对价，而另一方必须收到该对价。只要不存在非法、欺诈、胁迫或者无行为能力这些抗辩理由，有要约、承诺和对价的合同是可强制执行的。总之，合同可以是非书面的，但经常采用书面方式以避免误解。

要使保险合同可强制执行（enforceable），它必须与其他合同一样具有相同的基本条件。也就是说，它必须是真实的，即合同双方达成协议，该协议包含在法律上有约束力的要约和对该要约的承诺。协议必须由有行为能力的各方达成，而且必须是真正的赞成或同意，还必须有足够的对价来支持该协议。而且，合同必须有合法的对象或意图（lawful object or purpose）。

满足了以上所有条件的合同是有效和可强制执行的，任何一方违反合同约定，就需要对他方依法进行补偿（如法庭可以指令一方去履行合同约定的义务，或者要求违约方支付损害赔偿金）。未满足上述条件的合同是不能强制执行的，一旦违约，无法通过法律制度来执行合同约定或提供法律补偿；如果合同是无效或可撤销的，该合同可能无法强制执行。

——无效的（Void）。无效的合同在法律上是不存在的。即使合同双方可能经过了制定合同的必要程序，但这种合同不是依法制定的，因为它缺乏某些基本条件，任何一方都可以选择忽略该合同的存在。

——可撤销的（Voidable）。可撤销的合同在法律上是存在的，但它的存在是不确定的，因为它能够依法拒绝执行或根据一方或双方的选择予以规避（avoided）。

保险合同并不要求都是书面的，口头保险合同也能强制执行。

大多数保险合同都满足上述条件，但对于有些情况，保险合同可能无法执行。如果保险合同无法执行，保险人可以拒绝承担保险责任，使被保险人无法获得预期赔款。

不可强制执行的保险合同必须与被撤销的保险合同或由于违约导致拒绝在保险合同项下提供保障的合同相区别。

——解除（Cancellation）。即终止保险合同。根据保险单的约定，被保险人和保险人都可以解除保险合同。如果保险人解除保险合同，任何未满期保险费必须返还被保险人；如果被保险人解除保险合同，退还的未满期保险费要扣除一定的金额，以反映保险公司承保该业务的管理费用。该词通常在财产和责任保险中使用。

要解除保险合同首先必须承认，它是一种法律上无效的合同，然后再根据合同约定将其终止。保险人解除合同的权利受不同州法律限制。但是，保险人通常可以在财产或责任保险单项下拒绝承担保险责任，理由是保险合同是不可强制执行的。

——以违反合同条件为基础拒绝承担保险责任。如果保险人以被保险人违反保险条款的约定为由拒绝支付损失赔款，保险人就不能声称保险合同是不可执行的。确切地说，保险人已严格执行有效合同的约定，并声称，由于被保险人未能遵守保单条件，其拒绝承担保险责任。

一、保险合同中的协议

可以依法执行合同的第一个条件是，双方或多方对权利和义务达成一致。如果达不成一致，合同就不成立。一方作出特定要约，另一方对要约的确切条件作出特定和真实的承诺，这样才能达成协议。

要约是对承诺的表示，它要求收到要约的一方采取某些措施以达成协议。提出要约的一方为要约人（offeror），收到要约的一方为受约人（offeree）。要约的基本要素如下：

①要约人必须通过言辞或行动表示，他打算签订合同；

②合同草案条款必须足够明确；

③要约必须递交给受约人。

收到要约的受约人可以接受或拒绝要约，或提出在某些方面与原要约不同的建议。这种修改建议是一种反要约（counteroffer）。反要约是对原要约的拒绝，因此它取消了原要约。反要约构成新的要约，该要约由原受约人提出。

当收到要约的一方同意对方的建议或按照所建议的方式去做，就是一种承诺。承诺必须满足以下三种条件：

①它必须由收到要约的一方作出；

②它必须与要约保持一致，即承诺必须基本上符合要约中的条件；如果不是这样，那么就不是一种承诺而是一种反要约；

③它必须通过合适的语言或行为传递给要约人。

大多数保险是通过代理人销售的，后者为保险人招揽业务，接受投保申请，有时还准备和签发保险单。保险公司和代表它们的代理之间的复杂关系是代理法项下的内容，不属于本书讨论范畴。简而言之，保险代理人是代表保险公司行事的。

1. 要约和承诺。是否代理人确定了潜在的投保人并设法向其销售保险，或者设法引导他们购买保险？是否代理人作出销售保险的要约或接受购买保险要约？答案视情况而定。

（1）投保。作为一般规则，代理人与预期被保险人接触，希望向后者销售保险，这种情况被认为是招请要约（soliciting offers）。当投保人在填好的投保书上签字并通过代理人提交给保险公司时，才提出实际要约。如果后来保险公司严格按照投保申请（要约）的内容签发了保险单，该保险单就构成了一种承诺，并达成了协议。

如果保险公司签发了保险单，但它并不完全与投保申请（最初的要约）一致，那么该保险单被认为是反要约，需要投保人做出特定的承诺。

（2）保险单作为要约。在许多保险交易中，投保人提交了投保书但未支付保险费，只不过为了明确是否保险人接受该投保申请。在这种情况下，投保人并未作出要约。如果保险人签发了投保人申请的保险单，该投保单构成保险人的要约。如果被保险人接受了保险单并支付了保险费，就完成了要约和承诺过程。

2. 沟通（Communication）。对一般性合同而言，将要约传递给受约人是很重要的。同样，在将承诺传递给要约人或要约人的授权代理之前，保险单是无约束力的合同。

许多保险交易通过邮递进行。在这种情况下，当将承诺书实际邮寄给对方，而不是对方收到邮件时，保险交易就算完成。比如，保险人签发保险单作为要约，作为对签发保险单（要约）的回应，将保险费邮寄给保险人构成了承诺。

口头合同。口头投保和口头合同在财产和责任保险中是很常见的。但在人寿和健康保险中，普遍采用书面投保和书面合同方式。

现代商业实践经常要求立即提供保险保障。为了满足这种需要，保险人经常授权财产和责任保险代理人代表保险公司立即提供有约束力的保障。比如，一位妇女打电话给她所熟悉的保险代理人，要求他立即为她所购买的价值 5 000 美元的珠宝提供盗窃保险。该代理人可能答复："保险公司 A 现在同意向你提供 5 000 美元提供盗窃保障"。保险公司 A 受该口头协议的约束，就像签发了书面保险单一样。

当保险代理人以口头方式作出了有约束力的保障承诺时，作为一种商业惯例，他通常会尽快签发一份书面保险承诺书，对口头协议的内容予以确认。但是，即使没有书面承诺书，口头合同依然是可强制执行的。

尽管法庭会执行口头合同，但是完全有理由强调，最好采用书面合同。口头合同项下的被保险人可能会诚实地夸大或不诚实地伪造口头合同条件（涉及口头合同的诉讼经常是因为一方不同意另一方的陈述而引起）。与保险事件、保险物体或场所、保险金额、被保险人的名称等相关的问题可能会出现，而法庭会根据合同双方过去的交易、惯例和法律法规要求来解决这些问题。

3. 真正同意。有些似乎是有效的合同，由于任一方并未真正表示同意，而且经确定，合同双方未达成法律要求的一致而无法执行。并未实际同意的无辜方可以解除合同。在证实以下任一种情况时，可能会发现，它们缺乏真正的同意：

——涉及欺诈行为；

——一方或双方出错；

——采用胁迫手段；

——表明实施了不合适的影响；

——非故意误告。

与保险合同无法强制执行相关的诉讼大多数涉及是否真正同意的问题。如其他合同一样，保险合同也适用于与错误、欺诈、胁迫和不当影响相关的规则。另外，在保险交易中，任何一方都不能隐瞒或误告，如果发生这两种情况，可能会造成缺乏同意，导致合同无法执行。隐瞒和误告在以后讨论。

每年签发的成千上万份的保险单都可能存在错误。错误表述的保险单可以通过法庭解释或重新表述予以纠正。

（1）法庭解释作为纠正手段。如果由于保险条款表述不明确或含糊不清而诉诸法庭，法庭可以设法对条款进行解释。比如，如果财产保险单并未明确表示，对某种损坏的财产提供保障或将其除外，法庭有可能判该财产是承保的。

（2）重新订立合同作为纠正手段。法庭可以采取措施重新订立或修改正式合同，以体现双方的意图。只有在双方的错误得到证实，或者一方出错而另一方已经意识到的情况下，法庭才会同意重新订立合同。如果一方未意识到另一方的错误，法庭不会同意重新订立合同。如果能够提供双方明确和可信的真实意图的证据，衡平法庭可以修改保险条款，使之符合双方的意图。

如果保险公司拒绝赔偿被保险人的损失，因为后者的保险单上显示的是不同地址的财产，被保险人就可以提起诉讼修改该财产的地址，但被保险人有义务提供证据，表明合同双方打算承保的是损失发生地上的财产。

二、有行为能力的保险合同当事方

合同双方必须在法律上有能力达成协议。签约方在达成协议时无行为能力，所签订的合同是可以撤销的。参与订立保险合同的各方必须有行为能力，他们包括保险公司、代理人和被保险人。有时代理人不参与签订合同，由投保人直接（亲自通过电话或邮件）向保险公司投保。

1. 保险公司。保险公司在它们成立的州获得从事业务的法律授权，它们通常必须在运营的每个州获得执业许可证。州监管部门也可以对保险公司的从业权作某些限制。

保险公司在授权之外签订的保险合同仍然是可以执行的。假设保险公司错误地签发了保险单，使用的是未经监管部门授权的格式合同。虽然该保险人越权，但依然允许被保险人坚持要求保险人继续履行合同义务，而不允许保险人将自己的错误作为合同项下诉讼的抗辩理由。（保险人完全有可能由于使用了未经批准的合同而被罚款，而且被禁止再继续使用该合同直到它被批准为止。）

2. 保险代理人。代理人签订合同的资格很少被作为问题提出来，也许是因为对保险代理人的授权是受州法律和管理规定管辖的。为了保证代理人能有资格签订合同，每个州监管部门在向代理人签发许可证之前都对其资格进行审查。

3. 被保险人。除非被保险人能够证实自己无资格签订合同是因为有精神疾病、是未成年人或醉酒，否则保险合同不能以自己无行为能力而撤销。实际上，希望合同无效的被保险人很少提出无行为能力的问题，因为通过行使解除合同的权利或不再支付保险费同样能达到使合同无效的目的。

三、对价（Consideration）

如果合同不涉及法律对价，合同是无法强制执行的。大多数合同都涉及一种协议，在该协议中，一方告诉另一方，“如果你为我做这件事，我才会为你做那件事”。作为交换，一方要求另一方做的事就是另一方的对价。换句话说，对价是一种有价值之物与另一种有价值之物的交换。要使某种承诺可强制执行所需要的对价可以包括付款或承诺实施某种行为以作为回报，或放弃法律赋予做某种事情的权利。

与任何其他合同一样，保险合同要求双方应当提供有价值的对价。

——保险人的对价是承诺在发生保险事故时对被保险人进行补偿。

——被保险人的对价是支付保险费或承诺支付保险费。

在财产和责任保险中，并不严格要求，要使保险合同有效需要事先支付保险费。如果并未实际支付保险费，法庭很容易发现，存在被保险人对支付保险费的默示承诺。假设在保险期间开始前（通常是这样）被保险人未能支付保险费，而且在保险期间，在实际支付保险费之前发生了索赔事故。在这种情况下，如果保险人以被保险人未能支付保险费为理由，认为保险合同无法执行，保险人不太可能获胜。

如果被保险人未能支付到期保险费，保险人可以采取措施，以未支付保险费为由解除保险合同。如果连最初的保险费都未支付，保险人可以干脆撤销合同（flat cancellation），即由于缺乏对价，保险合同未生效过。由于未支付保险费而干脆撤销合同仍然存在一定的问题。实际上，在保险损失发生后撤销合同是不太可行的，被保险人通常愿意补交保险费（如果保险金额比损失小），即使保险费支付已经迟了。允许保险人拒绝赔偿最初保险费支付之前所发生的损失，是违法公共政策的。不过，要保险人提供免费的保险既不合适也不可取，但实际上这种情况还会发生。比如，如果在第一次保险费必须支付以避免合同撤销之前一段时间内发生损失，被保险人可以向保险人索赔该损失，或者如果未发生损失，被保险人可以干脆让保险单失效，或由于未支付保险费使得保险合同过期或被撤销。虽然保险人有权向被保险人收取这段时间内的已赚保险费，但通常比较困难或不值得这么做。

保险人和他们的代理人仔细地核保、开票和收费可以减少这种情况的发生。然而，商业惯例经常有必要在开票、收费以及提交保险单之前让保险合同生效。而且，有些法律允许某些类型的保单购买者在有限的冷却期（通常是 10 天时间）内解除保险合同。在这段时间内，他们可以检查保险单以确定，是否保险条款是保险人的销售代表或保险人的广告所宣传的那样，或者是否从听到保险推销言辞之后，他们的利益被大打折扣。

四、合法的目的

要使保险合同可以强制执行，它必须具有合法的目的。如果达成协议或执行协议是一种犯罪或侵权行为，该合同是非法的。比如，签订谋害他人的合同显然是不合法，而且是无法执行的。任何法庭都不会坚持要求实施该谋杀行为，或者要求向实施了该谋杀行为的人付款。

如果所签订的合同是违反公共政策的，法庭会认为它是非法的。比如，大多数赌博协议是非法的，因此不可能通过法庭来强制执行。通过贿赂政府官员以获得政府项目的施工权，也不可能通过法庭执行，因为这种行为是违反公共政策的。

保险合同必须涉及合法的标的。如果保险合同的目的是损害公众利益或者是非法的，法庭不会执行该合同，因为签订这种合同违反公共政策。促使犯罪或违法的合同也是无效的。

比如，美国有些州禁止为惩罚性损害赔偿（punitive damages）提供责任保险，因为这种赔偿的目的是通过迫使违法者作出金钱赔偿来阻止违法行为再次发生。如果这种损害赔偿金由保险人支付，既达不到惩罚违法者的目的，也不可能阻止这种行为再次发生。但是反对者认为，惩罚性损害赔偿满足商业可保风险的要求，因为它们可能是完全无法预料，或从被保险人的角度看是非故意的。判决惩罚性损害赔偿的随机性使得这种保险具有一定的价值。

儿童猥亵是另一个与合法目的相关的领域。在某些州，被判有罪的猥亵者曾经设法在他们的家主保险单的责任部分获得民事诉讼保障。有些州已经立法禁止承保这种事件的发生。

对非法拥有或非法获得的物品提供财产保险也是无效的。类似可卡因这样的财产不可能由大多数人合法拥有，因此承保这种物品的财产保险是无效也是不可执行的。但是，如果保险仅是某种非法目的所附带的，保险合同仍然是可执行的。比如，用来从事非法赌博或卖淫的房屋的火灾保险是可执行的，尽管房屋中的活动是不合法的。（当然，对非法赌博或卖淫的收入提供保障是违反公共政策的。）

第三节　保险合同的特殊法律特征

本章上一节讨论了合同的一般性原则，然后再检查这些一般性原则是如何适用于保险合同的。除了这些与其他类型的合同相似的一般性特征之外，本节还讨论保险的一些特别法律特征。并不是说保险合同的处理方式与其他合同不同，而是说保险合同的某些特点并不是其他合同所具有的。

一、保险合同是个人合同

保险合同是个人合同，因为它保护的不是财产、责任、生命或健康，而是人。而且，保险单所承保的人是与保险公司密切相关的。保险公司在保留选择承保一些人但又拒绝承保另一些人的权利上存在利害关系。

这种概念有其重要的实用意义。首先，保险公司的核保人可以仔细地评估投保人的特征。保险人拒绝向那些具有不可接受的风险因素的人签发保险单，以避免道德和心理风险，在这点上保险人具有明显的利害关系。只有在核保人知道被保险人的身份时，这种重要的核保目标才能够实现。

如果保单持有人可以自由地将自己的保险单转让给其他人，保险公司会发现，自己与那些本来就不打算向其签发保险单的人存在有约束力的合同关系，而其所承保的风险性质与自己所愿意承保的大不相同。由于保险合同是个人合同，大多数财产和责任保险都有所谓的转让条款。该条款声称，在未得到保险公司同意的情况下，保险单是不能转让的。比如，乔治可能将自己的财产卖给玛莎，并将承保该财产的保险单转让给玛莎，前提是乔治的保险人要同意这种转让。实际上，该转让条款很少使用。通常情况下，由买方为自己从其他方获得的财产安排自己的保险。

有些州立法要求，保险公司接受所有的机动车投保申请，它限制了保险人选择承保的权利，提高了机动车保险的可获得性。

二、保险合同是单务性合同

双务是指双方的，单务是指单方的。多数商业合同是双务的，即合同一方向另一方作出的承诺是可以通过法律强制执行的。如果任一方违约，另一方可以起诉违约造成的损失，或者坚持要对方履约。

保险合同被认为是单务的（unilateral），因为一旦订立了合同，只有保险人作出了可以依法强制执行的承诺，即承诺赔偿所承保的损失。的确，如果要是保险合同一直有效，被保险人必须支付保险费，但一般是不能强制要求被保险人支付保险费的，也不能强制要求被保险人遵守保单条款的约定。保险单中通常包括一些强加给被保险人的义务条款，比如将索赔事故报告给保险人。保险公司不能从技术上迫使被保险人履行这些义务。但是，如果被保险人未能履行这些义务，他后来的索赔可能被保险公司拒绝，原因是被保险人违约，法庭也会支持保险人的拒赔决定。

三、保险合同是附和合同

结合性合同（contracts of cohesion）是由合同双方共同制定的。相比之下，附和性合同（contractions of adhesion）由一方准备，另一方别无选择只得接受或拒绝接受所有的条款。显然，多数保险单都是附和合同。多数保险合同的措辞是由保险公司（或其他服务机构）草拟的，同一种事先印制好的合同由许多不同的被保险人使用。既然是保险公司确定（或选择）保单措辞，被保险人一般无法选择，他要么接受要么弃之而去。或许，该合同可以通过补充条款或批单予以修改，但是这些文件的表述通常还是由保险人确定。多数情况下，需要保险的人无法选择而是“附和”（跟随）保险人草拟的合同。

以上情况显然造成了失衡状况。保险人比被保险人有更多的机会去描述特定的保险条款。为了弥补这种失衡性，法庭规定，任何在附和性合同中存在模棱两可或不明确的表述，都作对合同草拟方（通常是保险人）不利的解释。如果在解释保单条款时存在疑问，该条款作有利于被保险人的解释，它的理由在于，从理论上看，保险人有机会清晰和明确地表达自己的意图。

如果保单条款能够用不只一种方式解释，这种条款就是模棱两可的，而不管草拟者的真实意图是什么。是否保单条款是模棱两可的，最终由法庭来裁定。如果法庭裁定条款含糊不清，那它就是模棱两可的。

在涉及大型商业保险购买方或一些不寻常的情况下，保险合同由保险人和被保险人共同草拟。在这种情况下，如果双方都有合适的机会去审核合同的措辞，而且都能够应用自己的专业知识，附和合同这一原则就不适用。

这一概念在以后的章节中再进一步讨论。

四、保险合同是涉及不等额交换的有条件的合同

保险合同是有条件的合同（conditional contract），因为只有在某些条件满足的情况下保险人才履行自己的义务。特别是，保险事件必须发生，而且被保险人必须履行某些保单条件。如果保险事件未发生，不能要求保险人履行合同义务。当然，未发生保险事件并不意味着保险毫无价值。保险人承诺“在需要时”赔偿是一直存在的，即使这种“需要”从未发生过。

保险合同在以下两方面涉及不等额交换：每个被保险人为获得特定的保

障所支付的保险费，是不能指望与保险人在向该被保险人履行合同义务时所支付的金额完全相等。有些被保险人可能发生重大损失，还有些被保险人可能发生微不足道的损失，或者根本未发生损失。当然，在所有被保险人支付的保费总额和保险人代表所有保险人支付的赔款之间必须存在密切的关系。

五、保险合同是最高诚信合同

保险的性质要求合同双方完全诚实，并要求双方披露所有相关的事实，期望合同所有方在交易中讲道德，这就是为什么保险合同被称为“最高诚信的”（of utmost good faith or uberrimae，fidei in Latin）合同。

附件 1–1 的“保险消费者权利和责任法案”（*Insurance Consumer’s Bill and Right and Responsibilities*）总结了对保险交易方最高诚信的期待。即使保险公司不向被保险人提供任何服务，直到几年后在保单项下发生了可索赔损失，每个被保险人仍然有权信赖保险公司会诚实地兑现自己的承诺。如果被保险人认为保险公司不诚信，他们可以向后者提起诉讼；如果保险人的极不诚信行为得到证实，法庭会严惩保险公司。

同样，保险公司也有权希望被保险人在保险交易中诚实行事。无论何时保险购买者隐瞒或误告重要事实，他都违背诚信原则；如果证实被保险人隐瞒和误告，保险公司可以解除自己的合同义务。

1. 隐瞒（Concealment）。隐瞒的定义是未能披露所知道的事实，或者当有义务披露时却保持缄默。比较流行的观点是，被保险人有义务披露的仅仅是重要事实，如果被保险人的隐瞒是实质性和故意的，保险人就可以使合同失效。

重要的事实（a material fact）是指一种事实，披露之后会影响保险人决定是否接受投保申请。被保险人是否认为某种事实是重要的，这并不是决定性因素，只有法官或陪审团能够做出最终裁决。法庭同意，特别询问的事实是重要事实。比如，在回答投保书上的特定问题时，被保险人未能披露相关信息，就是隐瞒的最好证据，它使得保险人有理由废止合同，因为双方并未达成一致。

不仅所隐瞒的事实是重要的，而且隐瞒行为也必须是故意的。只有当被保险人在知道的情况下以及在不诚实的情况下未能披露重要事实，才存在故意欺诈行为。

2. 误告（Misrepresentation）。隐瞒显然不可能采用书面方式，因为它缺乏信息，而误告则是书面的。陈述（Representations）是指投保人所做的关于损失风险的叙述，它的目的是促使保险人签订保险合同。他们可以是口头或书面的，也可以出现在与保险合同无关的文件中。陈述发生在合同签订之前或签订过程中，它们是合同附件，并不是合同约定的事项。

比如，机动车保险投保人可能正确或不正确地告知，他并未发生过交通事故或接受罚单。该陈述的目的是促使保险人签发机动车保险单，但该陈述并不是保险合同的标的。

误告是对过去和现在的，与保险或保险标的相关的事实的不正确或错误的描述。如果误告（1）是虚假的、（2）使人信赖它以及（3）是实质性的，它具有允许保险人撤销合同的法律效果。

普通法对误告事实（misrepresentation of fact）和误述意见（misrepresentation of opinion）做了区别。如果误告事实是实质性的，它可以允许撤销合同（avoidance of contract）；如果误述意见是实质性和欺诈的，它可以使得合同无效（render a contract ineffective）。比如，被保险人在投保火灾保险时，楼房的建筑年龄少报了好几年，这种错误对风险来说不太可能是实质性的。另外，如果被保险人只是对建筑年龄做了错误的估计，那么这只是一种误述意见。

误告（以及陈述）仅指在制定合同时的误告。对保险期间存在某些条件的承诺可能涉及保证（warranties）或条件（conditions）而不是陈述。

在保险合同中，保证是被保险方作出的承诺：他所作的影响合同有效性的陈述都是真实的。多数保险合同要求被保险人作出某些保证，比如，为了获得健康保险单，被保险方必须保证，他并未患有任何致命的疾病。如果该保证被证实是不真实的，保险人可以解除保险合同或拒绝赔偿。保险合同中的保证有两类：确认性的和承诺性的。确认性的保证是在合同签订时对事实所作的陈述，承诺性的保证是对将来事实的真实性的陈述。如果确认性的保证是不真实的，保险合同从一开始就无效；如果承诺性保证是不真实的，保险人可以在保证变为不真实之时解除合同。比如，被保险人保证，他的由火灾保险单承保的建筑物不会用来混合爆炸物。如果被保险方决定开始在建筑物中混合爆炸物，保险人可以立即解除合同。保证条款应当指出是确认性保证还是承诺性保证。

所有的保险单都有一些条件条款。这些条款规定了保险人和被保险人在保险单项下的权利，以及他们需要履行的义务。有些保单条件适用于保险人，如破产条款（即被保险人破产将不会解除保险人在保单项下的义务）。有些保单条件适用于被保险人，比如 ISO 的商业财产保险单的损失条件要求，一旦发生违法事件，被保险人应当报告警察。许多保险单包含多套条件条款。比如 ISO 商业财产保险单有 3 组条件条款。损失条件解释损失是如何估值和赔偿的；额外条件解决的是共保和抵押权人问题；商业财产条件包含在其他附表中，它们解决的是未在其他部分解释的问题，如保险地域范围问题。

作为撤销（使之无效）保险合同的理由，误告必须是对重要事实的误告，而且保险人信赖所误告的事实。如果保险人并不信赖该陈述，即使它是虚假的，保险人依然无理由使合同失效。

误告事实、想法和情况可以有多种形式。有时很难确定是否所陈述的事实是一种误告，足以使保险人有正当的理由使合同失效。法庭认为，陈述的内容可以自由地作对被保险人有利的解释；法庭的意见是，只要求陈述基本上是真实的。即使所陈述的内容并不是逐字逐句地正确，如果基本上是真实的，那它就不是误告。不正确的客观事实是否基本上是真实的，取决于它在争议中重要性的高低。反过来，重要性高低的检验在于，如果告诉了真实情况，是否会签订合同。

附件 1–1

保险消费者权利和责任法案

保险消费者权利和责任法案是您在公平保险实践、保护您的保险资金以及诚实、值得信赖的陈述方面的指引。当您会见保险代理人时带上它，以保证您的代理人阅读并同意其中的原则。

权利草案

有权获得保障

您有权利购买满足您所需要的保险，而不管您在哪里生活或工作，根据您的特定风险合理定价的保险，而不考虑您的种族、肤色和信仰。

有权被告知

您有权获得打印清晰、易读以及用可以理解的语言陈述的保险单；有权在购买保险单之前得到保险条款解释；有权在可能的情况下，在价格和保单条款修改之前事先得到说明及原因解释。

有权选择

您有权选择向您提供的保障；有权获得足够的时间去适当考虑是否

购买保险；有权在知情的情况下，选择最适合您需要的，有质量的保障、合理的价值和价格以及个人服务；有权进入竞争性的保险市场，在该市场中，有多家保险公司争夺您的业务。

有权发表意见

您有权在对您产生重大影响的决定中发表意见，而不管该决定是由保险公司、保险代理人还是由保险监管人员作出；有权被通知并参加涉及保险问题的消费者组织的活动。

有权获得救济

您有权为正当的索赔获得快速处理；能够获得第三方调停，以及为了进一步获得救济得到州保险部的回应。

有权获得服务

您有权得到体面、诚实和公平的对待；有权为索赔、保险单更改、问询得到快速、公平的重视；有权获得保险专业人员的服务，后者努力向您提供最佳的保险价值。

责任草案

有责任被告知

您有责任了解保险概念，阅读每一份保险单和了解它的每一条款，以及在不了解的情况下，您有责任从保险专业人员那里得到答复。

有责任帮助控制损失

您有责任通过安全驾驶、防损、维护车辆和房屋以及注意自己的健康来降低风险。

有责任报告准确的信息

您有责任及时提交准确的保险申请书以及准确地报告索赔。

有责任保留最新和准确的记录

您有责任书面保留您的代理人和保险公司的名称、地址和电话号码，以及所有保险单和车辆品牌、型号和标识号；有责任保留最新的家庭财产清单。

有责任遵守保单条款的约定

您有责任遵守保险单中描述的特定条件，包括准时支付保险费，在保险公司为您的索赔抗辩时与其合作，并向保险公司报告对您的保障产生影响的任何改变。

有责任报告欺诈性的行为

您有责任向执法部门和保险当局报告保险人、代理人、消费者、机动车修理厂、医生、律师或任何其他方设法欺骗或绕过保险制度或消费者的有问题的行为。

六、大多数保险合同是补偿性合同

补偿的定义是通过赔偿使某人从已经遭受的损失中恢复完整。在补偿性合同（a contract of indemnity）项下，如果被保险人遭受了损失，他有权获得赔偿，但仅以他实际遭受的财务损失为限。

当保险人赔偿的金额与被保险人的损失金额直接相关时，保险合同就是补偿性的合同。补偿性的合同并不需要支付使遭受保险损失的被保险人获得恢复所需要的全部金额。大多数保险单都有一个限额，以及为了减少总赔偿金额所约定的其他限制或条件。

补偿性合同的目的是维护补偿原则，这是下一章中所要讨论的一个基本保险原则。简单地说，补偿原则表示被保险人不应该从保险损失中获益。

大多数保险单都被认为是补偿性保险单。但有些保险安排，最明显的是人寿保险合同，是定值保险单（valued policies）而不是补偿性合同。在定值保险单中，保险人同意在发生保险损失时，支付事先确定的金额。比如，在面值为 100 000 美元的人寿保险中，保险人同意在被保险人死亡时给付 100 000 美元保险金。在给付人寿保险赔偿金时，保险人并不一定给付与被保险人死亡之时的价值一致的金额。另一种定值保险单是住院保险单，被保险人住院期间，保险人给付每天特定金额（如 100 美元）的住院费用。

某些财产保险单也认为是定值保险单，如古董保险单，此类保险标的很难在发生损失时确定它的实际价值。假设某人拥有一辆罕见的古董车，它可能以定值保险为基础予以承保，也就是说，保险公司和被保险人会对该车的价值达成一致，并签发反映该价值的保险单。如果该车全损，保险公司就要按照约定的价值赔偿，而不会在发生损失后去评估几乎与之相同的车辆的价值。

补偿性合同和定值合同之间的区别对本书的读者是很有用的，这种区别始终贯穿着全书内容。但是，还有些作者将所有的保险安排都认为是补偿性的。美国的罗伯特 E. 基顿和阿兰 I. 维迪斯对自己的理由作了以下解释：

“有些作者建议，将人寿保险归类为补偿性合同是合适的，因为有些赔款通常向保单受益者给付，他们因为被继承人的死亡而遭受某些利益上的损失。

将保险安排进行最准确的概念化是因为观察到，首先，人寿保险和任何其他种类的保险都始终不是纯补偿性合同（pure indemnity contract）；其次，所有种类的保险都受补偿原则的影响；最后，与其他种类的保险如财产保险相比，补偿原则的影响在某些形式的保险如人寿保险中并不那么普遍。换句话说，虽然作为补偿合同的保险特性，在作为一种趋势或概括性描述上有一定作用，但在为某些保险法问题寻找答案时，它并不经常是一种可靠的指引。”

第四节　补偿原则

也许最基本的保险原则是补偿原则（The Principle of Indemnity），它强调了保险的最基本原则之一，即保险的作用是使被保险人回到保险事件发生之前所具有的财务状况——保险的作用并不打算使他们不当得利。

补偿原则的概念是，保险合同所提供的利益在价值上不应当超过被保险人所遭受的损失。反过来说，补偿原则是指，任何人都不应当从保险损失中不当得利。

需要注意的是，补偿原则并不是说，被保险人必须“恢复完整”。由于免赔额、保险限额或其他索赔上的限制，被保险人可能无法获得全额赔偿。当保险仅仅提供等于部分财务损失的利益时，并未违反补偿原则，但当被保险人获得超额赔偿时，就可能出现问题。

一、补偿原则的理由

补偿原则有以下两种相互关联的目的：

——不让被保险人从保险中得利；

——消除不当得利的动机可以减少道德风险因素。

当某人可能设法故意造成保险损失或者扩大已经发生的保险损失时，就可能存在道德风险因素（moral hazard）。“道德风险因素”一词有时是指人类性格上的缺陷或弱点。但是，该词不仅经常用于人，也用于财产的超额保险，或可能诱使人们造成或夸大保险损失而从中获利的其他情形。比如，在多数情况下，难以为经营失败的企业或不需要的财产找到买主。如果保险公司同意，一旦任何财产由于保险事故遭受损毁，他将恢复它们的价值（实际上等于将它们买下来），这就会诱使这些绝望的企业主或财产所有人实施违法行为。

显然，承诺向被保险人赔偿大大超过其损失财产的实际价值是不可取的。如果超额承保财产，就可能产生道德风险因素，因为它会诱使财产所有人“为获利而纵火”（或者实施纵火之外的其他任何毁坏财产的行为）。

二、为所承保的损失程度下定义

保险单不可避免地包含一些条款，旨在表明在发生保险事故后保险人将如何确定赔偿金额。定值保险单确定了在发生某些情况时（如被保险人死亡或所承保的财产全部损毁）保险人所赔偿的金额。而补偿性合同则描述所承保的损失是如何衡量的。

——在承保财产直接损坏或损毁的财产保险中，需要说明损坏或损毁财产的价值是如何确定的。

——如果为时间因素保险（time element insurance），就需要说明利润损失或额外费用是如何赔偿的。

——如果是责任保险，就需要澄清保险人赔偿义务的程度。

在任何情况下，保险条款的目的是明确而且毫不含糊地阐明如何对被保险人进行补偿或恢复，而不是使他更加富有。

1. 直接损坏财产保险。财产保险的传统方式依然在许多保险单中使用，它以财产的实际现金价值为基础提供直接财产损失保障。这种方式设计用来在被保险人发生损失后使其恢复到损失发生前那一刻的财务状况。

实际现金价（actual cash value）的定义通常是“重置成本减去贬值”。重置成本（replacement cost）是指用相同种类和质量的新材料，将损坏财产恢复到损失发生前状况。贬值是指对磨损和经济上过时的折扣。

实际现金价值要考虑通货膨胀（随着时间推移导致某些财产价值增加）以及贬值（随着时间推移导致某些财产价值减少）的影响。比如，莎莉曾经买了一栋价值 150 000 美元的新房屋（不包括土地价值）。而现在，则要花 225 000 美元——即现在的重置成本，去造一栋类似的新房屋。但是，现在莎莉的房屋并不是新的，因此在确定其实际现金价（地价除外）时必须将某些量化了的贬值因素考虑进去。在该案例中，房屋的重置成本增加了 75 000 美元，而贬值又使其价值减少了 25 000 美元，房屋的实际现金价为 200 000 美元。

如果莎莉按照实际现金价全额投保该房屋，她要购买 200 000 美元的保险。一旦房屋发生损失，她可以在 200 000 美元范围内获得赔偿。发生全损之前，她的房屋价值为 200 000 美元；发生全损后，她可以获得 200 000 美元的现金赔偿。

从理论上看，实际现金价保险能够使莎莉恢复完整，但她不会因此更加富有。但要注意的是，莎莉得花费 225 000 美元而不是 200 000 美元在原地造一栋类似的新房屋。从莎莉的角度看，实际现金价保险并未使她恢复完整。在第六章中将进一步详细讨论实际现金价和重置价。

2. 营业收入和额外费用。营业收入和额外费用损失保险承保的是实际造成的损失和所发生费用。比如，营业收入损失保险以被保险人在营业中断期间所遭受的实际损失（净收入损失）为基础提供保障。保单条款对如何计算损失金额作出说明，但它不在本章介绍的范围内。

额外费用保险为避免或减少营业中断损失所实际发生的费用提供保障。

家主保险包括额外生活费用保障。额外生活费用的定义是：由于所承保的损失原因造成财产直接损坏，在房屋修理过程中，被保险人无法在内居住而发生超过正常生活费用以上的部分。索赔金额以实际发生为准。

3. 责任保险。责任保险单通常约定，由保险人负责支付，由于人身伤害、财产损失或其他所承保的违法行为，导致被保险人依法应承担的所有损害赔偿金。多数责任保险单还表示，保险人将赔偿诉讼或理赔过程中实际发生的抗辩费用以及其他特定费用。

保险人的赔偿义务受被保险人法律责任程度的限制。被保险人的法律责任（被保险人依法应承担的损害赔偿金额）根据法庭判决或保险人同意的庭外和解确定。保险人代表被保险人支付赔款以及相关的费用，但是被保险人不会得到超额补偿。

4. 例外：技术上违反该原则。有些惯例或要求似乎违反了补偿原则。如前所述，重置费用保险就是一个例子。其他例子还包括定值保险单和定值保单法。

（1）定值保险单（Valued Policies）。如前所述，保险人签发定值保险单并同意，一旦发生保险损失，保险人支付事先约定的金额。比如，在面值为 200 000 美元的人寿保险单中，保险人同意，在被保险人死亡时支付 100 000 美元，而不考虑被保险人死亡时的价值是多少。

定值保险也用在意外伤害保险单中，它承诺，如在被保险人失去单眼时赔偿 10 000 美元。在财产保险中，定值保险单用来承保类似古董、油画或其他艺术品那样的物品，以及运输过程中的货物，其价值在发生损失时很难确定。这一问题通过在保险单上载明被保险物品的价值来解决，保险人和被保险人对该价值达成一致。一旦被保险物品发生全损，保险人向被保险人支付保险单载明的、已经确定了的金额。

这些物品发生部分损失的赔偿金额可以由保单条款约定，或者如果保单条款未约定，就由法庭判决。有些法庭按照约定的全损物品的价值的百分比来确定部分损失金额，还有些法庭将约定的价值作为保险人赔偿责任的限额，并认为，部分损失金额则根据损坏物品的实际现金价、修理费用、重置成本或保单约定的任何其他估价标准确定。

（2）定值保单法（Valued Policy Laws）。美国许多州都制定了定值保单法，它适用于不动产保险。通常该法律要求，如果被保险财产由于法律规定的和保险单所承保的风险事故导致全部损毁，保险人按照保险金额足额赔偿。换句话说，一旦被保险财产全损，被保险人索赔保险金额，而不管财产的实际价值是多少。许多这类法律仅适用于住房和其他建筑物，而且仅适用于火灾和雷击事故。

许多定值保单法在 19 世纪制定，目的是使保险人不会以高保费的方式超额承保，然后在发生损失时再对财产价值提出疑问。定值保单法鼓励保险人在签发保险单之前调查所承保的财产的价值。如果保险人有机会在承保前查勘建筑物，他们就有机会确定其价值。但实际上，许多建筑物在承保前都未实际查勘过。查勘建筑物增加保险人的核保成本，为那些看来只要根据相关的信息就可以完全接受承保的建筑物花费查勘费用，从商业角度看是不值得的。决定不查勘有时是错误的：有些建筑物超额承保，可能会带来道德风险问题。根据现在的通货膨胀率，不足保险比超额保险问题更严重，当然也存在某些例外情况。

采用定值保单法的州，如果建筑物完全被火灾烧毁，保险人通常按保险金额赔偿。但是，多数定值保单法允许保险人以发生损失时的实际现金价值为基础赔偿部分损失，或者赔偿用相同种类和质量的财产修理或重置损坏财产的费用，两者以较小者为准。有些法律规定，部分损失赔偿金额是约定价值的一个百分比，该比例与财产的损坏程度相当。

对火灾造成的部分损失，有些法律甚至不允许保险人采用免赔额或共保条款。

三、可保利益原则（The Principle of Insurable Interest）

如果保险事故的发生会造成某人的财务损失或受到伤害，那么他就有可保利益。可保利益（Insurable interest）可以定义为，为了获得可强制执行的保险保障，个人必须具有可能造成其财务损失的风险暴露。这样，个人拥有法律上的可保利益就取决于他与财产、生命或相关事件之间的关系，如果这种关系将他暴露于可能发生的财务损失，而且这种关系不会过于遥远，就足以支持可保利益。

可保利益原则通过以下规定来维护补偿原则：保险金仅赔偿给那些人，他们与保险事故的关系会造成他们遭受财务损失，而且仅以该损失为限。要是被保险人不具有可保利益，法庭是不会迫使保险人向被保险人或代表被保险人支付赔款的。

只有在那些补偿性保险合同中，才能通过要求可保利益来支持补偿原则。大多数人寿保险合同是定值合同，它们在被保险人死亡时给付约定的金额，因而不认为它是补偿性合同。因此，维护补偿原则不适用于人寿保险。同样，在那些以定值为基础的财产和健康保险合同中，也不会因为有了可保利益的要求而采用补偿原则。如果赔偿 / 给付金额超过实际损失，定值保险可能违反补偿原则，但是保险人可以通过核保控制和保单条款来解决这一问题，因为这样做可以避免超额保险。

本章中的讨论仅限于可保利益的一般性原则。在财产和责任保险中，特定类型的可保利益将在第四章中讨论。

1. 可保利益与损失风险。法律定义的可保利益类似风险管理人定义的损失风险暴露（即可能导致损失的各种环境）。在具有损失可能性的环境中，暴露于损失的个人和实体具有可保利益。

但是，法律上的可保利益并不一定就是可保的损失风险。许多严重的财务损失风险（如由于经营风险或磨损造成的损失）在商业上是不可保的。每个保险人都有权根据自己的核保标准接受或拒绝这些损失风险的投保申请。

这种区别是很重要的。在讨论核保标准时，“可保”一词是指对保险公司来说，某种风险暴露是符合条件，是可接受的。但是在讨论可保利益时，“可保”一词应当从法律的角度去看。即使存在可保利益，不可接受的投保人从核保标准上看，并不是可保的。即使签发了保险单，在保险事件中无可保利益的一方也无法要求执行保险合同。只要可能，可保利益的问题都应当在保险单签发之前予以解决。为了避免由于缺乏可保利益导致索赔遭到拒绝，被保险人和核保人都应当设法避免签订保险合同，除非他们确信存在可保利益。

可保利益在（1）人寿和健康保险和（2）财产和责任保险中的处理方式是不同的。虽然本章讨论的是财产和责任保险，但是在对上述两种保险进行比较后，可保利益的原则才更加清晰。

2. 人寿保险中的可保利益。人寿保险合同涉及以下 4 种不同的关系：

——投保人提出投保申请；

——保险单所有人或保险单持有者拥有保险单；

——被保险人死亡时保险公司给付保险金；

——如果被保险人死亡，受益人从保险公司那里获得死亡保险金。

投保人以及保单持有者通常是同一个人，保单持有者也可以是被保险人。比如，约翰投保承保自己生命的人寿保险，他指定妻子作为受益人，约翰是保单持有者、投保人和被保险人。再举个例子，马修为他的儿子马克的生命购买了人寿保险，马修将自己作为受益人，在该案件中，马修是投保人、保单持有者和受益人，但马克是被保险人。

（1）保单持有者是被保险人。个人对自己的生命具有可保利益。如果他死亡了，他并未由于自己死亡而遭受财务损失（或至少说，他未能活着为自己的损失提出赔偿要求）。该情况的实质是，在他为自己的生命购买保险时，并未出现可保利益问题。根据保险人的核保规则，为自己的生命购买人寿保险的投保人，可以根据自己的经济能力购买所需的保障。为自己的生命购买人寿保险的人，可以指定任何人作为自己的受益人。

虽然法律并未限制个人为自己的生命购买人寿保险的额度，但实际操作中是有限制的。作为保单持有者的被保险人，必须愿意支付必要的保险费，而保险人根据自己的核保惯例会拒绝投保人购买过高金额的人寿保险。而且，作为保单持有者的被保险人，最有可能指定那些对其生命具有经济利益的人作为受益人。

（2）保单持有者不是被保险人。为其他人的生命购买人寿保险的投保人必须具有可保利益。法庭要能够确定，保险不能够成为谋杀被保险人的动机。多数法庭认为，家庭成员对血缘或婚姻上具有密切关系的其他人具有可保利益。尽管美国不同的州在家庭成员的可保利益上有不同的规定，但以下情况普遍适用：

——每个人对其配偶的生命具有可保利益；

——父母亲对孩子的生命具有可保利益，反之亦然；

——兄弟和姐妹相互具有可保利益；

——祖父母对孙辈的生命具有可保利益。

两个家庭成员之间相互具有可保利益，即使他们之间的关系比较疏远；在两个非亲属之间，如果一个人在经济上依靠另一个人，他们之间也具有可保利益。如果一个人可以从活着的另一个人那里获得经济上的支持，依靠经济支持的人就有可保利益，而提供经济支持的人对靠其支持的人的生命也具有可保利益，因为前者能从后者那里收回他所提供的钱款。

许多商业关系也能产生人寿保险上的可保利益。以下情况也具有可保利益，可以购买人寿保险：

——雇主对主要雇员的生命具有可保利益；

——债权人对债务人的生命具有可保利益；

——在合伙制中，每个合伙人对其他合伙人的生命具有可保利益。

上述情况显然存在一种可能性，即一旦被保险人死亡，企业实体会遭受经济损失。

在向非被保险人的投保 / 受益人签发保险单之前，许多保险人要求得到所提议的被保险人的同意。在以下情况下，通常不需要得到被保险人的同意：①团体人寿保险；②为配偶的生命投保人寿保险；③父母亲为未成年子女投保人寿保险。

（3）何时投保利益必须存在。就人寿保险来说，法律要求在保单生效时就具有可保利益。如果在保险单起始之日以及被保险人死亡之日受益人都具有可保利益，上述规定就无实际意义。但是，当个人情况发生变化，使得保单持有者在保单起始日有可保利益，而在被保险人死亡时，可保利益不复存在，上述规定就十分重要。

另一种情况是，在婚姻存续期间购买的人寿保险，在离婚后依然有效，可以依法执行。同样，雇主可以为其主要雇员购买人寿保险，即使在雇员辞职后，只要保险单依然有效，雇主都可以从保险单项下获益。

人寿保险在保险期间开始时需要满足可保利益要求的主要原因是，人寿保险合同通常不是补偿性合同而是定值合同，后者向受益人给付固定的金额。补偿原则难以适用于人寿保险，因为它在衡量人的生命的经济价值上缺乏准确性。同时，法庭一般相信，通过要求在保险期间开始时存在可保利益，可以实现避免赌博和减少谋杀可能性这一目的。还有一种情况使补偿利益变得更加不清晰，即许多现代人寿保险单的销售目的是为被保险人提供投资价值，对死亡受益保障的考虑反而是其次。

3. 在健康保险中的可保利益。在健康保险中的可保利益取决于保险合同是定值保险单还是补偿性合同。

定值保险单表示，发生保险事件时，它支付约定的金额而不管损失是多少。这些保险单的可保利益要求与人寿保险单的要求基本相同，也就是说，可保利益只需要在保险期间开始时存在，通常作为受益人的投保人必须有可保利益，在健康保险中具有可保利益的人基本上与人寿保险中具有可保利益的人相同。

补偿性合同的制定是为了在保险金额范围内支付不超过实际损失的赔偿金。补偿性健康保险合同中，对可保利益的要求采用的是适用于财产和责任保险的规则。总之，在发生损失时，被保险人必须具有可保利益。被保险人可以通过在发生损失时有权获得收入赔偿（失能收入保险），或有责任支付医疗费（医疗费用保险）来满足可保利益要求。

4. 在财产和责任保险中的可保利益。在财产和责任保险中的可保利益有以下几种特点：

——被保险人必须具有可保利益；

——可保利益必须在损失发生时存在；

——多种关系产生可保利益。

（1）被保险人必须具有可保利益。财产和责任保险合同双方是保险人和被保险人。显然，被保险人必须具有可保利益才能依法要求保险人履行合同义务。

（2）损失发生时必须存在可保利益。财产或责任保险被保险人并不需要在保险期间开始时满足可保利益要求。作为核保措施，保险人有可能提出这种要求，但法律一般要求财产或责任保险的被保险人在发生损失时具有可保利益，这是因为，绝大多数财产和责任保险单设计用来对被保险人实际遭受的损失进行补偿。法庭不会要求保险人向被保险人支付赔款使后者不当得利而违反公共政策，因为后者在发生损失时没有可保利益。

（3）多种关系涉及可保利益。在财产和责任保险中，许多关系形成或产生可保利益。

财产所有人对自己的财产具有十分明显的可保利益。但是，可保利益的概念并不仅局限于财产所有人，许多纯所有权之外的权利也能在财产中形成有效的可保利益。

责任损失中的可保利益有些不太明显。但是，可以确定，任何实体在可能对其他实体承担责任的事件中具有可保利益。以潜在的责任为基础的可保利益，并不取决于被保险人在财产上具有法律所有权或衡平所有权，而是取决于当保险事件发生并造成人身伤害或财产损失时，法庭会判其承担责任。如果发生责任索赔，索赔本身就是一种有说服力的证据：被保险人在造成索赔的事件中具有可保利益。如果不发生责任索赔，强制要求保险人在保险单项下履行义务，通常不会成为法律上的问题。第四章将详细地考虑产生可保利益的关系情况。

四、代位求偿原则（The Principle of Subrogation）

代位求偿是一种法律原则，它的许多应用与保险无关。但是，当保险人在保险单项下赔偿了损失，而其他方对该损失承担更大的责任时，代位求偿原则就特别重要。

比如，如果凯开车时过失闯红灯并撞上了乔治的卡车，承保乔治车辆碰撞风险的保险人负责赔偿乔治的修车费用。但是，乔治的保险人可能会设法从凯那里（或者从凯的责任保险人那里）挽回损失，因为是凯实际造成了该意外事故。一旦乔治的保险人向乔治作了赔偿，保险人代位乔治向凯追偿的权利——乔治的追偿权现在就成为保险人的权利。从凯（或其保险人）那里获得补偿的权利被认为是“代位求偿权”。

代位求偿权的基本要件是：

①要求代位求偿的一方要首先偿债；

②要求代位求偿的一方不是自愿偿债而是具有偿债的法律义务；

③要求代位求偿的一方是次要债务人；

④第三方是主要债务人；

⑤由要求代位求偿的一方实施该权利，不会出现不公正现象。

在上述例子中，乔治的保险人对债务（乔治卡车的修理费）作了赔偿。保险人赔偿是因为他在乔治的保险单项下有义务这么做。凯具有支付损害赔偿金的主要责任；乔治的保险公司的责任比较遥远（次要）。要求凯（或她的保险人）赔偿由于她造成的损失是完全合理的，不存在任何不公正的地方。

在某些情况下，代位求偿可以避免被保险人由于有了额外追偿渠道而获得意外之财。另外，它也可以避免过失方不当得利。还是用上述乔治案件来说明，乔治购买了车辆碰撞保险，他有权向凯追偿，因为是凯的过失造成他的卡车的损坏。

——避免获得意外之财。如果允许乔治从他的保险公司以及凯（或她的保险公司）那里获得补偿，乔治由于双重补偿而不当得利；

——避免过错行为者不当得利。如果因为乔治有了碰撞保险，凯可以逃避责任，那她就不用为自己的错误承担财务责任，她就能够因为乔治有了保险而不当得利。

在许多情况下，代位求偿权是以普通法或成文法为基础，即使保险单中并未指出这一点，保险人也经常有权获得该权利。代位求偿权也可以在合同中载明以作为合同权利。多数财产和责任保险合同都制定了代位求偿条款。

五、损失分摊原则（The Principle of Contribution）

当多份保险单承保相同的财产或损失，实际损失赔款在所有相关的保险公司之间进行分摊时，损失分摊原则得以实施。损失分摊原则来源于补偿原则，因此前者仅适用于补偿性保险合同。

实际上，如果未建立这种可以依法实施的原则，财产受到损失的一方有可能获得多于实际损失的补偿。类似以上所述的代位求偿原则，损失分摊原则的目的是维护补偿原则。

如果发生损失时发现该损失由不只一份保险单承保，支付了损失赔款的保险人有权要求对损失承担赔偿责任的其他保险人按照他们的责任程度分摊一定比例的损失赔款，这样被保险人就不能够从所有这些赔款来源获得超过其整个损失的赔款。在任何情况下，被保险人不允许分别在不同的保险单项下分别获得全额赔偿。即使被保险人从这些保险单项下都获得赔款，他也应当将超过实际损失的部分退还给保险人。由于人寿和个人意外伤害保险合同不是补偿性合同，故该原则不适用。

要使损失分摊原则适用，必须满足以下 4 个条件：

1. 必须有不只一份保险单，而且所有承保相同损失的保险单都必须有效。

可以理解，如果只有一份保险单，就不存在损失分摊问题。同样，由于某种原因，在发生损失时，某一份保险单无效，该保险单就不能参与分摊。

2. 所有的保险单必须承保相同的标的。如果所有的保险单都承保同一个被保险人，但承保的是完全不同的标的，那么也不存在分摊问题。

3. 所有保险单必须都承保造成损失的风险事故。如果保险单承保不同的风险事故，其中有些是共同的，有些是非共同的，而且损失并不是由共同风险事故造成，那么也不存在分摊问题。

4. 所有保险单必须承保同一个被保险人的相同的利益。举例说明。假设 A 是车辆所有人，并用该车辆作为抵押从 B 那里获得贷款。A 和 B 对该车辆都有可保利益，都可以分别购买保险。一旦车辆发生损坏，A 和 B 都能分别从自己的保险人那里获得赔款，但他们的保险单之间不用分摊赔款，其原因是，两份保险单的可保利益不同，而且被保险人也不同。

只有以上 4 种条件都得到满足，损失分摊原则才可以实施。

损失分摊原则在实践中的应用，在第八章多种索赔来源部分进一步讨论。

六、尽量减少损失原则（The Principle of Loss Minimization）

根据尽量减少损失原则，一旦发生保险事故如火灾，被保险人应尽力减少自己的保险财产的损失。在这种情况下，被保险人有义务和责任采取必要的措施控制或在有可能的情况下终止损失的发生。被保险人也不能因为财产有了保险就存在疏忽或不负责任的行为，他有责任保护自己的财产免遭损失。比如，埃尔文德的房子由于电线短路失火，这时他必须尽可能采取措施灭火、呼叫邻居救火、电话通知最近的消防部门等，他不能无动于衷，看着自己的房子被烧着，心想反正我买了保险。

第五节　大数法则

如果没有大数法则，保险就无法发挥作用。大数法则是一种数学原理，即在其他因素（如风险暴露的规模、潜在风险因素）都不变的情况下，如果类似的风险单位数量增加，特别是当这些风险暴露是独立的情况下（即不包括在同一件损失事故中），预测损失的精确度会提高。预期将来损失的主要因素是过去损失的经验，但还需要用其他大量的因子来调整所作的预期，以弥补从过去损失发生开始后环境发生变化所带来的差异。从以过错为基础的机动车保险向无过错机动车保险转变，就是要求这种调整的主要例子。

个人、家庭或小企业是不太可能准确地预测自己今后会发生的损失，至少短时间内是这样的，原因是他们各自的风险单位数量很有限。一般的家庭通常拥有一栋房屋。大多数情况下，任何房屋每年除了磨损是不太可能遭受重大损坏的。但是，在同一年中，有些家庭的房屋会遭受部分损坏，还有一些甚至因为火灾或其他风险事故而全损。没有保险，每个家庭都可能面对不可预测，但可能发生的巨大损失。

通过为许多个人、家庭或企业提供保险，保险公司面对着大量的风险单位，这些风险单位的损失概率从整体上看，比单个风险单位的损失概率更能够准确地预测。由于对下一年损失的预测充满信心，保险公司可以较为准确地确定，必须收取多少保险费来承保其损失、损失理算费用以及管理费用，并能获取一定的利润和应急费用（用来弥补可能超过预期的损失，因为预测是很难完全准确的）。然后，保险公司再确定如何向每个被保险人收取总保费中合理份额的方法。总之，每个被保险人的保险费是以估计他在整体损失风险的占比为基础计算的。

保险制度的作用是将个别保单持有者的损失风险集中起来，每个保单持有者承担所有保单持有者的总损失中的一定份额。每个保单持有者在其合理损失份额之上，还承担了管理该保险制度所需的一定份额的费用。作为回报，一旦保单持有者遭受损失，他们有权根据保险合同的约定要求保险人予以补偿。

为了使大数法则能够有效地运作，它要求每个风险单位都是独立的，也就是说，他们不会在同一个事件中遭受损失。同一个街区两栋以上的建筑物可能在同一个灾难事故中都遭受损失，它们应当被认为是一个风险单位（exposure unit）。将这些建筑物的损失风险都汇集在一起，实际上并不增加暴露于损失的风险单位的数量。同样，如果上诉法庭针对所有烟草制品生产商的判决创建了新的诉因，那么在不同州的不同烟草生产商的产品责任保险就不是独立的，他们的风险暴露也不是独立的。

同时，如果群体中的每个成员尽可能与其他成员类似，这一群体的风险单位的损失就更容易预测。保险人通常采用详细的分类和定费方案来实现这一目的，他们将具有类似特点（如建筑类型、防火设施以及建筑物占用情况）的被保险人都聚集在一个群体中。

当其他因素如每个风险单位的规模和潜在风险程度从一段时间到另一段时间内都是不变的，就更能精确地预测风险。实际上，事物是很难一成不变的，如房屋随着时间流逝变得不安全，增加了失火的可能性；机动车长期使用，机械磨损造成安全性能下降；为了提高效率，在牺牲安全性的情况下改变生产流程。可以通过损失控制措施来降低今后的损失频率和损失严重性。变化是自然的，但如果存在大量的风险单位，保险人预测将来损失事件的能力就不会受到影响。

根据大数法则，作为预测损失基础的风险标的的数量越多，保险公司预测损失的精确度越高。保险公司预测损失的信心越足，他们的定价就越准确。定价准确能够使保险人的价格足够高以避免营运损失，同时，它又能使保险人厘定的价格足够低，以具有竞争性。对自己的预期损失程度不太确定的保险人，一般必须价格定得高，为自己在定价上可能出现的差错留有余地。如果保险人对自己的定价有信心，这种余地就可以缩小，应急因素（contingency factors）就可以减少。

保险人面临的挑战是在足够大量的类似的风险单位上收集数据，使其有信心预测损失。保险人建立了一种机制，通过该机制他们将风险标的和损失数据汇集在一起。保险咨询机构，如保险服务局（ISO）、国家补偿保险委员会（NCCI）、美国保险服务协会（AAIS）、国家独立保险人协会（NAII）以及其他类似的机构，都将他们从成员保险公司那里收集到的信息进行统计分析，并将所收集到的数据中的每一类风险单位的“损失成本”（loss cost）信息发布给大家。（过去，有些咨询机构也计算出成员保险公司可以使用的建议性最终费率，这种标准或服务局费率依然在某些州、某些类型的保险中使用。）

没有这种费率分享方式，大数法则就无法实施，保险机制就难以发挥有效的作用。这就是为什么保险人从历史上就一直要求免除保险上的反垄断法，因为这种法律会限制竞争机构之间进行联合性的定价活动。在其他行业之间分享信息，本质上可能是一种反竞争行为，但在保险人之间的这种分享，反而有助于他们的竞争。

小 结

本章第一节讨论合同的一般性质和保险合同的特点。最后一节讨论两个重要的保险原则——补偿原则和大数法则，以及与补偿原则相关的其他 4 种原则。

在法律上强制实施的合同是可以通过法庭执行的。要能够在法律上强制执行，合同必须包含以下几方面:（1）合同双方达成一致（通过邀约和承诺）;（2）合同双方都有行为能力；（3）要有对价；（4）要有合法的目的。

保险合同同样也必须包含要约和对要约的承诺。多数保险合同是书面的，但是口头合同（如临时性承诺）也是有法律效力的。如果由于某些错误造成保单内容不明确或含混不清，法庭可以对条款进行解释或者修改条款，使之符合签约方的原意。与其他合同一样，保险合同必须由有行为能力的当事方签订，必须有对价，必须有合法目的（比如，不能承保走私财产）。

保险合同有一些法律特点:

——它们是个人合同，从保险单项下获益的被保险人的身份是关键，这就是为什么在未得到保险人同意的情况下，保险合同不能转让给其他保单持有者；

——它们是单务合同，在该合同项下，保险人要继续履行他的承诺；

——它们一般（但并不是经常）是附和合同，合同的所有条款由保险人制定，投保人要么接受要么拒绝；

——它们是涉及不等价交换的有条件的合同。保险人的义务只有在保险事故发生时才触发，保险人义务的程度通常与被保险人支付的保费金额（对价）无直接联系。

——它们是最高诚信合同，在该合同项下，所有相关方都有正当的理由，期望获得有道德的对待。

——它们中的大多数是补偿性合同，在该合同项下，保险人的赔偿义务与被保险人的财务损失直接相关。定值保险单是例外，它们在发生损失时赔偿事先确定的金额。

有两种重要的保险原则：补偿原则和大数法则。补偿原则认为，被保险人不应当从所承保的损失中获益。该原则得到保险单估值条款的支持，该条款用来确定保险损失金额。补偿原则也受可保利益原则和代位求偿原则的支持，对这两种原则已经做了比较详细的论述。另外还对损失分摊原则和尽量减少损失原则做了简单介绍。

大数法则向承保许多保单持有者的保险人提供了某种程度的可预测性，而这种可预测性是每一个保单持有者所不具备的。因此，保险人可以向每个保单持有者收取保险费，该保险费与其在所有保单持有者作为一个整体的预期损失中所占份额相当。

第二章　如何阅读保险条款

保险单（policy）一词来自于拉丁文“polizza”，意思是书面合同，它提供法律义务的证据或创建法律义务。虽然意大利人并未仅仅用polizza来表示保险合同，但“policy”一词被引入英语作为保险合同的名称。部分由于该起源，有些学者猜测，书面保险合同起源于意大利。

早期美国的保险单是简单的合同，由保险人草拟，他们对被保险人十分了解。多数保险人将他们的营运限于相对小的地域范围内，针对的主要是他们熟悉的被保险人。保险主要通过内部雇员销售，不借助代理人或经纪人。一般的火灾保险单非常简单，内容包括财产描述、保险金额、保障期间以及保险费等。保险营运的特点是逐个核保，保险人与被保险人相互了解。保险的重要性并不在于书面合同的表述，而在于合同双方对设法达到的目的的理解。

随着保险发展成更加广泛、更加复杂的经营活动，原来简单的保险合同和营销方式开始变得复杂起来。商业火灾保险的发展带来了更加竞争和更有创造性的营销体系。其结果是，核保权下放，在核保过程中降低了对收集第一手资料的要求，以及通过代理人销售，代理人又在很大程度上脱离了保险人总部的管辖。

保险单的销售和服务地域范围的扩大加大了对保险人的挑战，因为保险财产或保险事故造成的损失不能够随时查勘。保险公司在许多社区招收代理人来替他们销售和服务保险单。虽然使用当地代理人可以减轻距离带来的困难，但也产生了一些新问题：保险人无法对代理人是否诚实进行监督，或者无法确定是否其地区的保险申请都提供了准确的信息。而且，保险人和被保险人不相互接触，使得前者要更多地面对被保险人的道德和心理风险。为了解决这些问题，保险人在所签发的保险单中加入了许多条款，用来保护其不会不知不觉地接受不好的业务，或者支付不必要的赔款。

不幸的是，所签发的保险单中充满着许多限制性条件、除外条款、例外情况、小体字、混乱的表述和未加定义的词汇。被保险人经常发现，他们不能够从保险单项下获得赔偿，因为在难懂的条文中隐藏着许多难以识别的责任免除。保险人也发现他们很难进行理赔协商，因为大相径庭的法庭判决使得保险条件变得无效或者被修改。

火灾保险在18世纪中期和19世纪初发展迅速，每个保险人都开发了自己的保险条款。但由于保险人在设计条款或制定操作指引上缺乏合作，保险合同五花八门，使消费者无所适从。不足为怪，那时人们对保险业一直持怀疑态度。

由于保险人在设计条款时未参考通用的表述，火灾保险条款混杂不堪。在保险责任的解释、法律诉讼处理和重复保险时的理赔上都出现表述问题，市场上对更简单、更短和更统一的火灾保险单的需求变得十分迫切。火灾保险条款经过一系列改进，直到1943年才诞生了新纽约标准火灾保险单，该保险单在所有的州一直使用了40年，提供房屋和内物火灾保障。该165行的标准火灾保险条款并不是完整的保险合同，而保险合同是可以单独存在的，它只是基础性条款模板，为其他附件提供支持，后者对所承保的财产、所承保的额外风险以及其他相关条件进行描述。

在保单标准化上，1943年标准火灾保险单是一座里程碑，它的广泛使用使条款的法律解释保持一致性和可预见性。但是，像当时的其他保险一样，与今天的书面文件相比，该条款并不是表述简洁上的典范。

在其他种类的保险中，保险人的标准化程度也取决于各种因素。保单语言是以法律文件的书面语体为基础，保险人不太愿意抛弃当时的条款表述，因为这些表述多年来被许多法庭判决所解释。当时还存在一种合理的关注，即未通过法庭检验的创造性保单语言，保险人和被保险人都无法确定它们的真实含义。保险责任需要不断地更新，但是由于法庭可能对保单语言作出相反的解释，保险人仍然不愿意替换已经被接受的表述，即使这些表述不太容易理解。

到了 19 世纪 70 年代，由于一些原因这种情况开始转变。随着火灾保险责任不断地扩大，标准的附加条款不断被用来取代部分标准火灾保险条款。标准火灾保险单和附加条款之间的冲突，使得消费者和保险从业人员越来越难以阅读和解释完整的保险合同。而且，由于语言本身的发展，标准书面英语也在改变。与复杂、严密、冗长的语言相比，社会对简洁和直接的条款表述更感兴趣。以消费者习惯的表述方式，向那些仅掌握有限的英语技巧的人传达、转读信息，是当时的一种合理要求。越来越多的案例表明，法庭以保单持有者的“合理期望”为基础解释保险条款，因为无法指望后者在含义宽泛以及含糊不清的措辞中去理解保险条款的含义。而且，当时正在开展消费者运动，消费者开始向为其服务的机构提出简化文件表述的要求。

虽然保险人制定了更容易理解的条款，以作为对上述要求的反应，但有些老式的保险单，特别是那些不太普遍或比较复杂的险种，依然存在。在早期版本的保险单项下的索赔，多年来一直遭受诉讼的困扰。

今天的保险从业者面对着各种类型的保险单。许多海洋保险单依然在使用几百年前使用过的语言表述。从另一个极端看，有些从使用者角度考虑所设计的条款却显得有些累赘。有些保险单采用折中方式，用简单的语句阐述保险所固有的复杂概念。

许多州保险监管机构要求，个人险类保险单要特别满足可读性要求。国家保险监督官协会（National Association of Insurance Commissioners， NAIC）的个人险类保险条款示范条例规定，采用40分弗莱舍易读测试（Flesch Reading Ease Test）法检验条款的易读性。以下是计分方式：

“①对10 000字以下的保险单，需要分析整个保险单。超过10 000字的保险单，每页取样两个100字段落，分析其可读性。两个取样段落之间至少相隔20行。

②文本或样本的总字数除以句子总数，得出的结果再乘以1.015。

③文本或样本的字节总数除以总字数，得出的结果乘以84.6。

④②和③结果的和减去206 835，等于弗莱舍易读测试得分值。

⑤在进行本部分计算时，要采用以下程序：

a. 缩写和带连字符的词、数字和字母，如果被空格隔开，要算一个字。

b. 结尾采用逗号、分号、冒号的文本单元，按一个句子计算；

c. 一个音节是指一个口语单元，按照可接受的字典划分，由一个单词的一个或多个字母构成。如果字典显示两个或两个以上同样可接受的单词发音，可以使用字节较少的发音。

d. 根据保险人的选择，任何作为保险单一部分的附表可以分别计分，或作为保险单的一部分计分。”

另外，保险单必须用日常会话英语表述，尽可能采用短句和个人语言风格，与合同要求保持一致。具有特殊含义的技术性词汇，尽可能避免使用。商业险类保险单也有类似、非广泛采用的模板规定，如果其弗莱舍易读测试得分低于40，保险监管部门也可以接受。

尽管在保险单中还能发现一些这样和那样的差错，但简化条款上的努力极大地提高了现代保险条款的简洁性。保险系的学生特别从这种改革中受益，因为保险条款更加易读、易理解、易掌握简化了的保险责任。不足的是，现在许多保险单依然含有未经法庭检验过的表述，因此有些条款的最终解释尚不明确。

第一节 保险合同的结构

保险单采用多种组合方式。本部分介绍保险单的结构，对可能在保险单中看到的、附贴在保险单上的或者通过引用方式包含在保险单中的书面文件进行解释。

虽然有些词汇用来描述各种合同文件，但保险从业者在如何使用这些词汇上并不一致。以下是部分词汇含义的一般指引：

——保险单。从技术上说，它是完整的书面保险合同。当指称作为保险单一部分的任何文件时，也可以采用该词，如“关于……，保险单上是怎么说的?”（在某些上下文中，该词有些含糊不清，因为“policy”一词也指一种实用哲学，如“诚实是一种最好的策略”。保险人也可以指一种业务实践如他们的“核保政策”。）

——保险合同或合同。总体来说，它与“保险单”所指的意思相同。“合同”一词有时用来强调保险协议的法律性质，它也可以包含保险单之外的其他协议。

——单险种保险单（Monoline Policy）。承保单一险类或单一险类中部分险种的保险单。

——一揽子保险单（Package Policy）。承保多个险类的保险单。

• 险类（Line of insurance）。“险类”一词显然来源于保险公司必须提交给州保险监管机构的年报上的各种险类。年报上的险类分以下几种：

• 火灾；

•（火灾的）同类险种；

• 农场所有人的多风险事故；

- 家主多风险事故；
- 商业多风险事故；
- 海洋运输；
- 内陆海洋；
- 医疗过失；
- 地震；
- 团体意外和健康；
- 信用意外和健康；
- 其他意外和健康；
- 劳工补偿；
- 其他责任；
- 机动车责任；
- 机动车物质损坏；
- 飞机；
- 忠诚；
- 保证；
- 玻璃；
- 盗窃；
- 锅炉和机器；
- 信用；
- 国际；
- 再保。

除了年报特指之外，“险类”一词并不经常严格用于上述保险种类，它只是泛泛地用来指称不同类型的保险。在任何情况下，哪些保险划归一种“险类”，取决于区分保险责任的理由。

——附表（Form）。通常是指在保险单中的一种主要文件。在某些情况下，一份附表是指除了声明页（declarations page）之外的整个保险单。

——批单（Endorsement）。一种文件，用来修改一种或多种附表中的保障。许多批单相对简单，有时仅包含几行印刷文字；有些批单可能包括数页。在人寿和健康保险中，采用“附约”（rider）一词而不是“批单”，但它与批单所指一样。多数批单是事先印制的，手工批单也经常用来使保险单或附表适用于特殊需要或特殊情况。

——保障部分（Coverage Part）。一份和多份附表合在一起，为某一险类提供保障。

一、独立和模块保险单

独立保险单可以与妇女衣柜中的衣服相比，如同一件完整的大衣，有时可以用珠宝或配饰来点缀。模块保险单像混合搭配的全套服装——一件夹克可以与便裤或裙子以及衬衫搭配，这种混合搭配也可以用珠宝或配饰来点缀。

1. 独立（self-contained）保险单。它是一种标准、事先印制的保险单，是一份单独的文件，载明了保险公司和被保险人之间的所有承保协议。该单独、标准的合同载明保险人和被保险人的名称、保险标的、保险金额、保险条款和保单条件。有时可以用批单增加选择性保障。如果将独立保险单比作服装，那么批单就可以与珠宝或配饰相比，后者可以为特殊场合定制。

独立保险单适合承保不同的被保险人基本相同的风险。比如，私人机动保险通常以独立保险单的方式提供，用来承保整个州的所有私人机动车，甚至在许多州承保。如果需要的话，可以附加租车补偿批单或拖车和劳力批单。

2. 模块保险单。如同妇女的全套服装一样，模块保险单是由围绕着基本部分、混合搭配的文件构成（如同外套里面配上各种服装组合）。单独的文件（有时称为保单外套）经常包括保单条件、定义和其他条款，它们适用于或匹配于所有与它们一起使用的其他文件，这些文件也可以称为“共同条件附表”。

许多内陆海洋保险单采用这种模块做法。比如，承包商设备流动保险承保在声明中载明的铲斗机的损失。除了声明部分之外，完整的保险单还包含两种其他文件：一种附表包含“共同条款”，它适用于所有保险人的内陆海洋保险单，另一种附表包含特别适用于承包商设备保险的条款。

模块方式通常用在商业保险中。图 2–1 显示出保险服务局（ISO）商业一揽子保险单的结构。每份保险单包含：（1）共同保单条件和（2）共同声明。如果承保某一险种，保险单通过增加必要的附表来构成保险责任部分。比如，如果提供商业财产保险，商业财产保险责任部分包括商业财产保险声明页、商业财产保险责任附表和商业财产保单条件附表，这种结合方式构成单险种保险单。这是一份承保某一险类即商业财产的完整的保险单。

模块式保险单的优点是，它可以将几种险类放在单独的保险单中承保。这种合并形成的并不是单险种保单，而是商业一揽子保险单。比如，提供商业财产和商业普通责任保障的商业一揽子保险单可以包括以下部分：

——商业保单条件；

——共同声明：

——商业财产声明页；

——商业财产保单条件附表；

——商业财产保险责任附表；

——商业财产损失原因附表；

——商业普通责任声明页；

——商业普通责任保障附表；

——任何适用的批单。

同样，可以增加犯罪、锅炉和机器、内陆海洋、机动车或农场保险，所有这些险种都包含在“商业一揽子保险单”中。也可以加上批单以修改包含在商业一揽子保险单的各种附表。

并不一定都要将不同的险种合并在商业一揽子保险单中。类似的保障可以通过单独的商业财产保险单、商业普通责任保险单、犯罪保险单等来提供。与单独的保险单相比，模块保险单有以下优点：

①在各种附表中，仔细地设计、协调和契合保险条款，可以减少使用多险种保险单时可能出现的空缺或重叠。

②使用一致性的措辞、定义和保单语言，可以更容易解释保险条款。

③用少量的附表满足宽泛的需求。

④可以简化核保，因为大量的、必须分析的基本信息适用于所有不同的险类。

⑤当同一个保险人承保同一个被保险人的几个险种时，可以减少逆向选择问题。

⑥当同一份保险单中承保多险种时，保险人经常提供一揽子保险折扣。

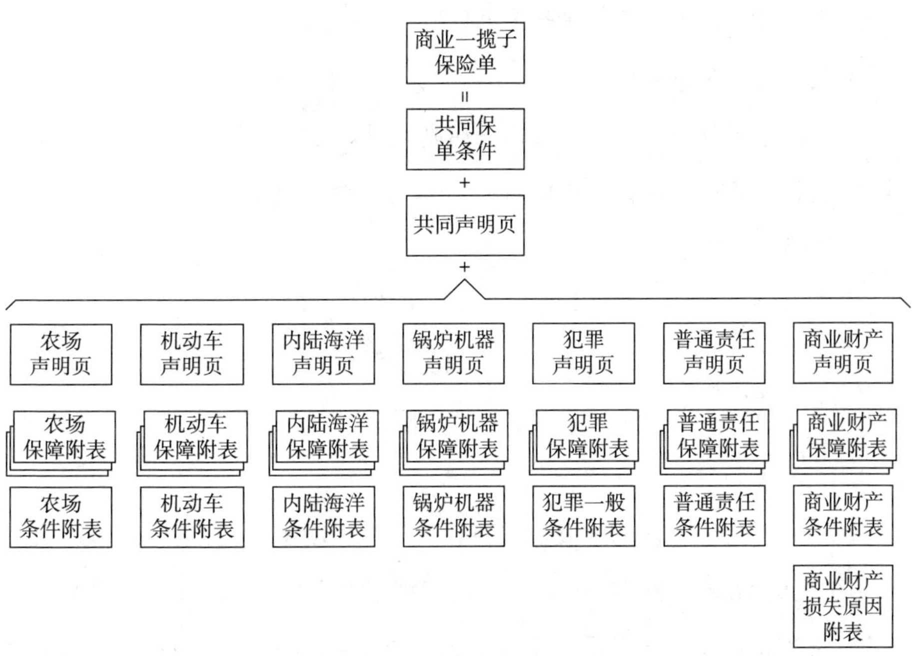

图 2–1　商业一揽子保险单的构成

二、事先印制的和手工保险单

事先印制好的保险单适用于许多不同的被保险人，而相比之下，手工保险单仅为一个特定的被保险人或者有共同独特保障需求的一个被保险人小群体所设计。

1. 事先印制的保险单（Preprinted Policies）。大多数保险单都将一份或多份事先印制的附表和批单组合起来，保险人可以采用其他保险人使用的标准保险单，或者开发自己的所谓“非标准”保险单。

（1）标准和非标准保险单。保险服务和咨询机构，如ISO和美国保险服务协会（AAIS），都制定了标准保险单，提供给每一个保险公司使用。由于它们使用的范围很广，标准保险单提供了示范性模板（标准方式），非标准条款可以与其对照。本书中大量的材料介绍的是标准保单条款。

有些保险单包含州或联邦法律所要求的表述。（这些成文法表述经常由立法人员草拟，他们并不熟悉传统的保单措辞；这些表述有可能产生歧义，与其他标准保单条款存在冲突。）

许多保险公司开发了自己的事先印制的保险合同，特别是针对那些有大量标的的险种（如机动车、家主保险单）或那些由保险人专门承保的险种（如娱乐车辆保险），这些合同被认为是非标准合同，因为其保单措辞和内容与其他保险人所使用的，或者与保险咨询机构所开发的不同。要注意的是，非标准保险单与达不到标准（substandard）的保险单（指质量拙劣的保险单）并不是同一回事。实际上，许多非标准保险单扩大了保险责任，这在标准保险单中是看不到的。

（2）使用事先印制的附表。大量的事先印制的附表保存在保险公司出单部门的档案柜或签单室中，保险单在后者那里组合和签发。在签发保险单过程中，要准备好保单声明页，以作为保险合同的一部分。声明页中指出附表的号码及签发日，出单员将所需附表收集起来，并与声明页订在一起，合并成一份完整的保险单。

保险人使用事先印制的附表时，是不需要保险公司或代理人在自己的档案中保留每个保单持有者的完整的保单复印件。档案中保留的仅仅是声明页，其他所签发的附表用电子版而不是书面文档保留下来。无论何时需要，通过检查声明页中所提及的事先印制的附表文本，就可以了解到所适用的保障的详细情况。当然，保单持有者会收到一份完整的书面合同。

在现今的自动化世界中，电子版文件取代了大量的纸质附表和批单，特别是那些不经常使用的附表和批单。在准备保险单时，高速打印机将纸质文件打印出来。

（3）解决歧义问题。保险人仔细地选择事先印制的附表以及批单措辞（或者由咨询机构设计，保险人采用）。根据第一章中提及的保险合同的附和原则，法庭从有利于被保险人的角度去解释保险单中的任何歧义问题，因为被保险人并没有机会去选择保单措辞。附和原则将在第九章中讨论。

2. 手工保单（Manuscript Policy）。“手工”一词来自于拉丁语。如今，最终保险单很少采用手写。但是，可以根据需要特别草拟或选择保险单。心脏起搏器生产商的产品责任保险就是一个例子。

最终的保单表述可能是保险人、投保人和保险代理人协商后的结果。有些保险条款可以采用标准保险单的表述，而其他条款可以为某种保险合同专门设计或选择。总体来说，手工保单基本上是唯一的，它可以在某种情况下用于一个以上的被保险人，特别是当它的设计是为了满足特定协会或商业群体需要的情况下。

开发手工保单需要大量的时间和精力，更不用说在设计一份重要的、严谨的、可依法执行的合同上所需要的专业技术。手工保单主要用于大型企业，它们具有独特的风险以及强大的议价能力。

解决歧义问题。手工保险单一般通过保险人和被保险人的共同努力而开发。双方了解所希望实现的目的，而且同意使用特定的词汇来表达这种理解。当由双方选择合同语言时，如果需要由法庭来解释合同的歧义问题，双方的地位基本是相同的。

三、附属文件

以上描述了保险单的基本格式。还有一些其他文件可以附贴在保险单上，或者以保险单提及的方式成为合同的一部分，这些文件包括填妥的投保书、批单、保险人的条例、相关的法律条文以及其他各种文件。

1. 填妥的投保书。大多数类型的保险通常采用书面投保书，但有些却不需要，在后一种情况下，可以由个人通过电话投保。保险公司的授权代表也可以对投保要求作出有约束力的答复来创建口头保险合同。

对于相对复杂或需要仔细核保或定费的保险，保险人通常要求提供书面投保书。即使通过口头投保获得有约束力的保障，保险人也会跟进，要求填写书面投保书，以供随后核保和定价。

投保书对核保和定价是很重要的，因为它包含了在所签发的保单声明页上必须重新载明的信息。此外，书面投保书具有法律上的重要性，因为它包含了被保险人为获得保障所做的陈述。如果投保人的陈述是错误的，可能导致保险合同失效。如果投保书作为保险单的组成部分，保险人可以根据投保书上的误告宣告保险单无效。有些法律和法庭判决规定，书面保险合同必须将保险人和被保险人之间的所有协议都包括在内。

在某些州，法律明确要求，任何书面投保书必须作为某些类型的保险合同的一部分。人寿保险对此是一种普遍要求，可能因为投保人经常是被保险人，他显然无法就其死亡索赔与保险人争执。如果不要求在保险单上附上投保书，保险单依然有效，但保险人就失去了由于投保书上的虚假陈述宣布保险单失效的权利。

2. 批单（Endorsements）。批单 [在人寿和健康保险中也称为附加条款（rider）] 是一种条款，它能够对作为保险单一部分的文件内容进行增加、删除、替代或修改。批单并不需要贴上“批单”标识，“保单更改”“增加”和“修订”这些措辞经常被用在批单中。或者批单可以采用一种描述性的标题，如“损失赔偿条款”。不管标识或标题如何，批单可以通过它修改其他文件的功能来识别。

批单可以在单独的纸张上事先印制、电脑打印、打字机打字或手写出句子、段落或完整的章节，它们附贴在其他文件上以作为保险单的一部分。批单甚至可以采用手工注释的方式，添加在基本保单、附表、保险责任部分的边缘，由保险人或保险人的授权代表签上日期、署上名，这种做法在标准印制的保单上很少采用。

大量的批单被设计用来满足被保险人的需求。另外还有通用批单，它们不过是有抬头的空白纸张，在上面填写保险人和被保险之间的特别协议内容。

批单可以包含声明页上的信息（如纠正被保险人姓名的拼写，或载明额外被保险人的名称）、定义、承保协议（如指出所承保的其他类型的财产）、责任免除（如指出不保的财产）、保单条件（如修改合同解除条款使之与州法律规定保持一致），以及其他条款（如损失赔偿条款）方面的信息。它也可以加贴在附表上，以替换或修改附表条款。

如上所述，批单的目的是修改基本保单条款，这就意味着，批单条款经常与它所附贴的基本保单条款不同，因此在解释保单条款时就会出现问题。总之，批单优于它所附贴的保险单中的冲突性条款。而且，手工批单更优于事先印制或打印的条款。这种解释规则是以以下逻辑推理为基础：批单对保险人和被保险人之间的协议进行修改（特别是手写修改），比印制的保险单更能准确地反映双方的真实意图。

但有时法律法规或法庭判决要求某种保险单要完全标准化，要含有特定的表述和观点，或者不能含有法律禁止的内容。比如，虽然核保人有理由将某个驾驶员从机动车保险单项下除外，但这种做法在某些州是不允许的。州法律可能禁止保险人使用将指明被保险人除外的机动车保险单，因为这种保险单可能会破坏为交通事故的无辜受害者提供追偿来源的目的。如果在该州签发的保险单确实包含了指明驾驶员除外条款，它是违背法律规定的，法庭通常在解释该条款时，认定该条款违法，被除外的驾驶员应当由保险单所承保。

3. 保险人的实施细则和相关的法律法规。在某些情况下，将保险人的实施细则或法律条文并入保险合同是很重要的。比如，相互或互惠保险公司的被保险人，通常在管理公司运作方面有一些权利和义务，这些都必须在保险单中载明。

劳工补偿保险单或机动车无过错保险单提供法律规定的保险利益，这些相关的法律法规通常不印制在保险单中。比如，标准的劳工补偿保险单包含以下条款：

“我们将赔偿

我们将立即向您支付劳工补偿法规定的应付保险利益。

劳工补偿法

劳工补偿法是指在保险单声明页第 3 款中载明的，每个州的劳工补偿法和职业疾病法，包括任何保险期间内对该法所做的任何有效修订，但不包括提供非职业失能利益的任何法律条文。”

4. 保险人的定费手册。有时通过在保单表述中提及，将保险人的部分而不是整个定费手册（或保险人的费率规章，不管在手册中还是在其他地方）并入保险单中。比如，商业普通责任保险单包括以下条款：

“保险费审计

我们将按照我们的费率规章计算本保险责任部分的所有保险费。”

虽然这些费率规章本身并不出现在保险单上，但它们是保险合同的一部分。适用的费率规章是经过监管部门核准的，以作为其正常的费率监管和合同监管活动的一部分。

5. 其他文件。除了受到法律法规的限制之外，保险合同可以包括任何文件，有些经常使用的文件包括保费通知书、检验报告、与设备和程序安全相关的规格说明和操作手册。

保费本票（premium note）是一种保险人接受的、替代现金付款的票据。在大多数州，保费本票和保险单被认为是分开的义务（一种是贷款，另一种是保险合同），它们可分别依法执行。在这些州，是否将保费本票附贴在保险单上并不重要。但在其他州，除非将保费本票附贴在保险单上，否则保险人不能要求兑付该本票，而该本票表示要支付的保险费。通常将本票复印件附贴在保险单上以达到这一目的。

在某些情况下，保险人和投保人可以同意，财产和责任保险单提供的保障是以采用某些程序或安全设备为前提。比如，可以通过引用方式，将整套操作说明或规格手册并入保险单，用来准确或方便地表述双方同意采用的程序和设备。

美国各州越来越普遍地要求，保险公司提供“对保单持有者的通知”，告知他们保险单修改后的重大变化。在某些情况下，要求保险人向保单持有者提供文件材料，概述向被保险人提供的保障选择，这些信息文件一般不构成保险合同的一部分。

第二节　财产、责任保险单的内容

从整体上看，一般保险单的内容既复杂又难懂，对外行人来说似乎有些令人生畏。如同大多数的书面文件，保险单不过是由标题、文字、短语、句子和段落合并而成，这些称为保单条款的组成部分，构成了各种不同的保险协议，这些协议又共同构成了独特的保险合同。

本节对不同类型的保单条款进行解释。每种财产和责任保单条款，根据它们的使用目的可以置于以下一种或多种类别中。

①声明（Declarations）

②定义（Definitions）

③承保协议（Insuring agreement）

④责任免除（Exclusions）

⑤保单条件（Conditions）

⑥其他条款（Miscellaneous provisions）

保险单设计的目的是以书面方式详细表述保险人与被保险人之间的协议内容。保险单通常有若干“章节”（sections）或若干“保险责任 / 保险保障”（coverages），而且经常用各种各样的标题或分标题以示区别。类似本书中的章节号、章节标题、其他标题和分标题，保险单中的细目和标注有助于将保险单组织起来，使它更容易阅读。但是，重要信息由保险单文本而不是标题提供。

许多保险单包含一些章节，它们用“声明”“定义”“承保协议”“责任免除”或“保险条件”作为标题。这些标题表示上述部分的主要内容，但它们并不描述标题项下的每个条款细节。如以下所介绍，标题为“定义”这一章可以包含作为责任免除的条款，而保单定义有时也可以在“责任免除”一章中看到。

以下讨论的目的并不是描述保险单中所标注的章节，而是介绍每个保单条款的特点，不管这些条款是放在保险单中的哪一章或哪一标题下。

一、声明

“声明”一词的出现是因为作为保险单的一部分，它提供被保险人在投保书上所声明的信息，以及保险人所提供的保障。实际上，保险单的声明部分通常不仅包含“声明”信息，也包含保险单中的其他特有信息。为了效率起见，保险人设法减少保险合同中含有打印或电脑录入的信息的纸张数量。保险单尽可能设计得使所有重要录入内容都能够显示在声明页上。因此，保险单的声明内容可能仅有一页或数页。

通常保险单的声明页包含以下内容：

——保单号；

——保险单起始和终止日期；

——保险公司名称；

——保险代理人名称；

——被保险人名称；

——被保险人的邮寄地址；

——所承保的财产或运作的地址和描述；

——所有保单附表、批单号码和版本日期；

——适用的保单限额或责任限额；

——适用的免赔额；

——其他个人或机构的名称，他们的额外利益也在保险单项下承保（如受押人、赔款接受人或额外被保险人）；

——保险费。

声明页通常用电脑打印。在某些情况下，在事先设计好的表格空白部分输入信息（如被保险人的姓名和地址），然后再用激光打印机打印出来。

有时保单附表或批单也包含声明类的信息。比如，提供玻璃破损保险的批单，可能包含所承保的玻璃的描述或图表，此类信息本可以在声明页中载明。保险人设法设计不需要填入声明类信息的附表和批单。如果需要录入特定的信息，就设计可以在电脑上制作附表。比如，所承保的玻璃在电脑上用文字描述比图表表示更加方便。

保险公司也经常向他们的代理人提供空白保险单，由代理人在他们的办公地点录入必要的信息并出具保险单，保单副本留给代理人和保险公司存档。每个代理人都存有系列号码的空白保险单，并认真保管，每份签发的保单副本立即提供给保险公司，以此告知代理人签发了哪些保险单，并向保险公司提供用来收费、核保和理赔的相关信息。

二、定义

保险单中的许多单词和短语都有其特定的含义。有些保险人用黑体字以示它们与其他词汇的区别，在更多的保险单中，这些定义词汇采用引号而不是黑体字。采用引号更适合计算机操作，因为在扫描或影印文件中，有时很难区别黑体文字和一般文字。有些保险单使用大写字体或斜写字体以突出具有特殊意义的词汇，还有一些甚至对要定义的词汇采用一般字体而不突出显示。

许多保险单或附表都有一个称为"定义"的章节，对在整个保险单或附表中的一些词汇进行定义。有时，"定义"一章出现在保险单开始部分，对后面使用的词汇进行解释。"定义"一章也可以出现在保险单末尾，作用类似词汇表（glossary）。定义也可以出现在保险单中部，可以标注或者不标注"定义"。

许多现代保险单将保险人指称为"我们"，将被保险人（named insured）指称为"你们"，包括其他相关的表述如"我们的"和"你们的"，经常在保险单无标题的前言部分而不在定义部分予以定义。

1. 例子。商业普通责任保险单（CGL policy）提供了一些例子，在其前言、类似词汇表的定义部分以及保险单中间部分都有定义。

（1）保险单前言部分的定义。以下引述商业普通责任保险保障附表的整个前言部分。第一段只是个介绍，也是一种其他条款。第二段和第三段是定义，虽然它们并未这样标识。第四段是另一个保单阅读指引，涉及定义问题，但它本身不是定义，是一个其他条款（miscellaneous provisions）。

“本保险单中的各种条款对保险责任进行限制，请仔细阅读整个保险单以明确权利、义务及保险责任范围。

本保险单中，‘你 / 你们’和‘你的 / 你们的’是指声明中所示的指明被保险人，以及有资格在保险单项下作为指明被保险人的其他个人或组织。‘我们’和‘我们的’是指提供本保险的公司。

‘被保险人’一词指的是有资格成为第二章‘谁是被保险人’中所指的个人或组织。

其他使用双引号的词和短语具有特殊含义，请参阅第六章‘定义’部分。”

（2）类似词汇表的定义部分。CGL 保险单的“定义”部分是最后一章，一共有 17 个定义。与其他保险单一样，这些定义是按照字母顺序排列的，第一个是“广告伤害”以“a”开头，最后一个是“您的工作”以“y”开头。“事故发生”一词的定义是最短的定义之一：

“‘事故发生’是指一件意外事故，包括持续或重复地暴露于基本相同的一般有害环境。”

如上述定义所示，保险单的定义并不需要采用正式的词典定义。“事故发生”（occurrence）一词的部分含义类似于“意外事故”（accident），由于“意外事故”无须定义，故可以采用其一般词典中的含义。但是，“事故发生”的定义表明，它不仅包括通常被认为是意外事故的事件，还包括持续发生或者重复性事件。

意外事故属于事故发生，有些不是意外事故的事件也是“事故发生”。该定义看来很简单，但是多年以来一直是广泛讨论和争议的主题。有时很难对特定系列行为是否构成一个或多个事故发生达成一致，最终结果往往取决于法庭判决。

（3）在保险单中间的定义。如前所述，有时定义位于保险单中间，而无须采用“定义”这一标题。当保险单中的某一部分使用某种具有特殊含义的词汇，或者当具有特殊含义的词汇仅用在保险单中的某一部分时，才采用这种定义方式。比如，商业普通责任保险单有所谓的污染除外条款（但未予以标记），它提及污染物（污染物一词在保险单中不用大写，不用括号也不用黑体字）。污染除外条款的最后一段，如下所示，实际上是对“污染物”一词的定义（也包括对“废物”一词的解释，该词也用在污染物定义中）。

“‘污染物’是指任何固体、液体、气体、热刺激物或沾染物，包括烟、蒸汽、雾、煤烟气、酸、碱、化学制品和废物。‘废物’包括再生、复原或回收的物质。”

2. 定义的作用。在特定的保险单中使用并予以定义的词汇和短语都有其特殊含义。未予以定义的词汇和短语按照以下合同解释规则予以解释：

——日常用语采用其一般含义；

——技术词汇采用其技术含义；

——具有已经确定的法律意义的词汇按照其法律定义解释；

——在适用的情况下，还要考虑词汇所具有的地方、文化和商业上的惯用含义。

三、承保协议

承保协议是保险单中的陈述，大意是，在某些情况下，保险人将支付赔款或提供服务。对于大多数保险单，在“声明”之后，也可能跟随着“定义”一章，保险单的正文以承保协议一章开始（经常但并不总是都标以“承保协议”）。

保险单可能不只一个承保协议。有些保险单提供一种以上的保障，每种保障都以承保协议为基础。比如，个人机动车保险单通常提供以下保障：（1）“责任”，（2）“医疗费用”，（3）“未保险驾驶员”和（4）“您的机动车”；家主保险单提供以下保障：（1）“住宅”，（2）“其他建筑物”，（3）“个人财产”，（4）“失去使用价值”，（5）“个人责任”和（6）“对他人的医疗费用”。

“承保协议”一词经常适用于对保险单保障部分的介绍性陈述，也适用于作为引入责任扩展、额外保障、附加赔款等陈述的标识。而且，那些在声明、定义、责任免除或保单条件部分中的陈述，尽管未做标识，也能看作承保协议的一部分。

1. 引入性承保协议。引入保险责任部分的承保协议，大体表示保险人在保险合同项下同意做那些事，在保险单的其他部分还会作进一步说明。如果不检查承保协议中所使用的定义词汇，就很难完全理解承保协议的内容。

以下两个承保协议比较简洁。

“内陆海洋保险单条款

我们将为由于以下所承保的损失原因造成的保险财产损失支付赔款。”

该承保协议表述虽然简洁却存在欺骗性。在充分了解该条款含义之前，读者不仅必须检查“损失”一词的定义，还要检查对保险财产和保险损失原因部分的详细描述。

“劳工补偿保险单条款

一旦您索赔劳工补偿法规定的保险利益，我们将立即予以赔偿。”

该保险协议很短，但是，在保险人的承诺完全适用于特定索赔之前，必须参考所适用的州劳工补偿法，尽管该法文本并未出现在保险单中。但是，对劳工补偿法的性质、目的、内容和影响的一般性了解，对理解保险合同条款是必要的。

有些承保协议很长或很复杂。考虑以下例子，有必要检查它们的一些定义词汇。

“营业收入（和额外费用）保障附表条款

我们将赔偿您由于必须在‘恢复期间’暂停运作所遭受的营业收入损失。该暂停必须是由于保单声明中载明的场所内的财产（包括室外或100英尺范围内的机动车内的个人财产），由于所承保的损失原因造成其直接物质灭失或损坏而引起。”

2. 营业收入。要注意的是，有些定义词汇采用大写，有的采用引号。该附表包括定义部分。但是营业收入的定义并不在定义一章出现，而是放在标题为“保险责任”的承保协议一章中，“营业收入”的特别含义通过大写字体予以突出。上述摘录的保险条款的最后两行严格地说，并不是承保协议的一部分，而是定义的开头。

不管是长还是短，承保协议仅仅用相对广义的措辞陈述了保险人的义务。如果不检查保险单的其他部分，是无法确定整个保障范围的，因为保险人的义务是需要通过其他保单条款予以明确或修改。

（1）全面的和有限的保障范围。承保协议可以分为以下两大类：

——综合、多用途的承保协议描述的是十分宽泛、不受限制的保障，适用于几乎所有的损失原因或所有的事件。但是，这种宽泛的保障被责任免除、定义和其他条款所阐明和缩小。

——有限或单一目的的承保协议，仅限于为某些损失原因或某些事件提供保障。责任免除、定义和其他保险条款用来阐明、缩小或有时扩大承保协议提供的保障范围。

在现在的保险单中，经常避免采用综合和类似的表述，这些措辞可能使保单购买者产生错误的期望，这种表述很难让保险人说服法庭，“综合险”或“一切险”保险单不承保某种特定的损失。

类似其他保险从业人员所使用的那些口头缩略语，除非在向公众表述时能够进一步解释，否则它们会误导。即使综合性保险单也有责任免除和其他限制，这些情况需要明确地告知以免产生纠纷。解决这个问题的一种方法是，在与公众交流的时候，要避免使用这种误导性的含义宽泛的词汇。现在许多保险单已经不再使用“一切”或“综合”这种措辞。

（2）财产保险。财产保险的承保协议有两大类，它们与所承保的损失相关。

限制性的承保协议将保障限于保险单上载明的风险事故或损失原因，这种方式通过各种名称来表示，如“指明风险事故”“特定风险事故”或“特定损失原因”。

美国联邦洪水保险单的承保协议是一种单一目的的承保协议。不幸的是，虽然这种由联邦政府机构开发的保险条款与 1943 年的标准火灾保险单并不相同，但与传统的保险合同语言相比，它在可读性或一致性上并不更胜一筹。（承保协议中的有些词汇，表述的是类似其他财产保险单中的责任免除或保单条件。）

“鉴于被保险人支付保险费，根据作为保险合同一部分的投保书和声明表上的陈述，以及受本保险单所有条款的约束，保险人按照实际现金价值，针对位于所附投保书和声明表中所载的地址中的财产，或者在发生洪水风险事故后，需要合理地转移到合适的地点内存放 45 天的财产，由于洪水造成的直接物质损失，对被保险人和其法律代表提供保障，该现金价值不超过在损失发生后合理的时间内，用类似种类和质量的材料修理和重置财产的金额，但不负责由于任何建筑法律法规的规定而增加的修理或重建费用，以及由于营业或生产中断导致的损失，以及超过被保险人的利益的金额。”

仔细阅读上述长句，再分析对可能造成索赔的保障，读者可以得出的结论是，保险保障仅适用于洪水造成的损失，类似一个单独、冗长的定义所表述的那样。

以下是承保承包商设备的内陆海洋保险单中的承保协议：

“我们承保由于……对保险财产造成的直接物质损失。”

该条款之后紧跟着的是所承保的风险事故清单。保险责任仅适用于由于所列出的风险事故造成保险财产的损失。在许多列出（即指明）的风险事故中的第一个是“火灾”，第二个是“雷电”。

在过去，采用综合性承保协议的财产保险单经常被称为“一切险保险单”，其承保协议总是采用“*直接灭失或损坏的一切风险*”的表述。通过该词，很容易识别保险单的综合性质，特别是“一切险”通常采用比较标准的责任免除来限制保险责任。有经验的保险从业者十分清楚，如何检查责任免除条款以确定一切险的责任范围。

举以下 1970 年版的 ISO 标准家主保险单的承保协议（附表 HO–3）的例子来说明这一点。

“本保险单在：

保险责任 A– 住宅和保险责任 B– 附属结构部分，承保除了被除外或限制的风险之外的一切风险造成保险财产的物质损失。”

1983 年，保险人开始改进保单语言，剔除了“一切”这一表述。比如，1984 年版 ISO 的家主保险单（附表 HO–3）是这样表述的：

“保险责任 A– 住宅以及保险责任 B– 其他结构，我们承保仅在保险责任 A 和 B 部分描述的财产的直接损失风险，前提是该损失是财产的物质损失；但我们不承保……”

1990 年版的保险单干脆用单数“风险”一词代替复数“风险”一词。

不用“一切”这一词的目的是减少对条款进行不合理的宽泛解释的机会。即使“一切”这一词汇从保险语言中删去，许多作者和从业人员依然继续使用“一切险”这一习惯上的表述来指称此类保险单。“一切险”在英语中是一种比较简单的双音节词汇，在保单语言中已经长期存在，而且还没有其他可普遍接受的替代词汇出现。有时使用“未定风险事故”（open perils）一词，尽管该词排除了“一切”这一词所带来的麻烦，但它并未明确地将该概念传递给消费者或保险从业人员。其他建议还包括使用类似“不除外的风险”（risks-not-excluded）、“不除外的风险事故”（perils-not-excluded）、“不除外的损失原因”（causes-of-loss not excluded）以及“非指明风险事故”（unnamed perils）。尽管它们中的每种表述都有其优点，但它们的使用相当有限，而且比“一切险”这一表述更为别扭。本书对保险专业读者依然继续使用较为熟悉的表述，但在向普通公众描述保险责任时，最好避免使用“一切险”这一词汇。

在承保承包商设备的内陆海洋保险单中，还有另一种典型的“一切险”类的承保协议。以下是从美国保险服务协会（AAIS）设计的保险单中的一段摘录，该保险单不仅将“一切”一词删除，而且将复数“风险”一词删除。但是，它的效果依然相同。

“我们承保保险财产的直接物质损失，除非损失是由于除外风险事故造成。该损失必须由于外在原因造成。”

尽管没有了“一切险”这种标识性的词汇，保险学员和从业者应当很容易识别这种保障方式。前面所摘录的“一切险”承保协议之后，通常跟随着一系列除外风险事故。保险责任适用于由于外部原因（内在缺陷和其他造成财产自己损坏的风险事故是不保的）造成保险财产的直接损失，除非因除外风险事故造成。

（3）责任保险。商业机动车保障附表提供了另一个有限的承保协议的例子。

“我们将支付本保险所适用的，由于意外事故造成的，由于拥有、维护或使用保险机动车辆所引起的，被保险人必须依法承担的人身伤害或财产损失的损害赔偿金。”

从某种意义上说，这种责任保障适用于某种损失——由于机动车意外事故造成的损失。显然，保险责任仅适用于与机动车（作了定义）相关的意外事故（作了定义），而不适用于所有与非机动车相关的意外事故。但是，保险单并不承保所有与机动车相关的意外事故造成的损失，有些责任免除和保单条件缩小了保障范围。

为企业提供普通责任保障的标准保险单，通常采用“综合普通责任”（comprehensive general liability）保险单的表述，简称为“CGL”。该保险条款在19世纪80年代修改时，名称被巧妙地改为“商业普通责任保险”，但是它的第一个字母并未改变，因此简称依然是“CGL”。虽然条款名称不再使用“综合”一词，但承保协议仍是综合类的。

现在的CGL保险条款（事故发生制）的承保协议表述如下：

“我们将支付由于本保险适用的人身伤害或财产损失，被保险人依法承担的损害赔偿金。本保险仅适用于在保险期间内发生的人身伤害和财产损失。人身伤害和财产损失必须由于‘事故发生’（occurrence）造成。该事故必须发生在保险地域范围内。”（为了简洁起见，删除了承保协议中的有些表述。）

上述承保协议之后紧跟着的是标题为“责任免除”一章，它是以“本保险不适用于……”开头。

该承保协议提供了非常宽泛的保险责任表述，它涉及的范围很广，以至于承保比如由于机动车意外事故（accidents）造成的损失。但是，保险责任受责任免除的限制，包括将大多数机动车意外事故造成的损失除外。

单一目的的承保协议确定了所适用的、相对狭窄的事故范围（如机动车意外事故）。对比之下，综合性承保协议宽泛地声称，它为被保险人由于人身伤害和财产损失所承担的损害赔偿责任提供保障——该承保协议并不将保险责任限于特定的场所、特定的运作或特定的活动。附加保险条款，如机动车除外条款，将机动车造成的损害赔偿责任从宽泛的保障中剔除。经过以上表述，未除外的任何风险事故就都包括在承保协议的保障范围中。

3. 扩展、附加、补充承保协议。许多保险单在主要保险责任之外还包括一些补充或次要的保险责任，这些次要保险责任通常采用“责任扩展”（coverage extensions）、“附加保障”（additional coverages）或“补充赔偿”（supplementary payments）标题，或者采用其他描述性的标题或根本不用标题。

严格地说，“责任扩展”扩展的是基本保险责任部分，以适用于可能不被承保的某种财产或损失。“附加保障”增加的是本来不保的风险，而“补充赔款”则与责任保险相关。但是，特定的保险单可以采用不同的表述。可以举例子来说明这一点。

建筑物和个人财产保障附表的基本承保协议为商业建筑物和其他人的个人财产由于保险风险事故造成的直接损失提供保障。该保险单还以附加保障以及责任扩展的方式将次要承保协议包括在内。

简单地说，附加保障如下所述，而且每一种保障都有自己的承保协议：

——清除残骸。赔偿保险损失发生之后清除残骸的费用；

——保护财产。为了使财产不遭受保险损失，将其搬离被保险场所，为此向其提供场所外保障；

——消防部门的服务费用。支付消防部门的费用；

——污染物的清理或移除。支付发生保险损失后清理和移除污染物的费用。

每一种额外保障都有一定的限额以及 / 或一定的时间限制，承保的是不包括在其他承保协议中的损失后果。

建筑物和个人财产保障附表还包括火灾责任扩展，它为以下几项提供扩展保障：

——新近获得或建造的财产；

——个人财物或他人的财产；

——有价值的文件或记录（研究费用）；

——场所外的财产；

——室外财产。

以上每种责任扩展都有其承保协议。

在建筑物和个人财产保障附表中，还事先印制了三种常见的选择性保障，每一种在填入声明页后才适用。虽然它们标注为“选择性保障”，但保障附表中的可选项目并不是承保协议，而是对保险单中的某些其他条款的修改。

责任保险单通常有“补充赔款”条款，与以下个人机动车保险条款类似。

“补充赔款

在责任限额之外，我们将代表被保险人支付：

1. 由于发生包括违反相关交通法在内的意外事故，需要提供保释保函的费用，但以 250 美元为限。

2. 在我们抗辩的任何诉讼中，为解除所扣押财产的上诉保函的保险费。

3. 在我们抗辩的任何诉讼中，法庭判决应由被保险人赔偿的那部分赔款利息。

4. 根据我们的要求，由于参加听证或审判，每天 50 美元的收入损失，但不包括其他收入。

5. 在我们要求之下的其他合理费用。”

个人机动车保险单的物质损失部分还包括次要承保协议，它采用以下标题：

“运输费用

另外，一旦您的保险车辆被盗窃，我们将支付您所发生的每天 15 美元，最高不超过450美元的交通费，不扣除免赔额。”

4. 具有承保协议作用的其他条款。提供保障或恢复了原本除外保障的保单条款也具有承保协议的作用，它们可能出现在定义当中，或者在保险单的其他地方，作为除外条款的例外，如以下CGL保险单所示：

（1）定义。如前所述，CGL的承保协议提供宽泛的保障，但是该宽泛的保障受机动车除外条款的限制，该条款的部分内容如下：

“本保险并不适用于由于拥有、维护、使用或委托他人保管的任何‘机动车辆’造成的‘人身伤害’或‘财产损失’，该机动车辆由被保险人所拥有、操作，或出租或出借给被保险人。”

“机动车”的定义是：

“‘机动车’是指陆上机动车辆、挂车或半挂车，设计用来在公共道路上行驶，包括任何附加的机器或设备。但是‘机动车’不包括机动设备”。

CGL的承保协议范围很广，包括由于机动车事故所导致的责任索赔。该除外条款将对机动车的保障除外，但“机动车”的定义表示，机动设备不是机动车。该定义的最后一句的作用是，同意为由于机动设备（受其他保险条款的制约）所引起的责任提供保障（实际上恢复了原本除外的保障）。（“机动设备”有自己很长的定义，它包括诸如推土机和农业拖拉机等机械。）保险从业者可能称之为CGL的“机动设备保障”。由于这些原因，上述定义的最后一句在技术上具有承保协议的作用，虽然在实践上并不这么说。

（2）除外条款的例外。CGL通过酒精责任除外条款的例外表述，同意为大多数企业提供保障（明确表示并未剔除）。包括例外在内的整个除外条款是这样表述的：

“本保险不适用于被保险人可能由于以下原因被认为要承担的‘人身伤害’或‘财产损失’责任：

（1）造成或促使任何人醉酒；

（2）向未达到法定饮酒年龄的人，或已受酒精影响的人提供酒精饮料；

（3）违反有关销售、赠送、分发或饮用酒精饮料的法规、规章或条例。

本除外责任仅适用于当被保险人从事酒精饮料生产、分发、销售或供应的企业。”

由于该除外条款的最后一句是一种例外，保险保障仅适用于未从事生产和销售酒精饮料的企业，进行公司派对或其他与提供酒精饮料相关的活动。该条款经常被指称为“主人酒精责任保障”（host liquor liability coverage），也就是说，它实际上是一种承保协议。

看来，将除外条款的例外作为“保险责任”有些牵强。虽然这种说法并不令人信服，但它与保险从业者的语言保持一致，而且部分是以某些保险合同的发展为基础。许多今天的标准保险单都包括一些保险责任，它们在过去的保单中是除外的。此类除外责任可以通过支付额外保险费购买回来（bought back），这些保险责任由单独的附表或批单提供。现在，这些保险责任的一部分在标准的基础保单中存在，只不过因为它们并未被除外，或者因为它们是除外条款的例外。保险从业者经常称它们为“保险责任”——即使并无通过特定的承保协议表示提供保障。最好的例子是商业普通责任保险单中所谓的产品责任保障，过去的责任保险单通过批单提供产品责任保障，而现在干脆不将它除外。

四、除外条款

虽然“除外”一词经常在保险单中使用，用以明确表示哪些条款是除外的（如列在“除外条款”标题下），但是该词能够被准确地用于任何保单条款中，作用是排除对特定损失风险的保障——不管是否标识为除外条款。

除外条款的定义是：“保单条款，它们描述什么是保险人不打算承保的。”“打算”一词是很重要的。除外条款的主要作用是澄清，什么是保险人同意提供，而不是从被保险人那里“取走”（taken away）的保障。确定哪些是保险人不打算承保的，是一种澄清保险人确实打算承保哪些内容的方法。

保单草拟人很难用一种法庭想要用其解释的语言来表示“保险人打算承保什么”。1973 年版本的 CGL 保险单有一污染除外条款，它以似乎十分明确的语言来做出结论：

“……如果这种污染物质的排放、散发、泄漏、游移、逃逸是突然而且是意外的，该除外条款则不适用。”

与承保协议相结合，保险人认为，他们的目的是排除大多数污染损失保障（如除外条款所描述的那样），但对突然或意外污染所造成的损失是承保的。人们在大量的文件中争议这些表述的含义，以及污染损失的可保性问题，但作者并不打算在这一小段落中对此做出结论。保险人的目的是以以下前提为基础，即非意外损失是可以避免或减轻的，任何通过对污染者进行补偿以鼓励污染行为的保险保障是违反公共政策的。看来是完好的管道在无事先警告的情况下爆裂，或者发生了一些其他性质相同的偶然事件，是合适的保险标的。过去法庭对“突然和意外”除外条款做了一些解释，将很多保险人既不认为是突然，也不认为是意外的事故当作保险事故。保险人经过许多努力，设计出很明确的污染除外措辞，以表明他们的意图，希望法庭能够予以支持，但都不太成功。许多保险人干脆放弃这种意图，并将所有的污染损失保障都除外。显然有可能设计一种保单语言，表明将所有的污染损失除外，但又难以找到一种可接受的保单语言，表示“只有突然和意外的污染损失是承保的”。

作者之前曾提及，保单语言的含义是法庭认为它所指称的含义。在许多案件中，法庭的解释与保险人的意图并不一致。在提及保单措辞含义上的纠纷时，作者设法避免选边站，因为任何一种观点并不一定都是错或对的。从理论上看，保单草拟者负责清楚地表明他们的意图，使法庭按照同样的方式解释保险条款，但实际上，保单语言并不是那么容易设计，使它既能清楚地表达保险人的意图，又能适用于各种各样的被保险人以及将来尚未发生的损失情形。而且，存在大额损失的索赔人，在发生损失后会有更多的经济诱因去挖掘保单中可能存在的漏洞，而保单草拟者却必须针对各种未知风险来设计整个保险单，用自己的经验和想象去揣测哪种损失会导致索赔，后者显然处于下风。

从整体上看，除外条款至少具有以下 6 种合法的目的：

①排除对不可保风险的损失暴露；

②有助于管理道德和心理风险；

③减少重复保障的可能性；

④剔除特定的购买者所不需要的保障；

⑤剔除需要特别处理的保障；

⑥有助于使保费处于合理的水平。

某一种除外条款很难仅与以上任何一种目的联系起来，因为除外条款的目的可能不只一种，这一点特别与上述第⑥个目的“使保费合理”相关，几乎所有的除外条款在某种程度上都是为了这个目的。从逻辑上看，无论何时通过删除责任免除条款以扩大保险责任范围都需要支付更多的保险费。

1. 排除对不可保风险的保障。除外条款的一种目的是排除那些被保险人认为是不可保的风险。几乎所有的财产和责任保险单都将由于战争造成的损失除外。（主要的例外是，“战争风险保障”经常由承保船舶或货物的海洋保险单提供，即使船舶可能通过交战地带，不过费率很高。）

其他不可保风险的共同除外条款，包括被保险人的故意行为或其他非意外事故、核辐射、地震、洪水对固定财产的损坏、正常磨损以及“内在缺陷”。（内在缺陷是物体内在质量问题，它会损害该物体，如铁锈、木头腐烂或橡胶变质等。）

以上每项除外风险都不具有至少一种可保损失风险的特征。战争和核损失会导致不可估量的巨大损失；内在缺陷和类似的风险不具有意外或偶然性质，它们是可预见的，很大程度上是被保险人可以控制的。

2. 有助于管理道德风险因素。道德风险因素（moral hazards）是保险从业人员经常使用的词汇，是指人类性格上的缺陷或弱点，它们会导致人们夸大损失或故意造成损失以获得保险赔款。将它们除外有助于管理道德风险因素，排除对被保险人故意行为的保障，这种故意行为是不可保的。在ISO家主保险单的责任保障部分有这么一个例子：

“保险责任E– 个人责任以及保险责任F– 对他人的医疗费用不适用被保险人预期或故意造成的‘人身伤害’或‘财产损失’”。

该除外条款排除了对公然故意伤害行为的保障，本书其他地方讨论的其他条件和其他条款也使得夸大损失的行为难以奏效。

3. 有助于管理心理风险因素。“心理风险因素”一词一般是指人们有了保险之后，对避免损失抱着不以为意的态度的一种心理状态。有些除外条款有助于通过让被保险人承担由于自己的粗心大意所造成的损失来管理心理风险因素。以下除外条款是一个很好的例子，它并不出现在“除外条款”标题项下，而是包含在家主保险单的“冰冻”风险事故中：

“本风险事故‘冰冻’并不包括，当无人居住时，在‘住宅房屋’中的损失，除非您实施了合理的注意，

a. 在房屋中保持温度；或

b. 关闭供水设施并从供水系统和设备中抽干水。”

在另一个例子中，财产“一切险”保单有一个所谓的“自愿离开除外条款”，其表述如下：

“我们不赔偿因为您或您将财产委托其保管的任何人，自愿离开任何财

产所导致的损失，他们这样做的原因是因为受骗局、诡计、策略或欺诈行为的诱使。”

当顾客在仓库的装卸台出示了伪造的凭证提货时，该除外条款可以发挥作用。如果仓库实施了完善的验证程度，就可以避免一些但不是所有的此类损失。将“欺诈”造成的损失除外，可以鼓励企业建立完善的验证制度。承保这种损失会导致他们在验证时粗枝大叶，因为他们认为，保险公司会赔偿。

4. 减少重复保险的可能性。如果两份保险单为同一损失提供保障，通常是不必要也是一种浪费。不必要的原因是，一份保险单项下的保障是所有需要用来补偿被保险人的保障（除非保险单的限制性条款导致无法获得全部赔偿）。重复保险是一种浪费，因为至少从理论上看，为某类损失重复支付保险费（尽管在某些情况下微不足道）就是一种浪费。

比如，

——个人责任保险单通常将由于企业活动造成的损失除外；

——“商业财产”保险单通常从所承保的财产中将机动车除外，因为机动车物质损坏保险已经由其他保险所提供，而且随便买得到。

总之，标准保险单经过仔细设计，与其他保险单衔接起来——一份保险单将另一份保险单所抛弃的风险捡起来承保。当同一家保险人或咨询机构设计相关的保险单时，这种情况经常发生。

比如，企业机动车保障附表的目的是承保由于装卸机动车引起的责任，而商业机动车保障附表的目的是将该装卸责任保障除外。该目的可以通过以下摘录的保险条款来实现。商业普通责任保险条款不仅解决了与机动车相关的问题，也解决了那些与飞机和船只相关的问题。而且，CGL 的与机动车相关的条款与企业机动车保障附表条款很好地契合起来。

以下是企业机动车保障附表的责任保障部分的除外条款：

“本保险并不适用于在以下情况下搬运财产所导致的‘人身伤害’或‘财产损失’：

a. 当财产从‘被保险人’的接收地点，搬进所承保的‘机动车之前’；或

b. 在财产从所承保的‘机动车’搬到最终交付给‘被保险人’的地点之后。”

商业普通责任保障附表的除外条款是：

“本保险不适用于由于拥有、维修、使用或委托他人管理，由被保险人拥有、操作、租借的飞机、机动车、船只所导致其他人的人身伤害或财产损失。‘使用’包括操作及装卸。”

商业普通责任保险保障附表对“装卸”的定义为：

“‘装卸’是指财产在以下时间内搬动：

a. 财产从接收运输之地搬运到飞机、船只或‘机动车’上后；

b. 当财产在飞机、船或汽车内；

c. 当财产从飞机、船只或汽车上搬到最后交货地点时……。”

与上述相同的表述几乎都用在其他类似的两种保障附表中，以保证一种保险单拾起了另一种保险单所丢弃的保障。也就是说，当涉及机动车装卸时，一种保险单将另一种保险单所承保内容除外，反之亦然。

要注意除外条款和定义之间的补充关系。在机动车保险单中，除外条款描述的是不承保的风险。在普通责任保险单中，除外条款提及“装卸”问题，但在定义中，对“装卸”进行描述。

两种不同的保险单的保险责任并不都是那么契合。但是，在检查相关的保险单时，需要查看补充除外条款和其他契合条款的表述，因此重要的是要保证，这些条款要相互契合，而不会出现保障空缺或者保障重叠。

5. 排除一般的保单购买者所不需要的保障。除外条款第五种目的是排除

一般的保单购买者所不需要的保障。比如，大多数企业运营不涉及飞机或船只的装卸工作，因此上述飞机或船只装卸除外条款对大多数被保险人不产生影响。同样，一般个人并不拥有或操作私人飞机，不用私家车作为载客出租车，或者不将部分住房出租来储存企业的财产，因此这些风险保障被一般机动车和家主保险单所除外。

具有上述风险的人可以另外获取保障，但通常要支付额外保险费。要求所有的被保险人去分摊相对少量的被保险人所承保的巨大风险的成本是不公平的。同样，如果让私人机动车保险单自动为任何时候用作的士的车辆提供保障，也是不合理的。

（保险人将一般保险单购买者所不具有的风险除外，也经常是不允许的。比如，被保险人可能要求，将驾驶员在受到酒精或毒品影响的情况下发生意外事故的保障除外，但州保险监管人员不太可能批准这种除外条款，因为这样做会排除无辜的酒驾受害者的追偿来源。其结果是，那些从不喝酒驾车的机动车保险单持有者，要分担那些酒驾司机造成的事故损失。）

6. 排除对那些需要特别处理的风险的保障。除外条款的第 6 种目的是排除对需要特别处理的风险的保障。在这里，“特别”一词是指定费、核保、损失控制或再保险处理，它们与通常适用于制定了除外条款的合同的处理方式不同，比如：

——许多承保贵重的个人财产的标准保险单，将展会或交易会上展出的财产的损失保障除外。油画、邮票、古币和其他收藏品有时在展会上向公众展出，而展会上的财产特别容易遭受盗窃或其他风险事故损失。如果存在这种风险，核保人同意在额外支付保险费的情况下提供保障。

——商业责任保险所承保的产品责任特别将缺陷产品召回费用除外。所谓的“产品召回”保险有时由超额和溢额保险人承保，他们仔细分析该特殊风险，并为其定价。

——普通责任保险单通常将所谓的职业责任风险除外。医生、律师和其他专业人员可以购买职业责任保险，以承保他们在专业活动中的错误和遗漏造成的损失。

——商业财产保险单将蒸汽锅炉爆炸除外。对蒸汽锅炉进行专业检测，这是每家保险公司所不具备的。

——从事酒精业务的被保险人在酒精法项下的责任，经常是保险公司的再保险协议中所除外的。

如以上所述，除外条款可以用来达到多种目的。有些除外条款将一般的保单购买者所不需要的保障除外，因为他们没有这种风险。除外条款可以为那些持有专门保险的被保险人减少保障上重复，如果存在保障重复，“要求特别处理”被认为是除外条款的一种独特的目的。在某些情况下，这是保险人使用特别除外条款的唯一原因。比如，锅炉和机器保险在很大程度上要借助于锅炉检验人员的损失控制专业知识，许多承保商业财产的保险人并无人员和设备来解决锅炉和机器的安全检验问题，但仍然出具锅炉和机器保险单，并由其他保险人再保，后者具有这方面的专业知识。对保单购买者来说，似乎保险人用两份保险单来做一份保险单所要做的事。但从保险人的角度来看，有必要将锅炉和机器损失与商业财产保险损失分开，锅炉和机器损失由再保险人承担，后者为锅炉和机器这部分保障核保和定价。

7. 使得保险费合理。除外条款的第七种目的是有助于将保险费保持在大量的保单购买者认为是合理的水平上，这是保险人、费率监管人员以及消费者要共同实现的目标。

所有除外条款在某种程度上都为了实现这一目的，但是，它是某些除外条款的主要原因，也是某些除外条款的唯一原因，比如私人机动车保险单中的“对您的车辆的损坏”一章中的以下除外条款：

“我们不为由于以下原因造成的损坏支付赔款：

c. 机械或电路故障；或

d. 道路对轮胎的损坏。”

该除外损失并不是完全不可保的。机动车经销商、轮胎商店以及各种其他机构都提供类似保险那样的质量保障来负责此类损失。但是，很少有人会愿意支付保险费，将此类可预见的损失包含在他们的机动车保障中。保险单可能通过定价来体现这种机械故障或轮胎的损失成本，但是被保险人还得最终支付它们的预期维护费用加上保险人的管理费用来承保维护成本。在机动车保险单项下，将一般性维护费用保障包含在正常的机动车保险单中的任何保险人，可能因为定价过高而无人问津。

类似财产或责任保险，牙科保险通常不承保定期清洗牙齿和其他日常性牙齿维护费用，因为被保险人最终要支付牙医服务费加上保险人的管理成本。实际上，此类牙齿维护费用往往以团体方式承保，并由雇主支付保费（可以免税），雇主向雇员提供免税福利。税收上的优惠可以为消费者节省费用，弥补用保险为一般性、可预见的费用提供融资所带来的高成本、低效率上的不足。另外，这种方法可以作为一种损失控制措施，因为它能避免高额索赔。

如上所述，除外条款是任何条款，它们作为责任免除，而不管是否标识为“除外条款”。保险单包含许多除外内容，其每一项都有助于使保险费合理。如果保险单的其他内容都一样，除外条款越少，损失成本就越大，反之亦然。

五、条件

保单条件是任何条款，它们对保险人所作的具有法律约束力的承诺进行限制，而不管它们是怎样标识或者置于保险单的哪一部分。有些保单条件位于标识为“条件”一章，大部分已在第三章中讨论。其他保单条件几乎可以在构成整个保险合同的附表、批单或者其他文件中看到。

在保险单的承保协议中，保险人承诺向被保险人、代表被保险人支付赔款，为被保险人抗辩，以及/或者提供各种额外服务。但是，这些承诺不是绝对、无条件或不附带任何条件的。保险人承诺支付赔款、提供抗辩或提供其他服务是有法律约束力的，前提是发生保险事故，被保险人履行了保单条件部分约定的合同义务。

一般保险条件的例子包括，被保险人支付保险费、立即报告损失、提供合适的损失文件以及不损害保险人从第三方责任人那里追偿的权利（在代位求偿措施项下）。如果被保险人不这样做，保险人可以解除自己部分或全部有法律效力的承诺。

一般合同条件有时分为以下两类：

①义务存在的先决条件（condition precedent），比如，祖父告诉孙子："你毕业后这辆车是你的。"赠车的条件必须在转移车辆所有权之前满足。

②义务的存在受后续条件（condition subsequent）的限制，通过特定的事件发生或未发生来终止该义务。假设祖父说："如果你辍学，这辆车就不是你的了。"辍学作为使该赠与失效的条件。

在1987年美国爱荷华州的一个案件中，有两份保险单为机动车责任提供保障。保险人并未接到通知，说他们的被保险人牵涉到一件车辆肇事逃逸事故中，直到28个月之后才得知此事。在这段时间内，被保险人也向警方隐瞒其肇事行为。两个保险人设法拒绝赔偿，理由是被保险人违反了保险单要求尽快通知索赔事故的条件。

其中一份保险单制定了以下条款：

"您必须为我们做些什么

如果发生了可能由本保险单承保的事故或事件，您必须尽快地通知我们。您可以通知我们的任何授权代理人……

直到您做了所有这些事后，我们才有义务为您支付赔款。”

第二份保险条款作了以下表述：

“发生事故或损失后的义务

您必须立即通知我们如何、何时以及何处发生事故或发生损失。通知中要包括任何伤者以及任何证人的姓名、地址。在保险单项下寻求任何保障的人必须……。”

假设根据上述的约定，法庭确定，上述第一份保险单的通知条款，是保险公司在保险单项下承担责任的先决条件，那么，在保险单项下寻求保障的人就要举证，未能通知保险人是情有可原或并未对保险人造成损害。但是，根据第二份保险单略有不同的表述，则由保险人承担举证义务，去证实自己由于被保险人未履行义务而受到损害。（在所有的美国州，如果通知延迟，保险人是无须举证自己受到损害。）爱荷华州高等法院并未以保险人举证自己受到损害作为判决基础，因为它认为，两个保险人都因为延迟收到通知而受到损害（也就是说，保险人的抗辩能力受到损害）。但是，该案件清楚地表明，光说被保险人有义务是不够的——保险人可能保护不了自己，除非保单条件规定了违反义务的惩罚措施。以前有些保险单缺乏这类条款，现在都经过修改，不仅包括被保险人义务的清单，还包括以下保险人承担赔偿责任的前提条件：

“我们无义务在保险单项下提供保障，除非被保险人的以下义务完全得到履行：”

同样的表述也包括在许多其他保险单中，以表明先决条件是如何发挥作用的。

后续条件包括代位求偿条款，它要求被保险人在保险人赔偿损失之后将追偿权转移给保险人。

六、其他条款（Miscellaneous Provisions）

保险单经常制定了各种条款，它们并未严格地作为声明、定义、承保协议、除外条款或保单条件看待。它们可能用来解决保险人和保险人之间的关系问题，或者可能有助于确定执行合同条款的工作程序，但它们并不具有保单条件的法律效力。偏离其他条款中规定的程序的行为，通常不会影响保险人承担赔偿责任的基本义务。

其他条款的一个例子是估值条款，它规定了在保险单项下衡量损失程度的标准。有些其他条款对一些特定类型的保险人具有独特的作用，比如：

——由相互保险公司（mutual insurance company）签发的保险单，可能描述了每个被保险人在挑选董事会成员时的权利。

——由互惠保险人（reciprocal insurers）签发的保险单，对代理人可以代表被保险人实施的权利进行授权。

第三节　如何阅读保险单

人们阅读保险单的原因都不尽相同。有两种共同的原因是为了得出以下两个重要问题的答案：

①发生损失之后：是否该损失由保险单所承保？

②发生损失之前：保险单承保哪些损失？

在理想的情况下，每个保单持有者都能够在收到保险单时阅读它并基本了解保险单承保哪些损失。但在现实中，多数被保险人并不阅读直到发生了损失。到那时，才仔细地研究保险条款，设法找到承保该损失的表述。保险人的理赔代表在确定保险责任是否适用于该损失时，也基本上采用相同的做法。保险代理人和经纪人在回答被保险人提出的问题时也都这么做（核保人在回答代理人的问题或评估投保申请时也一样）。

损失发生后分析保险条款的最有效的方法是了解保险单结构如何，是如何解释的。本节的剩下部分介绍如何在损失发生后对保险单进行分析。

一、损失后的保单分析

本节描述发生损失后分析财产和责任保险条款的基本方法，以确定是否保险责任适用已发生的损失，以及保障程度多大。相同的方法可以用来回答可能发生的关于特定损失的问题。

1. 是否索赔由保险单所承保？

除了减轻保险人赔偿责任的一些情形（如被保险人投保时隐瞒重要事实或违反保单条件的规定），该问题可以通过明确 3 个其他问题来予以充分回答。

a. 是否索赔在承保协议范围内？

保险单承保协议提供了宽泛的保险责任的表述，然后再通过除外条款和其他保单条款将保险责任缩小。如果索赔是在承保协议范围内，该索赔由保险单所承保；如果不在承保协议范围内，就无须再进一步分析，除非为了确定，是否另一个保承协议（或同一份保险单的其他保障部分）或其他保险单适用于该索赔。

b. 是否任何除外条款排除或限制对该索赔的保障？（如果“是”，是否该除外条款存在例外，是否保险责任得以恢复？）

如前面所解释，除外条款将某些包括在宽泛的承保协议中的保障除外。分析除外条款的影响的最佳方法，是将每个除外条款与承保协议一起阅读，省略那些与该索赔无关的句子和段落。

有些除外条款含有“例外”，它们可能紧跟着除外条款本身，或位于除外条款一章的末尾。在确定除外条款是否适用时，分析人员应当找一找是否有任何适用的例外条款。

c. 是否履行了保单条件？

注意以下回答上述问题的方式和顺序。有两个主要的问题——保障和金额，而且在确定是否索赔由保险单承保之前，评估赔偿金额是毫无意义的。因此，在回答问题 2 之前必须先回答 1a、1b 和 1c。

这些基本点看来是明确的，然而，有时会忽略。在一个案件中，被保险人的业务工具在车中被盗，该损失由机动车保险单所承保。被保险人向保险人的理赔代表提交了索赔报告，后者同意为该损失赔偿 200 美元，因为保险单的个人物品保险金额为 200 美元。直到后来，该理赔代表意识到，业务工具并不能作为个人物品。这个案件暴露出一个问题：在决定赔偿金额前，先确定索赔是否在保单项下承保。

如前所述，除外条款的例外有时被称为“保险责任”，也可以被认为是承保协议，至少它具有恢复本当被删除的保障的功能。

有时保险单的批单将除外条款删除或予以替代，因此在确定是否除外条款将保险责任删除之前，还需要检查批单。

一旦确定除外条款将保险责任删除，而且没有例外条款或批单将该保险责任恢复，通常再分析其他除外条款也就毫无意义了。如果只有一个除外条款将损失责任排除，那么在相关的承保协议中该损失也是除外的，即使其他除外条款并不适用。

保单对某个重要事实的解释通常是不全面的。合同解释的一个原则是，合同需要完整地阅读。经常，在一个看来毫无关系的条款中，有些内容凸显了另一个条款所表达的意思，而且对索赔结果产生影响。用一个简单的例子来说明。埃弗雷特的院子栅栏被暴风损坏，他不清楚该损失是否由其家主保险所承保。保险单对所承保的财产的描述并未专门提到院子栅栏。但是，他注意到，对“机动车”风险事故的表述如下：

“我们承保由于以下所列风险事故造成的直接物质损失，除非该损失在第一章的‘除外条款’中被排除……”

2. 任何保单条件是否对该索赔的保障产生影响?

如上所述，许多保单条件对保险人和被保险人的义务进行描述。在大多数情况下，双方都分别履行自己的义务——保险人不寄送不合适的合同解除通知书，被保险人不隐瞒或不误告相关信息，将保险损失立即通知保险人，事故发生时与保险人合作等。保单条件的约定不能忽视，因为违反保单条件可能对所承保的索赔造成不利影响。

3. 赔偿金额是多少?

假设索赔由保险单所承保，保险人将赔偿按照保险单载明的方式所确定的金额。第六章将对估值条款作详细的介绍。

但是，有些要点值得引起重视。

——财产保险单通常有一个估值条款，说明保险财产的价值是如何确定的。常见的两种估值方式是重置成本和实际现金价值，作为衡量财产价值的基础。

——在责任保险单中，保险人通常承诺为被保险人提供抗辩并支付被保险人依法承担的损害赔偿金，它可能是法庭判决的金额。但是大多数情况下，该金额通过庭外理赔协商达成，它是双方在考虑多种因素的情况下所达成的金额。如果将案件提交法庭，它也可能是法庭判决的金额。

在财产和责任保险中，保险人可能同意支付一些其他费用，如保护财产不受进一步损坏的费用、律师费以及抗辩责任诉讼的其他费用。

在确定保险人赔偿金额时，还需要考虑免赔额、共保条款或其他适用的损失分摊条款。而且，保险人无义务承担超过适用于特定损失的保单限额的赔款，该限额也可能是分项保单限额。在找到和解释这些不同条款时，经验和技巧的作用很大，特别是当几个条款同时适用的情况下。这些问题在本书中有详细讨论。

二、损失前保单分析

在未发生特定损失时，分析保险单是比较困难的。损失前保单分析需要掌握一些技巧，如：

（1）了解保险单通常在处理损失风险问题时描述保险责任的方法；

（2）能够识别和评估保险条款，这些条款的表述方式与通常做法不同；

（3）了解风险暴露——保险单适用的被保险人、财产和运作。

下一章将通过研究在大量的财产和责任保险单中使用的方法来解决前两个问题。第三个问题的分析不在本书范围内。

涉及如何开发保险条款时，就需要更多的知识和技巧。尽管本书不讨论"如何开发保险产品"这一课题，但是条款草拟人应当对一些基本概念有所了解。

小　结

虽然保险单"买的多读的少"，但是保险专业人员应当知道如何阅读和解释它们。以有条理的方式阅读保险单，了解其结构和内容需要一定的技巧。

保险单可以按照它的几种基本特点来分析。

——保险单可以是单独的、内容完整的文件，或者可以是模块，类似搭建积木那样，使用所选择的文件。

——保险单也可以事先印制现成的文件，或者可以手工特别草拟以适合特定情况的保险单。

——事先印制的保险单可以是标准保险单，由保险服务机构开发；或者根据法律规定制定，并由许多不同的保险人使用；或者可以是非标准保险单，由个别保险人开发。

法庭在解释保单条款时，通常采用附和性原则，倾向于作对未参与制定合同的一方（通常是被保险人）有利的解释。

附属性文件可以附贴在保险单上，或者它们在保险单中提及而并入保险合同。投保书、批单、保险人的细则、相关法律法规、费率手册和其他各种文件都可以这么做。

财产和责任保险单由许多条款构成，这些条款可以分类为声明、定义、承保协议、除外条款、保单条件以及其他条款。尽管这些分类有不同的标题，但应当分析其中每一个条款的作用，甚至有些条款的作用还不只一种。

保险单声明中的内容，基本上是保险单的个性化信息，如被保险人的姓名、保险财产和活动，以及提供保障的保险人的名称。定义对保险单中使用的某些专有词汇予以解释，未经定义的词汇通常采用其一般含义。承保协议描述的是保险人同意提供的保障，某些用来确定、重述或恢复保障的条款也可以认为是承保协议。

除外条款缩小承保协议所提供的宽泛保障的范围，除外条款通常用来达到以下一种或多种目的：

——排除对不可保风险的损失保障；

——有助于管理道德和心理风险；

——减少重复保障的可能性；

——剔除一般购买者所不需要的保障；

——剔除需要特别处理的保障；

——有助于使保险费处于合理的水平。

先决条件和后续条件，如本章所述，与围绕着保险责任的义务及环境相关。其他条款主要解决的是管理性问题，它们不属于任何上述主要类别。

保险单可以在发生损失后阅读，以确定损失是否由保险单所承保，或者在损失前阅读，以确定它承保哪些损失。发生损失后，要问以下几个问题：

——索赔是否由保险单所承保？

——如果答案为“是”，那么赔偿金额是多少？

第二个问题要等到第一个问题得出满意答案后再回答。回答第一个问题时需要确定，索赔是否属于承保协议范围，任何除外条款是否排除或限制保险责任，以及任何保单条件是否对保险责任产生影响。

在发生损失前对保险单进行分析需要想象力、洞察力和经验，以确定哪些损失会发生，以及将保险单中的特定条款与那些在其他保单中的类似条款进行比较，这些技巧将在本书的其他部分进一步探讨。涉及开发保险条款的更高技巧，不在本书介绍范围内，这里提供的仅是这种技巧的基础知识。

第三章　一般性保单条款

本章介绍一些保险单的模板文件，这些看来无所不在的条款经常被忽略，这里讨论的条款一般可以在独立保险单（self-contained）末尾的“条件”部分，或者在模块保险单（modular policy）的共同条件部分看到。

本章开始仅简单介绍两种一般性条款，后面会讨论得详细一些。这些条款主要涉及：（1）被保险人一方以及所承保的财产。（2）保险责任适用的时间和地点。详细讨论的其他一般性条款与常规性的缴费、拥有保障或终止保障相关。及时支付保险费以及不解除保险合同通常或多或少被认为是理所当然的，但是，每份保险单还必须制定条款，详细说明如果正常的程序未发生，会产生怎样后果。（比如为了澄清，在保险期间届满之前，是否、何时、怎样以及由谁解除保险合同，以及如何调整保险费。）

其他此类保单条件与损失发生后必须采取的措施相关。这些保单条款直到实际损失发生之后才会被查阅。很少在对适用的保障进行损失前分析时，评估这些条款。

在本章中探讨的大多数条款都被认为是理所当然的，就像太阳和月亮那样平常。一旦在保险单中看到它们，不会认为有什么不合适。而且，这些条款还有其重要作用，如果没有它们，保险的目的可能难以实现。在本章中检查的条款确定了某些基本参数，其他保单条款在这些参数中发挥着作用。本章尽可能引用典型的条款，概括介绍它们的必要性，分析它们的含义。在可能的情况下，对类似的保单条件所存在的差异性和例外情况进行说明，这些差异性和例外情况会使人感到为什么这些条件的存在并不是那么理所当然。

需要注意的是，虽然本章引用的大多数条款都是常用的，读者不要认为，任何保险单都包含所有这些被讨论的条款，或者某种类型的特定条款与所引述的条款相同。

第一节 明确被保险人方或所承保的财产

第四章详细探讨“被保险人方”这一复杂的课题，第五章讨论所承保的财产。但是，有些相关的、在许多保险单中都能看到的一般性条款，则在本章中介绍。

一、转让

保险单是个人合同。作为一般规则，财产和责任保险单的所有权是不能够在未得到保险人同意的情况下转让给其他人的。保险人通过在大多数保险单中制定转让条款来保留他们选择被保险人的权利。以下是 ISO 家主保险单的转让条款：

“转让

除非保险人书面同意，否则本保险单的转让是无效的。”

假设佛朗索瓦将自己的城堡卖给米切尔，他不能够将保险单包括在交易中，除非保险公司书面同意。

许多用现代语言表述的保险单不再使用“转让”这个标签。比如，考虑以下 ISO 商业普通责任保险单的共同保单条件中的条款：

“在本保险单项下转移您的权利和义务

您不可以在未得到我们书面同意的情况下，在本保险单项下转移您的权利和义务，除非个人指明被保险人死亡。

如果您去世，您的权利和义务将转移给您的法律代表，但后者仅在其作为您的法律代表义务范围内行事。任何临时监管您的财产的人都拥有您的权利和义务，但只与该财产相关，直到指定了您的法律代表为止。”

该现代条款的第一部分是传统的转让条款，不管它是否采用该标题，该条款将其保障扩展到在某些情况下的额外方。

1. 影响。保险持有者通常并不要求在转让财产或经营活动时，也同时转让保险单，这就使得该转让条款在通常情况下是毫无用处的。但可以考虑一下，如果没有这个条款会发生什么。如果不禁止保险单的转让，一个通常无资格获得保险的人就可能成为被保险人，仅仅因为将他人的保险转让给他。

如果在未得到保险人同意的情况下进行这种转让，新保单持有者和原保单持有者就都得不到保险保障。有了转让条款，保险人对潜在的受让者就无法律义务。而且，保险人对原来的指明被保险人（保险转让者）也没有义务（假设后者在发生损失时失去了可保利益。）

实际上，保险单很少转让。获得他人财产的多数人宁可从他们选择的保险人那里购买新保险单。如果被要求转让保险单，保险人通常不太愿意表示同意。法庭的判决曾经认为，保险人放弃了任何可以用来针对过去被保险人的抗辩权利（比如后者在投保书上误告），自愿削弱其抗辩权利是保险人不愿意做的。

2. 一般规则的例外。海洋运输货物保险单可以转让给对货物具有可保利益的其他方。实际上，货物所有权在从一个港口运往另一个港口过程中的几个星期内可能多次易手。然而，当财产置于船舶上时，其物理特性和风险暴露并未改变，而且货物的安全是所有人无法控制的。由于类似的原因，其他财产保险单偶尔设计用来“为有关人士”（for whom it may concern）或为指明被保险人或其受让者承保其利益。这两种表述方式的保障范围十分宽泛，包括将受让者作为被保险人。

前面讨论的所有内容仅与保单所有权的转让以及损失发生前的保障相关。损失发生后，任何有权在财产保险单项下索赔的一方，可以自由地将该权利转让给另一方，这种转让并不改变被保险人的身份、减少保险人抗辩的权利或者增加保险人的新风险。

二、受托人不能从中得益（No Benefit to Bailee）

受托人是持有他人个人财产的一方，而且有义务将该财产归还所有人或者按照约定运输或处理该财产。如果涉及报酬事宜，受托人只是租借受托人（bailee for hire），可以从其提供的服务中获得报酬，干洗店、4S 店以及普通承运人都属于这一类。如果不涉及报酬事宜，这种托管属于免费托管，受托人对财产的谨慎程度会略逊一些。

即使要求受托人实施高度的谨慎，但他对在其监管下的财产的损坏是不负法律责任的，除非损坏是因为他的过失造成。比如，飓风将修理厂起重机上的小车吹翻，这种情况下很难指控修理厂要为车辆的损坏负责。

如果比尔的保险财产在受托人监管期间受损，那会怎样呢？假设比尔有自己的财产保险，比尔的保险人会赔偿损失，如果可能的话，比尔的保险人会设法从受托人那里通过代位求偿过程追偿自己的赔款。作为财产所有人的比尔，有自己的保险保障，但是受托人却没有。（受托人也可以在自己的责任保险项下获得保障，但该问题不在这里讨论。）

保险公司为财产所有人提供保障，而不是为受托人提供保障，如同财产保险单中的“受托人不能从中得利”条款所描述的那样。以下是在个人机动车保险单中该条款的表述范例：

“受托人不能从中得益

本保险不直接或间接使任何受托人或其他租借受托人得利。”

该条款特别与租借受托人相关，它并不排除对其他驾驶员的保障，被保险人将车辆借给后者。

在ISO家主保险单中有另一个稍微不同版本的条款表述：

“受托人不能从中得益

我们不承认任何保险保障的转让或授予，该保障不能使以收费方式持有、储存或搬运财产的个人或机构受益，而不管本保险单中的任何其他条款是如何约定的。”

该条款主要与搬家公司相关，也适用于公共仓库或皮草商，后者在自己的冷库中储存被保险人的毛皮。

美国保险服务协会（American Association of Insurance Services-AAIS）的内陆海洋运输保险条款表述如下：

“受托人不能从中得益

本内陆海洋运输保险单不将那些以收费方式监管被保险财产的一方作为受益方。”

该条款适用于所有的租借受托人。

这些条款可以根据每种保险单所承保的风险来针对不同类型的租借受托人。但是，其效果是一样的，即受其他保单条款的约束，被保险人可以对自己在租借受托人监管下的财产的损失获得保障，但是受托人不能从保险中受益，财产所有人的保险人并不解除受托人的法律责任。

商业财产保单条件中还有一种稍微不同的版本：

“受托人不能从中得益

除了您之外，负责监管被保险财产的任何个人或机构都不能从本保险项下受益。”

三、不只一个被保险人或一个被保险地点

许多保险单承保不只一个人，许多保险单承保多处财产。现在的问题

是，保险人应当与哪一个被保险人打交道，一个被保险人的行为可能会对其他被保险人的保障产生怎样的影响，或者一个保险场所的条件会如何影响其他场所的保障。

1. 第一指明被保险人（First Named Insured）。在许多保险单中，不只一个被保险人在声明页上载明，而且根据定义，“指明被保险人”在保险单的其他地方指称为“您”。比如，商业保险单可能将珍·史密斯和埃里克·琼斯都列为指明被保险人，两者从事詹纳利克公司的业务活动，该公司是合伙制公司。保险人和被保险人都需要明确，史密斯或琼斯或两者是否都需要参与与保险人的任何交易中。

许多保险单并未特别说明解决该问题的方式。但是，当ISO商业保险单在1980年中叶进行简化时，许多条款都清楚地表示，第一指明被保险人作为管理性事务的联系人，也就是说，第一指明被保险人在与保险公司打交道上，作为所有其他指明被保险人的代理人（并不是保险代理人）。“第一指明被保险人”（the first named insured）简单地说，他的名字是第一个出现在声明页中（通常是因为他在投保书上列在第一位）。在本案中，珍·史密斯就是“第一指明被保险人”。

适用于第一指明被保险人的保险保障与其他指明被保险人并无不同，但是第一指明被保险人是唯一被授权解除保险人合同、收取解除通知书（如果是保险人解除合同）、在保险人同意的情况下修改合同，或者收取任何退保保费。该第一指明被保险人也是承担支付保险费这一合同责任的人。商业普通责任保险保障附表规定，第一指明被保险人是从保险人那里获取赔款和保险事故数据以及保险人不续保通知的人。

对于外行人来说，似乎在商业保险单声明部分的姓名按照什么顺序排列是无关紧要的，但是保险专业人员知道，保险单列出的第一个作为联系人的被保险人是很重要的，因为该指明被保险人代表所有的被保险人处理保险事务。

2. 利益分离（Separation of Interests）。当同一份保险单中有许多被保险人时，可能会出现冲突。比如，如果有一个被保险人故意造成财产损坏，导致所有被保险人遭受经济损失，财产保险单会出现什么情况呢？同样，在财产或责任保险中，如果一个被保险人违反了保单条件的约定，其他被保险人的保障是否受到影响？如果一个被保险人指控另一个被保险人，责任保险单项下会发生什么情况？

许多保险单制定了其他条款用来解决上述问题。比如，家主保险单的责任条件部分表述如下：

"保险的可分离性（Severability of Insurance）

本保险分别适用于每个被保险人。本条件将不增加我们对每次事故的责任限额。"

该条款是指，保险责任适用于一个被保险人，即使另一个被保险人违反了保单条件的约定。同样，当两个以上的被保险人提出索赔时，保险责任分别适用于每个被保险人，但是保险人在保险单项下的总赔偿责任并不增加，它也意味着，当一个被保险人向另一个被保险人提出索赔时，保险责任并不因此被禁止。但是，在家主保险单项下家庭成员相互指控是作为除外条款被禁止的。

从本质上看，商业普通责任保险单中题为"被保险人的可分离性"条款也做了同样的表述。

"被保险人的分离性（Separation of Insured）

除了责任限额以及特别转让给第一指明被保险人的权利和义务之外，本保险：

a. 适用于以下情况，即仿佛每一个指明被保险人都是唯一的指明被保险人；以及

b. 当向每个被保险人提出索赔或提起诉讼时，分别适用于每个被保险人。”

（1）一个被保险人的隐瞒、误告、欺诈。根据一般合同法，被保险人的隐瞒、实质性的误告或欺诈足以作为法律上的理由使保险合同不可执行，即使在合同中未特别作出约定。但是可能会提出疑问，是否整个保单失效，以及一个被保险人的欺诈是否会导致所有被保险人都失去保障？虽然许多保险单都在解决这个问题，但是答案都不相同，即使 ISO 保险单也一样。

有些保险单制订了以下商业财产保单条件中所具有的类似条款：

“**隐瞒、误告或欺诈**

如果您在任何时候的欺诈与本保险责任部分相关，该保险责任部分无效。如果您或其他被保险人在任何时候故意隐瞒或误告与以下相关的重要事实，该保险责任部分也无效：

1. 本保险责任部分；
2. 所承保的财产；
3. 您在所承保的财产中的利益；或
4. 在本保险责任部分的索赔。”

该条款使保险责任部分不但因为指明被保险人（您），也因为其他被保险人的隐瞒、误告而失效。它也适用于任何时候与保险责任部分相关的欺诈，包括与索赔相关的故意隐瞒、误告。ISO 犯罪保险单并不含有此类条款，部分因为雇员不诚实保险为涉及欺诈行为造成的损失提供保障。

商业普通责任保障附表也没有明确的隐瞒、误告或欺诈条件条款，但采用以下条件条款来实现基本相同的目的：

“**告知**

接受了本保险单，您同意：

a. 声明中的表述是准确和完整的；

b. 这些陈述是以您向我们的告知为基础；以及

c. 我们在信赖您告知的基础上签发保险单。”

需要注意的是，本特别条款仅与指明被保险人在投保时的陈述相关，它与被保险人所做的与索赔程序相关的陈述毫无关系。

其他保险单制定了各种与隐瞒、误告或欺诈相关的条件条款。需要时，应当仔细地检查每一个适用的保障附表，以确定该条款对交易各方所产生的影响。

（2）被保险人无法控制的其他方的行为。根据特定的保单条款，如果被保险人违反了保单条件中的规定，保险保障就可能无效。如果导致违反保险条件的另一方的行为不是在被保险人指示下实施的，那么情况会怎样呢？

ISO 商业财产保险条件附表的以下相关条款是比较典型的：

“控制财产

除了您之外的任何人的任何行为或疏忽，如果不在您的控制之下，将对本保险不产生影响……。”

该条款的后一部分并未引用，它解决的是稍微不同的问题，与其他地点违反约定相关，该问题将简单讨论。

该条款叙述的是除了指明被保险人（您）之外的其他人的行为，他们不在指明被保险人控制之下，他们可能是也可能不是被保险人。简而言之，指明被保险人的保障不会因为他所无法控制的人的行为而受到影响。

3. 在一个地点违反条件。这里论述的概念与“保险利益分开”这一问题类似，所不同的是，它考虑的是地点或财产的分离，而不是被保险人的分离。相关的问题是，在一个地点违反了保单条件，其他地点的保障是否会受到影响？比如，如果公司仓库的喷淋系统无法使用，该违反条件是否会影响公司办公楼房的火灾保障？（造成这些违约情况的条件在本章后面部分讨论。）

由于被保险人未能履行所有的义务，有人会辩称，如果一个地点的保单条件被违反，保险单应当无效。但是，事情并不那么简单。通常在同一份保险单项下承保的许多风险暴露本可以由不同的保险单所承保——保险费略有区别或无区别，但是，仅用一份保险单承保比较方便。如果采用不同的保险单，违反一份保险单的条件不会影响其他保险单的有效性。因此可以说，被保险人不能因为在同一份保险单项下承保不同的风险暴露而受到惩罚。这是大多数保险单解决该问题的方法。

ISO 商业财产保单条件附表中（已经在以上引用）的“控制财产”条款下半部分，是解决该问题的一种典型的表述：

“一个地点或多个地点违反本保障部分的任何条件，将不影响其他任何地点的保障，前提是，发生损失时，这些任何地点并未存在违反条件的现象。”

第二节　保险期间和保险地域

保险单需要明确，发生何事、何时发生以及在哪儿发生会触发保险责任。“何时”这个问题部分通过与保险期间相关的条款予以解决，“哪儿”这个问题则通过保险地域条款予以解决，这里讨论的内容将围绕着如何确定保险期间以及保险地域而展开。触发保险事件的性质仅简单讨论，第五章再详细分析。

一、保险期间

保险责任通常适用于特定的时间。比如旅游保险单（承保在单程旅游过程中转运的行李）的保险期间可能只有一天，个人机动车保险单可能有 3 至 4 个月的保险期间，有些保险单一签 3 年。作物冰雹保险单含有保单终止条款，终止时间是特定作物收成完毕的时间。有些财产和责任保险单的保险期间甚至一直持续到保险合同解除，也就是说，这些保险单的有效时间可能长达 10 年或更久。

有的保险期间比较怪异，如 8 个月，这样其终止日就可以与其他保险单保持一致，这种情况在增加新的保障时很常见。比如，一家公司可能在 5 月购买犯罪保险单，它的终止日期是当年 10 月，而该公司的其他保险单也同时在 10 月终止，这样所有的保险单就可以同时在 10 月续保。

仅告知保单起始日期是不够的，还需要载明确切的起始时间。在过去，责任保险在半夜（更确切一点，凌晨 12:01）开始生效，而那时，大多数财产保险单中午开始生效。这种异常现象部分是因为财产保险公司和损害保险公司之间缺乏协调和合作。但是，这种不一致性还是有其道理的：有些责任事故可能发生在中午而不是半夜，在后一种情况下，大多数人正在睡觉。如果保险责任从中午开始，偶尔有人会问，保险事故是否在早上（在保险期间开始之前）或下午发生，答案经常不明确。另外，最有可能的是，白天人们都在活动，都能够准确地描述火灾或其他财产损坏风险事故发生的时间，而如果企业在白天下班后发生火灾或其他财产损坏风险事故，往往到第二天早上才会被发现。

现在，许多保险单都是一揽子保险单，既提供财产也提供责任保障，因此最好整个保险单的起始时间都一样。多数财产、责任和其他保险单的起始和终止时间都在凌晨 12 点零 1 分，即午夜后 1 分钟。该 1 分钟消除了我们对于以下情况的不确定性，即 12 点是中午 12 点还是半夜 12 点，或者“半夜”是否指特定保险单开始的半夜或终止的半夜。

有时终止日期在中午（并不在两天之间）的保险单被起始日期在凌晨 12 时 1 分的保险单所承接，或者相反。如果出现这种情况，承接保险单就可以包含一个特别条款，它要么将旧保险单终止之前 12 个小时的保障剔除，要么另外增加 12 小时的保障。比如，1983 年的企业主强制性批单包括以下条款：

“起始时间

本保险单的保障替代其他保险单的保障，后者在本保险单起始日中午终止，本保险单的保障直到其他保险单保障终止时生效。”

而且，如果用其他保险单替代现有保险单的任何人未注意到这看来是微不足道的提示，就可能存在 12 个小时的保障空缺。

在保险期间内，什么情况会触发保险责任呢？财产险和责任险以及其他类型的保险单的答案不尽相同。

1. 财产保险触发机制

财产保险需要含有一个或多个条款，以明确保险责任是如何触发的。在 ISO 商业财产保险条件部分有一个典型的例子：

“在本保险责任部分：

1. 我们承保的灭失或损坏发生在：

a. 声明部分显示的保险期间；以及

b. 在保险地域范围内。”

（1）一般规则。作为一般规则，财产保险适用于保险期间内开始发生的损失。当损失发生在临近保险单起始或终止时，“开始”一词就很重要。假设火灾在晚上 11 点发生，然后持续燃烧到凌晨 1 点钟，保险单 A 的终止时间为凌晨 12 时 1 分，而那时保险单 B 开始生效。到底哪份保险单适用于该损失呢？或者两份保险单都适用——即一份保险单负责 12 点 1 分之前的损失，另一份则负责剩下的损失（这种情况很难区分）？实际上，整个损失由保险单 A 所承保，因为火灾的开始时间是在 A 保险期间内。

以下情况也相同：如果火灾在晚上 11 点 59 分，保险单刚刚终止之前开始，并闷烧了一个星期，那么就由火灾开始时生效的保险单提供保障。该条款对时间要素损失（time element loss）特别重要，这种损失在发生后会持续几个月的时间。比如，只要导致损失的事故在保险期间内开始，在企业收入保险单终止后几个月内，保险人就可能要持续赔偿营业损失。

（2）一般规则的例外。有些财产保险单的约定与该规则不同，原因是它与所提供的保障类型相关。比如，建筑承包商风险保险单（承保在建楼房）在某些情况下，在规定的届满期之前终止，如施工完成后房屋被全部或部分占用。同样，当农作物收获完毕，作物冰雹保险单也就终止。

犯罪保险的情况比较特殊，它需要增加额外的保单条件。由于雇员不诚实和一些其他的犯罪损失经常不是立即被发现，犯罪保险单为发生在保险期间内，但在保险期间结束后某一特定时间内发现的损失（通常是一年）提供保障。后来发现的损失也是承保的——犯罪保险单特别承保在过去的保险期间内雇员的不诚实行为造成，但在现在的保险期间内发现的损失（采用合适的条款以避免出现保障重复）。

2. 责任保险触发机制。有些责任保险单，如个人机动车保险单，相对容易确定触发保险责任的时间。虽然在某些情况下，损失发生在半夜前还是半夜后不太明确，但确定机动车保险事故发生的时间相对容易。个人机动车保单条件声称：

“本保险单只适用于在保险期间内发生的意外事故和损失。”

其他类型的责任保险，特别是提供产品责任保障的保险，经常难以对触发保险责任的事件的性质和时间下定义。许多责任保险单提及发生在保险期间的人身伤害或财产损失，但要弄懂它的含义却要花大量的时间。比如，如果在一段时间内某人暴露于有害的环境，触发保险责任的时间是第一次暴露于有害环境的时间，第一次伤害被证实的时间，或者从最初暴露到伤害被证实的整个期间为事故发生的时间？

有些保险单以首次提出索赔而不是造成损失事件的发生触发保险责任，

但提出索赔的方式甚至更加复杂。责任保险触发机制这一课题放在第五章所承保的事件部分详细地探讨。

二、保险地域

承保位于美国的财产，就无须特别考虑保险地域问题。然而，该条款具有特殊的重要性。比如，当承载所承保的财产的车辆进入墨西哥或加拿大，或当所承保的财产由到国外旅游的人随身携带时，该条款的重要性就显示出来。

在商业财产共同条件附表中看到的标准条款是这样表述的：

“保险地域是指：

a. 美国（包括其领土和属地）；

b. 波多黎各，和

c 加拿大。”

该条款很少情况下会出现问题，因为“商业财产”保障几乎完全适用于在声明中描述的固定地点内。

作为商业普通责任保险单的保障附表定义部分却有一个不同的条款。

“保险地域是指：

a. 美国（包括其领土和属地）、波多黎各和加拿大；

b. 国际水域或领空，但人身伤害或财产损失不发生在上述 a 载明的地点之间旅游或运输过程中；或者

c. 世界各地，前提是

（1）人身伤害或财产损失是由：

1）被保险人在上述 a 中描述的区域内制造或销售的商品或产品造成；或

2）住家位于上述 a 所描述的区域内，但因您的业务短时间出差在外的人的活动造成；以及

（2）被保险人的损害赔偿责任是在a载明的区域内进行的‘诉讼’中，根据是非曲直判定，或者在我们同意的庭外和解中确定。”

这些条款的含义不在本书中讨论，但显然，至少在某种程度上，保险责任适用于世界范围。

有些与保险地域相关的问题包括，保险责任是否适用于以下情况：

• 在夏威夷或阿拉斯加这些美国大陆之外的地方；
• 财产在保险责任适用的地点之间转运；
• 财产位于波多黎各或其他美国领土或属地上（如关岛、维尔京群岛）；
• 在与美国相邻的加拿大、墨西哥或其他国家内或上空的财产或事故。

保险地域条款描述了广泛的地理界限，在这些界限之外，保险责任则不适用。有些保险单对地域范围做了较大的限制。比如，固定资产仅在保险单声明中所载的地点内获得保障，长途卡车运输的风险只在所描述的营运半径范围内承保。

重要的是要在发生损失之前考虑，保险责任是否适用于存在风险暴露的任何地方。发生损失后，再考虑被保险事件是否涉及保险地域问题。

1. 与法律规定保持一致。如果保单条款与适用的法律产生冲突，该条款就无法强制执行。有些保险单有明确的条款说明这一点，如以下AAIS内陆海洋保险单中的条款：

“与法律规定保持一致

如果内陆海洋保障条款与保险单签发地的州法产生冲突，将对条款进行修改以与该法保持一致。”

如果保单条款出现上述冲突，就会出现一些保障上的问题——特别是那些与已经存在或可能存在重大变化的州法相关的风险问题。这些冲突是否会导致整个保险单失效，或仅仅与法律有冲突的那部分保险单失效？以下条款在D&O保险单中可以看到：

“与法律规定保持一致

如果保单条款与州法存在冲突，该条款则予以修改，以仅仅包含那些适用的，而且与州法保持一致的保障和条款。”

2. 域外保障。有些保险单为那些位于其他州的被保险人提供保障，他们在其他州具有保险风险。如果存在这种情况，而且各州的风险并不相同，保险单可以包含条款，声称保险单将为在其他州要求承保的风险提供保障。比如，个人机动车保险单的责任保障部分包含以下条款：

“州外保障

如果在除了‘您所承保的机动车’主要存放地之外的其他任何州或省，发生了本保险单适用的意外事故，我们将按照以下方式对保险单中的‘意外事故’进行解释：

A. 如果该州或省制定的

1. 财务责任或类似法律所规定的‘人身伤害’或‘财产损失’责任限额比保单声明中所示的责任限额更高，您的保险单将提供该规定的较高限额。

2. 强制性保险或类似法律，要求非本地居民持有车辆保险，而不管他是否在该州或该省的任何地方使用机动车辆，您的保险单至少提供所要求的最低保障类型和责任限额。”

该相对模糊的条款在某些情况下能够提供大额保障。有些保险单看不到类似条款，那些购买最低责任限额保障的被保险人要对此引起注意。

第三节　保持保障条款

从广义上说，有些保单条款与保持保障而不是与保障的特别应用或损失理算相关。

一、保险费支付

可以通过法律强制执行的合同，要求合同双方具有“对价”（consideration），而被保险人的对价是支付或承诺支付保险费。为了体现这种原则，许多保险单和批单都包含一种表述，大意是，保险人同意在以保险费作为对价的情况下提供保障，该表述也暗示，如果未支付保险费，保险保障则不存在。比如，劳工补偿和雇主责任保险单是以以下表述开始的：

“作为支付保险费的回报，以及受保单条款的约束，我们与您达成以下协议：”

许多保险单未进一步规定保费支付条件，还有一些保险单制定了与计算保费相关的条款。比如，保单条款可能阐明保险费是如何确定的，是否在保单生效期间可以变更。而且，许多保险单的最初保险费是以保险期间预期风险暴露的发展为基础估算的，当实际风险暴露在保险期间届满后得知，再调整最终保险费。到那时，经过核查（审计）被保险人的记录后，保险人可能要收取额外保险费，或者退还多收的保险费。

由于企业主保险单包括多种保障，ISO 企业主共同保单条件采用以下表述方式：

“保险费

1. 声明部分显示的第一指明被保险人：

a. 负责支付所有的保险费；以及

b. 收取我们退还的保险费。

2. 声明部分显示的保险费根据签发保险单时的生效费率计算。每次保单续保、保单延续或保单生效日的周年日，我们将按照当时生效的费率规章计算保险费。

3. 如果我们同意，您可以通过为下一年保险期间支付延续保费来使得保险单继续生效。该保险费必须：

a. 在保单周年日之前支付给我们；而且

b. 按照上述段落 2 的方式确定。

原来生效的保险单依然适用。如果您未支付延续保险费，本保险单在我们未收到保险费的第一个周年日终止。

4. 在保险期间内，可能会在您的经营活动、您所获得或使用的新的场所中，出现未申报的风险暴露或变化。如果这样，我们会要求您支付额外保险费，该保险费将根据当时生效的费率规章确定。”

该条款不仅要支付保险费，还指出谁（第一指明被保险人）负责续保及支付保险费等事宜。由于保险人经常修改他们的费率规章及定期修改保单条款，上述条款还指出，当保险人的条款和费率发生变化时（续保或延续保单时的有效条款和费率），保险费是如何计算的。由于保险人经常从事新的商业活动（如商店增加维修部门），或者增加新财产（如商店添加商品种类），该条款还说明，当被保险人的风险发生变化时，保险费会发生怎样相应的变化（如要求按照风险变化当时保险人的费率规章增加保险费）。

二、检查账目和记录

商业保险单的保险费经常以年工资额、年销售额或库存商品为基础计算，这些数据在被保险人的财务记录上会有所记载。由保险公司雇用的保费核查人员对这些数据进行核实，以确定应收取的合适的保险费。保险条款需要明确，被保险人允许保费核查人员履行该职责的义务。

由于这些原因，承保商业运作的保险单经常包含类似以下 ISO 保险单的共同条件条款：

“C. 检查您的账本和记录

我们可以在保险期间以及此后 3 年内的任何时候，检查和核实您的与本保险单相关的账本和记录。”

有些保险单仅约定 1 年的核查时间。

劳工补偿保险费的计算是以工资额为基础，劳工补偿和雇主责任保险单制定了以下 2 个独立条款：

“F. 记录

您必须保留计算保险费所需的信息。在我们要求时，您必须提供这些记录的复印件。

G. 核查

您必须让我们检查并核实您的与本保险相关的记录。这些记录包括总账、分类账、收据、合同、纳税报告、工资和支付记录、库存计划、出库数据。我们可能在保险期间以及保单终止后 3 年内的正常营业时间进行核查，核查到的信息用来确定最终保险费。保险费率服务机构也拥有我们在该条款项下所拥有的权利。”

（“保险费率服务机构”，类似国家补偿保险协会，是一种顾问机构，制定费率和损失数据，由保险人用来承保劳工补偿保险。）

保险费核查是对保险人的运作、记录和账本的系统性检查，以确定所承保的实际风险，并对核查过程中发现的情况作出结论。保费核查的主要目的是核实需要用来计算保险期间实际已赚保费的信息。另外，保费核查也是为了满足监管的要求。保费核查也用来鼓励被保险人诚实守信，因为后者有可能通过向保险人提供虚假或误导性信息，来达到少缴保险费的目的。

简单地说，核查条款的目的是保证保险人获得所需信息，以履行其在保险合同中的义务。但是，那些未意识到该条款的存在，或者未意识到其存在的原因的被保险人，一旦保险公司的代表要求详细检查其财务记录（包括高度机密的销售或工资信息）时，会感到困惑。当保险代理人为被保险人安排保费核查时，应提醒后者，这是保险人的合同权利，这样会减少被保险人的误解。

核查条款显然仅与那些保险费是以可核查风险为基础确定的保险单相关，核查条款对个人机动车保险、家主保险或者以固定金额承保固定地点中的财产的财产保险是没有必要的。

以上讨论的条款主要与获得需要用来计算保险费的信息相关。有些保险单中的其他条款则要求被保险人保留用来确定发生损失时保险财产的价值的账簿和记录，在保险人需要时可以向其提供。

三、合同解除

合同解除是由保险人或被保险人为了终止保险责任而采取的一种特别措施，如果不采用该措施，保险合同就要继续下去直到保险期间届满为止。“解除”（cancellation）一词必须与一些密切相关的词汇进行区别，这些词汇有时被一些外行人相互交替地使用，但并不准确。

——期满（Expiration）：保险期间结束，那时保险单期满，除非采取措施续保（将保险保障再扩展一段时间）。

——不续保（Non-renewal）：由保险公司采取的一种特别措施，即当现在的保险单期满时，不再继续提供保障，而不是像通常那样为下一段时间续保。有时该词也用来指被保险人决定不向保险人为下一个保险期间续保。

——终止（Termination）：通过解除合同、满期或不续保而终止保险责任。

保险单通常在其周年日期满、续保或不续保，而周年日是原来保险单生效的月份和日期。保险单的周年日（无年份，如 4 月 11 日）都相同，而它的起始日和终止日随着年份的变化而变化（如 2010 年 4 月 11 日）。超过 1 年时间的保险单，可以在每个周年日终止保险合同或重新计算保险费。

通常的做法是，让财产和责任保险单一直有效直到它终止为止，如果更换保险人，仅在期满日更换。在多数情况下，保单持有者可以简单地在保单期满时通过不续交保费来终止将来的保障。一般情况下，保险人也可以通过选择不续保来避免将来的保障，不过法律规定或合同约定可能要求将不续保决定提前通知被保险人。

虽然通常仅在保险单周年日才更换保险人或终止保险合同，但也可能在保险期间内解除合同。因此保险单需要制定条款，指出是否、何时或在什么情况下可以解除合同，谁有合同解除权，要求提前多少时间通知，必须通过何种程序，如何确定所收取的保险费以及如何退还剩余的保险费。这些问题一般在合同解除条款中予以明确。

1. 由被保险人解除合同。通常被保险人可以在任何时候通过履行某些程序来解除合同。在许多商业保险中，合同解除必须由第一指明被保险人实施。通常情况下，通过向保险人退还保险单，或者提前书面通知保险人何时取消保险单的方式来解除合同。

提前通知（advanced notice）可以避免在允许追溯解除通知（retroactive notice of cancellation）的情况下出现的问题。被保险人可能要求在未发生损失的一段时间过后倒签解除通知书，然而，如果在该期间内确实发生了损失，保险人仍然有义务赔偿。

虽然保险人经常不要求被保险人提前通知解除合同，但他有时接受被保险人的追溯解除要求。如果被保险人已经购买了有特定起始日期的其他保险，或者从该特定日期开始，风险不复存在，一旦被保险人提出了追溯解除要求，保险人可能会同意从该特定日期解除合同。但是，即使主要风险不复存在，许多保险单依然提供一些保障。因此，除非有特定的保险条款解决这一问题，否则就要判断保险人是否会接受或拒绝追溯解除要求。比如，被保险人可能要求保险人从最近车辆已经售出的那一天起终止该车的车损险保障，该要求是合理的，因为车辆损坏风险已不复存在。但是，保险人仍然有理由拒绝该追溯解除要求，因为即使车辆被售出，被保险人仍然还需要涉及其他车辆的物质损坏保障。机动车车损险经常为保单载明的车辆之外的其他非拥有、新近获得的车辆提供物质损坏保障。

一旦被保险人将保险单退还给保险人，被保险人不太可能再设法在已经终止的保险单项下提出索赔，而且终止了保险合同的保险人也完全不可能接受该索赔。（这并不是说保险单具有行李认领牌的作用，未持有保险单通常不会使索赔权丧失，而且被保险人并不总是持有有效的保险单。）

书面通知（written notice）排除了口头同意解除合同协议上可能出现的纠纷。如果发生了本该由保险单承保的损失，被保险人可能十分愿意"忘记"自己曾经向保险人提出未书面记载的口头合同解除通知。书面通知可以使保险人不太可能在解除保险合同上出现差错，被保险人打算解除合同的文件记录可以帮助保险人纠正任何差错。

2. 向第三方提供保险证明。在某些情况下，保单持有者可能要求保险公司向某些外部机构提供保险证明，因此保险公司经常必须通知这些机构被保险人不续保或保险期间内合同解除的情况。如果未作出通知，保险公司可能要承担赔偿义务，尽管保险合同已经终止。

——承保固定资产的保险单中的标准抵押条款（the standard mortgage clause）要求，指明抵押权人在合同解除或不续保生效前规定的天数内，收到关于该解除或不续保的书面通知。

——有时有必要向第三方签发保险凭证（insurance certificates），以向客户表明，某个承包商具有保险保障。在保险公司通知客户保险合同终止之前，保险凭证持有者有权在某些情况下要求保险人承担赔偿责任。

——如果某些高风险驾驶员被要求提供经济责任文件（financial responsibility filings），保险人就需向州监管部门证实，该驾驶员是有保险的。一旦经济责任文件生效，在向州监管部门作出合适的通知之前，保险合同是不能解除的，即使解除合同要求是由被保险人提出。

3. 由保险人解除合同。许多保险合同可以由保险人在保险期间内解除。但是，保险人通常不能立即解除合同。一般情况下，保险人被要求在解除日之前不迟于一定的时间内书面通知有关方（在许多商业保险单中，仅需要通知第一指明被保险人）。提前通知是必要的，它能让被保险人有足够的时间获得替代保障，或者去处理过去所承保的风险。指明抵押权人也有权提前接到解除合同的通知。

许多保险合同禁止保险人在合同已经生效的情况下解除，除非由于某些特定的原因造成，比如不支付保险费。有些保险单在未支付保险费的情况下减少提前通知解除合同的时间。

美国许多州的商业财产保险单制定了强制性合同解除改变批单（cancellation changes endorsement），允许保险人在以下 5 种情况下提前 5 天将解除合同决定通知第一指明被保险人。以下是该批单载明的 5 种情况：

——空置或不住人达到 60 天；

——支付最初保险费后，损坏的财产在 30 天内还未予永久修复；

——所承保的房屋被征用；

——搬迁固定装置和其他可挽回的建筑项目；

——未能提供公共设施超过 30 天，或未能支付财产税超过 1 年。

具有上述特征的建筑物可能已经达到使用寿命。存在上述情况表明具有潜在的道德风险，建筑物可能很快被纵火焚烧。意识到这些情况，保险人可以重新核保该标的。保险人可以作出继续承保的决定，但也有权在少于正常的时间内通知解除合同。

美国许多州法严格限制保险人解除保险合同和不续保，通常规定了最少的提前通知天数或限制终止合同的理由。如果法律规定比条款约定更加严格，法律的额外限制经常在批单中体现。如果不采用批单，保险人仍然必须遵守法律规定。但是，在合同条款上予以明确，有助于保证，不仅保单持有者意识到自己的权利，保险人也不会忽略自己的义务。

如果合同约定的提前通知时间长于法律要求的最起码时间，保险人要受合同条款的约束。如果保险单表示，保险人必须至少提早 45 天通知，而法律仅要求至少提早 30 天，保险人就必须遵守该 45 天的约定。

保险人解除合同和不续保的权利有时受立法者和监管人员的限制，后者认为，这样做能够保证持续地提供保障。但是，如果保险人难以解除合同，他们不可避免地在接受投保和核保上更加谨慎。旨在促进保险可获得性的合同解除限制反而会产生相反的效果。

4. 保险合同被解除后的退费。如果保险合同在正常的期满日之前被解除，保险人通常并未赚取整个保险期间的保险费，赚到的只是反映保险单生效期间的那部分保险费。假设保险费预付，任何未赚保险费应当退还给被保险人。（在许多商业保险中，向第一指明被保险人退费。）如何计算未赚保险费，则取决于由谁解除合同或者解除合同的原因是什么。

——如果保险合同由保险人解除，已赚保险费按比例计算。比如，如果 1 年期保险单由保险人解除，保单起始日后 6 个月该解除生效，保险人就将 6/12 或 50% 的保险费退还给被保险人。

——如果保险单由被保险人解除，有些保险单以短期费率为基础计算退费，保险单的合同解除条款对此作了陈述。

如果保险单的解除是以短期费率为基础，保险人留下保险费中的一部分，通常仅退还 90% 的未赚保险费。被保险人丧失了所谓的“短期费率惩罚”（short-rate penalty）的那部分保险费，该合同解除惩罚可以帮助补偿保险人的费用损失。保险人在签发保险单上产生了费用损失，并希望该保险单在整个保险期间内生效。保险人的最初费用将由部分保险费覆盖，而该保险费是要在整个保险期间内赚取。采取短期费率惩罚是因为，即使未收取整个保险期间的保险费，依然要产生签发保险单的费用。

如前所述，保单持有者通常不会在其保单生效期间更换保险人，多数情况下，更换保险人发生在保单周年日。

如果由保险人解除保险合同，用短期费率惩罚被保险人是不合理的，这就是为什么由保险公司解除合同总是按比例退还保险费。现在还有一种趋势是，取消了由被保险人解除合同时采用的短期费率惩罚。

5. 合同解除条款

ISO 共同保单条件中的合同解除条款反映了上述概念。

“合同解除

1. 声明部分载明的第一指明被保险人，可以通过提前向我们邮寄或递送解除通知书来取消保险单。

2. 我们也可以通过向第一指明被保险人邮寄或递送合同解除通知书来取消保险单；

a. 如果由于未交保险费而解除合同，至少在解除生效日 10 天前通知；

b. 如果由于任何其他原因解除合同，至少在解除生效日 30 天前通知。

3. 我们将向第一指明被保险人的最新地址邮寄或递送解除通知书。

4. 解除通知书会告知解除生效日期，保险期间将在该日期终止。

5. 如果合同被解除，我们将向第一指明被保险人支付应退保险费。如果是我们解除，退费按比例计算；如果由第一指明被保险人解除，退费按不足比例支付。即使我们还未退还保险费或还未提出退还方式，合同解除都有效。

6. 如果寄出了解除通知书，邮寄证明足以表示已经作了通知。”

6. 限制合同解除

许多保险合同对保险人的合同解除权在次数或理由上进行限制。在个人机动车保险的“终止”条款中可以看到以下限制性表述，该条款对保险人决定不续保作出某些限制：

"终止

A. 合同解除

3. 保险单生效60天后，或者如果是续保或延续性保险单，我们只有在以下情况下解除合同：

a. 由于未支付保险费；或者

b. 如果您的驾驶执照；或

（1）任何与您生活在一起的驾驶员的执照；或

（2）任何经常使用您的保险机动车的驾驶员的驾驶执照；

已经中止或撤销。这种情况必须

（1）发生在保险期间；或

（2）如果保险期间不是一年，从原保单生效日的最后周年日开始发生；或

c. 如果保险单通过实质性误告而获得。

B. 不续保

如果我们决定不续保或不继续使该保险单有效，我们将向声明中显示的指明被保险人在保险单上载明的地址邮寄不续保通知。该通知将至少在保险期间结束前20天内寄出。如果保险期间不是一年，我们有权仅在原保单生效日的每一周年日不续保或不继续使该保险有效。"

根据这些保单条款，保险人可以根据某些特殊理由，在保险生效60天后解除合同。保险人有义务续保，除非他至少在续保日前20天内将不续保决定通知被保险人。但是，保险单的"自动终止"条款（以上未摘录）表示，如果被保险人未以支付到期保险费的方式，接受保险人续保或继续提供保障的要约，保险单将自动终止。

标准个人机动车保险单中的这些条款，通过更加严格的限制性批单予以修改，该批单在某些州是强制性的，这些限制使得保险人解除合同变得更加困难。另外，某些州的法律规定使得保单持有者更难解除保险合同，强制性

保险法实施则更加容易。

个人机动车保险条款可以用来解释在解除保险合同和不续保上的限制。还有一些保险单可能有不同的限制性条款，可能有不同的提前天数，它取决于保障的性质。比如，如果风险发生巨大的变化，ISO 家主保险单允许保险人在保险单生效后 60 天内解除保险合同。

7. 一般性实践的例外

有些保险单在相对有限的时间内承保风险，这些保险单可能不允许在保险期间内解除合同，然后再退费。比如，保险人可以在任何时候取消标准的洪水保险单，但只有在合同解除是因为被保险人出售自己的财产或由于其他某些有限的原因时，才可以退还保险费。否则，人们可能在预报将发生严重风暴的情况下购买保险，然后当主要损失威胁消退的情况下又将合同解除。保险费率的确定是以假设人们支付整年保险费为基础，尽管某些季节洪水的威胁比其他季节更大。

由于类似的原因，保险期间内解除合同并退还保险费对承保地震、正在生长的作物、特定旅游期间的个人财产，以及其他承保特定事件的保险也是限制的。

在某些情况下，选择解除保险合同的保险人，有义务提供一些滚动性保障（run-off coverage）。比如，如果保险人解除承保在保险期间内提出索赔的期内索赔制责任保险合同，保险人有义务为解除日之前的保险事故导致解除日之后提出的索赔提供保障。同样，海洋保险单的解除条款通常表示，合同解除并不影响在解除通知日之前已经承保的风险，它意味着，已经在海上运输的财产或者由保险单提供保障的财产，在其运到交货地点（保险责任可能在那里终止）之前都由保险单所承保。

为了实施强制性机动车保险法，在某些州，人们建议由保险公司为已经交纳保险费的保险期间签发挡风玻璃批单。如果该建议成为法律，保险单可能会规定，不允许车辆所有人在批单生效期间解除保险合同。

四、修改保单条款

保险单生效后，被保险人和保险公司都可以采取某些措施修改保险合同，这种情况在保险单修改条款中作了陈述。保险人修改保险责任的措施，不仅包括在已经签发给保单持有者的保险单上附贴批单，也包括对现在销售给其他保单持有者的类似保险单进行修改，如保险单中的放宽限制条款（liberalization clause）所表述的那样。

1. 更改。许多保险单都制定可更改条款，它对保单更改作了特别授权。也许条款中最重要的部分并不是允许修改条款，而是对修改作了限制。ISO的共同保单条件的更改条款表述如下：

"更改

本保险单含有您和我们关于所提供的保险的所有协议。声明部分所显示的第一指明被保险人，被授权在我们同意的情况下修改本保单条款。本保单条款只有通过我们签发的批单修改或放弃，批单作为本保险合同的一部分。"

被保险人（或者第一指明被保险人）可以要求更改保单条款。如果保险人同意，就可以进行修改。但是，除非在批单上指出，否则任何修改都是无效的。换句话说，保险合同不允许口头修改保险责任。

实际上，法庭判决认为，保险人可以口头和书面放弃合同条款，而且保险人的代表口头上同意责任扩展也是一种公认的做法，就像他在附加保险单项下口头提供保障一样。事实上，保险人可以有意或无意地放弃这一合同条款，该条款声称，保单条款在不用批单的情况下是不能放弃的。"放弃"这一问题在第九章进一步讨论。

2. 放宽限制（Liberalization）。当保险人使用修改后的保险单，而该保险单的保险责任比原保险单更宽，这时会发生什么情况呢？该问题在“放宽限制”条款中讨论。

有些保险单，如个人机动车保险单，在更改条款中包含了放宽限制约定。有些保险单含有单独的放宽限制条款，如以下美国保险服务协会(AAIS)的内陆海洋一般性条款：

“**放宽限制**。如果在保险期间或者在内陆海洋保险责任生效之前6个月内，保险人对保单附表或批单进行修改，在不增加保险费的情况下扩大了保险责任，那么该扩大了责任的条款将适用。”

被保险人自动享受该扩大保障的优惠。

该条款显然是公平的，因为它向现在的被保险人提供与其他新被保险人相同的保障。但是，放宽限制条款并不完全为了被保险人的利益。如果保险单未自动提供扩大了的保障，现在的被保险人将会要求保险人给其保险单附贴批单，或取消现在的保险单并重新签发，保险人将会被这些呼吁声所包围。自动提供保障是一种比较切实可行的措施，它可以避免大量的管理上的麻烦。

建筑物和个人财产保险单可以用来解释这种放宽限制条款所带来的影响。该保险单第一版的机动车除外条款，不恰当地将对被保险人在仓库中用来搬运货物的叉车的保障除外，后来保险单做了修改，恢复了该保障。保险人一采用该修改过的条款，持有早期保单版本的被保险人也由于该放宽限制条款，获得了对其叉车的保障，即使他们并未通过其他方式如批单获得该保障。

有些放宽限制条款对修改保单条款以及修改保单版本做了区别，这些条款明确表示，放宽限制条款并不适用新版本保险单。通常，新版本保险单制定条款扩大保险责任或对保险责任进行限制。保险人认为，让保单持有者在不增加保险费的情况下，在现有或替代保险单项下选择最佳保障是不公平的。

五、检查和查勘条款

许多保险公司雇用损失控制代表检查投保企业的场所和运作。保险单生效后，损失控制代表可以对企业进行检查和查勘，向被保险人提供报告，并建议采取安全措施。有代表性的建议包括，在仓库里安装类型和容量合适的灭火设备，或者建筑工人戴上安全帽。

检查和查勘条款明确表示，保险公司有权进行这种检查和查勘，条款还表示，这并不是安全性检查，保险公司对避免工人或公众不受伤害不承担责任。保险公司并不保证，它所检查的企业是安全和健康的，或遵守适用的法律规定。采用该免责声明是因为，某些法庭曾经认为，保险人要为与此类检查不当相关的损失承担责任。

ISO 保单条件部分的检查和查勘条款表述如下：

“**D. 检查和查勘**

我们有权利但无义务：

1. 在任何时候进行检查和查勘；

2. 向您提供我们所发现的情况的报告；以及

3. 提供改进建议。

任何检查、检验、报告或建议仅与是否可保以及收取多少保险费相关，我们不进行任何安全检查。我们并未同意承担任何个人或组织为工人或公众提供健康或安全环境的义务。我们并不保证：

1. 环境是安全或健康的；

2. 环境是满足法律、法规、规范和标准的规定的。

该条件不仅适用于我们，也适用于任何进行保险检查、查勘、报告或建议工作的定费、咨询、费率服务或类似的组织。”

最后一句话不仅赋予保险人也赋予各种定费和咨询组织检查的权利。ISO 的附属组织，商业风险服务公司（Commercial Risk Services. Inc，CRS）从事商业和住宅财产定费查勘工作，以帮助保险人为这些建筑物估算预期损失成本。该保单条款将 CRS 现场定费代表纳入免责保障中。

CRS 和其他组织也向保险人以收费方式提供损失控制服务，这些组织也必须按照保单条款的约定被允许从事检查和查勘工作。

尽管主要是为了保险人的利益从事上述工作，但保险人的检查以及任何因此提出的建议，为被保险人提供了有价值的服务。保险人没有义务检查，但许多被保险人很重视保险人在避免损失上提供的帮助，他们认为保险人的损失控制服务以及专业知识是评估保险人表现的重要因素。实际上，保险人的检查服务至少对商业保险的一个险种——锅炉和机器保险来说，是购买该保险最重要的原因之一。

检查和查勘条款在商业保险上是很常见的，但在个人保险中却不多见。尽管个人保险单并未把检查作为合同权利，但实际上，保险人可以坚持将对住宅或机动车的物理检查作为批准投保申请或续保的一个条件。当然，这些活动并不是根据保单约定进行的，而是为了确定投保申请是可接受的。明确授权此类检查的表述，可以在投保书上看到，而且保险人还要求投保人在投保书上签字。

六、中止或缩小保险责任

有些保单条款规定，在某些情况下可以中止或缩小保险责任。

1. 中止保险责任的条件。有些保单条件允许在某种特殊风险因素存在的情况下中止保险责任。1943 年的标准火灾保险单约定，如果在被保险人可控制或知道的情况下，不论任何原因风险因素增加，或者保险建筑物空置或无人居住的时间连续超过 60 天，保险人对因此造成的损失不予负责。今天，在财产和责任保险中，中止保险责任的条件越来越少，但并未完全消失。如果在保险单中作了约定，某些条件或风险因素的存在将会导致保险责任中止。

（1）锅炉和机器。在锅炉和机器保障附表中，可以找到关于中止保险合同的范例表述：

“中止

无论何时发现‘保险标的’处于或暴露于危险之中，我们的任何代表可以立即中止对该标的由于发生意外事故造成损失的保障。这种中止可以通过以下方式实施：将中止书面通知邮寄或递交到：

（1）您的最后所知地址；或

（2）‘保险标的’所在地址。

一旦保障以这种方式中止，您的‘保险标的’的保障仅可以通过批单予以恢复。

如果我们中止了您的保险，我们将按比例退还该标的的保险费。但是，即使我们还未退还或提议退还保险费，该中止都是有效的。”

锅炉和机器保险效果如何，主要取决于保险人通过锅炉检查避免损失的能力，而不是对损失的赔偿。在极少数情况下，如果锅炉检查人员发现非常危险的状况，他们会要求关闭锅炉或机器，直到这些状况得到纠正。通常情况下，被保险人愿意接受检查人员的要求，而且很高兴检查人员能够在严重损失发生之前发现危险。在极少数情况下，被保险人有可能不愿意关闭危险的锅炉或机器，或许因为该风险因素对他们来说并不见得那么严重，如果这样，保险公司的代表就有权立即中止保险，中止保险的威胁通常足以说服被保险人必须立即采取措施，如果不采取措施，只要书面通知中止合同，保险责任就立即中止（不要求提前通知）。

如果被保险人拒绝消除危险隐患，他很难迫使保险人赔偿因此发生的损失，也很难使法庭相信，损失不是被保险人所预期的，或不是由被保险人故意造成的。

（2）保护性措施。经常，核保人愿意承保是因为，由于采取了某些措施使风险程度降低——比如采用喷淋或警报设备。有些保险单可以降低费率，以反映采取了某些损失控制措施后风险降低。在这些情况下，通常加贴保护性措施批单（protective safeguard endorsement），一旦保护性设备不能正常使用，保险责任就要中止。除了采用单独的批单，有些涉及需要采取保护性措施的风险的格式保单，经常采用保护性措施条款。从以下 ISO 照相机和乐器经销商保障附表中，可以看到典型的范例表述：

“保护性措施

您必须在本保险开始时，在保险地点采用您所述的有效的保护性措施。

a. 如果您在该地点中未能保持该保护措施处于工作状态；以及

b. 当您在关店歇业时未能保持该保护措施处于工作状态；

该地点的保护性措施所适用的保险责任自动终止。该终止持续有效，直到设备和服务恢复工作为止。”

该重要条款经常在批单而不是在保障附表中看到，在需要采取保护性措施的时候，在保险单上加贴该条款。有经验的保险专业人员会预见到采用该条款的必要性，并评估该条款的影响。特别重要的是，要确定哪种保护性措施比较合适，在保护性设备不工作的情况下，一个地点或所有地点的保险责任是否予以中止，以及在保护性措施恢复工作的情况下，保险责任是否自动恢复。

2. 缩小保险责任的条件。与完全中止保险责任的条件密切相关的，是那些以某种方式（如限制赔偿金额）缩小保险责任的条件，在这些条件下，风险因素有所增加。在个人财产保障附表中，如果房屋空置，就会导致保险单中止对某些损失风险的保障，缩小对他人财产的保障范围。这种做法具有一定的创造性：它排除了对某些最受房屋空置影响的风险的保障，但仅缩小对其他风险造成财产损坏的保障。

“空置

如果发生灭失或损坏的房屋在灭失或损坏发生前空置连续超过60天，我们将：

a. 不支付任何由于以下事件遭受的灭失或损坏，即使这些事件是‘所承保的损失原因’：

（1）故意破坏；

（2）喷淋设备漏水，除非您对该系统采取了防冻措施；

（3）楼房玻璃破裂；

（4）水渍；

（5）盗窃；或

（6）企图盗窃。

b. 减少所遭受的灭失或损坏赔偿金额的15%。

如果房屋内未存有足够多的商业和个人财产以从事正常运作，该建筑物属于空置。

正在建造中的房屋不认为是空置。”

空置房屋具有更大的风险，有以下几种原因：容易遭受恶意破坏和盗窃；容易遭受难以发觉的水损或与变质相关的水损。而且，在未使用的房屋中，任何风险事故造成的损失难以发现和处理。

终止或缩小保险责任的保单条件通常与某些除外条款密切相关，这些除外条款在某些风险因素存在的情况下将保险责任除外。在家主保险单中的冰冻风险事故中，有一个与上述条件具有相同效果的除外条款：

“本风险事故并不包括房屋在无人使用的情况下所遭受的损失，除非您实施了合理的注意：

a. 保持房屋中的温度；或

b. 关闭供水系统以及从该系统和设备中将水抽出。”

当住宅无人居住，而且并未采取预防性措施时，由于冰冻造成的损失是不保的。一旦住宅重新有人居住，对冰冻造成损失的保障重新恢复。

第四节　损失发生时被保险人的义务

一旦发生所承保的损失（或者有可能被承保的损失或可能导致索赔的事故），将导致被保险人承担保险单约定的某些义务。法庭一般将该相关的合同条款作为程序性而不是实质性事件看待。实质性事件，如损失原因、损失时间或保险利益是合同的中心内容，由法庭严格执行。而法庭不太愿意因为程序技术上的错误，妨碍被保险人的基本的实质性权利。因此，法庭的趋势是不要求逐字逐句地遵守义务，以避免在被保险人已经实施诚实的努力、合理地遵守程序要求的情况下遭到惩罚。

许多保险单明确表示，保险人无义务支付保险赔款，除非被保险人遵守了保险单的通知条款和索赔条款中的约定。大多数保险单约定，被保险人是不能为在保险单项下获得赔偿而起诉保险人，除非他已经完全履行了保险单中约定的义务。被保险人有必要采取措施履行其在发生损失时的义务，以避免在程序性事件上出现纠纷。

总之，被保险人有义务尽快地向保险公司报告损失，避免造成进一步的灭失或损坏，以及在索赔估值和理赔上与保险公司合作。根据保障类型的不同，上述义务的细节也有所差异。由于责任保险涉及除了保险人和被保险人之外的第三方索赔人，保险单的约定也不相同，以下分别论述责任保险和财产保险的被保险人义务条款。

一、财产保险

损失发生时，被保险人有几种义务，一般在单独的保单条款中表述，如以下从 ISO 住宅和个人财产保障附表中的摘录：

“在发生灭失或损坏时的义务

您必须注意，在所承保的财产发生灭失或损坏时做到以下几点：……”

该特定附表列出 8 种义务，有些采用了以下标题：

1. 通知警察。有些财产保险单承保可能导致犯罪结果的事件。比较明显的例子，如犯罪保险单以及承保包括盗窃损失在内的“一切险”保险单；还有一些不太明显的例子，如承保火灾（纵火）、恶意破坏和与污染相关的损失的保险单。

建筑物和个人财产保障附表包含以下义务：

“a. 如果发生违法事件，您必须通知警察。”

保险的目的并不是替代执法部门的作用。如果发生犯罪行为，就应当让警察有机会逮捕和审判罪犯，以避免其再犯。如果警察意识到存在犯罪行为，他们会逮捕罪犯。经常情况下，被盗财产可以找回，或者让罪犯负责赔偿损失。

该通知条款也有助于避免欺诈性索赔。提出虚假盗窃索赔的被保险人，也被要求向警察报告盗窃事件。许多打算提出虚假保险索赔的人，是不太愿意向警察作出虚假报告的。

虽然纵火（火灾）和恶意破坏是属于大多数财产保险单所承保的风险事故，但在不提供盗窃保障的保险单中没有“通知警察”条款。雇员忠诚保险单也不采用该条款，许多雇主宁可悄悄地处理忠诚保险索赔事件，也不愿因警察的介入而将其公开。

2. 通知保险人。根据建筑物和个人财产保障附表，被保险人必须做以下几件事：

“您必须：

b. 将灭失或损坏的时间通知我们，包括对所涉及财产的描述。

c. 尽快向我们描述如何、何时以及何处发生灭失或损坏。”

通知保险人的目的是允许保险人进行调查，合适地估计其所承担的责任，使得他们立即开始对索赔进行调查。任何延迟通知将影响保险人的迅速调查和赔偿处理，对其造成损害。比如，如果保险人在一段时间后才得到通知，就很难确定损失原因。要求通知损失的特定保单条件，根据保险单所提供的保障类型不同而迥异。

大多数保险单都要求“迅速”（prompt）通知，或者采用类似的表述，但这并不总是意味着必须立即（immediately）通知，而是应当根据情况尽快通知（as soon as possible）。通知是否足够“迅速”，或尽快通知是否切实可行，是一个在特定案件中由法庭决定的事实问题。在此类案件中需要考虑一些相关因素：

——所涉及的财产的价值；

——延迟通知时间的长度；

——延迟的原因；

——在延迟过程中发生变化的情况。

另外，保险人保护自己利益的能力以及由于延迟通知而受到损害的程度，也是需要考虑的因素。

3. 减少损失。常识表明，被保险人应当尽自己所能不让已经受到损害的财产进一步遭受损失。实际上，被保险人有义务这么做。有一位专家认为：

“当合同允许一方由于财产灭失或损坏获得赔偿，就意味着该方在法律上有义务采取所有合理的措施去减少损失。如果他未能这么做，法庭就会扣减那部分本可以在发生损失时通过采取合适的措施保护财产所能挽回的损失。”

人们经常不明确，他们是否被授权对作为索赔标的的财产进行干预，或者这种干预是否可能对自己支持索赔事实的能力造成损害。也许，这种看法来自于与“妨害犯罪现场”相关的概念，这种概念与犯罪调查密切相关。

减少损失条款使被保险人的义务更加明确。以下是建筑物和个人财产保障附表中的摘录：

“您必须

d. 采取合理的措施保护保险财产不受保险事故的进一步损害。如果可能的话，将损坏的财产搬离，将它们排列好以便检查。而且还要记录下您为了紧急和临时修理所支付的费用，以供理赔时考虑。这样做并不因此增加保险责任。”

最后两句话提出了，在未得到保险人事先授权之前，所支付的减少损失费用是否可以获得保险人补偿的问题，但并未作出答复。它的答案是，根据保单条款表述，这些费用将予以考虑，但不保证这些费用都能得到赔偿。实际上，合理和必要的费用的赔偿很少出现问题。有些标准保单将“损失理算”保障，或类似保障扩展条款包含在内，明确承保在一定限额内如 1 000 美元或 5 000 美元的此类费用。

个人机动车保险单在这点上更加明确：

“在保单项下寻求保障的人，在发生损失后必须采取合理措施，以保护‘您所承保的机动车’或任何‘非您所拥有的机动车’以及它们的设备不受进一步损失。我们将赔偿这样做所产生的合理费用。”

该条款明确地表示，保险人将赔偿减少损失的费用，但仅通过“合理”一词进行限制。

实际上，降低费用通常会减少本应由保险人支付的赔款，而不是增加保险人的支出。比如，假设被保险人的屋顶由于保险事故而损坏，通过购买或租用帆布，并将它覆盖在损坏的屋顶之上，被保险人能够避免雨水对楼房和它的内物造成进一步损坏——这种损坏可能比购买帆布的费用高得多。显然，保险人宁可支付较低的帆布费用，也不愿意赔偿此后因雨水造成的更大的损失。即使在帆布拿走之前不下雨，然后再修理屋顶，保险人通常也要赔偿帆布费用。

该条款要求，被保险人必须采用合理措施。购买帆布在上述情况下是合理的，但在有些情况下，减少损失费用可能是不合理的。在任何特定的情况下，什么样的措施是合理的，由保险单所承保，要根据事实来判断。

提供营业收入保障的保险单通常表示，它们也承保由于减少损失所产生的额外费用。锅炉和机器保险单在特定的限额内承保使锅炉或机器恢复运作的“加快费用”（expediting expenses）。许多保险单还赔偿在灭火时所使用的灭火器或化学灭火设备的重新充填费用。

4. 与保险人合作。一旦紧急危机事故发生，并将损失通知了保险人，被保险人不能简单地等待保险赔偿。被保险人有义务与保险公司配合，以评估损失的性质和程度。建筑物和个人财产保障附表是典型的财产险保单，规定了被保险人的以下义务：

“您必须

e. 根据保险人的要求，向保险人提供损坏和未损坏的财产的完整清单，包括索赔损失财产的数量、成本、价值和金额。

f. 允许保险人检查财产和证实灭失或损坏的记录。也要允许保险人带走损坏财产的样品以便检查、测试和分析。

g. 如果保险人要求，允许保险人在合理的时候询问您关于该保险或索赔的问题，您要进行宣誓回答。

h. 向保险人提交经签字以及经发誓的损失声明，包含保险人调查该索赔所需要的信息。您必须在保险人要求后60天内这么做。保险人将向您提供必要的表格。

I. 与保险人合作，调查和处理索赔案件。”

大多数保险单都规定了类似的义务，只是在特定的义务以及它们的时间限制上有所区别。比如，个人机动车保险单规定，必须允许保险人在修理或处理损坏的机动车之前，检查和评估损坏的财产；而家主保险单则详细陈述在证实损失上需要提供的信息，但不包括这种一般性的“与我们合作”的要求。

5. 立誓审查（Examination Under Oath）

保险人有权要求任何指明被保险人（您）接受立誓审查。虽然这种权利并不经常采用，但它的存在对保险人十分重要，特别是在发生值得怀疑的纵火案件的情况下，理赔人员怀疑欺诈，但又无法获得真实的、关于损失如何发生的信息。立誓审查是一种支持或反驳被审查者在书面记录中提供的信息的理想方法。

在立誓审查情况下，保险人可以在任何时候强烈要求而不是请求（demand not request）某些方接受立誓审查。在上述引用的条款中，保险人有权要求指明被保险人接受立誓审查。其他保险单的做法可能不同。保险人也可以要求除了保险单上载明之外的其他方接受立誓审查。

立誓审查可以由损失理算人员进行，但通常由保险人挑选的律师进行。接受立誓审查的人在法庭书记官面前宣誓，后者在审查过程中记录了前者的每一句话。接受审查的人必须回答任何与损失相关的问题，询问工作结束之后，问答内容记录下来并交由被审查者签字。

除非保险人对索赔的某些方面有所怀疑，否则是不会要求进行立誓审查的。如果该要求得不到满足，保险人有理由拒绝赔偿。

6. 损失证明（Proof of Loss）

前面所介绍的财产保险单，在被保险人义务部分详细叙述了证明损失所要提供的信息。在简化商业财产保险单时，条款制定者意识到，从实际操作考虑，在损失理算开始之前，没有必要事先提供详细的问询表。因此，保险单经简化后，表述为“我们将提供……必要的表格。”

损失证明（即必要的表格）一般包括以下信息：

- 损失发生的时间和原因；
- 被保险人和其他人在财产中的利益；
- 财产的可保现金价值及索赔金额；
- 财产上的负担；
- 其他保险；
- 场所占用性质；
- 财产所有权、使用、位置或占有上的变化；
- 上述信息的真实性誓言。

损失证明的真实性通常通过公证予以证明，任何实质性的、在已知情况下的虚假陈述将构成欺诈。

7. 禁止放弃（Abandonment Prohibited）。保险公司可以选择为损坏的财产支付赔款并获得该财产的所有权。但是，在许多财产险保单中，也可以看到放弃条款，它明确表示，被保险人无权作出这种选择。

“放弃

不能将任何财产放弃给我们。”

放弃这一概念可以回溯到海洋保险这一种最古老的财产保险中。在一般的海洋保险条款中，被保险人有权提议将财产放弃给保险人。如果能够获得一些残值，通常海洋保险人会接受这种财产的转让，但保险人有权拒绝这种提议。比如，一旦损坏的船舶可能带来责任时，如船舶阻挡了航道，必须耗费巨资将它移走，保险人就会拒绝这种放弃。

在某些情况下，放弃财产对保单持有人是另一种有吸引力的选择。如果可能的话，人们经常希望将严重损坏的车辆作为全损交给保险公司，以换取损失前价值的现金赔偿。但是，多数非海洋财产保险单明确表示，被保险人不能简单地丢掉财产、拿起钱就跑。保险公司从事的是保险业，而不是修理和再售业务。而且，损坏财产的所有权在某些情况下可能导致巨大的责任——特别是如果财产是有毒、放射性或受污染的。

二、责任保险

在财产保险中，被保险人必须通知保险人自己的责任损失，并在处理该损失时与保险人合作。但是，责任索赔有些不同的地方，因为经常要涉及第三者。

责任保险单的通知条款曾经造成大量的纠纷。对责任保险进行有效和经济的管理，要求尽早知道实际或潜在的索赔，才能进行合适的调查。

商业普通责任保障附表的相关章节是按以下方式开头的：

“在发生保险事故、索赔或诉讼时的义务

a. 您必须注意，在可行的范围内尽快通知可能导致索赔的保险事故或违法行为。”

如果不迅速进行调查，可能会损害保险人为被保险人抗辩的能力。因此，比起财产保险合同，法庭更可能在责任保险合同项下强制执行该通知要求。随着时间的流逝，证据和证人更难获得。原来轻微受伤可能扩大成为复杂的索赔。迅速通知也有助于避免和减少进一步损失，对被保险人、保险人和公众都是有利的。而且，及时通知便于控制索赔，促进有利的和解赔偿，并且减少诉讼费用和损害赔偿判决金额。导致保险合同通知条款无法达到其目的的任何延迟通知都是有害的。

如以上所提到的，被保险人经常被要求在可行的范围内尽快通知任何可能导致索赔的保险事故。在索赔或诉讼已经提出的情况下，保险单在要求

"迅速"或"立即"上措辞甚至更加严厉。

谁可以通知。显然，受到伤害的第三方在保留保险人代表被保险人支付赔款的义务上具有更加切实的利益。但是，如果被保险人未能按要求作出通知，第三方受益人的索赔可能会受挫。因此，有时会出现受到伤害的索赔人是否可以直接向保险人报告意外事故信息的问题(即使被保险人未这么做)，以依法满足通知条件的要求。总之，只要向保险人作出合理和及时的通知，不管谁向保险人通知都行。通知的目的是使保险人有机会进行调查。

该条款要求迅速通知将来可能导致针对被保险人的责任索赔的情况。即使这些情况永远不会导致索赔或诉讼，也要求通知保险人。比如，假设有人在被保险人的商店滑倒，摔伤了踝关节，此人后来可能决定起诉商店，商店应当将此事通知其保险人。收到事故通知后，保险人有机会决定是否与潜在的索赔人联系，确定摔倒的原因，如合适的话，与其达成赔偿协议。或者保险人可能决定等一等，看看是否会出现索赔。如果保险人不与他联系，后者可能觉得摔倒是因为自己不慎造成，因此可能甚至不考虑向商店索赔。不管最终的结果如何，保险人应当有机会决定如何处理该事件，因为最终是保险人支付赔款。

责任保险保障是由几种可能发生的事件之一所触发，哪种事件则取决于所涉及的保险单的种类。这种触发机制可能是事故发生的时间、被保险人意识到事故发生的时间、保险人收到事故通知的时间、提出索赔或诉讼的时间等。责任保险触发机制在第五章详细讨论。

其他责任保险条款明确规定，被保险人必须保留记载日期的、与索赔相关的交易情况，将相关信息充分披露给保险人，以及在保险人针对索赔或诉讼的抗辩或和解上，与保险人充分合作。

被保险人的最后义务是使保险人抗辩索赔的机会不受损害。

"除非被保险人自己付费，他们是不能在未得到保险人同意的情况下，自愿支付赔款，承担任何义务，或者产生任何费用，除非在急救的情况下。”

如果被保险人同意承担损失赔偿，可能认为他承认自己有责任，这样做会极大地削弱保险人抗辩索赔的能力。但是，被保险人实际上被授权在不损害他们的保障的情况下支付急救费用。当生命或肢体受到威胁时，最首先要做的事就是急救。被保险人可以联系救护车或租用的士将伤者送往医院。该条款并未说保险人将支付急救费用，但是这种保障在许多责任保险单中都能看到。

第五节　损失发生时保险人的义务

保险单中的许多表述与保险人以某种方式应对损失报告的义务相关。有些保险单并未制定单独的条款，仅仅用于描述在损失发生后保险人应当遵循的程序，而有些保险单确实含有此类程序性表述。

一、财产保险

多数财产保险单制定了保险金额、免赔额以及如何确定灭失或损坏财产价值的条款。这些条款在不同的保险单中差异很大，这些区别将在其他章节中介绍。

建筑物和个人财产保障附表有一个很长的“损失赔偿”条款，它包含了所有财产保险共有的信息。

1. 理赔选择。损失赔偿条款一开始列出保险人可以考虑选择的理赔方式，该信息给被保险人的印象是，保险人只有赔偿货币的义务。

“损失赔偿

a. 一旦发生本保障附表所承保的灭失或损坏，根据我们的选择，我们将：

（1）赔偿灭失或损坏的财产的价值；

（2）赔偿修理或重置灭失或损坏财产的费用；

（3）按照双方同意或评估价收回所有或部分财产；或

（4）用种类和质量都类似的财产修理、重建或重置财产。

我们将在收到立誓损失报告后30天内通知我们的理赔决定。”

多数人意识到，财产保险人将赔偿灭失或损坏的财产的价值，或修理或重置该财产的金额，以少者为准。但是，这并不是保险人的唯一选择。

在许多保险单项下，保险人有权提供修理和重置服务，而不是支付现金。作出这种选择是在保险人通过折扣方式安排购买某些财产或服务的情况下，保险人可能事先与某些零售商或承包商达成协议由后者提供修理服务。这种安排在玻璃安装店特别常见，保险人经常选择后者为玻璃损坏索赔提供修理服务。这种方法不利之处在于，当修理服务提供者由保险人选择时，被保险人容易对修理结果表示不满。

这种选择有时在遇到有疑问的索赔情况下采用。假设被保险人设法出售自己的楼房，但不成功，该被保险楼房突然被大火烧毁，而起火的原因不明。这种情况有可能使人怀疑，房屋所有人最后安排的买家是保险公司。保险公司并不打算玩该游戏，并将该卖不出去的楼房变为现金，而是有权坚持修复它。这种选择并不是不合适的，因为它使被保险人恢复到损失发生前的状态。

保险人也可以选择赔偿双方同意或经评估的损坏财产的价值，然后再拥有该财产的所有权，有时称之为残值。保险公司理赔部门积极处置残值，将损坏财产的销售所得用来补偿其所支付的费用。残值往往与机动车损坏索赔相关。全损机动车在使用过的部件以及可回收材料上有一些剩余价值，这些部件和材料可以由车辆废弃场回收。当机动车宣告全损时，保险人通常向被保险人支付损失发生前的实际现金价，再获取该损坏车辆的所有权，然后保险人将其卖给机动车废品场，在此过程中收回一些款项。残值回收并不仅限于机动车保险，它也适用于所有财产保险以及责任保险的财产损坏索赔，只要能够从损坏的财产上回收剩余价值就可以。

保险公司在收到被保险人的立誓损失报告后30天内宣布，他是否打算支付财产的价值、支付修理费用、支付财产的价值并收回残值或者提供实际修理或重置服务。其他保险单可能规定不同的期限。

2. 可保利益程度

损失赔偿的另一个条款明确告知，保险人的赔偿金额不超过被保险人在保险财产中的价值。可保利益在第四章中详细介绍。

3. 被保险财产的其他所有人。许多财产保险扩展承保在被保险人的场所中或在被保险人照看下的其他人的财产。在这种情况下，被保险人可能置身于保险公司和财产所有人之间的尴尬境地，特别是对损坏财产价值存在分歧的情况下。而且，保险合同是保险公司和被保险人之间的合同，其他被保险财产的所有人与保险公司无合同关系。

在建筑物和个人财产保险单中制定了以下条款来解决该困境：

“d. 我们可以与您之外的其他灭失或损坏财产的所有人一起进行损失理算。如果我们向该所有人支付赔款，该赔款将满足您为其他所有人的财产向我们索赔的要求。我们对该所有人的赔款将不超过他们在所承保的财产中的利益。”

保险人可以在保险合同项下直接向除了被保险人之外的其他委托人（所有人）理赔。被保险人无义务仅仅因为提出了索赔而去满足其他财产所有人的要求。如果财产所有人不满意保险人的理赔并指控被保险人，保险公司可以自费为被保险人抗辩。

4. 何时赔偿损失。不管作了怎样的明确表述，保险人有义务尽快赔偿保险损失。有些保险单声称，保险人在收到用来处理索赔的合适信息后，在约定的时间内支付赔款。比如，建筑物和个人财产保障附表制定以下条款：

“f. 我们将在收到立誓损失报告后30天内赔偿所承保的灭失或损坏，前提是：

（1）您已经履行了该保险责任部分所有条款的约定；以及

（2）（a）我们已经与您在损失金额上达成一致；或者

（b）作出损失评估结论。”

所承保的灭失或损坏应当迅速赔偿，但有一个比较现实的时间限制更为合适。保险公司不拖延赔偿是有意义的，但经常需要花大量的时间调查索赔是否由保险单所承保。如果怀疑被保险人为了不当得利而纵火，那就要花更多时间收集必要的证据来证实被保险人策划火灾事故而造成损失。这种证据也许收集不到，因为实际上被怀疑纵火造成的损失可能是完全合法的保险损失。

如果保险人延迟赔偿，等待获得证据以证实索赔不属于保险责任，被保险人就完全有合法的理由指控他违反合同约定（甚至指控他极不诚信，使其依法受到惩罚）。另外，为了避免拖延赔偿，保险人可能支付了不属于保险责任的赔款。理赔人员经常难以在及时赔偿（可能支付不应当支付的赔款），以及无穷无尽的调查之间（可能导致延迟赔偿）达成平衡。

二、责任保险

相对少的责任保险条款，特别与保险人的损失后义务相关。但是，有两个相关的典型条款，破产条款和诉讼条款，前者在这里讨论，后者在以后章节中讨论。

破产。发生责任索赔时，由第三者向被保险人索赔，后者对前者的人身伤害或财产损失依法承担责任。假设由于遭到索赔或其他原因，被保险人用完了自己的资金（保险责任限额加上被保险人自己的资产不够赔偿所有的损失）。如果被保险人资不抵债，而且又没有责任保险，第三方索赔人可能无法从被保险人那里获得赔偿。这种情况类似从萝卜中榨血（getting blood out of a turnip）——萝卜中没有血，责任索赔案件的被保险人 / 被告没钱赔偿。责任保险的目的是为被保险人在这种情况下提供保障。现在的问题是，保险人是否还有义务代表资不抵债的被保险人支付赔款呢?

在多数责任保险单项下，保险人同意代表被保险人支付赔款，但受适用的责任限额以及其他保险条款的制约。或许可以说，保险人无法代表某些人支付赔款，因为后者无资金，故无法迫使其赔偿。另外，对那些愿意接受风险，却仅仅因为被保险人遭受不幸而逃避赔偿的保险人来说，这样做也不合理。而且，如果保险人因为被保险人资不抵债而逃避赔偿，受到伤害的索赔人将无从获得赔款。资不抵债条款明确表示，保险人有义务代表破产的被保险人支付赔款。商业普通责任保险的保单条件是这样表述的：

"破产

被保险人或被保险人资产破产或资不抵债，将不会解除我们在本保险责任部分的义务。"

在财产保险中，一般无须类似的条款，因为赔款是直接支付给被保险人的，不是代表被保险支付，而不管被保险人是否破产。

在少量的保险单中，特别是那些早期的保险单，保险人同意对被保险人进行补偿，后者需要首先支付赔款。在这些保险单中，破产条款显然起到重要的作用。

第六节　解决有争议的索赔

尽管保险条款作了详细的规定，关于赔偿金额或损失是否属于保险责任的纠纷仍然频发。有两个保单条款用来解决类似的问题——评估和仲裁，但它们的名称经常混淆，因此要记住它们之间的区别。

一、关于价值的不同意见——评估条款

有时保险人和被保险人都同意，保险单承保某一特定财产损失，但他们对财产价值或损失金额不能达成一致。这种分歧通常不涉及保险人或被保险人的极不诚信问题。各种因素会影响任何特定财产的保险价值及修理费用，合同双方都很通情达理，但在财产评估结果上会存在很大的差异。通常这种差异性可以通过协商解决（在第九章中进一步讨论），但有时双方难以达成一致。评估条款（appraisal clause）指出如何打破这种僵局。（实际上，该条款也有鼓励双方协商，以避免雇用评估人员达到相同目的的作用。）

建筑物和个人财产保障附表的评估条款比较典型：

“评估

如果双方对财产的价值或损失金额无法达成一致，任何一方都可以要求对该损失进行评估。这种情况下，每一方将选择一位合格和公正的评估人员，两位评估人员将选择一位裁判。如果双方对所选择的裁判无法达成一致，任一方可以要求由有管辖权的法庭的法官来选择。评估人员将分别陈述财产的价值和损失金额。如果他们无法达成一致，他们可以将不同的意见提交裁判裁决。双方同意的裁决具有约束力。每一方将：

a. 支付自己选择的评估人员的费用；以及

b. 平分评估人员和裁判的其他费用。”

评估条款并未说，该条款是在“当保险人认为财产的价值低于被保险人认为……”的情况下，而是在双方对财产价值产生歧义时采用。

被保险人选择一个“合格以及公正”的评估人员，而且向其支付费用，该评估人员有可能认为财产价值更高；而保险人选择并向其支付费用的评估

人员有可能支持保险人的观点，即认为保险人对财产价值的评估是合理的。这些评估人员，而不是保险人或被保险人，选择一位裁判——假设其评估专业知识得到双方的尊重。如果评估人员对财产的价值意见不同，或者他们对所选择的裁判意见不一，根据保险条款规定，在任一方评估人员要求时，允许由法官作出裁决。评估人员由保险利益方选择，裁判则站在中立的立场上对评估过程作出重要影响。

一旦选择了裁判，每个评估人员向其提交关于财产价值以及损失金额的意见。假设意见不一致，不同的意见将提交给裁判。评估人员可能对某些项目的评估意见是一致的，这些项目就不需要裁判作出裁决。

有些人对评估的解释是，当裁判与两位评估人员之一意见相同，争议问题就能得到解决。虽然情况通常是这样，但条款并不是这样表述。评估条款规定，当任何两方作出相同的决定，该决定就有约束力。有可能发生这样的情况，即两位评估人员对某一项目的意见是一致的，但裁判的意见却不同。只要两位评估人员或一位评估人员以及一位裁判达成一致，就可以解决争议问题了。

同样值得注意的是，达成一致的决定是有约束力的。保险人和被保险人在合同中同意，他们将接受财产价值以及损失金额的评估结果。但是，估价仅是该问题的一部分，另一部分涉及索赔是否由保险单所承保这个基本问题。评估条款的最后一句并未将这两个问题联系在一起。保险人并不仅仅因为同意索赔价值和评估过程而丧失拒绝赔偿的权利。

有些保险单明确规定了必须开始评估过程的时间限制。比如，ISO 家主保险单声称，每一方必须在另一方要求评估 20 天内选择一位评估人员参与评估，两位评估人员必须在 15 天内对裁判人员达成一致（或者要求法官作出选择）。这些时间限制有助于不让保险人通过拖延策略对被保险人施加压力来保护消费者，它们也能迫使被保险人加快理赔过程使保险人尽快结案。

二、诉讼

合同任一方可以通过向另一方提起诉讼来要求法庭强制执行合同，但受合同条款的限制。保险合同通常制定条款，规定原告向保险人提起诉讼之前必须先履行保单条款的约定。

许多保险单也约定了必须提起诉讼的时间限制，使得保险人能够尽快处理结案。

ISO 财产保险共同条件部分的诉讼条款是这样表述的：

“针对我们的法律措施

任何人都不能在本保障部分向我们提起诉讼，除非：

1. 他已经完全遵守本保障部分所有条款的约定；以及

2. 诉讼必须在直接物质灭失或损坏发生后两年内提起。”

不同的保险单对必须提起诉讼的时间限制不同。家主保险单规定的最长期限为一年；个人机动车保险单并无时间限制，但实际上机动车损坏索赔基本上都在几个月内处理完毕。ISO 犯罪保险单规定最短和最长的时间：至少在提交损失证据 90 天后才可以起诉保险人，以及在损失发现后 2 年内提起诉讼。

有些保险索赔诉诸法庭判决，特别是当索赔金额较大且保险人和被保险人对条款解释存在异议的情况下。在保险合同的解释，以及是否能够强制执行上，法庭的判决是最具权威的。

被保险人可以起诉保险公司，迫使它履行责任保险合同项下的义务。典型的责任保险合同中的诉讼条款的一部分与财产保险条款类似。以下是商业普通责任保障附表的摘录：

“任何个人或组织都无权在本保障部分项下：

……就该保障部分起诉我们，除非该保障部分的所有条款约定都已经履行。”

但有些附加条款，如以下所示，在责任保险中是很独特的：

“任何个人都无权加入我们作为被诉方，或将我们引入要求被保险人支付损害赔偿的起诉方。”

换句话说，它意味着，第三方索赔人无权以保险合同为基础向保险公司提起诉讼，索赔人与保险人不存在合同关系而无法迫使后者履约。

CGL 保险单中标题为“针对我们的法律诉讼”条款另外增加了一个段落：

“个人或组织可以为所达成的赔偿协议，或实际庭审后针对被保险人的最终判决起诉我们以获得赔偿；但是我们对本保障部分不能赔偿的，或超过适用责任限额的损害赔偿不予负责。所达成的赔偿协议（an agreed settlement）是指由我们、索赔人或索赔人的法律代表共同签署的赔偿和责任解除协议。”

在提出责任索赔时，可能由于抗辩成功而无须向索赔人支付损害赔偿金。保险公司也可能达成庭外和解（赔偿协议），而不用通过实际庭审，或者将案件提交给法庭，而且在终审之前多次上诉。根据该条款，索赔人可以起诉保险人，要其支付最终判决的赔款。如果保险人同意庭外和解，索赔人也可以起诉保险人要求其付款。但是，如果案件悬而未决，索赔人是不能起诉保险人的。不管怎样，该条款所要表达的意思是明确的，即保险人无义务支付其未承保或超过责任限额的赔款。

尽管有了该条款，法庭有时会迫使那些对索赔人造成损害的极不诚信的保险人支付超过责任限额的赔款。这一问题在第九章中进一步讨论。

三、其他争议解决方式

诉讼条款无须仅限于正式的法庭诉讼。按照农场责任保障附表的定义：

“诉讼”是指民事（诉讼）程序，在该程序中，要求对本保险适用的“人身伤害”“财产损失”“个人伤害”或“广告伤害”作出损害赔偿。“诉讼”包括：

a. 仲裁程序，在该程序中提出损害赔偿请求，而且您必须提出或在我们同意的情况下提出仲裁要求；或

b. 任何其他争议解决程序，在该程序中提出损害赔偿请求，而且您在得到我们同意的情况下提出采取其他争议解决程序的要求。

仲裁。仲裁条款主要在机动车保险单中的未保险驾驶员保障部分看到。未保险驾驶员保障在某种程度上与责任保险类似，但在其他方面又类似财产保险。它与责任保险类似是因为只有在未保险驾驶员依法对被保险人承担赔偿责任时，保险人才负责赔偿。但是，未保险驾驶员保障是保险人和被保险人之间的合同，从这点上看，它又类似财产保险。在该保障中存在某些冲突：一方面，被保险人要证实，未保险驾驶员对损害赔偿承担责任；而另一方面，保险人能够通过证实未保险驾驶员无责而避免赔偿。被保险人和自己的保险人在这点上存在对立关系。

仲裁条款对被保险人是否依法有权索赔的争议解决过程作了概述。同样的过程也适用于对损害赔偿金额的确定，其概念与财产保险中的评估条款极其相似，但在争议问题上有所不同。以下仲裁条款摘自个人机动车保险单：

“仲裁

A. 如果我们和被保险人无法对以下达成一致：

1. 是否被保险人依法有权在本部分项下获得损害赔偿；或

2. 损害赔偿的金额；

任何一方可以书面提出仲裁要求。在这种情况下，每一方将选择一位仲裁员。两位仲裁员将选择第三位仲裁员。如果在 30 天内对第三位仲裁员的人选无法达成一致，任何一方可以要求有管辖权法庭的法官作出选择。

B. 每一方将支付自己所发生的费用；以及

分摊第三位仲裁员的费用。

C. 仲裁将在被保险人居住的县里进行，除非双方不同意。仲裁程序和取证方式采用当地的法律规则。两位仲裁员同意的决定，在以下方面具有约束力：

1. 是否被保险人有权获得损害赔偿；以及

2. 损害赔偿的金额。只有在所裁决的损害赔偿金额不超过您的保险车辆所在州的金融责任法规定的人身伤害责任最低限额时才适用。如果所裁决的损害赔偿金额超过该限额，任何一方都有权要求庭审，该要求必须在作出仲裁决定后60天内提出。如果未提出要求，仲裁人员裁定的损害赔偿金额具有约束力。”

第七节　代位求偿和残值处理

保险人向被保险人或代表被保险人赔偿损失后，可以通过代位求偿和残值处理（Subrogation and Salvage）追回所有或部分赔款。第一章中描述的代位求偿是一种方式。通过该方式，保险人在支付赔款之后，获得被保险人可能具有的、针对第三方的追偿权利。残值处理在本章前一部分已经提及，它是收回、销售或处理已经赔偿了损失的财产。该词“Salvage”也指损坏的财产，它可以通过销售获得其残余价值。

代位求偿和残值处理可以使保险人收回部分其所支付的赔款。保险人的理赔部门通常被认为是“损失中心”，在大部分处理赔案的过程中所产生的是费用而不是收益。但是，理赔部门的代位求偿和残值处理，其实际作用类似“效益中心”，它为保险人带来收益。代位求偿和残值收回可以降低保险人的整个损失率，而且由于它们是收益的额外来源，因此可以少收保险费。

代位求偿

根据普通法，有两种类型的代位求偿。

——衡平法代位求偿（equitable subrogation），也称为法定代位求偿，根据法律规定实施，它来自于某种条件或关系。衡平法代位求偿权仅仅是出于公平的原因，为避免不当得利而实施。如果它的实施反而造成不公平，那是不允许的。由于它以公平原则为基础，衡平法代位求偿权并不取决于任何有关方之间的合同关系。

——合同代位求偿，也称为传统代位求偿，它的权利是由合同创建的。由于它依据的是合同法，其范围根据合同约定以及被保险人针对第三方的权利来衡量。合同代位求偿要以有约束力的合同约定为基础。

一旦确定了保险人的代位求偿权，他的代位求偿措施的性质将由被保险人针对侵权者所拥有的权利和救济来决定，这些权利可能以私法中适用的领域为基础——过失、严格责任、故意妨害、违约、未能解除代理关系中的法律义务等。

当被保险人的财产遭受损失，他们可能有权或可能无权向其他方追偿。如果存在追偿权，它通常以其他方的过失为基础。因此，由财产保险索赔引起的代位求偿措施通常以过失为基础。

1. 代位求偿条款。保险单通常有各种代位求偿条款，它们反映了保单性质的差异。以下摘录部分条款以说明它们有何区别。

到现在为止，保险单的代位求偿条款通常采用“代位求偿”这一标题，而且许多保险单依然使用该标题——特别是那些适用于大型商业被保险人或不太常用的保险单，这些保险单一般不太会仅仅为了更新保单措辞而去修改它们。大多数较为现代化的保险单，则采用“转移你们的追偿权利”这种标题，它们甚至不提“代位求偿”一词，该词对大多数被保险人并不是特别有意义。但是，保险专业人员很清楚，这些“转移你们的追偿权利”条款实际上指的是代位求偿。

代位求偿条款不能与转让条款混淆，后者也是一种转让。比如，ISO 商业保单条件中的转让条款的标题是“转让您在本保险单项下的权利和义务”。

ISO 家主保险单在以下保单条件中采用“代位求偿”这一标题，它既适用保险单的财产保障部分，也适用责任保障部分。

“代位求偿

被保险人可以在损失发生前书面放弃针对任何人的追偿权利。如果未放弃，我们可以要求在我们支付赔款金额范围内将损失追偿权利转让给我们。

如果我们要求转让，被保险人必须签署及提交所有相关文件并与我们配合。

代位求偿并不适用于第二章项下‘向其他人支付的医疗费用’或‘对他人财产造成的损失’条款中的约定。”

类似许多其他代位求偿条款，该条款还表示，被保险人可以在损失发生前以书面方式放弃追偿权利。

言外之意，被保险人在发生损失后是不能放弃追偿权利的。如果被保险人拥有追偿权利，保险人将接手该权利。如果被保险人在损失发生前以书面方式放弃追偿权利，当然被保险人就无追偿权可转让给保险人。这样做将排除保险人通过代位求偿进行追偿的合法机会。“以书面方式”这一要求可以减少这种可能性，即被保险人可能企图让保险人为本应当由另一方承担的损失支付赔款。

家主保险单特别免除了两种保障的代位求偿权，该免除的保障实际上是一种无过错保障。在该保障项下，保险人同意在限额内赔偿医疗费用或财产损失，即使被保险人在法律上不负责向索赔人支付损害赔偿金。在这种情况下，以他人的过错为基础实施代位求偿权就不太合适了。

个人机动车保险单的代位求偿条款采用不同的标题，也存在另一种保障上的别扭。

“我们追回赔款的权利

A. 如果我们在保单项下支付了赔款，接受赔款或接受代其支付赔款的人有权从另一方追偿损失，我们将代位该权利。接受赔款的人要：

1. 做任何必要的事，使得我们能够实施该权利；以及

2. 在损失发生后，不做任何事以损害该权利。

但是，我们在A款项下的权利（在物质损坏保障部分）不针对使用您的保险机动车的任何人，但必须合理地相信，该任何人有权使用您的机动车。”

（B款在这里省略，因为它仅与以下讨论的残值处理和追偿所得相关。）

上述代位求偿条款的别扭之处在于最后一句话。个人机动车保险单设计的目的是使物质损坏保障“从车”，也就是说，该保障适用于不论任何人驾驶车辆的情况下。如果保险公司能够从借用被保险车辆的人那里追偿碰撞损失，将违背上述意图。但从逻辑上看，应当允许保险人设法从任何盗车贼那里追偿所支付的赔款。

ISO企业所有人的通用保单条件部分采用另一种代位求偿条款，它包含了财产和责任两种保障。

“将针对他人的追偿权利转移给我们

1. 适用于企业所有人财产保障部分：

如果保险人在本保单项下向任何个人或组织支付赔款，后者有权从其他方追偿损害赔偿金，这些权利在我们所支付的赔款范围内转移给我们。该个人或组织必须做任何必要的事来保护我们的权利，而且不能在损失发生后做任何损害这些权利的事情。但是，您可以以书面方式：

a. 在您所承保的财产发生损失之前放弃您针对其他方的权利；

b. 在您所承保的财产发生损失之后放弃您针对其他方的权利，前提是，仅仅在发生损失之时，该方是以下情形之一：

（1）由本保险所承保之人；

（2）是一家企业：

（a）它由您所拥有或控制；或

（b）您由该方所拥有或控制；或

（3）是您的租户。

您也可以接受限制承运人责任的一般性提单或运单。这样做将不限制您的保险。

2. 适用于商业责任保障：

如果被保险人有权追偿所有或部分我们在本保单项下的赔款，这些权利将转移给我们。被保险人不能在损失发生后做任何损害这些权利的事情。在我们要求时，被保险人应当提起诉讼或者将那些权利转移给我们，并帮助我们实施这些权利。该条件并不适用医疗费用保障。”

即使没有这些明确的保单条款，保险人仍然拥有衡平法代位求偿权。如果是这样，从逻辑上可能会感到奇怪，为什么几乎所有的财产和责任保险单都制定了代位求偿条款？明确的代位求偿条款被认为是必要或有用的，其原因有以下几方面：

（1）由于劳工补偿保险、无过错机动车保险和机动车医疗赔偿利益都是重要的健康保险保障，多数法庭不允许进行衡平代位求偿。明确的代位求偿条款能够使保险人实施合同代位求偿权（除非法律或法规对此做了限制）。

（2）由于普通法的一般规则，通常在被保险人未全部获得赔偿的情况下，保险人无权实施代位求偿权。严格地解释该规则，会导致在含有免赔额、共保条款或“其他保险”条款的保险合同项下未全部赔偿的情况下，保险人被拒绝实施代位求偿权。为了绕过该一般规则以及明确以上意图，一般代位求偿条款规定，保险人在其赔偿金额范围内代位求偿，这在法律中被称为代位求偿到此为止“pro tanto”。“到此为止”代位求偿权可以在保险人尚未完全赔偿的情况下实施。

比如，承保机动车碰撞责任的保险人，可以向保单持有者支付超过免赔额之上的损失，并立即设法从过失方追偿其所支付的赔款。多数保险人自愿按照惯例协助保单持有者追偿免赔额，虽然有时后者要承担一定比例的追偿费用。

（3）多数代位求偿条款是这样表述的，即被保险人不能在损失发生后做任何损害代位求偿权的事。这种表述最起码的目的是制止保单持有者签订任何协议或做一些事，损害了保险人向其他方的追偿权。被保险人违反该条款规定甚至可能导致保险人拒绝赔偿。

（4）有些保险人害怕，如果不能在保险单中加入明确的代位求偿条款，在修改过去含有代位求偿条款的保险单时，会被解释为自愿放弃代位求偿权。

2. 所追回的财产。假设照相机由一切险保单承保，该照相机被盗，保险人在扣除免赔额后支付了赔款，后来照相机被保险公司或被保险人追回，下一步将如何进行呢？被保险人是否自动留下该追回的财产呢？如果被保险人愿意，他是否可以退回赔款再取回该照相机，即使他已经重新购买了照相机？类似的情况可能发生在，当被保险人报告照相机被偷，保险公司理赔后，被保险人发现，照相机只不过放错了地方。

如果缺乏明确的保单条款、诚实和善意的交易，要根据常识来处理所发生的各种情况。在许多财产保险单中可以看到“所追回的财产条款”（recovered property provision），正式地采用根据常识建议的处理程序。以下是 ISO 家主保险单的典型条款表述：

“所追回的财产

如果您或我们追回了我们已在保险单项下支付了赔款的任何财产，任何一方都应当将追回之事通知对方。根据您的选择，该承保的财产可以退还给您、由您留下或成为我们的财产。如果追回的财产退还给您或由您留下，损失赔款将根据您从所追回的财产中收到的金额进行调整。”

由被保险人决定是否收回所追回的财产，但是被保险人是不能既持有该财产又拥有保险人的赔款。有了该条款，被保险人可以考虑，一旦保险人向其支付了赔款，案件就可以了结。被保险人可以继续购买重置财产而不用担心财产可能被追回而重开案件。同时，如果被保险人愿意，他也有机会收回所追回的财产。

小　结

许多保险条款包含一些背景信息，这些信息被认为是理所当然，但它们可能对特定情况下的保险责任产生重大影响。本章所提及的是经常在一般财产或责任保险单的“条件”一章中看到的背景条款。这里所提及的一些条款在其他章节中详细介绍。

第一组条款（在其他地方详细介绍）阐述了所承保的个人的特定身份，或保险责任适用时的特定财产。转让条款一般禁止在未得到保险人同意的情况下，将所拥有的财产或责任保险单转让给其他人。

受托人不能从中得利条款，为在受托人监管下的财产向被保险人提供保障，但并不对可能造成损失的受托人提供保护。

如果被保险人不只一个，可以为保险人和保单持有者之间的所有交易确定第一指明被保险人作为联络人。保险单可以规定，每一被保险人的利益单独处理，一位被保险人的不当行为不会影响其他被保险人的保障。同样，也可以说，一个地点违反了保险条款的约定，不影响其他地点的保障。

何时保险责任适用，部分由保险期间确定。保单条款明确了在特定的时间段中，必须发生什么事件才能触发保险责任。在财产保险中，损失必须发生在保险期间内才触发保险责任。责任保险的保险责任触发时间比较复杂，可能包括保险事故的发生或提出索赔，第五章将对此进一步讨论。

保险责任适用的地点，部分由保险单载明的保险地域范围决定。保险责任可以修改使得与法律规定保持一致，或者对非管辖权内发生的损失提供域外保障。

保险责任条款通常规定，被保险人支付保险费是保险人提供保障的前提。保费审计条款使保险人有权检查被保险人的账本和记录，以确定应收取的保险费。保险合同解除条款约定了任何一方可以解除保险合同的权利和程序。更改条款可以限制保单条款更改的方式，而放宽限制条款在保险人引入经修改的保单附表时（扩大保障但不增加保险费）自动扩展现有保险单项下的保险责任。检查和查勘条款赋予损失控制代表和其他人为保险目的检查被保险人的场所和运作的权利。还有其他重要条款对如何中止保险合同进行解释。在典型的锅炉和机器保险单项下，保险人的代表在发现锅炉或机器存在危险时，可以立即中止保险。还有一些保险单规定，如果发现被保险人未采取保护性措施，保险责任自动中止。还有一些与空置相关的条款规定，如果存在某些风险因素，保险人可以限制自己的保险责任。

有些保险单直到损失发生后才发挥作用。这些条款规定了保险事件发生后保险人和被保险人的义务。在财产保险单项下可以要求被保险人通知警察。将保险财产放弃给保险人通常是禁止的。类似的义务也存在于责任保险中，特别是尽快向保险人通知损失发生的义务。

发生损失后，保险人也有其义务。在财产保险中，保险人可以选择是否赔偿现金或采取其他理赔方式。保险人可以在被保险人的保险利益范围内进行损失理算，或者保险人也可以与拥有自己财产的其他方（如客人）进行理算，这些财产也在保险单项下承保。保险单也可以规定何时赔偿损失。责任保险单可能包括破产条款，表明如果被保险人破产，保险人并不因此解除自己的责任。

有可能发生索赔纠纷。如果在财产保险理赔中对财产价值产生争议，评估条款指出双方如何去解决它。在无保险驾驶员保障仲裁条款中，对如何解决保险人和被保险人在责任问题上的僵局也作了类似的约定。如果所有的手段都失败了，被保险人则有权起诉保险人以强制执行保单条款。其他争议解决方式以及法律诉讼都可以用来解决此类争议。

最后，代位求偿和残值处理条款规定了保险人在损失赔偿后的追偿权。代位求偿条款将从其他方追索损失赔款的权利转移给保险人，后者已经向被保险人支付或代表被保险人支付了赔款。被保险人所拥有的这种权利，能够使得保险人在自己的赔款范围内追回损害赔偿金。残值处理条款允许保险人在支付了财产损失前的价值的赔款后，获得损坏或追回的财产，然后再将它们销售以补偿自己的赔款损失。

第四章　可保利益和被保险方

本章所讨论的课题与围绕着保险合同分析中的“谁”这一问题相关，特别涉及在某种保险单以及某种情况下，哪些方可以获得保障这一问题。可保利益是保险合同的法律要求，它来自于保险补偿原则。根据本章的解释，只有在拥有可保利益的情况下，个人才可以要求强制执行保险合同。相比之下，谁是被保险方则取决于保险合同的约定。既然在缺乏可保利益的情况下不能要求执行保险保障，那么如果任一方的可保利益不被有效的保险合同所承保，他的保险保障在任何情况下也都不存在。

实际情况是：除非明显存在可保利益，否则保险单不提供可执行的保障。即使在有可保利益的情况下，如果任何方的可保利益并未明确在保险单项下承保，保险单对其也不提供保障。

大多数保险索赔都涉及具有明显的可保利益的被保险方的损失，但并不是所有的情况都那么明晰。最好是，在提出索赔之前对所有不寻常的情况都要有所认识并予以处理。实际上，往往在损失发生后才意识到这些似是而非的问题，然后再去处理。

第一节　一般性的可保利益

假如已经满足了法律上可执行合同的其他要求，要使每一保险合同可依法执行，它们还必须具有可保利益，否则这种合同被认为是赌博合同，在法律上是不可执行的。

可保利益（insurable interest）是指，为了获得可依法执行的保险保障，个人必须拥有的某种财务损失风险。玛丽对她的房屋、车辆和个人财产具有可保利益，因为如果它们发生损失，就会对她造成经济上的损害。

在讨论可保利益时，“可保”一词必须从法律意义上理解。法律上的可保利益与具有可保损失风险以及与作为保单持有者并不是同一回事。尽管存在可保利益，投保人也可能无法获得保险，因为从核保标准上看，该风险是不可保的。而且，即使签发了保险单，在发生保险事故时，在保险事件中缺乏可保利益的一方（即使该方是指明被保险人）仍然无法要求执行该合同。

在可能的情况下，在保险单签发之前，都应当解决可保利益这一问题。为了避免由于缺乏可保利益导致索赔被拒绝，被保险人和核保人在尚未明确存在可保利益之前都要避免签订合同。

由于以下原因，可保利益是必要的：

——避免赌博；

——减少故意造成损失的可能性；

——实施补偿原则。

1. 避免赌博。没有可保利益，保险合同就是赌博合同，而赌博合同是不能依法执行的。比如，詹姆斯可能承保玛丽的房屋，对该房屋他没有可保利益，他打赌，房屋会失火。如果詹姆斯赢了，他就会收到远超过他所失去的保险费金额的回报。

美国法庭判决，没有可保利益支持的保险合同，不管是被保险人还是保险人都不可执行。这与法庭在一般情况下拒绝执行赌博合同的做法一样。多数私人赌博合同根据法律规定和法庭判决都是非法的，它们被认为是违反公共政策的。

2. 减少故意造成的损失的可能性。如果保险合同可以为赌博提供保障，那么它就能够为那些故意造成保险事故的被保险人提供不当得利的机会。比如，詹姆斯以玛丽的房屋为标的购买了财产保险，前者可能故意纵火以获得保险赔偿。

完全可以相信，对可保利益的要求可以减少道德风险带来的故意损失。在有可保利益的情况下，诱使造成损失的情况会大为减少。比如，虽然詹姆斯可能会毁坏类似玛丽的财产那样的与其无关的个人财产，以获财务上的利益，但可以想象，他不太可能将自己的房屋点着。

3. 实施补偿原则。补偿原则认为，个人不能从保险损失中得利。多数财产和责任保险合同是补偿性合同。与定值保险合同相比（它提供事先确定的赔偿金额），除了一些限制之外，补偿性合同的赔偿金额直接与损失金额相关。

在补偿性保险合同项下，索赔受可保利益的限制。因此，被保险人的可保利益对保险人赔偿所承保的损失的最高金额作了限制。第六章将对其他限制作进一步讨论。如果保险人的赔款超过被保险人的可保利益，被保险人则从保险中得利，补偿原则遭到破坏。通过将损失赔款以可保利益为限，补偿原则就可以得到维护。

第二节　在财产和责任保险中的可保利益

在财产和责任保险中，可保利益必须在损失发生时存在，它是以以下一种或多种条件为基础：

——财产权；

——合同权；

——潜在法律责任；

——事实预期；

——代表身份。

一、可保利益存在的时间

人寿保险的可保利益在投保时就必须存在，而财产和责任保险的可保利益一般情况下必须在损失发生时存在。如果在损失发生时无法满足可保利益要求，被保险人就并未遭受经济损失。如果支付了损失赔款，就违反了补偿原则。比如，如果山姆将自己的小车卖给了苏珊，而且将所有权转移给她，后来在山姆的车辆碰撞保险解除之前，车辆因碰撞发生全损，山姆就不能获得保险赔款，因为在损失发生时，他对车辆不具有可保利益。

有时在财产保险合同签订时，被保险人在财产上不具有可保利益，但他预期在将来发生损失时会具有可保利益。比如，鲍勃可以在实际提车前几天为自己的车辆购买碰撞保险。还经常发生许多更复杂的情况，如财产在各种商业交易中多次易手。

二、基于财产权的可保利益

"财产"一词通常适用于建筑物、机动车和其他有形物体，它们以物理方式存在，这是在财产保险单中看到的一般用法。虽然这种用法也在法律上出现，但财产的法律概念更加精确地将其定义为"一束权利"（a bundle of rights）。这些权利具有经济价值，得到法律的保护。有些权利与有形事物相关，有些则为无形事物。"无形"一词是指诸如版权、专利权、商标和公司股权那样的资产，虽然这些资产代表有价值的经济权益，但它本身无内在价值。

从法律意义上看，不动产（real estate）是指在土地上的权利，包括对水、矿产、永远附着在土地上的物体（如建筑物）以及在土地上生长的植物（如树木）。它也包括与土地密切相关的权利，如经过或使用他人土地的权利。

动产也称个人财产（personal property）是指所有其他财产权，换句话说，指所有其他非不动产。

一方可以拥有动产或不动产的整个权利束，在这种情况下，该方是唯一财产所有人。但是，权利束可以在几方人员之间划分，每一方拥有一种或多种权利。个人拥有的一种权利或多种权利之和经常成为该方在财产中的利益。

"资产"（estate）一词也有几种含义。在资产规划中，"资产"通常指个人拥有的所有财产，包括动产和不动产。但是，"资产"一词也用来描述在财产中的特别法律利益，而且经常与其他词或短语连用以描述某类财产以及其利益的性质和程度。比如，"简单产权"（simple estate）是指由一方拥有的产权，而"共有资产"（concurrent estate）是指由两方以上共同拥有的产权。在复杂的财产法领域，还有许多额外分类和子分类。

为了识别基于财产权的一些一般性的可保利益，需要将所有不同类别的财产进行分类。但是，重要的是要认识到，按照一般含义，"全部拥有"（full ownership）不是唯一能形成可保利益的权利集合，那些非完整的权利束也能够作为可保利益的基础。

就特定财产而言，最完整的资产通常由以下两种要素构成：

①全部和完整的所有权（拥有权利的程度）；

②无限时间的所有权（拥有权利的时间）。

不管就利益程度还是就利益时间而言，整个资产可以切割成较少份额的利益。这些较少的利益并不经常被称为资产，但它们都是财产利益或财产权利，也就是说，它们是整体法律权利的一部分。进一步解释，如同合格的财产所有人对自己的财产具有可保利益那样（因为他可能因财产损坏而遭受经济损失），如果满足了以下两个条件，任一方在财产中都具有可保利益：

①该方拥有财产权；

②由于财产遭受损坏、损毁、失去使用价值或被盗窃，其价值会因此而减少。

以下讨论一些可以满足可保利益要求的特定例子。

1. 财产所有权。财产所有权可以支持可保利益。

（1）全部价值。无条件继承的不动产（fee simple estate）所有人具有等同于该财产全部价值的可保利益。该词“无条件继承的不动产”是指完全拥有该财产，即一方拥有财产，该财产可以通过遗嘱转让给后裔，财产所有人有权销售、出租、赠送或以任何合法的方式使用所有或部分财产。比如，简拥有商用办公楼，她的可保利益等于该财产的全部价值。如果该财产被完全毁坏，她将遭受相应金额的损失，因为她的所有权价值将被损毁。

虽然人们一致同意，无条件继承的不动产所有人的可保利益是财产的全部价值，但法庭并不经常以明确的方式对全部价值予以定义。显然，法庭的目的是通过将财产中的可保利益限制在所有人在财产遭受全部损毁时的最大货币损失上来强化补偿原则。这样，为了可保利益目的，财产的全部价值（所有人因财产损毁可能失去的最大货币金额）基本上等于财产内在价值的损失金额，加上其失去使用价值的损失金额。

比如，假设简的房屋完全被飓风摧毁，多少金额可以使得她为房屋损毁获得真正的补偿呢？该总额应当等于她所遭受的最大的财务损失金额，该金额也是其可保利益金额。全损的一个要素由用相同种类和质量的材料重置房屋的成本构成，该重置成本金额要足以恢复房屋的内在价值。但是，有可能要花 6 个月的时间来建成新的房屋，在这段时间内，简将失去使用该房屋的经济价值。比如，假设简在该楼房中的一部分场所经营给一家企业，将楼房的其他部分出租，剩下部分自己住。在重建楼房这段时间内，她失去了本可以从经营中获得的利润以及租金收入，她还可能产生租用其他房屋居住的费用。这样，她的所有损失，也就是她的可保利益包括：（1）楼房的重置成本

（内在价值的直接损失）加上（2）利润损失、租金损失以及在恢复期间的额外生活费用（与楼房失去使用经济价值相关的间接损失）。

（2）抵押贷款的影响。无条件继承的不动产所有人，具有与该财产全部价值相等的可保利益——即使财产已经抵押或作为偿还债务的担保。由于财产全部损毁并不解除所有人偿还未决债务的义务，所有人的可保利益的程度并不会因为该债务金额而减少。因此，财产所有人可以投保财产的所有可保价值。但是，出借人在作为债务担保所抵押的财产中也有可保利益，而出借人的可保利益是以债务金额为基础。结果是，这两种可保利益实际上超过了财产的全部价值。举例解释，假设建筑物的重置成本是 5 000 000 美元，抵押了 4 000 000 美元，所有人的可保利益为 5 000 000 美元（建筑物本身，而不考虑其使用价值）加上出借人的可保利益 4 000 000 美元，共计 9 000 000 美元，大大地超过了建筑物的内在价值。当不只一方具有可保利益时，这种情况就很常见。

超过一方拥有可保利益这一事实（这些可保利益相加的金额超过财产的价值），显然会带来潜在的混乱。但是，可保利益的重复并不意味着保障上的重复。核保人设法避免签发可能造成重复保障的保险单。而且，类似代位求偿和“其他保险”那样的一般保单条款（在本书其他部分讨论）的目的是为了减少为相同的损失重复赔款的机会。

（3）由公司拥有的财产。公司是一种与股东不同的法律实体，它的可保利益等于公司财产的全部价值。美国法庭除了少数例外，都认为股东在公司的财产中也有可保利益，即使他们对公司的财产缺乏可执行的权利。股东有权获得公司的（1）红利以及（2）如果公司解体，在解除了公司债务负担后公司净资产的比例份额。法庭的理由是，如果公司资产严重受损，可能极大地削弱股东的权利，股东潜在的损失足以避免将公司财产保险作为一种赌博。因此，美国法庭会执行股东以公司资产作为担保的保险合同，但是仅以当被保险公司的财产灭失或损坏时，股东可能遭受的实际损失为限。

2. 财产多重所有权（Multiple Ownership of Property）。财产多重所有权可以支持可保利益。建筑物、土地、机动车和银行账户是经常由多方拥有的财产的例子。共同所有权的形式包括共同共有、完全共有、一般共有、合伙共有、夫妻共有及共管公寓所有权，它们将在以下标题项下讨论。要注意的是，以下部分讨论的是法律认可的利益，而不是是否或如何承保。

（1）共同共有（Joint Tenancy）。一般共有是指房产由两个以上的人共同拥有，它的特点是每个所有人都有相同的利益，以及每个所有人都具有生存者获得权（right of survivorship）。一般情况下，财产共有人通常具有亲属关系（如丈夫和妻子和 / 或子女）。如果鲍勃、玛丽和比尔是财产共有人，鲍勃去世了，鲍勃在财产中的份额就平分给玛丽和比尔（生存者）。如果后来比尔也去世了，玛丽就拥有整个房产。活着的财产共有人可以将他的利益出售。但是，财产共有人的份额是不能通过遗嘱赠与其他人的，因为在他去世之时，它的份额自动转移给活着的共有人。总之，每个财产共有人具有财产全部价值的保险利益。由于任一个财产共有人，作为唯一活着的人，可能很快成为财产的唯一所有人，如果房屋遭受损毁，他就会失去财产的所有价值。

（2）完全共有（Tenancy by Entirety）。完全共有是一种特殊的共有产权，它仅适用于丈夫和妻子，而且在他们活着的时候是不能终止的，除非双方同意终止产权。类似共同共有，完全共有产权具有生存者获得权（right of survivorship）；不像共同共有，完全共有产权是不能由一方在未得到另一方同意的情况下将其分割销售。如果丈夫死了，他的财产份额转移给妻子（反之亦然）。夫妻两人各自在财产的全部价值上具有可保利益。

（3）一般共有（Tenancy in Common）。一般共有是一种由两个或两个以上的共同所有人（joint tenants）所拥有的资产，他们无财产生存权。比如，鲍勃和比尔作为共同所有人拥有财产，鲍勃去世了，但他的财产份额并不自动转移给比尔，而转移给遗嘱中指定的人（或如果未留有遗嘱，则根据法律规定转移给鲍勃的后裔）。活着的财产所有人不可以通过遗嘱或适用的遗产处分法获得死者份额的财产。意识到这种情况的可能性，每个共有财产所有人的可保利益仅限于个人在财产份额中的价值。

（4）合伙共有（Tenancy in Partnership）。合伙是一种商业组织，它涉及财产的共同所有权。在合伙安排中，合伙制作为实体和个人合伙人可以拥有在合作活动中使用的财产。但是，除非在合伙人之间达成不同的协议，合伙人在合伙企业成立时原来投资的财产，以及在从事合伙业务过程中赚取的财产都成为合伙财产。每个合伙人拥有的资产利益称为合伙共有财产。

合伙财产的 3 个特点与分析可保利益相关。首先，任何合伙人都无权销售、遗赠或以其他方式处理合伙财产中的个人利益。其次，当合伙人死亡，其后裔最终获得死者在合伙财产中的那份利益。最后，当合伙企业解散，不管是通过协议还是法律规定，在偿还了债权人的债务之后，合伙人分配剩下的合伙财产，其比例与合伙企业运营时分享利润的比例一样（按照相同的比例，除非合伙人之间达成了不同的协议）。

合伙关系能够产生以下几种明确的可保利益，这些可保利益的程度与利益的现在价值一致。

——合伙企业，作为实体，对该企业中经常使用的所有财产具有可保利益，而不管该财产是否由合伙人独自拥有或成为合伙共有财产。

——在合伙企业中使用的，某一合伙人独自拥有的财产，该合伙人对该财产的全部价值具有可保利益。每一个其他合伙人对该财产也有可保利益，但以该财产损坏时，前者在该财产中的利益减少程度为限。

——对合伙共有财产，每个合伙人的可保利益，以合伙人在合伙企业运营时分享利润的比例，或在企业解散时分配剩下的共同拥有的合伙财产的比例为限。

（5）夫妻共有（community property）。美国有些州制定夫妻共有财产法，该法对“夫妻分开的财产”和“夫妻共有的财产”进行区别。这些法律并不相同，以下作一概述：

夫妻分开的财产（separate property）一般由丈夫和妻子在结婚时的各自财产，以及每个人在婚后继承或作为礼物收到的财产构成。夫妻分开的财产依然是每一配偶的自有财产，因为它们并不是通过夫妻共同努力获得。总之，每个配偶在其分开的财产上有可保利益，以该财产的全部价值为限。

夫妻共有财产通常由配偶在婚姻期间由一方或双方通过共同努力获得的所有财产，具有共同所有权。根据该概念，丈夫和妻子分享所有的共有财产，每个人在共同努力中的贡献并不改变共同利益这一事实。赠送给双方配偶的财产当然也是共有财产。

每个配偶在共有财产中有不可分割的一半的利益。如果一方去世，共同财产分为两半，一半自动归属于活着的一方，另一半归属于去世配偶的后裔，他们可以通过也可以不通过遗嘱将其一半共有财产留给活着的配偶。因此，每个配偶在夫妻共有财产中有可保利益。如果双方都活着，各自的可保利益等于一半的共有财产的价值。

（6）共管公寓所有权（Condominium Ownership）。共管公寓所有权是一种不动产产业，它由以下两种要素构成：

——称为“单元”的，分别确定范围的所有权，“单元”类似公寓房间，从技术上看，不过是某一空间中的一个“空气盒”。

——在该区域中有共同利益财产（tenancy in common interest），它为每一个单元所有人服务，包含土地、楼房、走廊、仓库、停车场和其他公用场所。

每一单元所有人在该公共区域中具有经确定的百分比利益。以上两个要素结合起来构成整个公寓财产，它可以销售、抵押、继承或作为个人拥有的财产来处理。

关于公寓的美国州法不尽相同，创建公寓以及确定单元所有人和公寓协会之间的关系的法律文件也不一致。但是，尽管存在差异，每一单元所有人通常具有等于公寓房价值的可保利益，不仅包括公寓单元房，也包括单元房所有人在建筑物的其他共有财产中确定的百分比利益，以及单元房所有人对楼房所做的任何修改和增加。

3. 终身产权（Life Estate）。终身产权可以支持可保利益，它是一种财产，由特定个人终身拥有。终身产权所有人是房屋的终身居住者，终身居住者（life tenant）可以终身拥有、使用和享有该财产。但是，如果拥有者（终身居住者），或者在不太经常的情况下，除了拥有者之外的其他人死亡，终身产权终止。在终身产权终止的情况下，该产权转移给另一方，被认为是不动产继承人（remainderman）（或者如果未指定不动产继承人，或不动产继承人在法律上无资格获得该财产，该产权则回归其利益授予人）。

作为进一步解释，假设丈夫拥有绝对产权（in fee simple）的房屋，他在遗嘱中规定，它的妻子在该房屋中具有终身产权，直到她去世，此后由他的儿子拥有该房屋的无条件继承的产权（fee simple estate）。后来丈夫去世了，这时，儿子在父亲去世时成了房屋的将来利益 [称为剩余遗产（remainder）] 所有者。妻子是终身占用者或者终身产业拥有者（holder of life estate）（死后不得由后人继承的）。终身居住者（妻子）有权在她活着的时候拥有和使用该房屋，但她无法通过遗嘱将其留给其他人，因为她的利益在她死亡时终止。同样，虽然妻子在理论上可以在她活着的时候卖掉房子，但很难找到买主，因为一旦妻子去世，买主的利益也同样终止。这与一般性规则保持一致，即某种特定类型的不动产所有人是不能将属于自己以外的那部分转让给其他人。

终身产业可以通过遗嘱来创建。比如，儿子可以将自己拥有绝对产权的房屋赠送给母亲。如果儿子并未将母亲作为不动产继承人，母亲去世时，房屋则返还给儿子。在母亲拥有终身居住权期间，儿子在房屋中的利益是将来利益，称为复归（reversion）或可复归利益（reversionary interest），而且他被称为复归权者（reversioner）或可复归利益所有者。如果母亲先于儿子去世，儿子又获得房屋的绝对产权——在他为母亲创建终身居住权之前所拥有的相同的利益。如果儿子在母亲之前去世，可复归利益的价值成为儿子资产的一部分。

在终身产业中的可保利益。为了理解终身产业中的可保利益，就需要记住可以拥有财产权的各方。

——终身居住者是终身产业的所有者。

——不动产继承人是剩余遗产权益的所有者。

——复归权者是复归或可复归利益的所有者。

终身居住者具有当前利益，该利益使得居住者有权现在拥有和使用财产。前面所说的不动产继承人以及复归权者具有将来利益，因为他们拥有或使用财产的权益直到将来某一时刻才生效。这三方中的每一方都具有有价值的财产权，它们可以作为可保利益的基础。

虽然不动产继承人仅拥有将来利益，但能够在终身居住者去世的时候，很容易地获得拥有和使用财产的权利。同样，终身居住者可能在没有不动产继承人的情况下，或者死亡，或者特定不动产继承人在终身居住者之前死亡，在这两种情况下，复归权者将立即获得拥有和使用该财产的权益。

剩余遗产继承人虽然拥有将来利益，但如果终身占用者去世，就可以获得拥有和使用该利益的权利。同样，终身占用者可能未指明剩余遗产继承人，或特定剩余遗产继承人先于终身居住者去世，在这两种情况下，复归权者能够立即获得拥有和使用财产的权利。意识到这种现实可能性，拥有将来利益的剩余遗产继承人一般具有等于该财产全部价值的可保利益。这种情况对复归权者来说也一样。一旦由于火灾或其他风险事故损毁了财产，两者都将失去整个财产价值。因此，剩余遗产继承人和复归权者可以在承保该财产的保险合同项下获得全部可保价值的赔偿。

终身居住者在其拥有的终身产业的财产中也具有可保利益，其可保利益通常以两种方式之一确定，用哪种方式则取决于所在地的法律规定。一方面在某些司法管辖权中，终身居住者的可保利益等于财产的整个价值；另一方面，在其他司法管辖权中，终身居住者的可保利益，根据其年龄，则仅限于终身产业的现在价值。在采用现在利益的司法管辖权中，居住者对终身产业的利益可能作为其可保利益的限额。反对这种做法的法庭坚持认为，终身居住者的可保利益等于财产的全部价值，这是基于一种理论，即终身居住者的保险补偿，仅限于将财产恢复到损失发生前的状况，并能以损失发生前的方式使用。

不管终身居住者的可保利益金额是如何确定的，一旦财产被损坏或毁坏，他是没有法律义务去修缮或重建它的，除非损坏或毁坏是由于终身居住者的过失或故意行为造成。终身居住者也无法律义务去为了剩余遗产继承人或复归权者的利益购买财产保险，除非在有法律效力的协议中做了这样规定。

4. 定期租赁（Tenancy for Years）。定期租赁（也叫作定期房地产，estate for years）可以支持可保利益。定期租赁是一种具有确定时间的财产，如 6 个月、1 年、5 年、10 年甚至 99 年。拥有此类财产的人即承租人，临时占用和使用其他人的财产。定期租赁最经常由书面租约创建和管辖。涉及的财产可以是动产如机动车，或不动产如土地、整栋或部分楼房。在后一种情况下，承租人通常从房东那里按照约定的价格租用房屋。当约定的期限到达时，定期租赁则终止（除非续签）。

定期租赁的可保利益。房屋所有者的可保利益之前已经讨论过，他的可保利益是所拥有财产的整个内在价值，以及租金收入损失、营业收入损失和重置财产的额外费用。另外，定期承租者经常对住房进行装修和改善，它们成了不动产的永久部分。如果是这样，房屋所有者对装修具有可保利益，而承保装修或改善的实际责任通常在租约中规定。

定期承租者根据租约在租用的财产中有几种可保利益。有些法庭认为，定期承租者对从所有人那里承租的财产的整个价值具有可保利益。实际上，许多财产所有人为自己的财产购买保险，因为一般承租者并无特别意愿去承保房东的财产。但是，承租者完全有理由在某些情况下考虑以自己的名义购买附加保险。比如，（1）承租人打算买下该财产，（2）财产所有人的保险不合适，或（3）租约规定承租人有法律义务购买保险，或者在租期结束时，必须完好无损地归还财产。

除非协议明确约定了租户的额外义务，否则他一般不用为所租用财产的损坏负责，例外情况包括损坏是因为租户或租户所负责的其他人的过失或故意造成。而且，在短期租约中，如果财产在恢复到损失发生前的状况过程中严重受损，租户通常不用支付租金。但是，在 99 年租约中，租户经常被要求在整个租赁过程中继续支付租金，包括损坏的财产在修理或重置期间。在长期或短期租约中，可能有解决以下问题的特定条款：

——谁承担由租户进行的装修和改善的损失后果；

——谁负责支付设施、清洁和提供维修服务费用；

——如果财产严重受损，是否事先支付的租金可以退回；

——是否租户违反租约规定需支付罚金；

——是否在财产遭受严重损坏或毁坏的情况下，租金价格可以重新协商。

所有这些表明，当相关的财产被损坏或毁坏时，定期租户可能暂时无法使用财产而遭受这些非直接损失。

准确地概括定期租户的可保利益是十分困难的，因为它们与各种损失后果相关。每个租户的损失风险都不太相同，它们受到许多因素的制约，特别是租约中的特定条款。比如，假设企业租户承租整栋大楼10年时间，但在第五年末被火灾损毁。假设火灾后果与租约规定一致，那么建筑物内在价值的损失直接由大楼所有者承担。但是，租户有哪些可保利益呢？租户的可保利益取决于他所实际面对的损失风险。租户在大楼中的个人物品的全部价值是可保的，但不在这里讨论。至于租户所做的装修和改善，租户显然具有使用利益。也就是说，租户希望在占用建筑物的整个期间都能够使用该装修和改善，该预期使用具有经济价值，尽管装修和改善成为属于建筑物所有人的固定资产的一部分。另外，租户在修理或重置损坏的财产使其恢复正常水平的营业活动过程中，由于无法使用该损坏或毁坏的财产而遭受巨大的后果损失也有可保利益。这些后果损失和营业收入损失，以及为了恢复运营所支付的额外费用，可能与损坏的房屋的内在价值减少同时发生。

简而言之，定期租户有各种各样的可保利益，它们与所承租的场所相关，这些利益与丧失承租财产使用权的损失金额相等，这些使用权可能大大地超过被毁财产的内在价值，它们经常以租赁协议条款的约定为基础。

5. 将来利益（Future Interest）。将来利益可能会产生可保利益。财产的将来利益是在将来特定时间拥有财产的现在权利，该时间可能与特定的年数相关——如房产定期租约结束，或与发生特定事件相关——如终身居住者去世。将来利益的例子包括前面所讨论的剩余遗产继承人或复归权者对剩余遗产的利益。将来利益的确切性质基本取决于遗嘱或创建该利益的文件的表述。在任何情况下，该利益拥有者只有对将来拥有财产的现在权利（present interest），而不是或有或可能的权利。如果发生特定事件或者到将来的某个特定时点，曾经是将来的利益就会立即“成熟”，并成为财产中的现在利益。

比如，假设迪克在他的遗嘱中规定，一旦他去世，妻子简在家庭别墅中具有终身居住权，而迪克对该别墅具有永久拥有权。如果简去世了，他们的女儿莎莉在该别墅中具有无条件继承的产权。迪克在签署了该遗嘱几年后去世。迪克去世同时，莎莉获得该别墅的将来利益。如果此后简也去世了，莎莉拥有无条件继承的产权，而且作为别墅的所有人，具有该财产全部价值的可保利益。因此，莎莉可以在迪克去世后的任何时候，投保该别墅的整个可保价值，即使简仍然活着而且很健康。不管简是 30 岁或 90 岁，在迪克去世时，莎莉获得该别墅的将来利益，这也是莎莉的可保利益。莎莉可保利益金额不受她母亲简的寿命的影响。

需要强调的是，在上述例子中，女儿莎莉在她父亲去世之前，在别墅中是没有可保利益的，尽管在父亲的遗嘱中她将最终继承该别墅。只要立遗嘱的人（该案例中是迪克）活着，就经常可能更改遗嘱内容，在遗嘱中指明的任何人，只要立嘱人还活着，都不过是预期继承人。预期继承人一般在遗嘱所涉及的财产中是没有可保利益的，因为预期本身并不形成将来的利益。只要立遗嘱人一旦去世，其继承人在所继承的财产中获得法律上的可保利益，即使在处理财产并分配给其他继承人之前。

6. 衡平法所有权（Equitable title）。衡平法上的所有权可以支持可保利益。总体来说，在财产法中有两大类权利：财产的法定权利基本上是一种可以通过法律实施的所有权和占用权，该词也通常用于契约、抵押证券、所有权证书或可以用来作为所有权证明的其他文件中；财产的衡平法权利，从公平角度看，是不动产所有人可以通过法律实施的，从其他方获得法定利益的权利，后者是记名所有人但无所有权。由于在处理财产交易上的错误、不当行为或拖延，合法的财产所有人经常被临时剥夺对财产的法定权利或保管和拥有该财产。比如，机动车购车人通常会从购车到收到物权文件这段时间内遇到延迟现象。如果政府在处理购车文件上出了差错，购车人可能收不到这些文件。衡平权拥有者可以在法庭上确定事实（如必要的话），并取得该财产及其法律权利。

衡平财产权拥有者对该财产具有可保利益，而不管他是否获得了合法权证或实际保管或控制该财产。该规则在实务上广为应用，特别在不动产交易中。在所有涉及衡平财产权拥有者的情况下，他的可保利益与合法物权所有者相同。可保利益的金额取决于其所拥有的特定种类的资产价值。

三、基于合同权的可保利益

可保利益可以以合同权为基础。合同是双方或多方间的协议，他们作出了一些可以通过法律实施的承诺。合同权是合同一方针对另一方的法定权利，一般情况下，合同权可以分为以下两大类：

——与个人相关的合同权。在这种合同权项下，合同第一方不向另一方的特定财产提出索赔。比如，在无担保贷款情况下，债务人并未为贷款提供任何财产的抵押。如果债务人未能偿还无担保的贷款，债权人只是一般债权人，对债务人的财产并不比其他一般债权人具有更优先的索赔权。

——与财产相关的合同权。在此类合同权项下，合同第一方对另一方的特定财产具有索赔权。比如，在担保贷款情况下，债务人用特定财产抵押来保证贷款的偿还。债权人是担保债权人，如果贷款未偿还，他有权获得该财产并将它销售。这种索赔比一般债权人更具有优先权。

总之，与个人相关的合同权赋予权利所有人针对个人的一般索赔权，但无权针对特定财产提出索赔。相比之下，针对财产的合同权赋予权利所有人针对特定财产的索赔权。记住这种区别后，我们下一步再讨论对每一种情况在可保利益上的要求。

1. 针对个人的合同权。在财产和责任保险中，针对个人的合同权通常不创建任何针对特定财产的索赔权。这样，如前所述，只要债务人活着，无担保债权人在债务人的任何财产中都不具有可保利益。但是，如果无担保债权人获得了针对债务人的判决，在法律上有权针对特定的财产提出索赔以支付欠款，债权人就获得了特定财产的财产权，并在未支付的债务金额范围内具有可保利益。同样，一旦债务人去世，未担保的债权人针对死者的权利成为针对死者资产的财产权，该财产权赋予未担保的债权人至少在死者的资产中（在某些管辖权内仅为不动产），在债务人去世之时的未决债务范围内具有可保利益。

但是，该一般规则还有一些显著的区别，即与个人相关的合同权并不在其财产上带来可保利益。该例外涉及一些不经常的情况，即某些财产的持续存在被法庭认为是财产权的基础。在这些情况下，法庭判决与个人相关的合同权拥有者在基本财产中具有可保利益。这就是以下案件的判决基础，所有这些案件的判决结果是：可保利益存在。

——在长期合同项下，被雇来担任工厂监工的人被认为对公司的火灾损失具有可保利益。如果没有该工厂，被保险人作为监工赚取薪金的权利的价值就大为减少。

——搬家公司被认为对其承包搬运的房屋的损坏具有可保利益，但是该房屋在搬家结束前被烧毁，其可保利益是以搬家公司所能获得的赔偿金额为基础。

——被保险人发明了一种程序并申请了专利，该程序用来钻探石油。被保险人与一家钻井公司签订了使用该专利的合同，作为回报，被保险人可以获得所钻探的油井的部分利益。该发明人被认为对用来钻探特定油井的机器的损坏具有可保利益。

在上述每一案件中，合同权利拥有者具有可保利益，其金额等于在未发生保险事故的情况下他所能够获得的收入。

2. 与财产相关的合同权。与财产相关的合同权创建该财产中的可保利益。如果财产被损坏或毁坏，合同权拥有者可能遭受经济损失。在创建可保利益方面，有两种类型的合同特别重要：一是经担保的债务偿还合同；二是销售财产的合同，包括动产和不动产的销售。

（1）债务的偿还。有担保的债权人在用来抵押的财产中具有可保利益，其可保利益金额等于债务余额，该一般规则是每一个抵押权人或受押人在用来担保偿还债务的财产中的可保利益的来源。

该可保利益的经济基础是，对抵押或质押的财产的损坏可能降低抵押权人或受押人恢复完整（make whole）的可能性。虽然即使财产被损毁，债务人还得继续偿还债务，但偿还债务的动机和能力则大大地削弱。而且，如果借款人拖欠还款，债权人可能无法将损坏的财产按照其应有的价值出售来偿还欠款。这种对债权人的地位所带来的威胁，尽管未构成某种财务损失，足以支持债权人的可保利益。由于财产的损毁对债权人造成潜在的损失（财产损毁时所欠余额），也是债权人可保利益的程度。

留置权（Lien）是一种针对财产的索赔，它来自于合同项下的欠款。一方可能成为留置权人，因为他为其他人提供服务，但却被拖欠服务费。当所提供的服务涉及在债务人的财产上施工时，施工方可以获得对该财产的留置权。留置权可以简单地以衡平原则为基础，即在合同项下提供服务的一方应当为服务获得报酬。在某些情况下，是以特定的合同条款为基础。不管如何，留置权人在债务范围内对所留置的财产具有可保利益。

留置权人的可保利益可以通过以下例子说明：

——旅馆在支付所欠住宿费上对顾客的行李具有留置权；该可保利益的程度限于未支付的住宿费。

——房东对未支付租金的租客的个人财产具有留置权；其可保利益限于所欠租金。

——为建设工程提供建筑材料的供应商，对正在施工的建筑结构具有留置权，直到其材料款被支付为止；其可保利益程度仅限于未支付的材料款。

——运输和仓储公司对其所运输或储存的财产具有留置权；其可保利益程度限于顾客未支付的运费。

——代理第三方保险索赔人的律师对保险赔款具有留置权；其可保利益程度限于双方约定的律师费。

（2）一般性销售财产。销售财产的过程涉及卖方将所有权转移给买方、损失风险以及所销售财产的可保利益问题。在销售过程开始之前，卖方在财产中具有所有权以及可保利益，卖方的可保利益是基于其财产权。在销售过程中，卖方和买方在财产中可能同时具有可保利益，这些利益是基于财产的法律权利、衡平权利或担保利益。但是，管辖所有权转移以及相关的可保利益的原则，在销售动产和不动产之间有很大的区别。因此，这两类财产必须分开讨论。

（3）销售不动产。不动产买方在获得合法产权之前的买卖过程中，在几个可能的节点上具有可保利益。比如，持有不动产销售协议的买方，被认为对该财产具有衡平所有权以及可保利益。支付了约定的价款以及履行了约定的协议条款后，买方可以催促财产所有人将财产的合法产权转移给他。根据普通法，不动产买方在卖方实际或推定地将法律文件提交给他之前，是没有合法产权的。但是，一旦买卖双方对销售该财产的价格和其他条件达成协议，买方则具有该财产的衡平所有权。买方的衡平所有权支持与该财产全部价值等额的可保利益，按照财产损毁时衡平权所有人所遭受的潜在损失衡量。

在买方拥有财产衡平权期间，卖方仍然对该财产具有法律权利，直到将法律文件递交给买方之后。该法律权利是卖方可保利益的基础，它等同于财产的全部价值。将法律文件交给买方后，如果卖方作为抵押权人在财产中具有担保利益，他在财产中也具有可保利益。（该规则也适用于在有条件的销售合同项下，买方尚欠卖方价款的情况。）所担保的财产的可保利益是抵押贷款中尚未支付的余额部分（或者在有条件销售合同项下的购买价）。

（4）销售动产。销售动产受《统一商业代码》（*Uniform Commercial Code*，UCC）管辖，其规则几乎在美国所有的州使用。UCC 的一部分与货物销售相关。UCC 允许财产的买卖双方对何时在他们之间转移物权达成协议。如果协议中不作约定，UCC 规定，物权在卖方根据合同要求完成货物实际交付的时间和地点转移给买方，即使卖方在货物中拥有担保利益。确切地说，合同要求在什么时候或何处完成实际交货，则取决于合同的表述。

基于物权规则，UCC 在可保利益上制定了 3 种基本规则：

——只要卖方根据买卖双方协议或 UCC 条款与物权相关的规定具有物权，卖方对货物遭受的损失就具有可保利益。

——当卖方在所销售的货物中具有担保利益，即使在物权转移给买方后，卖方仍然对货物具有可保利益。

——只要特定的货物被“识别”（identified），也就是说，只要买方能够将拟提取的特定货物与卖方可能拥有的其他类似货物区别开来，买方对该货物就具有可保利益。如果买卖双方达成作为买卖合同基础的协议，当货物从整体中区分开来，或者当它们被交付给买方时，可以发生“识别”这一行为。“识别”可以在向买方转移所有权之前为买方创建可保利益，或者当满足了卖方的担保利益后，就可以消灭卖方的可保利益。因此，买卖双方同时在财产中具有可保利益是十分常见的。

前述关于买卖双方在货物中的可保利益的规则，也影响每一方在货物中的可保利益程度。

——在货物被识别之前，买方没有可保利益。此后，买方的可保利益等于货物的全部价值，而不管是否买方实际拥有货物的法律或衡平权利。

——卖方在货物中的可保利益的程度，取决于交易过程中货物在哪个节点会遭受损坏。

如果货物在物权仍然属于卖方时遭受损坏，买方就不需要支付货款，卖方的潜在损失以及可保利益等于货物的全部价值。如果货物在物权转移给买方时损毁，买方已经支付了货款，卖方对货物的损毁不会遭受潜在损失，因此在货物中也无可保利益。如果货物在卖方对其具有有效担保利益的任何时候损毁，卖方在货物中的潜在损失以及可保利益则限于尚未支付的债务余额。

由于买卖双方在同一批货物中可能同时都具有可保利益，也由于买方的可保利益绝不会低于货物的全部价值，买卖双方的可保利益合计金额可能超过货物的全部价值。

四、基于潜在法律责任的可保利益

潜在的法律责任可以支持可保利益。总之，如果个人有可能对他人造成财务伤害，那么他就具有可保利益。基于潜在法律责任的可保利益，并不取决于他是否具有法定或衡平权利，而取决于他是否可能在法律上为某些可能发生的事件承担责任。个人在责任保险单项下遭受索赔这一事实，足以表明他在导致索赔的事件中具有可保利益。在无索赔可能性的情况下，要了解是否存在可保利益是毫无意义的，就没有必要提出这个问题。即使索赔是毫无理由的，个人仍然可能遭受损失，因为索赔产生抗辩费用。

拥有和使用机动车存在几种基于潜在法律责任的可保利益。机动车所有人和使用者毫无疑问在防范由于使用该机动车引起的责任索赔上具有可保利益。同样，雇主在防范由于雇员用自己的机动车从事公司业务活动所导致的索赔上也具有可保利益，因为雇主可能为雇员在从事雇佣范围内的工作上的过失造成的人身伤害和财产损失承担责任。由于潜在的法律责任所产生的可保利益，并不要求在可能引起责任的相关财产上（如机动车或建筑物）具有可保利益。

1. 一般性的人身伤害和财产损失。一般的责任保险单适用于在某些情况下的人身伤害和财产损失。在损失发生前，没有明确的标准来确定这些索赔金额会多大，而且也没有理由让法庭对某一方在责任保险所承保的事件上设定可保利益限额。不管是个人还是公司，从理论上是可以购买无限额的责任保险，前提是保险购买者可以找到一个愿意提供保障的保险人，而且还能够支付得起保险费。

2. 对特定财产的损坏。对于可能导致特定财产损坏的法律责任，基于潜在法律责任的一方的可保利益是有最高限额的。这种情况发生在当一方为另一方的财产损失负责的情况下，在这种情况下，责任方的最大责任限额以及基于该责任的可保利益是该财产的全部价值。

以对他人特定财产的潜在法律责任为基础所签发的责任保险单有以下例子：

——为了特定的目的，如储存或修理、临时管理其他人财产的受托人，可以承保他所保管的他人财产的损坏责任。如果财产遭受损坏，受托人对此负责，他可以获得财产全部价值的赔款。但是，在扣除了他应收取的储存、修理或提供其他服务的费用之后，受托人必须将剩下的损失赔款支付给客户。

——普通承运人对其运输他人货物的损坏责任具有可保利益。

——房地产的遗嘱执行人对财产的损坏责任具有可保利益。

——旅馆经营者对顾客财产的损坏责任具有可保利益。

——租户对其所占用的那部分场所的损坏责任具有可保利益。

——承包商对所承建的房屋的损坏的法律责任具有可保利益；多数建设合同规定，承包商承担建筑过程中的损失风险，即使部分完工的建筑物是他所为之承建的业主的财产。即使工程竣工，承包商仍然要对建筑物的损失承担法律责任并具有可保利益。这种情况发生在，当建筑物在竣工后规定的期间内发生损坏，根据建设合同，承包商还要负责建筑物的维修或重置。

——管理财产的个人或企业，在财产的真正所有人尚不明确的情况下，是可以在真正所有人确定之前，承保对该所有人的财产损失的潜在责任。

五、基于实际预期的可保利益

当一方预见到，如果保险事件不发生就能获得经济优势，或者如果这些事件发生就会造成经济损害，就存在某种实际预期（factual expectation）。实际预期这一概念在理论上可以作为可保利益的基础。前面提及的每一种可保利益都涉及，如果发生保险事故就会预期发生财务损害，或在不发生的情况下预期获得财务利益。

在美国大多数州，只有实际预期一般不能作为财产的可保利益的基础。但是在那些少数法庭接受以实际预期作为可保利益有效基础的案件中，被保险人并无须具有任何财产权、合同权或潜在法律利益以确定可保利益。被保险人只需要表明，如果发生保险事故，他就会遭受潜在的财务损害。如以下例子：

——威斯康星州的法庭认为，依靠由其妻子单独拥有的不动产过活的丈夫，在该财产中具有可保利益。该可保利益是以实际预期为基础，即妻子会继续让他依靠土地生活，并在该土地上经营农场。

——伊利诺伊州法庭曾判决，儿子在父亲拥有的房屋中具有可保利益，因为父亲在口头上表示，他打算将房屋作为遗产留给儿子。该判决是一般规则的例外，即直到立嘱人去世时，期待继承人对其遗产才具有可保利益。

将重点放在被保险人的经济地位而不是法律利益上，是与将实际预期作为可保利益基础的区别性标志。纽约保险法将可保利益定义为，包括“任何保护财产安全，使之不受损失、损毁或金钱损害上的合法和实质上的经济利益。”相比之下，加州保险法的定义是“在任何事物中，仅仅具有或有或预期的利益，不以该事物的实际权利或有效合同为基础，是不可保的。”

在多数美国州，仅仅存在事实上的预期一般不是可保利益的有效基础。有些法律认为利益是必要的，这种法律利益可以建立在许多基础之上，如财产权、合同权或潜在法律责任。在那些不要求法律利益的州，任何法律利益的存在足以支持可保利益，即使法律利益不太可能变为相关财产的实际所有权或控制权。比如，在某些州，对房屋具有剩余遗产权的 85 岁的母亲，在该房屋中具有可保利益，即使它现在由健壮和健康的 35 岁的终身受益人所居住。虽然母亲的将来利益不太可能变为对房屋的实际拥有权和使用权，但她仍然被认为具有可保利益。

为了表明否定仅仅依靠事实预期具有可保利益是正确的，有些法庭坚持一个原则，即任何情况下，法定利益在可保利益中都是必不可少的。这种结论的逻辑性在于，如果认为事实预期是可保利益的基础，那么就会允许那些不会因为财产损毁而遭受损失的人去购买保险，他们中有些人也可能希望财产遭受损坏，或者利用他们的可保利益来掩盖赌博行为。

在那些否认仅仅以事实预期作为可保利益的州中，希望承保特定财产的具有事实预期的一方，经常能够通过合同安排来表明他在该财产上具有可保利益。比如，预期继承人可能与现在的房屋占用者签订合同，根据合同约定，前者承担一些他有望获得的遗嘱财产的维修责任，这种维修责任可以为预期继承人在保护遗嘱财产上形成明确的可保利益。该法定利益可以支持可保利益。

六、基于代表身份的可保利益

其他人的代表也可以以该代表的身份具有可保利益。如前所述，代理人（agent）、托管人（trustee）和受托人（bailee）根据合同权或潜在法律责任，对其所管理的财产具有可保利益。除了这些利益之外，一方的法律代表可以以自己的名义，为了该方的利益购买保险。比如：

——代理人可以以自己的名义为了委托人的利益购买财产保险；

——托管人可以以自己的名义为信托机构购买保险；

——受托人可以以自己的名义为寄托人购买保险。

在上述情况下，并不要求购买保险的一方对财产损坏具有单独的可保利益。他的可保利益来自于他与所代表的个人或实体的关系。虽然保险单是以该方的名义签发的，但是被保险人的代表身份有时通过在被保险人姓名后面增加以下表述来体现：

——“为了 × × 的利益”（如果保护的是特定方的利益）；

——“为了有关方”（如果保护的是某类实体的利益）。

这些表述并不是必需的。如果表明，保险是为了保护他人而购买，保险单的有效性就不会由于获得保险的一方在所承保的财产中无可保利益而受到损害。

当购买保险的法律资格是由于作为具有可保利益的一方的法律代理而产生时，购买方就必须履行其法律代理的义务。这意味着，购买保险的人必须为了具有可保利益的一方的利益最大化行事，而且必须向后者支付所有的保险赔款。当购买保险（如仓库管理人）的一方代表的是许多实体时（如仓库的客户），无须确定每一实体的身份，或者无须让这些实体为保险购买方所知。但是，要在以这种方式购买的保险项下获得保障，受保护的实体必须满足以下条件：

——他们必须包含在保险购买方打算提供保障的群体中；

——他们不能拒绝这种保险保障。

第三节　在保险合同项下的被保险各方

规定谁有权获得保险保障的条款是保险合同的重要部分，本部分讨论

“谁是被保险人”这一重要问题。

一、被保险方的定义

被保险方（insured parties）是各种个人、公司、合伙企业或其他在合同项下有权获得损失赔款、特定服务或保险合同约定的其他利益的实体。

被保险一方可以在保单声明页上载明。但是，未在声明页上载明的其他方也有资格在保单项下作为被保险人。虽然这些被保险人并未特别指明，如果要使保险保障适用，它们必须以某种方式明确指出。各种保险单所承保的被保险人有很大的区别。

二、被保险方的权利

保险合同项下的被保险方拥有各种有价值的合同权利。但是，这些权利的数量和类型根据保单种类以及是否属于“指明被保险人”或只是“被保险人”而有所不同。

比如，假设玛丽·琼斯拥有一家服装店，并在她的家主保单声明页上作为指明被保险人。她在保险单项下具有以下合同权利：

——执行合同（Enforcement of the contract）。玛丽在保单项下获得保障，因此有权按照保单条款获得损失赔款。

——法律抗辩（Legal defense）。如果她由于保险经营事故受到指控，针对索赔人的主张，她有权获得保险人提供的辩护。

——退还保费（Return of premium）。如果合同被解除，她有权被退还未赚保费。

——提议更改保单条款（Initiate policy changes）。根据保险人的核保规则和惯例，玛丽可以提出更改保单条款的要求，保险人可以通过加贴批单来修改保险单。

——解除合同。如果保险人决定解除合同，玛丽有权事先得到通知。

——其他权利。如果双方对赔偿金额存在异议，玛丽有权要求对损失进行评估。如果在支付损失赔款之后，被盗财产被找到，她有权保留赔款并将该财产交给保险人，或者自己留下该财产，并将赔款退给保险人。

需要强调的是，所有被保险方在保险合同项下都有这些权利。被保险方可以包括指名被保险人、收货人、担保债权人、家庭成员、雇员、高管人员、代理关系中的法律代理人、指名被保险人的法律代表和许多其他个人或群体。而且，可以在保险单上加贴额外被保险人批单，以在合同项下增加被保险人，这并不是说，上述每类人员都是该份保单项下的被保险人，他们的可保利益程度取决于特定保险条款的表述。

各种类型的被保险方可以大致分为：（1）通过名称特别确定的被保险方，（2）通过与另一个被保险人的关系确定的被保险方，以及（3）额外被保险人这三种。

三、通过名称特别确定的被保险方

被保险方可以在保单声明页上通过名称予以特别确定。通过名称予以特别确定的被保险方包括指明被保险人、受托人和担保债权人。

1. 指明被保险人（Named insured）。指明被保险人一词是指个人、公司、合伙企业或其他在保单明细表上载明的其他方。在许多简化的保单前言部分，代名词“你”和“你们”是指声明页上显示的指明被保险人。此后，在通篇保险单中，所用的每个“你”字，都表示指明被保险人。

如第三章所述，许多保险单对第一指明被保险人和其他指明被保险人进行区别。第一指明被保险人负责支付保险费，以及作为唯一的指明被保险人，被授权解除保险合同、收取合同解除通知书（如果保险人解除合同），在保险人同意的情况下更改保险条款，从保险人那里收取赔款和损失数据，以及收取退还的保险费。

也列在声明页上的其他指明被保险人，可以包括个人、公司、合伙企业和任何其他实体，他们在财产或潜在法律责任风险暴露上具有可保利益。

2. 受让人（Assignees）。转让是指将财产权从一方转移给另一方。转让财产权的一方称为转让人（assignors），接受权利转让的一方为受让人。保险合同提供有价值的财产权，但在未得到保险人同意的情况下，保险合同是不能有效地转让给另一方的。但在发生损失后，追偿权是可以转让的。

（1）损失发生后的转让。总的规则是，收取损失赔款的权利是可以在损失发生后，在未得到保险人同意的情况下，自由地转让给另一方。收取损失赔款的权利只不过是对金钱的索赔，受让人在向其转让赔款之后未能成为新的被保险人，他也未能在赔款转让后比转让人获得更大的权利。同样，转让行为通常不会减少保险人针对被保险人的法律权利。这样，如果被保险人欺诈、违反保单条件或缺乏可保利益，保险人依然可以拒绝向受让人支付赔款。由于发生损失后转让损失赔款并不能增加风险因素，因此可以在未得到保险人同意的情况下自由转让损失赔款。

（2）损失发生前的转让。在财产和责任保险中，保单持有人在发生损失前的最重要的权利是获得针对将来损失保障的权利，这种权利不能转让。如前所述，损失前转让财产和责任保险单具有改变被保险人的效果，保险人要决定是否承保受让人。因此，总的规则是，财产或责任保险单不能未在保险人书面同意的情况下有效地转让。大多数保险单都有转让条款，对损失发生前的不可转让性作出明确规定。

如果在未得到保险人同意的情况下试图转让保险单，就会使得整个保险合同失效。而且，同样严重的是，保险人对保单受让者无合同义务；而保险人对指明被保险人虽然有义务，但在发生损失时，他已经丧失了可保利益。为了避免这种灾难性的情况发生，在未得到保险人明确同意的情况下，不要试图将保险单转让。

实际上，转让财产和责任保险合同并不常见，大多数人宁可自己购买保险而不是设法从其他人安排的保险那里获得保障。

3. 担保债权人（Secured creditor）。当债务人将特定财产作为抵押物以保证偿还借款时，债权人就是一个担保债权人。如前所述，担保债权人在该财产中具有可保利益。承保债权人的可保利益的财产保险可以通过以下方式获得:（1）债权人直接购买自己的保险;（2）将债权人作为债务人保单项下的被保险人。后者可以通过转让条款、可支付损失条款或标准抵押条款来实现这一目的。

（1）债权人自己的保险。债权人可以购买自己的保险以承保他们的可保利益。商业贷款机构的管理人有理由认为，他们可以获得更加宽泛的保障，比他们的借款人在选择保险人和保险代理人上更加谨慎，后者要有更强的财务背景及更佳的声誉。而且，有些债权人可以从当地保险公司购买保险，后者在他们的公司中存款。另外，债权人直接购买保险可以保证他们的保险将不会因为债务人的行为或疏忽而失效。还有些特殊保单，可以用来满足贷款机构的特别需要，这些保单在管理债务人保险凭证的签发，以及在检查这些保单一直有效方面，可以减轻债权人的负担。

从债权人的角度看，购买自己的保险的不利之处在于，债权人必须支付保险费。尽管债权人能够以较高的贷款利率将保险成本转嫁给借款人，但他们必须意识到法律法规以及竞争上的限制。通常的做法是，要求债务人投保自己的作为贷款抵押物的财产，而不管是否债权人有自己的保险。

（2）债权人在债务人的保单项下承保。承保债权人在财产中的担保利益的一种做法是，要求债务人在损失发生前将其保险单转让给债权人，并规定债务人必须持续支付保险费。但是，假设保险人同意这种转让，财产保险单的转让不会对双方提供合适的保障。债权人被承保的只是债务中尚未偿还的部分，而债务人在保单项下不再被承保，但他还要履行支付保险费的义务。另外，法庭一般认为，损失发生前转让保险单，并未给予受让人在保单项下比转让人更大的权利，这就意味着，债权人（受让者）要受到保险人可能针对债务人（原被保险人）的抗辩的限制，结果是债权人可能发现，在保险单转让之前，自己的保障由于债务人的欺诈或违反保险条件而受到损害。债权人要么购买自己的保险，或者坚持每个债务人购买并持有合适的损失赔偿条款或抵押条款的保险，而不是接受债务人对保险单的转让。

损失支付条款（loss payable clause）通常用来保护债权人在流动资产上的利益，如机动车，它通常被作为贷款的质押担保。典型的损失支付条款将债权人作为收款人，声称“任何所承保的损失赔款将支付给指明被保险人和××银行，如同他们的利益所示那样”。如果发生了保险损失，保险人通常将赔款支票共同签发给债权人和债务人。如果保险赔款少于未决债务金额，债权人有权将整张汇票据为己有，并扣减相应的债务金额。如果付款金额超过未决债务金额，超过部分则支付给债务人。实际上，债权人经常会保持贷款完整，将损坏的财产拿去修理或重置，在这种情况下，债权人在修理或重置完成后才在支票上签字。（债权人也可以在支票背书转让给修理店时才签字，以保证获得保险赔款。）在任何情况下，损失支付条款保护债权人和债务人的利益，使得保险单在金额和范围上，既有效也合适，同时让保险人优先将赔款支付给债权人。

作为保护债权人的一种措施，损失支付条款并不是在所有的州都可靠。许多法庭认为，损失支付条款只不过使债权人成为债务人的被任命者或代表，这样，债权人有权在保单项下获得不比债务人更大的权利。根据该解释，如果债务人的任何行为或疏忽使得保险单失效，债权人就无权获得保单项下的赔款。但是，有些法庭把损失支付条款作为债权人和保险人之间的单独的合同来解释，后一种解释给债权人一个保证，即债权人在保单项下的权利不会因为债务人的行为或疏忽而受到损害。

抵押条款（Mortgage clause）通常用来保护债权人（受押人）在不动产中的利益，该不动产被作为贷款担保。抵押条款毫无例外地被看作保险人和受押人之间单独的合同。受押人在保险项下的权利不会因为债务人（抵押人）的任何行为或疏忽而受到损害。这样，如果山姆故意将自己抵押的房屋烧毁，受押人在山姆保单项下的利益就会得到充分保障，即使山姆本身得不到。

典型的损失支付条款在保单声明页上不过是一句话或者是一个批单。标准的抵押条款根本不是一个真正的条款，不过，它包含了几个较长的段落，是其他保单条款的附加条款，详细地规定了受押人的许多权利和一些义务。对希望在某种程度上依靠债务人所购买并支付保费的保险的债权人，损失支付条款和抵押条款比转让债务人保险单这一做法提供了更好的保障。

以下是ISO家主保险单抵押条款的表述：

“**抵押条款。**

受押人一词包括受托人。

如果在保险单上指明了受押人，任何在保险责任A或B项下可支付的损失赔款，根据所显示的利益情况，将支付给受押人和您。如果指明受押人不只一人，付款的顺序将与受押人排列顺序相同。

如果我们拒赔，该拒赔将不适用于受押人的有效索赔，前提是：

a. 受押人通知我们受押人所意识到的，所有权、占用或风险上的重大改变；

b. 当您疏忽未支付保险费时，受押人在被要求的情况下支付到期保险费；

c. 在受押人接到我们通知关于您未能向我们提交签好字、发过誓的损失声明时，受押人在60天内向我们提交该声明。与‘损失评估’‘针对我们的诉讼’和‘损失支付’相关的保单条件都适用于受押人。

如果我们决定解除保险合同或不续保，我们将至少在解除或不续保生效日后 10 天内通知受押人。

如果我们向受押人而未向您支付了损失赔款：

a. 我们将代位在财产抵押项下抵押权人具有的所有权利；或者

b. 根据我们的选择，向受押人支付整个抵押本金加上累计利息。这时，我们将收到全部转让的，作为抵押债务担保的抵押财产和担保物。”

代位求偿将不会对受押人索赔的全部金额造成损害。

四、根据与其他被保险人的关系确定的被保险方

多数财产和责任保险合同承保作为被保险人的一方或多方，是通过与指明被保险人的关系（或与另一个被保险人的关系，如受让者或债权人）来确定。

1. 一般分类。有许多方并不是通过名称具有或获得被保险人的身份，而是作为保险单中引用的，一般类别中的一部分成为被保险人。最明显的例子是家主保险单或个人机动车保险单中的配偶。在这些保险单中，“你”指的是指明被保险人和配偶，如果他们生活在同一个家庭中。在整个保险单中，代名词“你”和“你们”用来统称指明被保险人和配偶，因此配偶拥有与指明被保险人相同的权利。比如，简与其男朋友结婚，她的新丈夫自动成为简的家主和机动车保险单项下的指明被保险人，尽管她丈夫并未在保险单中特别指明。

“被保险人”的定义也可以指自动成为被保险人身份的人，他们包括在保险单中引用的一般类别中。在一般类别中，作为被保险人的一方包括：

——家庭成员；

——同住在一个家庭中的人员；

——雇员；

——法律代理；

——董事和高管人员；

——保险单中指称的，其他与指明被保险人存在个人或业务关系的人。

不同种类的保险单可能有不同的“指明被保险人”的定义。即使同一份保险单的不同部分也可能以不同的方式定义“被保险人”，特别是在同一份保险单提供多种保障的情况下。同一份保险单也可以在不同的州具有不同的定义。

比如，以下一般性群组成员在个人机动车保险单中作为被保险人：

——同住在一个家庭中的家庭成员；

——雇主为雇员的行为承担法律责任，后者的车辆在雇主车辆险单项下承保。

医疗费用保障以及无保险驾驶员保障部分有不同的“被保险人”的定义。

商业保险中也有一般性分类。比如，除了在声明页中载明的指明被保险人之外，以下一般性群组也包括在商业普通责任险保障附表中的“谁是被保险人”一章项下：

——在声明页中所载的合伙企业的成员、合伙人和他们的配偶，但仅与他们所从事的业务相关；

——在他们的雇佣范围内行事的指明被保险人的雇员；

——任何指明被保险人的不动产管理人；

——如果指明被保险人去世，任何临时管理其财产的人；

——如果指明被保险人去世，其法律代表；

——在指明被保险人允许的情况下，任何驾驶指明被保险人移动设备的人。

从这些附表中还可以举出其他例子，但上述例子已经足以说明问题。重要在于，大量的各种各样的群体，根据他们与指明被保险人的关系，可以自动具有指明被保险人的身份，而保单语言必须仔细斟酌，以确定特定个人或组织是否在特定保单项下获得保障。

2. 指明被保险人在法律上的替代人员。指明被保险人在法律上的替代人员可以成为指明被保险人的保单项下的被保险人。有一些财产和责任保险合同规定，被保险人包括以下一方或多方人员：

——法律代表，诸如遗产执行人、遗产管理人或破产诉讼管理人；

——个人代表，如委托书持有者（power of attorney）；

——后裔和受让人是指通过遗嘱或适用的法律继承指明被保险财产的一方，以及转让保险合同的受让方（在保险人的同意下）。

从字面意义上看，这些人并不是单独的被保险人，他们是指明被保险人可接受的法律上的替代人，因此被授权代表指明被保险人行事，或者如果是遗产执行人和管理者的话，代表去世的指明被保险人。这些法律上的替代人，只拥有指明被保险人所拥有的权利，他们只能为指明被保险人而不是为自己收取保险赔款。

3. 额外被保险人（Additional insured）。获取被保险人身份的最后一种方式是，加在指明被保险人的保单上作为所谓的额外被保险人，这种方式通常采用批单。美国保险服务局（ISO）已经草拟了很多批单，它们可以用来将个人或组织加到指明被保险人的普通责任保险单项下。这些批单有以下三种：

——额外被保险人为所有人、承租人或承包商。该批单可以用来将项目所有人或另一个承包商加到承包商的普通责任保险单项下，后者是指明被保险人。

——额外被保险人为俱乐部成员。高尔夫俱乐部成员能够加到俱乐部的普通责任保险单项下，但是仅与俱乐部的活动或代表俱乐部所从事的活动引起的责任相关。

——额外被保险人为商贩。该批单允许生产商和分销商将其产品的零售商或其他销售人员加到自己的商业普通责任或产品责任保险单项下。

当将额外被保险人加到普通责任保险单项下时会遇到以下几个重要问题：

——稀释责任限额。当将其他方加到指明被保险人的保单项下，前者分享由于任何保险事故导致针对被保险人索赔的责任限额，其结果是稀释了指明被保险人的责任限额。

——法律抗辩冲突。当发生同时针对指明被保险人和额外被保险人的诉讼时，为一方抗辩的最好方法是谴责另一方的行为，其结果对负责为双方抗辩的保险人是一种严重的利益冲突。多数州解决该问题的方法是，由保险人出资分别委托律师。

——提供不在计划内的保障。由于无现成批单可用，可能会向额外被保险人提供指明被保险人并不打算提供的保障。而且，由于通常未向额外被保险人提供指明被保险人的保单副本，法庭有可能判决，责任限额并不适用于向额外被保险人提供的保障。

——其他保障冲突。指明被保险人和额外被保险人的另一个问题涉及双方的“其他保险”条款问题。额外被保险人由自己的保险单以及指明被保险人的保险单所承保。普通责任保险通常采用相同的其他保险条款。但是，每份保险单中的其他保险条款可能不尽相同（如责任限额），其结果是，为了确定每份保险单的赔偿金额，要进行昂贵的诉讼。

——管理问题。在多数情况下，必须将特定批单加到指明被保险人的保险单上，这就增加了指明被保险人、保险经纪人和保险人的额外负担。

第四节　例　子

前面以抽象的方式讨论可保利益要求和“被保险人”的定义，以下举例说明这些概念是如何应用在实践中。

一、涉及可保利益的情况

许多在财产和责任保险上的法律判决，都涉及处理是否存在可保利益的问题。在一个案件中，夫妻离异了。作为离婚协议的一部分，妻子（指明被保险人）将她在房屋中的利益通过权利放弃文件转让给丈夫。丈夫后来为该房屋购买了保险。但是，房屋在妻子的保险单被取消之前被烧毁。丈夫的保险人按照限额赔偿，然后原夫妇则设法在妻子的保险单项下索赔不足。法庭判决，妻子在产权转让给丈夫之后，在财产中失去了可保利益。丈夫在妻子的保单项下也不是被保险方，因为他并未像保单条款要求那样，是住在妻子房屋中的配偶或亲戚。

如前所述，如果承租人选择从出租人那里购买所租赁的财产，可以支持可保利益。在一个案件中，被保险人在他所租赁的房屋上做了些改进，因为他打算实施自己的购买特权，而且他所支付的租金折算为房屋的购买价。在承租者实际购买该房屋之前，房屋失火。保险人认为承租者缺乏可保利益，因此拒绝将赔款支付给他。尽管房屋被火灾损毁，承租者继续购买下该房屋，并将可保利益问题提交给法庭。法庭判决，承租者的可保利益存在，其程度等同于房屋遭受损失的程度（受保险金额限制），由于他选择购买该房屋，他在财产中具有金钱利益。

其他法庭判决涉及可保利益程度的问题。在合伙企业中，每个合伙人在合伙财产中具有可保利益。但是，如果合伙财产仅以一个合伙人的名义投保，而没有说明该保险是为了其他合伙人或合伙企业的利益，就可以假设，该保险所承保的仅是被保险人的利益。但是，如果表明保险是为了合伙企业的利益，那就可以索赔损失的所有价值，即使所有合伙人并未在保单上载明。

在一个案件中，一个合伙人为合伙企业所拥有的拖拉机购买保险，并用该企业的资金支付了保险费，但是保险单仅以一个合伙人的名义签发。损失发生了。在初审法庭审判过程中，其他合伙人确认，保险是为了合伙企业的利益购买的。上诉法庭判决，保单所有人可以索赔损失的所有价值，因为保险是为了公司的利益购买。这种问题可以通过将合伙企业作为指明被保险人来避免。

二、涉及被保险方的情况

根据特定的保单条款，许多个人和群体都可以在保险单项下获得被保险人的身份，即使可能只有一个被保险人或一个实体是指明被保险人。可以用个人机动车保险单的责任保障来解释这一点。尽管采用了简化的语言，个人机动车保险单仍然是一个复杂的文件，有许多相互关联的条款。这里所讨论的仅仅与哪一方可以具有被保险人资格相关。在得出某个索赔属于保险责任的结论之前，再进一步分析法律责任，以及其他相关的保单条款，如除外条款和其他保险条款。

个人机动车保险单的“被保险人”定义表述如下：

“B. 在本部分使用的‘被保险人’一词是指：

1. 您或拥有、维护或使用任何机动车或‘拖车’的任何家庭成员。

2. 使用‘您所承保的机动车’的任何人。

3. 针对‘您所承保的机动车’，任何个人或组织，但仅仅与本部分项下获得保障的个人的行为或疏忽的法律责任相关。

4. 针对‘您所承保的机动车’之外的任何机动车或‘拖车’，任何其他个人或组织，但仅与您或本部分项下获得保障的任何‘家庭成员’的行为或疏忽的法律责任相关。本条款（B4）仅适用于，当个人或组织并未拥有或租用机动车或‘拖车’的情况下。”

“你”“你们”和“家庭成员”包括在上述定义中，而且在单独的保单“定义”一章中予以解释。

“在整个保险单中，‘你’和‘你们’是指：

1. 在声明页中显示的‘指明被保险人’；以及

2. 配偶，如果他 / 她居住同一个家庭中。

‘家庭成员’是指与您在血缘、婚姻或收养上相关的人，他 / 她居住在同一个家庭中。家庭成员也包括保安或养子 / 女。”

麦克是采用以上表述的个人机动车保险单项下的指明被保险人，他的妻子露西也是指明被保险人，虽然她并未在保险单声明中载明。

麦克的女儿贝蒂这学期住在学校的宿舍里，她离家上大学去了。现在的问题是，贝蒂是否也是麦克家中的居住者。虽然她此时并未住在家中，但她仍然有资格作为家庭成员，因为她是临时住在学校里，而且她将父母亲的房屋作为自己的永久住所。这种情况毫无疑问是很清楚的，而且当贝蒂完成学业并在外面找到自己的永久住所后，这种情况就会发生变化。

贝蒂驾驶一辆福特车，该车记载在麦克的个人机动车保险单项下，所有权是麦克的（它符合保单“您所承保的机动车”的定义）。不管贝蒂是不是家庭成员，在驾驶福特车的时候，根据上述第二款“被保险人”的定义，她都是被保险人。

如果贝蒂允许她的男朋友开这辆福特车，那情况又会怎样呢？男朋友显然不是家庭成员，但他仍然具有“使用您所承保的机动车”的资格。该男朋友也是被保险人。

如果贝蒂驾驶她的宿舍室友的车辆，情况会是怎样呢？假设她在父亲保单下是家庭成员，当贝蒂使用包括其室友的车辆在内的任何机动车时，她都是被保险人。

假设贝蒂在参加作为学校实习课程的实地考察旅行过程中，驾驶她的车辆并发生交通事故。受害者向学校提出索赔。学校是否在贝蒂保单项下的被保险人呢？根据个人机动车保单“被保险人”的定义，该保险扩展承保对被保险人的家庭成员的行为或疏忽承担法律责任的任何个人和组织。因此，学校也是被保险人。要注意，我们并没有问，是否学校需要为该交通事故承担责任的问题，仅考虑学校是不是被保险人的问题。如果发现学校有责任，贝蒂的保险公司有义务针对该索赔为学校抗辩，并为学校支付判决赔款。学校可能也有以自己的名义购买的其他保险，以保护自己的利益。

假设贝蒂不是驾驶自己的车辆从事实地考察，而是驾驶其男朋友的车辆。她和学校仍然有资格作为被保险人。如果贝蒂驾驶学校的车辆，那情况又会怎样呢？在该案件中，根据“被保险人”定义的最后一句，学校不是被保险人。假设贝蒂是“家庭成员”，在这种情况下，她是麦克保险项下的被保险人。

虽然上述问题并不经常发生，但为机动车事故承担责任的人，有可能实际上并未操作机动车。假设贝蒂在关车门的时候，不当心碰到男朋友的手，伤了他的骨头。作为“家庭成员”，在“使用车辆”上，她是其父亲保单项下的被保险人。使用车辆并不限于驾驶它。

上述各种背景介绍的目的，并不是为了对个人机动车保险保障进行详细分析，它们的目的是解释在什么情况下会获得或给予被保险人身份。

小　结

除了其他条件之外，为了使保险合同在法律上可执行，个人在保险损失上需要有可保利益，而且还必须是保险合同的一方，他的利益在保单项下承保。本章介绍适用于财产和责任保险单的可保利益。

可保利益要求具有三种目的，它可以避免赌博、减少故意损失以及遵守补偿原则。

在财产和责任保险中，可保利益必须在损失发生时存在，可保利益可以以财产权、合同权、潜在法律责任、实际预期或代表身份为基础。

财产所有权可以具有多种形式，所有权性质对可保利益的程度产生影响。本章详细探讨了这些不同的所有权方式，以及每一种方式对不同被保险人的可保利益的影响情况，这些讨论的内容包括全部无条件继承所有权、抵押的影响和公司股东的可保利益。本章还检查了几种形式的多重所有权，包括共同产权、整体共有财产、共有财产、合伙共有财产、夫妻共有财产以及共管公寓所有权。其他所讨论的可保利益包括终身产权、定期租赁、将来利益以及衡平法所有权。

以合同权为基础的可保利益可能涉及个人或财产的合同权，财产合同权可以在与偿还债务以及销售动产或不动产相关的情况下获得。

与责任保险相关的可保利益问题很少存在异议。在无索赔的情况下，没有理由提出可保利益的问题。存在针对被保险人的索赔，本身就可以作为有说服力的可保利益证据，即被保险人面临着索赔风险，他就具有可保利益。

实际预期通常不能作为可保利益的基础。另外，代表身份经常具有可保利益。

保险合同详细地列出了那些具有可保利益并获得保险保障的一方，他们不仅包括指明被保险人（在大多数保险合同中称为“您”），还包括受让人和担保债权人。其他被保险人具有较少的权利，他们不通过名称而是通过其与指明被保险人的关系来识别。有些被承保方实际上是作为被保险人的法律替代人。保险单也可以通过批单来指明或描述额外被保险人。

第五章　被保险事件

保险合同是一种有条件的合同。当发生某种事件时，保险人有义务向一方或多方，或代表他们支付赔款，后者具有可保利益并作为保险单项下的被保险人。但是，如果不发生保险事件，保险人就不用支付赔款。保险事件需要存在以下所有 6 个要素，称为保险事件要素（elements of an insured event）：

①所承保的财产或活动（Covered property or activity）；

②所承保的原因（Covered cause）；

③所承保的后果（Covered consequence）；

④所承保的（非除外的）情形（Covered circumstances）；

⑤所承保的地点（Covered location）；

⑥所承保的期间（Covered time period）。

前 4 个要素与所承保的事情相关，后面 2 个要素分别说明所承保的地点和时间。

只有在所有 6 个要素都存在的情况下，特定的事件才成为保险事件，即使仅缺乏一个要素，也无法成为保险事件——即使被保险方由于某些不幸事件遭受了意外财务损失。比如，非因所承保的原因造成的损失并不涉及保险事件，即使与所承保的财产、所承保的情形、所承保的后果、所承保的地点及所承保的期间相关。

发生保险事件时，如果被保险人违反了保单条件，如被保险人在投保书上做了实质性的误告，保险人仍无须承担支付赔款的义务。由于保单限额、免赔额或者在索赔金额上的其他限制，保险人可能不用支付所有的损失赔款，这些情况并不否定保险事件的存在（条件、限额和免赔额在其他章节中详细讨论）。

简而言之，保险事件的 6 个要素被认为是必要的，但不足以确定保险人为某种损失或索赔支付赔款的合同义务，也就是说，要使索赔得到赔偿，该 6 个要素必须存在，而且还要满足其他相关要求。

第一节　在财产险保单项下的保险事件

财产和责任保险保障必须具有保险事件的 6 个要素。这里首先讨论财产保险项下的 6 个要素，它们在责任保险项下的应用在本章后面部分讨论。

一、保险财产

按照第四章中所讨论的可保利益问题，“财产”的法律概念是指一束权利（a bundle of rights），由于受法律保护，它们具有经济价值。虽然财产的法律概念对可保利益的含义十分重要，但它并不提供识别在财产保险项下承保的动产和不动产实物的常用方法。这里讨论如何在各种财产保险单中识别所承保的财产的特定方法。

财产保险单有一些不同的来源。标准的财产保险单由美国保险服务协会（AAIS）以及保险服务局（ISO）制定作为参考模板，还有大量的其他保险单也在使用中：

——工厂相互保险系统（Factory Mutual System）和工业风险保险人（Industrial Risk Insurers）制定的保险条款在工业和事业机构中广泛使用；

——超额和溢额保障（excess and surplus lines）市场制定了适用于标准

市场难以承保的实体风险；

——有时制定手工保单用来满足特定需要；

——个别保险人制定的，单独报备的保险条款，可以将许多标准条款和独特条款结合起来。

许多现在财产保险单具有所谓的“简易英语”或“易读”特征，但还有一些保险单使用较为传统的保单语言。在这种多样性情况下，可以理解为特定的动产和不动产的承保方式会有所不同。不过多数保险单采用的是类似的模式，这里既讨论保险单的一般模式，也讨论它的特定差异性。

1. 一般模式。所有财产保险单都有某种描述所承保的财产种类的章节。在珠宝流动批单或承包商设备流动批单中，所承保的财产标的可以逐项列出。但是，大多数保险单并不列出每项特定的保险财产，而是按照分类方式对所承保的财产进行描述。

在描述宽泛的财产种类章节之后，保险单中另一个紧跟的章节对不保财产进行描述，这两个章节仍未包括所有与保险财产相关的条款。那些出现在保险单其他部分的条款或甚至批单，根据所承保的风险事故的性质，增加或减少对特定类型财产的保障。

比如，家主宽泛保障保险单包含以下内容：

——将世界上任何地方，由被保险人拥有或使用的不动产作为所承保的财产；

——将“飞机和零部件”列在“不保财产”中；

——排除对“船只以及它们的拖带物、家具、设备、舷外发动机或马达”的保障，这些设备在与风暴或冰雹损坏相关的风险事故中位于完全封闭的建筑物之外。

飞机和船只是动产，包含在保险财产的宽泛描述中，但是飞机和部件对任何风险事故来说都是不保财产。位于室外的船只和相关设备会承保它们的大多数风险事故，但不承保风暴或冰雹损失。

在几乎所有的财产保险单中都有类似的保障模式。在商业、住宅以及机动车物质损坏保险单之间，它们的主要区别在于每种保险单所要承保的财产类型。以下例子用来解释它们的共同模式和区别性定义。以下摘录了用来说明特定原则的实际保单表述，但没有把重心放在整个保险单内容上，由于该原因，许多摘录并未指出它们的出处或商业名称。

2. “商业财产”。有一种广泛使用的，用来承保固定地点的商业财产的保单约定，该保险单适用于“在声明中所描述的场所内的保险财产的直接物质灭失或损坏……”然后，保险单以十分明确的方式进一步描述包含哪些保险财产，保险单将保险财产分为三类，可以为其中任何一类或多类购买保险。

（1）不动产作为保险财产。第一类保险财产一般为不动产。但是，土地并不包括在清单内，而且有些项目在法律上被定义为动产。该保单条款表述如下：

“在保险责任部分使用的‘被保险财产’一词是指以下类型的财产，在声明中显示了它们的保险金额：

a. 建筑物，即在声明中描述的楼房或结构，包括：

（1）已竣工的扩建部分；

（2）永久安装的：

（a）固定装置；

（b）机器；和

（c）设备；

（3）室外固定装置；

（4）由您拥有的，用来维护或服务楼房或结构的动产，包括：

（a）灭火设备；

（b）室外家具；

（c）地面覆盖物；以及

（d）用来冷却、通风、烹饪、洗碗或洗涤的电气设备；

（5）在不被其他保险所承保的情况下：

（a）正在建设、改动和修理的楼房或建筑物的扩建部分；

（b）在所描述的场所之上或100米之内的，用来扩建、改动或修理楼房或结构的材料、设备、物资和临时性结构。”

上述条款设法将所承保的动产从在保险单其他部分可能承保的动产区分开来，但并未区别动产和不动产的法律定义。在上述典型的商业财产保障附表中，通过约定将某些类型的动产包含在建筑物类中。保险单对“建筑物”的描述，包括了被保险人所拥有的动产，如灭火设备和室外家具，它们用来维护和服务不动产。

该条款提及楼房和结构。楼房也是一种结构，但并不是所有的结构都是楼房。非楼房结构如地下储罐、隧道、电视天线和广告牌。财产保险单特别指称“楼房”，但如果打算承保“结构”，也需要提到后者。无论“楼房”或“结构”一词在保险单的任何地方使用，都需要考虑它们需要包含哪些具体内容。

所承保的财产条款适用于保单声明中载明的楼房和结构，其保险责任也适用于正在建筑、改动和修理的扩建部分，前提是这些扩建部分未在其他保险项下承保（该附表并不完全替代建筑商风险保险单，后者特别设计用来保护在建筑过程中对财产有可保利益的各方）。但是，未购买建筑商风险保险单的被保险人，仍然可以获得上述摘录中的保障。

（2）动产作为保险财产。有两类动产在同一份保险单项下承保，它们分别是：被保险人的企业财产，以及其他人的个人财产。商业财产保险单的相关章节表述如下：

“b. 您的位于声明中所载的楼房之内或之上，或在所描述的场所以外100英尺范围内的户外（或车辆内）的营业动产，它们由以下财产构成，除非在声明中特别约定：

（1）家具和固定装置；

（2）机器和设备；

（3）存货；

（4）由您所拥有或在您的业务中使用的所有其他动产；

（5）由您为其他人的动产所提供或安排的劳动力、材料或服务；以及

（6）作为承租人，在房屋改进和改善中的使用利益。改进和改善包括固定装置、改建、设备或附加物：

（a）它们作为您所占用但不属于您的楼房或结构的一部分，而且

（b）您自费获得或添置但不能依法搬走。

c. 其他人的动产，它们：

（1）在您照看、监管或控制之下；而且

（2）位于声明中所载的楼房之内或之上，或位于所描述的场所以外100英尺范围内的户外（或车辆内）。

但是，我们仅将他人动产的灭失或损坏赔款支付给财产所有人。”

由于将营业动产的地点限于所描述的场所中或该场所外100英尺范围内的户外，需要有某种类型的附加保险来承保这些财产在转运过程中或在其他地点的损失风险。

由于该保障条款仅适用于“在所描述的楼房之内或之上的”财产，因此会提出建筑结构内的财产是否被承保这一问题。还有一个问题，那就是与楼房或其他结构相对而言，什么是“场所”。有些保险单用“场所”指称实物性的楼房，还有些保险单仅仅指某个地方。如果采用“地方”含义，似乎“场所”一词还包括周围的土地。

虽然租户对住房的改进和修缮构成了不动产的完整部分，但它们仍然作为营业动产看待，以保护租户在租赁期间对这些不动产的使用利益。租户通常不购买他们所占用的建筑物的财产保险。如果不将该条款并入保险单的营业动产条款，租户就需要为这些改进和修缮购买单独的保障。而那些并未意识到这一点、未特别承保该风险的人就会失去保障。

（3）动产和不动产 / 个人财产都作为保险财产。市场的惯例是将动产和不动产作为不同种类的保险财产，但有些保险单将它们合并在一起承保。将动产和不动产合在一起的大型企业的保险单可能包括以下条款：

"所承保的财产

本保险单承保：

A. 动产和不动产（包括此后所建造、安装、获得，以及在建造、安装或组装过程中的动产和不动产）：

1. 它们由被保险人所拥有，或

2. 它们由其他人所拥有，但

a. 在被保险人照看、监管或控制下（不管是实际还是推定），包括由被保险人租赁、占用或使用，或

b. 打算由被保险人拥有、租赁、占用或作为其他用途；或

c. 被保险人同意承保它们，或以合同方式（不管是书面还是口头）承担对它们的责任。

B. 被保险人以原产地 FOB 或其他通常被认为以发货人在交货地点责任终止的条件所销售的运输财产。

C. 仅根据被保险人的选择：

1. 其他人（除了普通承运人）在动产或不动产中的利益；

2. 收货人或买家在被保险人以 FOB 原产地为条件销售的财产中的利益；

3. 被保险人的高管和雇员在他们所拥有的（或其他人拥有，但高管和雇

员依法承担责任的）动产中的利益，这些财产位于被保险人拥有、租赁、占用或使用的场所内；以及

4. 被保险人在他人的动产和不动产中（包括对该财产的改进和修缮），以及由被保险人实施，或在被保险人指示之下，以及/或由被保险人支付费用的情况下所做的改进或修缮，而且被保险人被认为是其唯一和无条件的所有者（尽管合同或租约并不是这么约定）。”

虽然有些种类的财产不包括在特定的保险单中，但要注意的是，上述保障条款设计用来包含实体在所有的动产和不动产中的利益，不管是否由其拥有或非拥有，包括在建筑过程中的不动产以及在运输过程中的动产，只要他们位于保险单规定的地域范围内。

（4）不保财产。除了列出保险财产之外，财产保险单也毫无例外地列出某些类型的不保财产。典型的“不保财产”条款减少保障的重复性，它将保单购买者所不需要的或需要特别处理的保障剔除。甚至有些专门制作的保险单（manuscript policies），将某些需要特别承保的财产，如金钱、有价证券或属于海洋或航空风险的财产排除。

保险单中不保财产这一章并未详尽列出所有本可以承保但不提供保障的财产。通常对于某些类型的本可以承保的财产，不保某些风险事故对其造成的损失。以商业财产保险单（采用建筑物和个人财产保障附表以及损失原因基本附表）所承保的建筑物玻璃的故意破坏为例，该保险单为建筑物提供保障，而且不把玻璃作为不保财产而将其除外。但是，故意破坏风险事故项下有以下例外表述：

“我们不赔偿玻璃的灭失或损坏（除了玻璃构建之外），该玻璃是楼房、结构或户外指示牌的一部分，但我们将赔偿由于故意破坏造成玻璃破裂导致其他财产的灭失或损坏。

建筑物玻璃由于火灾、风暴和所有其他指明风险事故造成的损失是承保

的，但故意破坏是除外的。

3. 住宅财产。尽管在其他方面有所不同，大多数住宅保险单（包括家主一揽子保险单）对保险财产的描述方式与商业财产保险单类似。

住宅财产保险提供以下三种主要类型的保险财产：

A. 住房，包括附属结构；

B. 住宅房屋上的任何其他结构，后者与住宅之间有明显的间隔，如分开的车库；

C. 被保险人拥有或使用的动产。

住宅的业主用户通常在以上所有三类财产中具有可保利益，业主房东在上述 A、B 两类未配置的财产中具有可保利益。如果住宅占用者不是住宅所有人，他就只能投保房屋中的动产。所有住宅保险单（类似商业财产保障附表），不仅包含一个描述“不保财产”的章节，而且还将某些种类的财产因特定风险事故造成的损失除外。比如，由于住宅内的住户拥有或操作的机动车造成栅栏的损坏是不保的。

4. 机动车。虽然机动车是动产，但某些类型的机动车在以上讨论的商业和住宅类的保险单项下通常是除外的，因为它们一般由机动车保险单所承保。其他机动车（如除草车、叉车、拖拉机、推土设备）统称“机动设备”（mobile equipment），根据财产的性质和保单条款的约定，可以承保也可以除外。汽车或其他机动车可以拥有、不拥有或租用，也可以用作商业或个人或两者目的。这里讨论的仅仅是机动车的物质损坏，而不是与机动车相关的责任风险，责任风险在以后讨论。

（1）机动车作为保险财产。一种广泛使用的机动车保险单在“对您的机动车损坏保障”一章做了以下陈述：

“我们将赔偿‘您所承保的机动车’，或任何‘非拥有的机动车’，包括它们的设备的直接和意外损失，并扣除声明中显示的免赔额。我们将赔偿您的所承保的机动车由于……原因造成的损失。”

保险单所承保的机动车的性质，根据“您所承保的机动车”以及“非拥有的机动车”的定义确定。“您所承保的机动车”包括在保单声明中所描述的机动车，也能包括新近获得的机动车，前提是车辆所有人必须根据保单要求通知保险人。

当人们从其他人那里借用、租赁机动车时，会出现其他风险。有时个人会使用由修理厂提供的机动车来替代自己的，由于故障、损坏而接受修理或服务的车辆。以上提及的个人机动车保险单车损险保障，涵盖对他人机动车的物质灭失或损坏。并不是所有的个人机动车保险单都需要以这种方式扩展保障，有些保险单仅承保所拥有的机动车的灭失或损坏。

在承保商业机动车物质损坏的保险单中，所承保的机动车的定义是很复杂的。

（2）不保的车辆上的财产。总之，承保机动车灭失或损坏的保险单也承保机动车的附属设备。但是，音响设备通常只有在永久安装在车辆上时才承保，但有些项目是完全不保的，如磁带、光盘、双向收音机以及便携式电话。

（3）机动设备。机动设备通常由承包商流动设备保险单所承保，保单项下列出每一件保险财产以及这些财产的相关信息，如财产项目、厂家名称以及财产系列号。带有保险财产明细的保险单还包括财产的完整描述以及每一项目的保险金额，它通常表述如下：

“保险财产

我们仅承保那些显示保险金额的，所描述的财产。”

即使特别列出保险财产清单，保险单还要描述哪些是不保财产。比如，清单可能将出租给其他人的财产的保障除外。尽管该财产在明细表中列出，但它们是不保财产。许多其他内陆海洋保险单也采取类似方法。

5. 他人的财产。虽然多数情况下，财产保险单承保的是指明被保险人拥有的财产，但许多保险单也扩展承保一些他人的财产。广泛使用的商业财产保障附表采用以下两种承保他人动产的方法：

——“保障扩展”（Coverage extension）自动提供一些保障。在由指明被保险人选择的情况下，保险单可以扩展承保在指明被保险人照看、监管和控制下的他人的动产，但在保险金额上有所限制，而且保险责任仅适用于指明被保险人选择让保险人承担他人财产的损失赔偿责任的情况。指明被保险人可以在损失发生后选择这种保障。适度的保障扩展是适合那些偶然存在他人财产的风险的企业的。

——单独的承保协议允许那些需要该保障的人为他人的财产购买特定限额的保障。前面所讨论的动产保险中，已经摘录了这种承保协议。

受托人宁可放弃采用上述保障方式，取而代之的是通过受托人顾客流动财产保险单，或特别适用于某些情况下的内陆海洋保险单获得保障。

除了承保由家庭中被保险人的亲属或其他居住者所拥有的动产之外，在指明被保险人的要求之下，住宅保险单还提供他人财产的扩展保障，通常在保险金额上有所限制，或者需要指明被保险人提出，由保险人承担他人财产的损失赔偿责任的要求。

承保他人财产的详细做法，可以参考承保此类财产的其他 CPCU 教材。这里要说明的是，在财产保险单项下，不仅指明被保险人的财产，而且他人的财产都可以作为保险财产。这种保障通常有限额，而且不是自动的，需要指明被保险人选择承保。（在某些情况下，指明被保险人不会选择为其他人的利益提供保障。比如，由于某种原因，指明被保险人对其他财产所有人感到气愤，或许可能因为客人抽烟不当心，不仅损坏了自己的财产也损坏了指明被保险人的财产；或者指明被保险人可能需要将全部保险金额用于承保自己的财产。）

6. 新近获得的财产。商业财产保险单一般承保指定地点的特定财产。另外，多数保险单采用责任扩展，自动承保新近获得或建造的不动产以及新近获得的动产。（虽然“新近获得”（newly acquired）一词似乎有些多余，但我们使用它是因为它通常用在保单语言中，而且确实准确地表达了过去不存在的风险暴露。）

就新近获得或新近建造的不动产而言，一般财产保险单将其自动保障限定在某一最高金额以及特定期限范围内。在保险期间内获得、在新地点内使用的营业动产也通常被承保，同样也有金额和时间上的限制。

如果未特别对动产进行描述（如家庭动产保障），新近获得的财产自然会被承保，只不过对所承保的财产作了一般性的限制。有些承保特别描述的动产的财产保险单，也自动承保额外获得的一般同类财产。

个人机动车保险单通常为大多数新近获得的机动车自动提供车损险保障。商业机动车保险单的做法有些不同，这源于它们是如何设计的。但是，如果要承保新近获得的车辆的物质灭失或损坏，保险人一般会要求被保险人在获得车辆后 30 天内通知他。

二、所承保的损失原因

在财产保险单项下，保险事件必须由所承保的损失原因造成。要分析保险事件的第二种要素，需要基本了解什么是特定风险事故方式、“一切险”方式、不同条件（difference in conditions， DIC）方式以及其他一些相关的概念。

1. 特定风险事故方式（Specified perils approach）。“风险事故”（A peril）是一种损失原因。如果保险单特别列出所承保的风险事故，它采用的是“特定风险事故方式”。比如，特定风险事故保险单可能列出火灾、雷电、爆炸、风暴或冰雹、烟熏、飞机或汽车以及其他风险事故，这些风险事故通过名称或描述特别予以确定。

只列出风险事故并不意味着保险单打算承保它们的每一种损失。相反，保单定义和除外条款毫无例外地通过缩小一些或所有风险事故的含义来限制它们的保障。比如，多数包括“烟熏”在内的特定风险事故保障附表，排除农业脏污或工业运作引起的烟熏。

有些风险事故还作了定义，还有一些仅有名称而不加以描述，在这种情况下，最后由法庭对它们进行解释。比如，有些常见的保险单对“岩溶塌陷”这一风险事故的解释为：

“**岩溶塌陷**，指土地突然沉降或塌入由于水对于石灰岩或白云石的作用所形成的地下空间而造成的灭失或损坏。”

该明确的定义缩小了“岩溶坍塌”的可能含义。

相比之下，“火灾”一词通常有它的名称但没有下定义。多数法庭对保险单中的“火灾”所给出的定义比在日常对话中所使用的更加狭窄。法庭曾经说过，火灾是“快速氧化，以致产生灼热和火焰”，但他们也认为，火灾的保险责任并不扩展承保“益火”（friendly fire）——那些故意点燃并限制在正常范围内的火。虽然按照日常语言，木头在壁炉内燃烧也是一种火，但木头燃烧造成的财产损坏并不是一种保险事件，因为益火并不是所承保的风险事故。

法庭的解释并不经常具有限制保险责任的作用。实际上，法庭经常要求保险人赔偿有些人并不认为是指明风险事故造成的损失。

特定风险事故方式对由被保险人承担举证责任产生实际影响。为了获得保险保障，被保险人必须证实，所承保的风险事故是造成损失的近因。如果被保险人无法举证，保险人在法律上就无义务赔偿损失。在大多数案件中，这个问题容易解决，因为损失原因很明显；但在其他案件中，由于损失原因很难证实，承担举证责任的一方很难获胜。

（1）基本风险方式（Basic peril approach）。曾经有一段时间，楼房和它们的内物仅承保火灾和雷击损失。把这两种风险事故合并在一起是因为雷击经常造成火灾损失，而且要区别这两种风险事故造成的损失是不切实际的。虽然保险单也提供其他财产风险事故保障，但最后通常以扩展保障的方式一揽子承保这些风险事故，称为风险事故扩展保障（extended coverage，EC），包括风暴、冰雹、飞机、汽车、暴乱和民变、爆炸、烟熏。许多财产保险单采用扩展保障批单，用一个费率将所有这些风险事故承保下来。还有一些保险单将这些风险事故直接放在保险责任中。故意破坏和恶意行为（Vandalism and Malicious Mischief， VMM）风险事故经常加在保险责任中，并加收少量的额外保险费。多年来，大量的企业和住宅都承保火灾、扩展保障及恶意行为（Fire，EC and VMM）这些风险事故。有些保险单现在仍然沿用这种模式，但多数现代保险单中的基本风险事故一揽子保障都包含一些额外风险事故，而传统的扩展保障或 EC 一揽子风险事故就不再使用了。尽管如此，扩展保障以及缩略语 EC 仍然在许多租约和法律文件中使用，或者那些未能跟上保险发展步伐的人，也仍然采用这种表述。这里对扩展保障作一介绍，目的是使读者在实践中遇到它时不会感到陌生。

承保商业财产时，基本风险事故方式通常在“损失原因——基本保障附表”中采用。该附表以一揽子的方式提供以下 12 种指明风险事故保障。

——火灾

——雷击

——爆炸

——风暴或冰雹

——烟熏

——飞机和汽车

——骚乱和民变

——故意破坏

——喷淋头漏水

——熔岩坍塌

——火山作用

（最后三种风险事故加到旧的火灾、扩展保障和恶意行为组合保障上）风暴和冰雹、恶意行为或喷淋头渗漏可以通过批单剔除。

提供有限风险事故保障的住宅保险单，有时称为基本住宅保险单或基本家主保险单。尽管每一种保险单所承保的风险事故各不相同，但一般的基本住宅保险单包括与商业保险单基本保障附表损失原因相同的风险事故。基本家主保险单也包括盗窃和火山爆发，但剔除了喷淋头渗漏和火山作用风险事故。（火山爆发比火山作用范围更广，而且在单独的家庭住宅中，喷淋系统也不太常用。）

不管承保哪些风险事故，在住宅和商业保险单项下对保险责任都做了限制。比如，以下除外表述通常适用于风暴对建筑物内部财产的损坏。

“风暴或冰雹

本风险事故并不包括由于雨、雪、雨夹雪、沙或尘土造成建筑物内部或建筑物中的财产的损坏，除非风暴或冰雹的直接力量损坏了建筑物，造成屋顶或墙壁出现开口，使得雨、雪、雨夹雪、沙或尘土从该开口进入内部。”

基本风险事故方式也可以在商业机动车保险中采用（特别是拖车和其他没有较大玻璃破碎风险的车辆），基本风险事故方式提供由于以下“特定损失原因”造成的物质灭失或损坏：

——火灾、雷击或爆炸；

——盗窃；

——风暴、冰雹或地震；

——洪水；

——恶作剧或故意破坏；

——任何承运保险机动车的运输工具的下沉、燃烧、碰撞或脱轨。

碰撞，这一威胁大多数机动车的最严重的风险事故并不在上述清单中，它是个人和商业机动保险单的基本风险事故，可以包含在保险责任中，但有免赔额，而且要额外增加保险费；碰撞也可以不保，额外保险费就不用收。

（2）宽泛风险事故方式（Broad perils approach）。宽泛风险事故方式比基本事故方式提供更多的指明风险事故保障。家主宽泛风险保障附表是以基本风险事故开始，然后增加许多其他风险事故。类似的方式也用在提供商业财产保障的损失原因宽泛附表中。

住宅和商业宽泛附表用类似的方式承保玻璃破裂、物体落下、雪压、冰、雨夹雪、水渍损坏及冷冻损坏。“物体落下”这一宽泛附表风险事故说明了这一点。“物体落下”在住宅和商业财产保障附表中都未予以定义，因此，“物体”可以包括任何东西——树木、石头、陨石、溅出的油漆或者甚至从圣诞树上落下的天使。为了避免将保险责任扩展到荒诞的地步，对该风险事故范围进行限制不是通过定义方式，而是将某些类型的财产从商业和住宅保险单中除外。露天的动产是不保的，楼房内部或它的内物也是不保的，除非由于物体落下造成屋顶或外墙损坏而导致。同样，财产保险单一般承保由于冷冻造成的损失，前提是被保险人必须采取合理的措施在楼房或住宅中保持温度，或者，如果未保持温度，被保险人要关掉水阀并抽干供水系统和设备。

（3）额外特定风险事故方式（Additional specified approach）。某些损失原因并不自动包括在财产保险单中，但可以通过单独的保障附表或批单予以承保。地震是一种风险事故，是灾难性的。实际上除了机动车车损险之外的所有财产保险、海洋内陆保险以及有些手工财产保险单都特别将由于地壳运动（其定义通常包括地震、滑坡或地面塌陷、上升或移动）造成的损失除外。

但是，由于该地壳运动导致火灾或爆炸（除了锅炉爆炸之外）造成的灭失和损坏是该除外条款的例外（因此是承保的）。比如，地震造成管道中泄漏的煤气被点燃，造成巨大的火灾。如果财产所有人要承保由于地壳运动造成的损失，住宅保险单经常通过附贴批单来提供保障。企业财产也可以购买地震损失原因附表以防范地震损失。

洪水是巨灾损失风险事故之一。但是，它比地震更易预测。对于低洼地带的财产，其问题不是是否洪水会发生，而是洪水何时发生，频率如何。对于确定会发生的损失，并不是私人保险机制可以解决的，建筑物和它们的内物的洪水保险，通常由联邦政府发起的国家洪水保险项目提供。

机动车保险单和承保可移动的个人财产的保险单通常包括洪水保障。此类财产一般不会暴露于洪水风险，因为它们并不固定在某一个地点，而且经常可以及时搬离受到洪水威胁的区域。

如前所述，现金和有价证券保障在大多数财产险保单项下是除外或受限制的。而且，大多数指明风险事故保障附表并不提供盗窃或抢劫保障。犯罪保险可以承保现金、有价证券以及其他各种犯罪风险事故，它们可以分为以下 6 类：

①现金和有价证券的损毁或失踪；

②某些人暴力进入财产存放地点后发生的盗窃行为；

③对某人或某些人使用暴力或威胁使用暴力，并从这些人那里抢劫财产；

④盗窃，包含任何形式的偷盗；

⑤雇员不诚实行为，从一般意义上说，为雇员偷盗雇主的财产的行为；

⑥伪造或变造，该行为涉及用其他人的名字签字或篡改文件。

所有以上行为都是该风险事故的一般性定义。

多数住宅保险单包括盗窃保障，但对某些类型的财产保障设定限额。比如，虽然“盗窃”一词并未在标准家主保险单项下予以定义，但它特别包括针对“企图盗窃以及从财产可能已经被盗的地点的财产丢失”。所承保的损失原因包括盗窃、抢劫这些明显的事件。如果能够表明财产有可能被盗或推定被盗而不是放错地方（有时称为‘神秘失踪’），这类不太明显的事件也是承保的。但是，家主保险单一般按照以下方式对盗窃保障进行限制：

①被保险人造成的盗窃。承保某人自己的犯罪行为是违反公共政策的。

②正在建造中的住宅的盗窃损失，包括建筑材料和物资被盗。在无合适的安保措施情况下，是很容易发生损失的。

③租给除了被保险人之外的其他人的住宅场所内存放的财产的盗窃损失。

上述第①项实际上限制了盗窃风险，而第②项和第③项限制了某些类型的保险财产的盗窃风险事故。

尽管盗窃是所承保的损失原因，但是某些类型的财产经常受到仅适用于盗窃损失的分项限额的限制。比如，住宅保险单经常设置珠宝、手表、毛皮和珍贵或半珍贵宝石盗窃损失每件 1 000 美元，以及武器盗窃损失每件 2 000 美元的限额。

2. 所承保风险事故的最宽泛的方式，有各种不同的表述，包括“一切险”（all-risks）、“特别保障”（special coverage）、“损失原因—特别保障附表”（cause of loss-special form），以及“开口风险事故”（open-perils）。

（1）“……的一切险”。“一切险”经常被简单地用来描述承保除了特别除外的所有风险事故，但是这种特征描述过于简单也不准确，是否最终保障适用，则取决于实际保单的表述以及该保障的某些内在条件。

多种财产保险单承保“直接物质损失的所有风险”“物质损失一切风险”或“一切损失风险。”即使在读完了整个保险条款之后，要说这些词汇含义不同也是很难的。有些保险人毫无疑问地相信，在“一切险”保险条款中的

"直接损失"与"近因"具有相同的意思，这种理由无须得到法庭的支持。还有些保险人采用"直接物质损失"的表述，用于排除对其他损失结果的保障。即使"一切险"承保协议完全未提及"直接物质损失"，也并不意味它承保失去使用价值或其他损失后果，因为这种后果可能在保险单的其他地方被特别除外。实际上，在保险单中经常看到"失去使用价值"除外条款，它作为"直接物质损失一切险"保障的前提条件。

而且，提及"物质"损失表明，保险财产在获得损失赔偿之前，必须首先遭受某种有型的损坏，但并不能说服某些法庭，这是保单草拟者的初衷。比如，在一个案例中，承保个人财产"由于直接物质损失一切风险导致的灭失或损坏"的"一切险"保险单，被认为也承保由于楼房即将坍塌，被保险人不得不搬出内物所造成的损失，尽管保险财产还未发生直接物质损失。另外一个案件涉及在教堂中充满汽油蒸汽是否构成财产险保单中的直接物质损失，由于油气一直聚集，教堂无法使用。法庭认为，这是直接物质损失，为失去使用价值保障的应用打开了大门。

（2）损失风险。尽管"一切险"一词被认为与"一切损失"不同，越来越多的保险人在他们的保险单中放弃使用"一切险"表述。"一切险"一词有时会产生错误的印象，即该保障适用于所有损失风险。因此，有些现代保险单的承保条款把这种保障方式作为"损失风险"看待。有一种标准的商业财产保险单是这样描述的：

"我们将承保除了被除外或被限制的直接物质损失风险。"

这种方式是否能够减少保险人所经历的，由于他们的保险单指称"一切险"而被法庭判决败诉的所有问题，还有待观察。至少有个问题依然存在，因为"风险"一词据说很难下定义，而且它是一种抽象的词汇，没有一种相对应的词汇可以对照。

在任何情况下，"一切险"一词仍然牢牢地位于保险术语之列，保险从业者经常用它来描述最宽泛的、针对财产灭失或损坏的保障方式。而且，许多商业财产保障附表还没有经过修改，以使用新的更加合适的表述。对我们来说，当“一切险”作为形容词时，要用连字符连接起来，用它来描述风险事故。

3. 条件不同方式（Difference in conditions approach）。“条件不同”（Difference in condition，DIC）一词，是指一些仅承保其他保险单所不承保的风险事故的保险单所采用的保障方式，它经常用在称为“条件不同”的保险单中。虽然没有标准的DIC保险单，保险责任通常以“一切险”为基础，除了某些责任免除之外。

DIC保险单可以列出所有通常在基本损失原因附表上看到的那些风险事故，如火灾、风暴、飞机、汽车、爆炸、故意破坏和喷淋头泄漏。DIC保险单承保的是“一切险”保单所特别除外的风险事故，它们可能包括地震、洪水（除非通过政府保险项目承保）、污染、坍塌、极端天气以及由于地壳运动所导致的锅炉损坏。

承保被保险人租赁的设备的电子数据处理保险单（electronic data processing，EDP）是另一种采用DIC概念的保险单。在典型的租赁协议项下，出租人负责由于某些风险事故造成的财产灭失和损坏。如果EDP保险单采用DIC方式，承租人的EDP保单仅为出租人在合同项下不承担责任的损失提供保障。

4. 相关的概念。那些能够影响“一切险”保单的概念，包括偶然性（fortuity）、外部原因（external cause）、随后发生的损失（ensuing loss）、近因（proximate cause）以及并发因果关系（concurrent causation）。

（1）偶然性（Fortuity）。偶然性是指某种事件，从保险的角度看，它必须意外发生，而且是不可预期以及非故意的。因此，虽然“一切险”保险单并未特别将由于正常磨损或由于被保险人的故意不当行为造成的财产损失除外，但这并不意味着这种可预见的损失是承保的。前面强调一般性磨损的目的是，非一般性或不平常的磨损是偶然性的，无须将其从保险责任中除外，这取决于保险单是如何表述的。总之，保险单需要表明，非正常的磨损是不除外的。不过，为了安全起见，将所有的磨损除外也是可行的。但要记住，通常除外的是磨损的损失，而不是由于磨损导致的灭失或损坏，如电线保护层磨损造成线路着火是不除外的。

偶然性概念也排除了对内在缺陷造成的损失的保障，而不管是否做了明确规定。内在缺陷是某种类型的财产所存在的一种状况，它会导致财产对自己造成损坏和损毁。酒变酸、水果腐烂以及天然橡胶如果长期不用会变质，这些都是内在缺陷的例子。

（2）外部原因（External cause）。一切险保单将其保障限于由于外部原因造成的直接物质损失。现在的问题是，是否另外提及外部原因会导致增加限制性条件，似乎提及外部原因是为了强调保险单仅适用偶然性事件这一目的。比如，如果损失是因为正常的沉淀、开裂、膨胀、收缩造成，这就不是一种偶然性，也不是外部原因造成；反之，如果损失是因为非正常的沉淀、开裂、膨胀、收缩造成，或者属于外来性质的，那它就是偶然和外来原因造成的。这并不是说这种损失就需要被承保，这要看保单除外条款是怎么表述的。

（3）随后发生的损失（Ensuing loss）。多数财产一切险保单对某些除外条款约定了一些例外情况，而且对随后发生的损失提供保障。比如，保单条款可能将地震或其他地壳运动造成的灭失或损坏除外，但将随后发生的火灾或爆炸作为例外。因此，即使核反应堆造成的直接损失被除外，但随后发生的火灾造成的其他损失是承保的。随后发生的损失的承保程度取决于保险单是怎么约定的。

（4）近因（Proximate cause）。除了其他要素之外，保险事件还必须与所承保的原因和所承保的后果相关。只有在风险事故和后果之间存在足够紧密的因果关系时，才能认为该风险事故导致特定的后果。这种“因果链”(causal line）要求被认为是近因原则（doctrine of proximate cause）。

近因原则根据法庭判决而建立，它一般认为，只有在所承保的风险事故是所承保的结果的近因情况下，财产保险单才对损失提供保障。如果（1）风险事故在特定风险事故保单中是指定而且不是除外的，或者（2）在一切险保单中是不除外的，那么该风险事故是所承保的风险事故。如果所承保的风险事故是导致所承保的后果的不中断的事故链的起因，那么该风险事故就是近因。如法庭判决中所作的以下陈述：

“近因是一种原因，它是自然和持续的事件，不因新的和独立的原因而中断，它能够导致一个事件，而且没有该原因，该事件就不会发生。”

通过解释来说明近因原则。被保险人场所中的输电塔失火，该场所与存放机器设备的楼房有一定的距离。该火灾导致电流短路，并造成带动飞轮的皮带上的压力骤然增加。飞轮因此开裂，飞出的碎片损坏了所承保的机器设备。法庭判决，机器损坏的近因是失火。由于保险单承保火灾（所承保的风险事故）造成的直接物质损失（所承保的后果），保险人就不得不赔偿机器的损坏，尽管飞轮碎片撞击并不是所承保的风险事故。火灾引起了未中断的事故链，并导致机器的损坏。火灾是该损失的近因，是所承保的风险事故。

法庭将近因原则应用于特定的事实，并扩大了许多财产保险的保障范围。比如，如果由于风暴吹断了输电塔上的电线，造成被保险人的冷库供电中断，财产保险人就不得不赔偿被保险人的冷库中存放的肉类腐烂的损失。而风暴本身并未造成肉类的损失。根据近因原则，风暴导致供电中断，并引发了一连串事件，最终导致肉类腐烂。这种腐烂是保单所打算承保的，该保单承保风暴造成的直接物质损失。

另一个案件涉及一份承保恶意破坏的保险单，但水渍损坏是不保的。恶意破坏者将电闸丢掉，使得无法供热，并导致水管结冰、破裂、漏水，所造成的水渍损失被认为是恶意破坏风险事故项下所承保的。它的理由是，水渍损失本身是除外的风险事故，但该损失是未中断的系列事件的结果，而这些事件的起因是恶意破坏风险事故。

还有许多法庭判例，与上述案件的情况类似，而且在一些案件中，法庭判保险人胜诉，后者认为损失的近因并不是所承保的风险事故。任何特定案件的结果取决于，法庭判决实际损失是：（1）所承保的风险事故的近似结果，或（2）与所承保的风险事故的联系过于疏远，以至于无法认为是近似结果。

目前的司法趋势是，对近因原则的使用采取开放态度，而且这是一种正在发展的、复杂的领域，涉及许多不同的事实。如果未承保的风险事故在所承保的风险事故之前发生，或未承保的风险事故在所承保的风险事故之后发生，就会出现问题。以下陈述虽然过于简单，但基本可以解决这一问题：

——通常并不要求所承保的风险事故本身造成财产损坏。

——所承保的风险事故从联系、时间以及距离上看，一般必须是接近而不是遥远的。

虽然很难预见法庭根据案件的具体事实是如何解释近因原则的，但是了解近因原则的要求对分析保险保障很重要的。要使财产保险保障适用，不仅涉及所承保的原因，而且所承保的原因也必须是所承保的后果的近因。

（5）并发因果关系（Concurrent causation）。并发因果关系是另一种比较麻烦的原则，使得保险人对他们的“一切险”保单做了令人瞩目的更改。简单地说，该原则认为，如果保险财产的损失可以归因于两种或多种原因——保险单承保其中的一种或多种，但又将一种或多种除外，那么保险单则承保该损失。该原则似乎表明，在“一切险”保单中，如果能够确定一个非除外的风险事故在某种程度上造成了损失，那么所有除外条款就都不起作用了。

并发因果关系原则部分上因一个案件所形成。在该案件中，破纪录的暴雨冲垮了洪水控制设施并淹没了部分美国西部城市。对保险人来说，该洪水显然是除外的。但是，一切险家主保险单持有者声称，损失的近因是给水管理区的过失造成，该损失原因是不除外的。法庭支持保单持有者的观点的基础是：（1）洪水和洪水控制系统的建造行为是相互独立的，是同时发生的因果关系，它们的相互作用造成了损失。虽然在其他地方也有类似的法庭判决，但多数此类案件都发生在加州。在一个涉及地壳运动的案件中（实际上是一次滑坡），保单持有者成功地辩称，第三方安装排水设备存在过错是滑坡的原因，而第三方过失行为是不除外的。

并发因果关系原则的影响是，除非所有的损失原因都是特别除外的，否则一切险保单的保险人就要承担赔偿责任。为了应对这些法庭判决，许多一切险保单在1983年都做了修改。现在大多数住宅和商业财产险保单都增加了表述，来应对法庭对保险人承担赔偿责任的判决，而这种赔偿责任是保险人不打算提供的。有些手工保险单以及单独报备的保险单并未加入这种责任限制性表述。

总之，在所有加入并发因果关系除外条款的财产险保单中，该条款的表述都类似。以下是该除外条款常见的表述方式：

“我们不为由于以下原因造成或导致的灭失或损坏支付赔款。但是，如果灭失或损坏是由于所承保的损失原因造成，我们将予以赔偿。

a. 气候条件。但是该除外条款仅适用于，如果气候条件以任何方式导致上述第1段中所除外的，造成灭失或损坏的原因或事件。

b. 任何个人、群体、机构或政府部门的行为或决定，包括他们不为或未能作出决定。

c. 以下方面的错误、不合适或缺陷：

（1）计划、分区、开发、检验或定位；

（2）设计、规格、工艺、修理、建造、改造、重构、减缓坡度或压实；

（3）在修理、建造、改造或重构中使用的材料；或

（4）在所描述的场地之外维修任何部分或所有的财产。”

所提及的“上述第1段”是指保险单中的条款表述，它将地震、洪水、战争、核事故、政府行为、停电以及建筑管理规定除外。其他与气候相关的损失如风暴是承保的。

上述b段和c段解决的是在计划、维修、建筑材料的质量或者政府规划部门的错误决定方面的第三方过失并发原因问题。比如，如果建筑规范允许建造无法抵御地震的房屋，后来发生地震造成房屋损坏，保险人将不负责地震损失，因为错误的建筑规范是损失的并发原因。如果没有该除外条款，保险人就要负责赔偿，即使地震是特别除外的。两种独立的损失原因汇聚在一起，共同造成保险财产的损失，它们中的任一个都不单独造成损失。如果地震是特别除外的，但公共团体制定建筑规范上的过失这一并发原因并未除外，整个损失要由保险单所承保。根据并发原因除外条款，单独的损失原因（有些是承保的，还有些是除外的）是不可能导致保险人承担责任。因此，保险责任不适用于洪水损失，即使洪水堤坝设计错误是一种并发原因。

三、所承保的后果

对所承保的后果的讨论将主要集中在可能遭受灭失或损坏的财产类型以及可能造成灭失或损坏的风险事故上。同时还要认识到，如果某种风险事故造成保险财产的损坏，会导致哪种类型的后果。财产损失的后果包括：（1）价值减少；（2）额外重置成本；（3）收入损失；（4）额外运作费用以及未在这里讨论的其他费用。

由于风险事故造成损坏的有形财产在价值上的减少是一种简单的概念，通常称为直接损失（direct loss），该词也用在一些保险单中，但结果并不十分明晰。该词的另一个问题是，它会自然引出不太容易定义的反义词——间

接损失（indirect loss）。在保险作者和从业人员中，对哪种损失后果是直接的，哪种是间接的，存在大量不同的意见。比如，存在残骸是否会增加直接损失金额，因为在开始修缮之前必须支付费用将残骸搬走；或者清理残骸是否是一种单独的间接损失，它与直接损失存在区别。为了明确起见，本书一般是指特定种类的损失后果，而不使用这种不太明确的“直接”和“间接”措辞。

要确定是否属于所承保的事件，还需要确定是否涉及所承保的后果。损失金额是多少、如何确定损失金额以及根据保单约定保险人的赔偿金额是多少，这些问题都在其他章节中分别讨论。

1. 价值的减少。当风险事故损坏了保险财产，受影响的保险财产的价值立即减少（有时为零）。对有形财产的损坏或损毁是很容易识别的，但在损失发生前评估价值减少的风险程度并非易事。

在楼房和个人财产保障附表中，可以看到提供此类保障的代表性保险协议的表述：

“我们将为声明中描述的场所内的保险财产，由于任何所承保的损失原因造成的直接物质灭失或损坏支付赔款。”

保险单中的估值条款指出，保险责任是以在发生损失时财产的实际现金价为基础。实际现金价包括贬值折扣，它将在下一章中详细解释。

风险事故有可能造成无形财产的价值的减少。比如，公司的商业秘密或者有价值的信息被盗，会减少该无形财产的价值。

2. 额外重置成本。“额外重置成本”是一种损失后果，不管重置损坏或损毁的财产所花费的成本是否大于它的实际现金价，都要支付该费用。如果财产保险是以重置成本而不是现金价值为基础，那么“额外重置成本”就是一种所承保的后果。

重置成本保障是大多数商业财产保险项下的一种可选择的保障方式。在一些保险单中，如家主保险单，它是一种标准的保障方式。就住宅财产保险而言，最常见的做法是，楼房按照重置成本承保，而个人财产则按照现金价值承保。个人财产的重置成本保障可以在选择的情况下提供。

机动车和其他快速贬值的财产通常不采用重置成本承保方式。

3. 收入损失。公司可以通过销售产品、提供服务获得收入，或者通过他人使用财产而收取租金。如果由于保险财产遭受损坏，公司部分或全部关闭，其通常用以支付运营费用以及提供净利润的收入流可能变得缓慢或者终止。换句话说，公司可能由于财产损坏，减少或中止运营的时间而失去收入。

这些财产损坏或损毁的后果可以由各种用来解决这些特定需求的保险单所承保。经常使用的保险单有ISO开发的营业收入保障附表（business income coverage form），它是商业财产保障附表的一种。

该保险单的承保协议表述如下：

"A. 保险责任

本保险提供以下一种或多种可供选择的保障，其保险金额如声明中所示：

（ⅰ）营业收入包括租金价值。

（ⅱ）除了租金价值外的营业收入。

（ⅲ）租金价值。

我们将赔偿您在恢复期间必要的运营中断所遭受的实际营业收入损失。该运营中断必须因声明中描述的场所内的财产，包括在户外（或在100英尺范围内的车辆中的）的动产的直接物质灭失或损坏所造成，该灭失或损坏是由于任何所承保的损失原因造成。

1. 营业收入

营业收入是指：

a. 本应赚取或产生的净收入（纳税收入之前的净利润或损失）；以及

b. 所发生的维持正常运营的费用，包括工资。

2. 所承保的损失原因

见声明中所示的适用的损失原因附表。

‘租金价值’在保险单后面部分作了定义，包括从承租人那里获得的总的预期租金收入，加上您所占用的场所任何部分的合理租金价值。”

详细讨论营业收入保险不在本书范围内。但是，以下两点必须强调：

——必须存在必要的要素。当所发生的收入损失是由于保险风险事故造成保险财产损坏或毁坏的后果时，保险事件才发生。

——保险财产必须遭受直接损坏。要作为保险事件要素中的“保险财产”，并不要求保险单负责赔偿修理或重置财产本身的费用，只要收入损失是所承保的后果就行；价值的减少或其他财产损坏后果无须由保险单所承保。

在以上所摘录的保障附表中，要求在声明中所描述的场所内的财产（包括 100 英尺内的户外或车辆中的个人财产）必须遭受直接物质灭失或损坏。要注意的是，损坏的财产可以是动产或不动产，除非是在户外。要注意，并不要求损坏的财产由被保险人拥有。对房东的房屋，或对同一场所内的其他企业的动产的损坏，以及对被保险人自己财产的损坏，都可能触发营业收入保险责任。

4. 额外运营费用。当财产被损坏或损毁，而且还未被修复或在重置期间，企业和家庭无法使用该财产，这时会产生额外费用。企业可能产生额外费用，旨在缩短营业中断的时间，或者在财产损坏的情况下，通过租用其他场所继续运营。在住宅由于财产损坏无法居住期间，家庭可能要租用宾馆房间或者找到临时居住场所。有些情况下，可能住在原来的房子里，但需要为临时供水、供电、供热或厨房设备支付一些额外费用。

由企业发生的额外费用以及由家庭发生的额外生活费都是保险单所承保的损失后果。

ISO 家主保单在其财产保险一章中包括了以下条款：

“如果在本章项下的所承保的损失，使得您居住的房屋不再适合居住，我们将根据您的选择承保以下任一项：

a. 额外生活费用，指您所发生的任何额外支付的必要生活费用，使您的家庭能够保持正常的生活标准；或

b. 合理的承租价值，指您所居住的房屋的承租价值，扣除您不再为不适合您居住的房屋继续支付的任何费用。”

对合理承租价值条款要做些解释。经常情况下，临时失去住所的家庭会发生额外费用，它超过无法居住房屋的合理承租价值。但有时，个人或家庭的房屋正在修理，他们不得不搬到他们的朋友或父母亲那里居住，这样会产生少量或不产生费用。合理的承租价值保障可以保证那些居住在其朋友或父母家中的被保险人，其保险索赔的合理权利不会被拒绝，因为他们选择为了保险人的利益不发生更多的额外费用。

四、所承保的地点

保险事件不仅涉及所承保的财产、所承保的原因、所承保的后果，还必须涉及所承保的地点。也就是说，保险事件必须发生在保险单所承保的地域范围内。保险地域范围包括从有限的区域到任何地方，不同类型的财产保险单以及不同类型的财产的保险地域范围差距很大。

住宅和商用楼房基本上都位于固定的场所（除非是活动房），它们的财产保险仅限于保单声明中所载地点。但是，常见的商业财产保障附表对新近获得的、位于美国 50 个州以及哥伦比亚特区的不动产自动提供有限的临时保障。家主和住宅保障附表并不自动向新近获得的场所中的不动产提供

保障。

除了那些根本不承保的动产之外，家主保险单将动产保障扩展到实际上任何地方。单独购买的个人物品流动保险单（personal articles/effects floaters）也提供类似保障。通过购买特制的内陆海洋流动保险单，企业的动产也可以获得世界范围内的保障。大多数标准的商业财产保障附表的基本财产承保协议，仅承保在载明的建筑物内，或载明的场所100英尺范围内的企业动产。额外保障条款经常为场所外的、临时性财产提供有限金额的保障。

许多犯罪保险单提供的保障也同样限于指定地点，并通过一些宽泛的盗窃和犯罪保障扩展承保场所外的犯罪行为，以及在美国、哥伦比亚特区、波多黎各和加拿大境内运输的现金、有价证券及其他财产。

商业机动车保险单和商业卡车保险单也有地域范围限制，它包括美国、其领土、属地或加拿大。

在商业一揽子保险单中，商业财产保障部分的条件条款对保险地域范围的定义为：美国（包括其领土或属地）、波多黎各和加拿大。该一揽子保险单的商业普通责任保障附表也有相同的定义，但扩大了与国际水域或空域或产品责任的地域范围。

越来越多的企业在美国之外存在风险暴露。无论这些风险在何处，即使提供的是临时性的保障，都必须对每一份保险单给予足够的注意，以保证所承保的事件都能涉及保险地点。

五、所承保（未除外）的情形

所承保的事件必须涉及所承保的情形。通常需要承保与损失相关的情形，除非保单条款将其除外。因此，需要针对所承保的情形这一问题检查保险条款，以确定是否存在与特定索赔相关的情形未被承保的情况。

虽然财产保险单为大多数情况下的损失提供保障，但它们一般不承保对大多数被保险人来说，被认为是异乎寻常危险的条件或情形。不承保的情形有以下两种类型：

——保险期间风险因素增加，保险责任自动中止；

——当保险人发现存在危险情况时，可以选择中止保障。

1. 保险期间风险因素增加，保险责任自动中止。在个人机动车保险单物质损坏一章中，有一个与使用财产相关的保险责任中止条款，它是这样描述的：

“当‘您的所承保的机动车’或任何‘非所有的机动车’被用来作为公共交通工具或出租交通工具时，对因此发生的损失我们不予赔偿。该除外条款并不适用于费用分摊汽车合用组织。”

将机动车作为出租车，其使用频率增加，并极大地增加其物质损坏的可能性。由于这种使用需要非常高的费率，即使保险人愿意提供保障，如果个人机动车保险单项下的车辆被当作公共交通工具或出租车使用时，保险责任也要中止。

另外，在当今人们关注节省能源、空气污染和道路拥挤的年代里，不仅一般性汽车合用组织符合公共政策的要求，而且通勤车上增加乘客也不会过多地增加车辆物质损失风险。因此，车辆共用被认为是一种所承保的情形。（虽然在某些情况下，可能会剔除车辆共用事故中的车辆损坏保障。）

有一种常见的家主保险单，提供了根据风险状况中止保险责任的范例。以下是适用于破坏或故意损害（vandalism or malicious mischief）风险事故的条款表述：

“如果房屋在发生损失前空置的时间连续超过30天，该风险事故并不包括住宅房屋的财产损失。正在建造的房屋不认为是空置。”

该条款规定，房屋空置时间超过30天时保险责任终止，但是保险责任终止仅针对由于破坏或故意损害造成的损失。总之，当房屋未被作为住宅时，其被认为是无人居住（unoccupied）。当住宅既无人居住也不配备家具和其他装置时，住宅就会被认为是空置（vacant）。有些保险单对这些词汇作了定义，有些则不予定义。

从商业一揽子保险单的商业财产保障部分的一个批单条款中，可以看到另一种自动保障中止的例子。该条款表述如下：

“如果您在以下情况下未能立即通知我们，对相关地点的保障自动中止：

①知道防护安全措施停止工作或遭受损坏；

②未能保持在您控制下的安全防护措施处于完全工作状态。

如果喷淋头破裂、漏水、冰冻、开口，导致部分自动喷淋系统关闭，假如您能够在48小时内完全恢复它的保护作用，您就无须通知我们。”

该批单中所指的安全防护措施包括保险单中描述的防火或警报系统、自动喷淋系统、安保设备或其他相关措施。如果它们真正发挥安全防护作用，就必须保持良好的工作状态。盗窃和抢劫防范系统也可以采用类似的批单。对于特别容易遭受火灾、盗窃或抢劫损害的企业财产，这种安全措施是非常重要的，目的是使得保险人的风险暴露与所支付的保费相称。

2. 自由决定中止保险责任。不像以上在某些条件存在的情况下保险责任自动中止，第二种情况是，当某种风险因素被发现时，保险人可以选择中止保险责任。这种条款，特别在锅炉和机器保险单中，是这样表述的：

“无论何时当我们发现‘标的物’存在或暴露于危险情况时，我们的代表可以立即中止由于意外事故对该‘标的物’造成损失的保障。我们将通过向以下地址寄送书面通知中止保险：

（1）我们所知道的您的最近地址；或

（2）‘标的物’所在的地址。

一旦以这种方式中止保险，您的保险只能通过针对该‘标的物’签发的批单予以恢复。

如果我们中止您的保险，我们将按比例退还该‘标的物’的保险费。但是，尽管我们尚未退还或提议退还保险费，该中止依然有效。”

不像以上第 1 条中的自动中止条款，锅炉和机器保险单并不会自动中止保险责任，也不会在危险情况得到纠正后自动恢复保险责任。保险人的代表（一般是合格的锅炉检验人员）有权选择中止保险，而且通过向被保险人寄送书面通知使该中止生效。如果保险被中止，保险责任只能通过批单恢复，也就是说，要得到保险人的书面同意。

六、保险期间（Covered time period）

只有在所承保的损失原因发生在可以依法执行的承保协议所承保的期间时，保险事故才发生。在财产保险中，所谓的“保险期间”通常是一年。但是，保险期间不过是书面合同最初计划的保障期间，它无须是双方协议的保险期间。

——通过口头或书面承诺书，保险责任可以在保险单签发之前生效，也就是说，在保险单签发之前，在法律上有约束力的协议可以作为临时保险合同。

——在保险单签发之后，保险责任可以在保险期间届满之前，通过解除合同的方式，或者通过保险期间届满后不续保的方式予以终止，这种终止方式必须根据保险条款的约定或州法的规定。

——另外，只要合同双方同意，可以一直续保多年。

由于以上理由，可以认为，保险期间是保险责任依法适用的准确的时间段。该时间段从保险责任开始那一刻计算直到保险责任终止那一刻为止。在这段时间中，保险财产必须由于所承保的原因，在所承保的情形下遭受损失或损毁，并导致所承保的后果，这种事件才是所承保的事件。

1. 起始和终止。在口头或书面承诺的情况下，从投保人的要约被具有法定资格和授权的人代表保险人接受那一刻开始，保险责任生效。比如，保险人的授权代理说："从现在开始 30 天时间内，你被承保。"在这 30 天之内，通常签发完整的书面保险单，但有时会推迟签发的时间。如果 30 天之内未签发，30 天之后通常续签暂保单，或者 30 天届满不再续签。

一旦签发了保险单，在保单声明中通常载明确切的保障起始日期，该日期通常与暂保单的起始日期一致，而保险单的终止日期却比较复杂。

——通常保单条款赋予被保险人几乎不受限制的权利，可以通知保险人或其代理人立即解除保险合同，除非保险人被要求向第三方提供相关证明，以证实被保险人的保障依然有效。比如，州监管部门要求驾驶员向其提供具有财务能力的证据，或者总承包商要求分包商向其提供保险证明。在这种情况下，驾驶员和分包商都不能随时通知保险人解除保险合同。

——通常保单条款也赋予保险人解除合同的权利，但该权利受到限制，要求保险人书面通知被保险人解除保险合同的意图，通知的时间符合保险单关于提前通知时间的约定。合同解除通常在保险人签发的书面通知所规定的时间开始生效。

美国有些州法严格限制保险人拒绝承保、续保或解除机动车或家主保险单，除非是因为某些受限制的原因（如未支付保险费或驾驶员的执照被吊销）。在少量的州，解除商业保险合同也是受限制的。虽然相关法律规定有时可以在批单中反映出来，但是即使不用批单，这些规定也一样适用。这些法律法规的详细情况不属于本章所讨论的范畴。

多数财产保险单规定，保险期间在某一地点特定日期的标准时间中午 12:01 开始，到另一个日期的相同时间终止。以下是其具体表述范例：

"保险期间：从您的邮寄地址的标准时间 201× 年 1 月 11 日中午 12 时 1 分开始，至 201× 年 1 月 11 日中午 12 时 1 分为止。"

2. 所承保的原因的开始。一旦确定了保险期间，所承保的原因在该期间何时发生，才能使该原因造成的损失成为保险事件呢？总体来说，如果造成损失的原因在规定的期间内开始发生，所承保的原因才是规定期间内发生的原因。只要所承保的原因造成的损失在保险期间内开始发生，所承保的后果是否完全在保险期间内就无关紧要了。比如，假设财产保险期间是从保险财产所在地标准时间 2010 年 12 月 15 日中午 12 时 1 分开始，至 2011 年 12 月 15 日中午 12 时 1 分终止。一场火灾将该财产损毁，造成财产损失的火灾发生的时间，就是损失开始的时间。

——如果造成财产损毁的火灾在保险起始前 10 分钟开始发生，该损失就不是一种保险事件，即使大火在保险期间内一直燃烧。

——如果造成财产损毁的火灾在保险单终止时间前一小时开始发生，该损失就是一种保险事件，即使大多数损失发生在保险责任终止之后。

同样的原则也适用于除了火灾之外的损失原因。作为一般规则，多数涉及财产保险的损失与短尾巴事件相关，也就是说，原因和结果几乎同时发生。

就财产保险来说，多数与保险期间相关的问题一目了然。有些损失发生的时间比较难以确定，如涉及季节性的房屋在淡季时遭受恶意破坏，非立即失踪的财产被盗，或逐渐发生的水渍损坏。最值得注意的是，涉及发生在超过一个保单期限的漫长时间内发生的风险事故。比如，与并发因果关系相关的问题是，在未打好地基的土地上建造房屋，该房屋在几年内发生位移、下沉和开裂而逐渐损坏。假设房屋在最初建造和最终倒塌之间，有两个保险人对其提供财产保险。可能出现的问题是，假设房屋损坏事故属于保险责任，那么哪一位保险人要为该损坏支付赔款？哪一份保险单被触发，需要承担赔偿责任？是损坏发生时有效的保险单，或者是损坏显现时的有效保险单，或者是从最初损坏到损坏显现时的所有保险单都要为此负责？不幸的是，就财产保险损失而言（该问题在责任保险中引起了极大的争议，这一点在以后讨论），上述问题并无确切答案。在涉及渐进性财产损坏的一个案件中，法庭声称，如果损失在连续几个保险期间内发生，直到损失发生之后几年才发现，那么采用“显现规则”（manifestation rule）。根据该规则，如果损失显现时间是在保险期间内，签发该保险单的保险人要单独为损失承担责任。

上述规则是否反映的是大多数人的意见，只有在许多法庭判决之后才能确定。但可以表明，有些财产保险风险确实存在责任保险人所遇到的长尾巴问题。

第二节　责任保险单项下的保险事件

在财产保险中，保险事件的第一要素是“所承保的财产”。相比之下，责任保险事件的第一要素是“所承保的活动”（covered activities）。虽然在财产和责任保险单项下，保险事件的要素的名称有些类似，但这两种类型的保险单之间存在一些明显的区别。这些区别是以下所讨论的内容。

一、所承保的活动

责任保险事件必须涉及所承保的活动。不同责任保险单承保不同的活动，如由专业医疗人员提供的服务。还有一些保险单将各种不同的活动组合在一起。以下是一些相关的所承保的活动类型：

——拥有、维修和使用机动车、飞机和船只；

——拥有、维护和使用场所，这些场所包括建筑物、隧道、矿山、体育场或其他建筑结构；车道和人行道；毗邻土地和空地；

——在所承保的场所上从事的运作或活动；

——获得或建立新的企业、运作和活动，不管是否与企业现在的活动相关；

——生产或销售成品或部件；

——建造住宅、楼房和结构；

——生产、销售、分销酒精饮料和提供相关服务；

——在合同或协议项下承担的法律义务；

——由专业人员提供的服务；

——由公司或机构的董事和高管人员提供的服务；

——由普通承运人、私人承运人或租借受托人提供的保管服务；

——根据劳工补偿法的规定雇佣工人。

上述例子是一些能够为其提供责任保险的一般类型的活动。

很难概括介绍责任保险单的内容。最宽泛和最全面的责任保险单将各种不同活动的保障包括在一揽子保险中，还有些保险单设计用来承保一种或多种活动。即使标准保险单也有许多不同，因为它们采用不同的批单，目的是为保单持有人提供所需要的保障，或者为满足保险人的核保需求。

在特定保险单项下所承保的活动不能只从声明、承保协议和保单定义部分了解，需要阅读包括批单在内的整个保险合同，还要考虑保险单的除外或其他限制性条款。

企业机动车保险单能够说明这些要点。该机动车保险单可以为拥有、维修或使用“所承保的机动车”引起的意外事故提供保障。首先，所承保的活动必须涉及机动车。另外，如保险单所定义的，机动车必须是设计为在公共道路上行驶的车辆。

根据保险单的约定，“所承保的机动车”可以包括任何机动车，或者仅包括“所拥有的私人载客车辆”、除了私人载客车辆之外的其他所拥有的车辆、特种车辆、非拥有或租借的车辆，具体哪类车辆根据保单定义条款确定，或者包括任何这些类型车辆的结合。

对“任何机动车”的保障意味着，在保险期间内获得的车辆自动在保单项下承保而无须通知保险人，它也意味着，任何由保单持有者借用或租赁或代表保单持有者使用的车辆也被认为是所承保的车辆。

并不是所有企业机动车保险单将“所承保的机动车”定义为“任何机动车”。由于核保要求或保单持有人的偏好，“所承保的机动车”可以仅限于保单声明中所描述的车辆。如果这样做，保险责任就不适用于借用、租赁或代表保单持有者使用的任何车辆。

企业机动车保险单的承保协议表述如下：

“我们将为本保险适用的，由于拥有、维修或使用保险车辆造成的人身伤害或财产损失，被保险人依法承担的损害赔偿金支付赔款。”

涉及保险车辆的活动并不意味着企业机动车保险责任将适用于任何情况。保险事件也必须涉及所承保的活动，它要求按照所有适用的保单条款对相关事件进行检查。

假设被保险人在为业务目的操作保险车辆时，发生了交通事故，被保险人依法为所导致的第三方人身伤害和财产损失承担责任。仅根据该信息，认为保险单涉及的是所承保的活动的结论还下得太早。在上述承保协议中，“本保险适用的”这一表述隐含的意思是，该保障适用的前提是，保单除外条款并未将其特别排除。在确定是否发生所承保的活动之前，需要阅读所有的除外条款。如果存在任何适用的除外条款，保险人就没有义务支付承保协议中所述的损害赔偿金。

用企业机动车保险单来说明上述要点。该保险单的车损险承保协议所提供的保障仅限于机动车意外事故造成的损失。其他责任承保协议是综合性的，承保的是非除外的所有活动造成的损害赔偿责任，这些例子包括商业普通责任保障附表以及家主保险单的个人责任保障。

二、所承保的原因

就责任保险而言，要成为保险事件，意外事故不仅需要因所承保的活动引起，也需要因“所承保的原因”（covered cause）造成。所承保的原因可定义为一种索赔，它声称由于对特定类型的人身伤害或财产损失承担法律义务或责任，需要向第三方支付损害赔偿金。损害赔偿金本身并不是所承保的原因的要件，而是所承保的后果。所承保的原因的三个要件是：

①索赔或诉讼；

②在索赔或诉讼中声称存在法律义务或责任；

③所声称的人身伤害或财产损失的性质。

在大多数责任保险单中，保险人承诺为被保险人对所承保的索赔进行抗辩。提供抗辩的义务优先于任何判决赔款。

“法律义务或责任”的要求并不意味着保险责任仅适用于索赔人获得法庭针对被保险人的判决，而且责任索赔经常不需要法庭介入。在许多案件中，被保险人的责任在无须经过诉讼的情况下就能够确定。但是，当所声称的责任并不是那么明确，或者对被保险人是否有过错存在争议的情况下，就需要法庭来解决问题。

索赔中可能声称，索赔人受到身体伤害、财产损失、个人伤害或广告伤害，或者他是错误或遗漏，或提供或未能提供专业服务的受害者。要成为所承保的原因，索赔必须涉及保险单所描述的一种或多种类型的伤害。

在责任保险单项下，这些所承保的原因的要件在本章稍后部分进行分析。首先必须强调将责任问题与保障问题进行区别的重要性。

1. 责任与责任保障（Liability versus coverage）。在讨论责任保险问题的时候，重要的是要对责任和责任保障进行区别。在保险人承担赔偿义务之前，必须存在责任和责任保障。

在某些案件中，虽然责任保险单为某种性质的人身伤害或财产损失索赔提供保障，但是被保险人在某些情况下又无义务支付损害赔偿金。比如，索赔人在机动车事故中受到伤害，但该事故并不是被保险人造成，对此被保险人无义务支付赔款。不过，如果声称被保险人有责任，保险人就有义务为被保险人抗辩。如果抗辩成功，保险人就无须支付赔款。

事故的原因经常并不是那么清晰，被保险人是否像所声称的那样有责任仍然无法确定。通常保险人会进行抗辩，然后否认存在责任，拒绝赔偿。但是，在某些情况下，保险人会设法协商庭外和解，而不是支付抗辩费用，等待不可预测的法庭判决。

还有一种情况是，被保险人可能要负责向索赔人支付赔款，但保险单对该索赔不提供保障。这种情况可能发生在，虽然声称被保险人的活动导致索赔人的人身伤害或财产损失，但保险单并不承保该活动。比如，索赔人获得法庭对由于年龄歧视造成损害赔偿的判决，但由于歧视造成的责任并不是提供人身伤害和财产损失责任保障的保险单项下所承保的原因。

2. 法律义务或责任。大多数责任保险单提供被保险人依法承担的损害赔偿。比如，商业普通责任保障附表部分表述如下：

“我们将支付由于……被保险人依法支付的损害赔偿金。”

企业机动车和卡车保障附表的承保协议表述如下：

“我们将支付由于……被保险人依法支付的所有损害赔偿金。”

这些和其他责任保险单所指的法律责任可能来源于以下几种：

——过失：未能履行侵权法中规定的义务；

——成文法责任：未能履行法律法规所规定的义务；

——合同责任：违反合同项下承担的义务。（合同法律责任，它涉及个人自愿承担本无须在法律项下承担的某些责任。）

详细讨论所有这些，通常被认为用来确定法律责任的问题并不是本书的范围。但是，至少应当知道，任何人向被保险人提出索赔或诉讼，声称后者存在过失，都必须展示以下基本要素：

①被保险人对索赔人负有义务；

②被保险人违反义务；

③被保险人违反义务是造成人身伤害或财产损失的近因。

（1）负有义务。根据所处的环境，一方对另一方所负有的义务并不相同。比如，根据普通法规定，住宅或商业财产所有人要为维护场所安全，使那些进入场所的人不会过度地暴露于伤害风险负责。从事生产、销售或分销产品的人，为他人工作的人，驾驶机动车辆、飞行航空器的人，为他人管理财产的人，提供专业服务的人以及几乎每一种企业和个人活动都存在某些义务。

（2）违反义务。无论何时某人对他人承担义务，前者就必须注意不违反义务。在确定是否违反义务时，需要根据某种标准来衡量侵权者的行为或疏漏，所要求的标准根据相关环境或法律规定会有所不同。

（3）作为近因结果的人身伤害或财产损失。负有义务和违反义务本身并不意味着侵权者自动为任何人身伤害或财产损失负责。还有一种要求是，违反义务必须是伤害结果的近因。换句话说，在违反义务和人身伤害或财产损失之间必须存在因果关系。

作为一种与保险相关的概念，因果关系原则类似财产保险的近因要求。比如，如果在被保险人使用机动车和人身伤害或财产损失索赔之间不存在因果关系，那么就不会要求机动车保险人向索赔人支付损害赔偿金。

确定是否存在近因的最常用的一种检验方式是所谓的“要不是”（but for）规则。如果在被保险人没有过失的情况下也会发生伤害事件，那么被保险人的行为或遗漏就不是近因。反之，要不是被保险人未能实施环境所要求的注意程度就不会发生伤害事件，那么被保险人的过失就是损害事件的近因。

有两个实际案例可以帮助解释这一要点。这里的问题显然涉及保险单是否为索赔提供保障，而不是被保险人是否对损害赔偿承担责任。在一个案件中，酒店所有人的眼睛受了伤，是抢劫者在逃跑时从车内开枪造成，该案件不认为是由于罪犯的机动车责任保险单中的“拥有、维修或使用机动车”造成。法庭认为，在机动车的使用和伤害之间不存在因果关系，而且伤害和意外事故并不因为机动车内在特性造成。

在另外一个案件中，机动车上的乘客被警察开枪击中，后者在追赶驾驶员。伤者向驾驶员的机动车无过错责任险的保险人提起诉讼，要求其赔偿损失。法庭认为，保险单并不承保乘客的伤害，因为该伤害并不是操作机动车所引起。法庭还认为，在使用或维修机动车以及乘客遭受的伤害之间必须有某种因果关系链，使某人成为无过错机动车责任保险中的受害者。法庭解释道，该“要不是”规则并未得到满足，因为伤害并不由于操作机动车而造成。法庭认为，乘客受到伤害的原因是枪击而不是因为他是该机动车的乘客。

3. 人身伤害或财产损失的性质。所声称的人身伤害或财产损失的性质对所承保的原因这一要素是十分重要的。有些人身伤害或财产损失是被保险人违反义务的近似结果这一事实，并不意味着保险人就要负责赔偿。还需要表明，该人身伤害或财产损失是由保险单所承保的。在不同的责任保险单中，所适用的特定类型的人身伤害或财产损失也有所差异。

（1）身体伤害（Bodily injury）。提供人身伤害保障的责任保险单对“身体伤害”一词的定义如下：

“‘身体伤害’指个人遭受的身体伤害或疾病，包括任何时候因此导致的死亡。”

按照该词的一般含义，“身体伤害”用来指对人体的有形伤害以及任何因此导致的疼痛、痛苦、疾病或死亡。通常的问题是，在身体未遭受有形伤害的情况下，感情压抑或心理创伤是否可以被认为是身体伤害。该问题通常起因于过去的雇员提起诉讼，他们认为，雇主在终止雇佣合同上存在过错，或者雇主的歧视行为是那么粗暴、恶劣，造成受害者感情压抑、精神痛苦。美国有些州法庭认为，即使在身体未受到有形伤害的情况下，感情压抑也是一种身体上的伤害。而其他州则拒绝在无宽泛定义的情况下，对该词的含义进行这样的扩展。

（2）个人伤害（Personal injury）。“个人伤害”一词使用的方式不同，既可以用在保险也可以用在非保险中。特别是当律师使用该词的时候，“个人伤害”有时与“身体伤害”同义。要注意的是，在无过错保险中，“个人伤害保障”指的是第一方无过错保障，其用法与这里讨论的“个人伤害”无直接关系。

保险从业者通常将“个人伤害”一词与许多犯罪行为联系起来，包括口头和书面诽谤（slander and libel）。将身体伤害作为对人体的伤害，将个人伤害作为对个人的特性或品格的伤害，有助于对这两个词的理解。但是，“人身伤害”一词有几种不同的用法。

在某些保险单中，“人身伤害”比“身体伤害”词义更加宽泛。在这些保险单中，身体是个人伤害中的一种，另外还包括诽谤和侵犯隐私权等犯罪行为造成的伤害。有些保险单中使用的“个人伤害”一词仅仅包括某些特定的犯罪行为，而不包括身体伤害，通常所承保犯罪行为包括诽谤、名誉伤害、错误进入或逐出、错误逮捕、错误拘留以及恶意指控。

（3）广告伤害（Advertising injury）。“广告伤害”一词的定义比较统一，它一般涵盖由于诽谤、出版侵犯隐私权的材料、盗用广告创意以及侵犯版权、商标权及口号权。

总之，当个人伤害和广告伤害两词在同一张保险单上进行定义时，这两个词的含义有些重叠。该重叠并不导致重复保障，因为个人伤害的保单定义一般排除由于广告活动造成的责任，而广告伤害仅承保被保险人在广告活动过程中造成的侵害。

大量的诉讼涉及一些由广告伤害保险所承保的诉讼。在这些诉讼中，原告通常设法从盗用商业秘密、不公平竞争和剽窃责任的指控中获得赔偿。现在的问题是，“广告活动”并未定义，而广告可以包括商业征求信、时事通讯或者甚至是内容说明书。这样，很难确定所承保的活动是否涉及广告伤害造成的责任索赔。

（4）财产损失（property damage）。在保险单中，“财产损失”一词通常定义如下：

“财产损失指：

a. 对有形财产的物质损坏，包括因此失去使用该财产价值的所有损失；或

b. 未遭受物质损坏的有形财产失去使用价值。”

根据以上定义，财产损坏不仅包括对有形财产的直接损坏，也包括由此导致的失去使用价值（resulting loss of use），以及并未受到物质损害的有形财产失去使用价值。深入研究该定义可以发现，它并未涵盖在有形财产未遭受直接损坏的情况下失去无形财产（如商誉、版权等），而且“物质”一词设计用来排除在财产未遭受物质损坏的情况下的经济损害索赔。

另外，以上第二段定义的基本目的是包含（即提供保障）在无物质灭失或损坏的情况下，失去有形财产使用价值所导致的某些诉讼或索赔。比如，假设由于住户的过失造成高层建筑物严重失火。由于安全原因，整个区域被绳索隔开。那些潜在的客户被拒绝进入附近商店，尽管商店本身并未遭受损坏。商店所有人向造成火灾的高楼住户提出财产损坏责任索赔，原因是未损坏的商店的收入损失是由于住户的过失造成。

（5）职业责任错误和遗漏。职业责任保险的主要作用是承保非身体伤

害、财产损失、个人伤害或广告伤害造成的损害赔偿。所承保的风险暴露涉及经济损害索赔，该索赔是由于提供不合适的专业服务、判断上的错误或遗漏造成。比如，银行在计算机程序设计上出现问题，并对客户公司的工资支付记录造成差错，该差错结果使银行多支付了工资（并不关系到人身伤害、财产损失、个人伤害或广告伤害）。

三、所承保的后果

责任保险单通常承保以下两类后果：

——被保险人依法负责的损害赔偿；

——针对被保险人索赔的抗辩费用，包括一些其他费用。

除非所声称的被保险人的错误行为是因为所承保的活动引起，而且与所承保的原因相关，否则保险人无须支付损害赔偿金。但是，多数责任保险单规定，保险人要为被保险人抗辩，即使索赔是不合法的，除非索赔的结果明显不属于保险单的保障范围。如果索赔人最后从起初看来是毫无道理的索赔中获得法庭判决赔偿，保险人就必须支付保险单所承保的损害赔偿金。假设最后的结果是，被保险人无须依法为索赔人的损害赔偿请求负责，保险人依然要承担得出该结论所花费的法律费用。

1. 损害赔偿金（Damages）。“损害赔偿金”一词与“损坏”（damage）一词是不同的。“损害赔偿金”一词的定义或解释要根据保单条款的表述。如果保险单没有明确的定义或解释，在确定赔偿什么的时候，根据的是该词的一般或简单含义。多数责任保险单并不通过定义或解释来说明承保协议中损害赔偿一词的含义，如以下所表述的：

“我们将支付本保险适用的，由于人身伤害或财产损失被保险人依法承担的损害赔偿金。”

由于损害赔偿一词并未采用双引号，在保险单中就不作定义。因此可以想象，保险单涵盖了对补偿性和惩罚性损害赔偿金额的支付。

（1）补偿性损害赔偿（Compensatory damages）。补偿性损害赔偿是支付货币用来补偿索赔人遭受的人身伤害或财产损失。损害赔偿金可以包括合理的医疗费用、修理或重置损坏的财产的费用、财产失去使用价值的损失、工资损失、服务价值损失，以及法庭判决用以补偿所遭受的疼痛、痛苦、丧亲之苦等，具体赔偿项目则取决于诉讼的性质。

（2）惩罚性损害赔偿（Punitive damages）。惩罚性损害赔偿的目的是对以可恶的手段造成索赔人人身伤害或财产损失的过错者进行惩罚。在特定案件中，法庭判决的损害赔偿金额与索赔人遭受的实际货币损失没有直接联系。

惩罚性损害赔偿被认为具有惩戒性质，也就是说作为一种反面教材。有些保险单特别将惩罚性损害赔偿除外，还有一些却不这么做。

而且，并不是所有的州都允许保险人代表被保险人支付惩罚性损害赔偿金，即使法庭在涉及补偿性损害赔偿案件中判决惩罚性损害赔偿。从公共政策的角度看，如果某一方如保险人负责惩罚性损害赔偿，那么它的“惩罚”作用就变得无效。另外，从风险管理人的角度看，惩罚性损害赔偿与补偿性损害赔偿都是一种无法预期的财务损失，被保险人应当有权承保法庭判决的惩罚性损害赔偿。

不管何时，如果在保单语言与保障所在地的法律规定上存在冲突，就以法律规定为准。因此，如果某一管辖权内的法律规定惩罚性损害赔偿是不可保的，保险人就无义务支付它，即使保险单接受对此类赔偿的保障。不过保险人有义务通知被保险人，法律规定此类赔偿是不可保的。

（3）其他损害赔偿。补偿性和惩罚性损害赔偿并不是责任索赔中唯一可以支付的损害赔偿金。职业责任保险单、董事和高管人员责任保险单以及其他设计用来承保由于被保险人的过错行为造成经济损失的保险合同，经常具有宽泛的保险责任，以致涵盖3倍的损害赔偿保障，而此类赔偿往往是因为违反了美国联邦法律而判决。有2个允许判赔3倍损害赔偿的联邦法律，它们是1892年谢尔曼反垄断法和1970年有组织犯罪控制法第九章的受影响的敲诈者和腐败组织法（RICO）。

由于3倍赔偿并不认为是惩罚性或惩戒性损害赔偿，如果保险单打算将此类赔偿除外，就需要予以明确。因此，经常可以看到责任保险单中含有的以下除外条款的范例表述：

范例1

“本保险单并不适用于：

法律规定的刑事或民事罚款或惩罚，包括但不限于惩罚性、3倍或惩戒性损害赔偿，以及其他根据法律规定不可保的事件。”

范例2

“本保险单不适用于：

任何基于或产生于，或直接或间接起因于，或以任何方式涉及任何州或联邦反垄断法或其他名称的类似法律项下的任何索赔或诉讼。”

以上除外条款或类似条款并不需要构成商业责任和伞式责任保险单的一部分。上述法律规定的3倍损害赔偿风险，作为一般性规则，并不与人身伤害、财产损失、个人伤害或广告伤害相关。因此很难说，这些伤害事件在基础和伞式责任保险单中被认为是保险事故。但为了明确起见，有些保险单中增加了将3倍损害赔偿除外的条款。

2. 衡平法诉讼。人们通常认为损害赔偿金是用来赔偿过错行为造成的损失。有一个长期以来一直悬而未决的问题是，责任保险单中未予定义的“损害赔偿”一词是否包括衡平法诉讼中所发生的成本和费用。在禁令救济诉讼中，原告要求法庭下令被告实施或禁止实施某些行为。比如，法庭可能要求土地所有人将自己的财产用栅栏围起来，以避免其牲畜四处游荡进入邻居的场所。此类诉讼并不涉及支付损害赔偿金，但需要支付大额诉讼费用。

不管是否属于法律规定支付或被保险人自愿支付，环境清理费用是另一个需要通过大量诉讼得出结果的领域，但保险单定义中并未将其包含在损害赔偿中。被保险人认为，清理费用是责任保险应支付的损害赔偿金；而保险人则认为，“损害赔偿”一词并不扩展以包括衡平损害赔偿。有时法庭的判决也不尽相同。

为了使保险责任更加灵活，但又可以避免此类问题，有些保险人对“损害赔偿”一词并不下定义，但他们在保险单中加入特别除外条款，以明确他们的意图是将保险保障限于法律规定的损害赔偿。比如，市政当局经常因划区争议事件被起诉，所寻求的救济方式是废除公共官员作出的决定。为了避免不得不在此类诉讼中支付费用，公共官员责任保险单（可以与董事和高管人员责任保险单相比较，但后者仅针对私人公司）可以制定除外条款，使该保险单适用于除了货币损害赔偿之外的，基于或起因于法律救济的任何索赔，包括但不限于禁令救济。

尽管上述除外条款可以避免承担衡平法中的损害赔偿责任，但它在既有损害赔偿又有衡平救济的诉讼中就显得不足。如果部分索赔由保险单所承保，还有部分是除外的，保险人就有义务为整个索赔抗辩，但是保险人仍然有义务仅支付保险单所承保的那部分损害赔偿金。

3. 抗辩费用以及其他理赔费用。除了代表被保险人支付损害赔偿金之外，几乎所有的基础责任保险单也提供“额外赔款”（supplementary payments）或“额外保障”（additional coverages）。首先最重要的是，保险人有义务针对涉及保险事件的索赔或诉讼为被保险人抗辩，并支付抗辩费用，抗辩律师由保险人选择（只要不存在利益冲突）。比如，家主保险单中的个人责任部分的相关表述如下：

“如果由于本保险所适用的事故造成的人身伤害或财产损失，导致针对被保险人的索赔或诉讼，我们将……通过自己所选择的律师提供抗辩，即使该诉讼是毫无理由、虚假或欺骗性的。我们可以调查和处理我们认为是合适诉讼或索赔。”

这些陈述在保险单的额外保障部分按照以下方式进一步予以明确：

“我们在责任限额外承担以下索赔费用。我们支付

a. 在抗辩任何诉讼过程中，我们所发生的费用以及针对被保险人纳税费用；

b. 在我们抗辩的诉讼中所要求支付的保函保费，但不负责超过保险责任E中的责任限额的保函金额。我们无须投保或提供任何保函。

c. 任何被保险人应保险人要求协助调查或抗辩诉讼或索赔所发生的合理费用，包括实际收入损失（但不包括其他收入损失），以每天50美元为限。

d. 在法庭判决之后，以及在我们支付赔款，或将赔款存入法庭之前，整个判决金额的利息，但以适用的责任限额为限。”

除了承担抗辩费用，额外保障条款使得被保险人有义务支付诉讼保函保险费、判决赔款利息以及由被保险人在保险人要求之下支付的其他合理费用。这些保障十分重要，而且金额可能很大。与保险人支付损害赔偿和抗辩费用一样，它们也是责任保险所承保的后果。在其他责任保险单中也可以看到类似的条款。有些伞式责任保险单以及董事和高管人员责任保险单是例外。实际上，大多数董事和高管人员责任保险单要求管理人员或公司主动采取措施雇用律师，这些保险单并未表示如何处理法律费用，只不过保留保险人在诉讼过程中与被保险人保持联络，以保护他们自己利益的权利。

责任索赔经常涉及发生人身伤害或财产损失的时间以及法庭判决赔款的时间之间的延迟问题。如果法庭支持被保险人，而保险人将法庭判决申诉到上一级法庭，就会出现进一步的拖延。这些拖延可能导致以货币的时间价值为基础的利息索赔。

（1）判前利息（Pre-judgment interest）。如果法庭作出首次判决，它就可以判索赔人应获得损害赔偿金以及应赚的额外利息，该利息是索赔人本应在受到人身伤害或财产损失时收到的赔款利息，而不是法庭判决后收到的赔偿利息，被称为判前利息。

（2）判后利息（Post-judgment interest）。如果将针对被保险人不利的判决向上一级法院上诉并获得成功，索赔人最终就无法获得损害赔偿。但是，如果上一级法院支持原判，索赔人不仅有权获得判决赔款，也有权获得判后利息，以作为如果保险人在第一次判决后就支付赔款，索赔人本应当获得的利息赔偿。

四、所承保的地点（Covered locations）

所承保的地点这一主题需要考虑两个重要方面。第一是事故（即人身伤害或财产损失）发生的地点；第二是索赔人向被保险人提起诉讼的地点。

1. 事故发生的地点。除了少量例外，责任保险单将保险保障扩展到宽泛定义的保险地域范围内的任何地点。在机动车保险中，保险地域范围的定义是美国及其领土或属地、波多黎各或加拿大，保险单也为所承保的机动车在这些地点的港口之间运输时发生的事故提供保障。值得注意的是，保险单缺乏机动车在邻国墨西哥时的保障，根据墨西哥法律，需要从墨西哥注册保险公司购买特殊的机动车保险。

在许多伞式责任保险单中，能看到所承保的地点的宽泛定义。虽然有些伞式保险单所承保的地域范围采用基础责任保险单的表述方式，但多数伞式保险单适用于世界上的任何地方。其他伞式保险单（包括个人伞式保险单）适用于任何地方，或者对地域范围不做规定，可以推断它包含全世界范围。另外，家主保险单的责任保障部分，对所承保的地域范围也不作明确规定。虽然许多索赔与住宅场所相关，但是从保单表述上看，责任保障适用于世界上的任何地方。

2. 诉讼地点。如果保险单向被保险人提供抗辩，它通常对诉讼地点有所限制。在商业普通责任保险单项下，人身伤害或财产损失保障适用于世界上的任何地方，如果人身伤害或财产损失起因于：（1）由指明被保险人在美国及其领土、其属地、波多黎各或加拿大生产或销售其产品，或（2）个人在这些地点外临时从事指明被保险人的业务活动。但是，由于以上任一原因导致的正式诉讼，只有在美国及其领土或属地或加拿大提出，保险单才提供保障。要注意的是，这种情况仅适用于诉讼。如果责任索赔在国外提出，该索赔都属于保险责任范围，保险人有义务调查和处理在任何地方提出的索赔。但是，如果索赔最终变为诉讼，那么诉讼就必须在保险单规定的地域范围内提出。

世界范围的雇主责任保障（通常与劳工补偿保险一道提供，或者通过商业责任保险单的批单提供）仍然要求损害赔偿的原诉必须在美国及其领土或属地或加拿大提出。对原诉的这一规定十分重要。比如，如果雇员临时在国外出差时受伤，雇主要获得责任保障，诉讼必须在美国、其领土或属地或加拿大提出。如果雇员在国外首先提起诉讼，然后又在美国、其领土或属地或加拿大提出第二次诉讼，作为正式的法律要求，以承认国外法庭的判决，雇主可能得不到保障。

五、所承保的情形（Covered circumstances）

责任保险单设计用来为除了特别除外的情形下的所有所承保的活动提供保障。比如，企业机动车保险单提供责任保障，保险人基本上同意对由于拥有、维修或使用所承保的机动车引起的索赔提供保障，这并不意味着，该保障适用于所有情形。比如，保险人并不承保劳工补偿法、残障福利法、失业赔偿法或任何类似的法律项下，被保险人可能承担的任何赔偿义务。换句话说，保险人在某些情况下并不承保被保险人的受到伤害的雇员，这些情况包括在雇佣过程中，而且起因于雇佣活动的机动车事故，即使该事故涉及所承保的机动车。多数责任保险单都有与劳工补偿风险暴露相关的除外条款（当然，除了劳工补偿和雇主责任保险单之外）。

类似前面所讨论的机动车保险物质损坏部分，个人机动车保险单将机动车被用来作为公共或出租运输工具时的保障除外，除了作为费用分摊合用车辆之外。而且，该保险单明确表示，如果没有理由相信使用车辆的人有权这么做，对费用分摊合用车辆的责任保障则不适用于该车辆使用者。

实际上所有的商业普通责任保险单，将对被保险人生产、分销或销售的产品以及所从事的工作造成的损坏除外。责任保险承保的是被保险人由于该产品或工作造成对他人的法律责任。

六、所承保的期间（Covered time period）

所承保的期间的定义是，保险责任依法适用的明确的时间段，它包含从保险责任开始那一刻到保险责任结束那一刻这一时间段。在该时间段中，如果要使一个事故成为保险事件，所承保的原因必须由所承保的活动引起。

除了某些例外，多数财产保险单解决的是“短尾巴”（short tail）类型的损失问题。（“尾巴”一词指的是图标上的一条线，所赔偿的索赔在垂直轴上，而时间在平行轴上。）大多数索赔在保单期间内赔偿，而少数索赔直到将来一段时间后才赔偿，在图表右边轴上以一条长尾巴的线呈现出来。在保险期间结束时，保险人可以准确地知道在保险期间内发生多少损失，大约要赔多少钱。许多责任保险索赔是短尾巴类型的，也就是说，保险事件和所导致的人身伤害和财产损失是同时发生的。比如，顾客在百货商店的地面上滑倒，摔伤了膝盖，或者驾驶员在交通事故中脸上被划伤。

在责任保险项下承保的索赔有时属于长尾巴类型，即在发生造成人身伤害或财产损失的事故或事件后，需要很长的时间才提出索赔或诉讼。比如，可能在医生治疗过错事件发生几年之后，对病人造成的损害结果才显现出来，并导致索赔。

传统上责任保险以“事故发生制”方式提供。为了处理越来越多的长尾巴索赔事件，保险人引入了各种创新保障方式，对于这些方式，甚至保险人都不十分清楚。其中一种创新方式称为期内索赔制保单（claim-made form），另一种方式称为发现制保单（discovery form），还有其他方式，由于缺乏更好的名称，可以称为修改后的事故发生制保单（modified occurrence form）。所有这些保险单的重要的区别主要在于其“触发机制”（trigger）或激活保险责任的事件不同。

1. 事故发生制（Occurrence basis）。如果责任保险单采用事故发生制，那么触发保险责任的事件就是保险期间内实际发生的人身伤害或财产损失，也就是说，由于事件的发生而触发保险责任。在商业普通责任保障附表的事故发生制版本中，承保协议部分关于责任触发的表述如下：

“由于适用于本保险的‘人身伤害’或‘财产损失’，致使被保险人依法承担的损害赔偿金，本保险人负责予以赔偿。本保险人有权利和义务为被保险人对请求该损害赔偿的任何‘诉讼’进行抗辩。但若任何设法获得‘人身伤害’或‘财产损失’损害赔偿的‘诉讼’不适用于本保险，则本保险人无义务为被保险人进行抗辩。本保险人可以自行决定对任何‘事故’进行调查，并处理因此导致的任何索赔或‘诉讼’。”

在责任保险承保的大多数事故中，所导致的人身伤害或财产损失在发生事故时就已经很明显，不存在何时发生人身伤害或财产损失的问题。但是在一些案件中，保险人发现，在保险期间结束后多年的时间，他们才为保险期间内发生的伤害事件支付赔款，这些伤害事件一直没有发现或无法发现。此类例子包括一些潜在伤害案件，在这些案件中，直到最初暴露于造成伤害的环境几年后伤害才显现出来。

事故触发机制的重要之处在于，它并未对索赔的时间进行限制；只要人身伤害或财产损失在保险期间内发生，甚至几年后提出索赔，保险责任依然适用。

2. 发现制（Discovery basis）。发现制被建议作为责任保险的一种触发机制，而且还被建议，将来标准商业普通责任保险单应当采用发现制。但是，这种想法并未得到采纳，因此它仍然是一种理论上的方法。

在发现制保险单中，只要能够合理地相信，造成损失的事件实际已经发生，那么就触发了保险责任，也就是说，保险责任触发是在保险期间内第一次发现损失的时候，损失发现之日触发保险责任。

发现触发机制的概念实际上在雇员忠诚保险中就已经存在。雇员忠诚保险风险暴露的特点是，经常长时间内无法发现损失，而且在保险期间过后损失还在发生。无人知道该发现触发机制在责任保险中能否有效地应用。要证实发现的时间有一定难度，最好的办法是用期内索赔制来避免，而期内索赔制也会产生一些其他的问题。

3. 期内索赔制（Claim-made basis）。对期内索赔制责任保险来说，保险责任触发的标准是，声称遭受人身伤害或财产损失的索赔必须在现在的保险期间内提出，即使造成人身伤害或财产损失的事件更早发生。在保险期间内提出索赔的时间触发保险责任。

从理论上看，期内索赔方式是比较理想的。每个被保险人购买了一系列期内索赔制保险单，前一份保险单满期，后面的保险单接上去。除非中途脱保，一般被保险人是不会出现保障缺口的。如果发生了索赔，现在总有保险单为之提供保障。

实际上，这种情况是比较复杂的，因为许多期内索赔制保险单都有一个追溯日期（retroactive date）。在该日期之前发生的人身伤害或财产损失是不保的。如果被保险人用事故发生制保险单替代期内索赔制保险单，或者用追溯日期较迟的期内索赔制保险单替代，都可能面临保障空缺的问题。最理想的方法是，当期内索赔制保险单续保或被替换，追溯日期应当是不变的，而且它就是被保险人第一次购买期内索赔制保险单所使用的追溯日期。

如果不采用追溯日期，保险单就要为过去事件提供保障，而不管这些事件在过去多久以前发生。但是，从核保安全考虑，作为保险合同一部分的投保申请书应当包括被保险人作出的保证，即他们并未意识到已经发生了可能导致将来索赔的任何过去事件。

在期内索赔制商业普通责任保障附表中，承保协议部分的保险责任触发机制表述如下：

“本保险不适用于声明中显示的追溯日期之前或保险期间结束后发生的人身伤害或财产损失。

只有在由于人身伤害或财产损失所引起的损害索赔在保险期间内首次向任何被保险人提出，本保险才适用于该人身伤害或财产损失。”

许多期内索赔制保险单还提供一次或多次扩展报告期，有时称为“尾巴保障”。从技术上看，保险单并未提供额外保障，它只不过提供了更长的报告保险索赔的时间。扩展报告期或“尾巴保障”扩展：（1）保单终止之后首次提出索赔的保障；（2）发生在保单终止之前，但在追溯日期之后提出的人身伤害或财产损失索赔的保障，其目的是扩展索赔提出的时间。

保险人经常不提供“尾巴保障”或扩展报告期，或者即使提供但价格非常高。在有些案件中，提供替代保险单的保险人愿意提供的追溯保障时间很长，足以承保任何过去发生但尚未报告的索赔。与所谓的“尾巴保障”相比（扩展的是保险单终止后的期间），过去行为保障有时称为“鼻子保障”（nose coverage），因为它倒回来向另一端延伸。

4. 保险期间。适用于责任保险的保险期间，与财产保险没有什么区别。

责任保险单的保险期间通常是一年，但 3 个月或 6 个月的个人机动车保险单并不少见，而且还存在 3 年期的保险单。即使是 3 年期保险单，也允许在每一周年日更改费率。

一年期的保险单从明细表载明的指明被保险人所在地的特定日期标准时间中午 12 点 1 分开始，到第二年的相同时间为止。

5. 保险合同的解除。与财产保险一样，如果保险人或被保险人选择解除保险合同，他们可以缩短责任保险期间。解除保险合同的程序与财产保险一样。

小 结

除了其他条件之外，除非发生了保险事件，否则保险人无义务在保单项下采取应对措施。除非事故包含保险事件的 6 个要素，否则它就不是保险事件。财产保险事件的第一个要素是所承保的财产；责任保险的第一个要素是所承保的活动。以下是财产和责任保险共同具有的从第二个到第六个要素。

②所承保的原因；

③所承保的结果；

④所承保的地点；

⑤所承保的情形；

⑥所承保的期间，

有些保险单对每一项保险财产进行特别描述，但一般的做法是进行宽泛的描述。有些保险单将财产分类为动产或不动产，有些则将财产归类于“建筑物和结构”，其中包括一些动产。对保险财产进行描述之后，再列出不保财产清单，它将有些财产从保险财产中剔除。有些类型的保险财产对某些风险来说是不保的，因为它们特别容易损坏。这些除外财产一般在保险单中的

"所承保的损失原因"部分予以描述。如果不阅读所有保单内容就无法确定保险财产的整个范围。

在财产保险中，所承保的原因可以通过特定（指明）风险事故或一切险方式来处理。如果采用特定风险事故方式，就仅对保险单中载明的损失原因（风险事故）提供保障。基本特定风险事故保险单仅承保十来个风险事故，而宽泛风险事故保险单扩大了风险事故的清单。额外风险事故如地震，可以通过批单承保。如果采用特定风险事故方式，被保险人承担举证义务（burden of proof），表明所承保的风险事故是所造成损失的近因（由于未中断的事故链造成）。一切险方式，尽管它的名称如此，但并不意味着承保所有的潜在损失源，不如说，它承保所有未除外的原因造成的损失——有许多损失原因是除外的。并发因果关系原则的出现，指出了一些在一切险方式中可能存在的漏洞，但现在采用额外保单除外条款来堵住该漏洞。不同条件方式基本上允许用第二份财产保险单来补充第一份保险单，前者仅承保第一份保险单未保的风险。

在财产保险项下，所承保的后果包括价值减少、额外重置成本、收入损失和额外运营费用。当然，除非涉及保险单项下所承保的后果，否则保险事件不会发生。损失还必须发生在所承保的期间，以及保险载明的所承保地点内发生。总之，时间和地点是财产损失的简单要素，虽然有时会出现几份保险单中哪一份适用于逐渐发展的财产损失（该损失在多个保险期间内发生）这一问题。

大多数但不是所有造成财产损失的情形是承保的。但是，保险单可以在风险因素增加期间予以中止，而且有些保险单（如锅炉和机器保险单）还允许在发现严重的风险事故时，根据保险人的选择，立即中止保险责任。

在责任保险项下，所承保的活动有许多类型。责任险承保协议确定了宽泛的保障范围。所承保的原因需要涉及：（1）法律义务或责任；以及

（2）在保险单项下所承保的人身伤害或财产损失的性质。人身伤害或财产损失的性质可能涉及身体伤害、个人伤害、广告伤害、财产损失、职业责任、错误和遗漏等。另外，保单定义是十分重要的。

就责任保险而言，所承保的结果涉及补偿性以及有时惩罚性的损失赔偿、抗辩费用和其他理赔费用，包括但不限于判前和判后利息。保险责任可以不仅适用于金钱损害赔偿诉讼，也涉及衡平法诉讼。

所承保的地点对涉及在美国大陆之外的索赔可能成为问题。重要的是要仔细检查保单条件，这些条件不仅与造成损失的事故相关，也与诉讼地点相关。

责任保险单中所承保的情形，一般由除外条款予以定义，其目的是缩小保险人拟提供保障的事故类型的范围。

所承保的期间在责任保险中也是个问题，它不仅涉及保险期间，也涉及保险期间内发生了什么才能触发保险责任。传统的事故发生制保险单会导致保险期间结束许多年后才提出索赔。以首次发现为基础的保险单的想法，并未被采纳作为事故发生制的替代方式，但期内索赔制方式却被许多类型的责任保险所使用。期内索赔制通过承保在保险期间内提出的索赔来缩短索赔必须提出的时间，这种简单的概念由于追溯日期以及尾巴保障而变得复杂，而且所承保的期间的缺口，很容易发生在事故发生制或期内索赔制保险单之间进行转换的时候。

第六章　保单限额和损失评估条款

以上几章对可依法执行的保险合同的性质做了分析，并考虑了在讨论可保利益、被保险方和保险事件时的主体、内容和时间这些保障性问题。当被保险人投了保，具有可保利益，而且在未违反保单条件的情况下发生保险事故并遭受损失，下一个要解决的问题是，保险人可以向被保险人或被保险人代表支付多少赔款（how much），该问题根据保单条款的约定以及用来确定财产或责任保险项下赔偿金额的法律原则来解决。

本章首先通过检查保险单的"保单限额"（policy limit）（也称为"保险限额"（limits of insurance）或"责任限额"（limits of liability）和损失评估条款来分析"多少金额"这一问题，这些条款以及它们的解释确定了保险单能够为所承保的损失支付的最高赔偿金额。下两章再通过分析用来减少赔款的损失分摊条款，来探讨"多少金额"这一问题的其他方面：第七章检查损失分摊条款（如共保和免赔额条款），第八章讨论多处索赔来源时的情况，特别是其他保险条款。与"多少金额"相关的外部问题在第九章中讨论。

第一节　保单限额

大多数财产和责任保险单都有一个或多个在保单项下索赔的赔偿限额。保单限额用货币表示，但非货币限额如时间（小时或天数），偶然也能看到。还有些保险单由于一些原因并无明确的保单限额。

保单限额经常称为责任限额（limits of liability），许多保险单都采用这一措辞。如该词所示，“责任限额”通常指的是保险人在保单项下的责任限制或责任程度。该词可能有些令人迷惑，因为它似乎与责任保险相关，但也用在财产保险中。更使人迷惑的是，在责任保险中，保险人对被保险人的合同责任（产生于保险合同项下承担的义务），却是基于被保险人依法对他人承担的责任。许多现代保险单取消了“责任”一词，而用保险限额（limits of insurance）替代，但还有些保险单继续采用“责任限额”这一表述。

一、采用保单限额的理由

保单限额是保险人用来明确其合同义务程度的一种方法，其他方法如除外条款和保单条件，也用文字的方式对保险人的义务进行限制，但是保单限额通常以货币方式限制保险人的最大的赔偿义务。

假设保险单没有货币限额，但设法完全用文字确定其保障程度。比如，财产保险单可以表示，同意赔偿修理或重置灭失或损坏的财产的任何费用；人身伤害责任保险单可能承诺，支付由于对他人的人身伤害依法承担的任何损害赔偿金。这种开放式的做法，既不可行，也不可能。实际上如以下所讨论，这种做法用在某些类型的保险中，但保险人的最高货币赔偿义务通常受外部因素的制约。

从被保险人的角度看，文字限额而不是货币限额可以排除许多不合适的货币保障金额所带来的问题。但是，保单限额对大多数保险单是有用的，因为它们具有几种有价值的作用，包括对保险人的赔偿义务进行封顶、适应客户的偏好以及反映保险人的承保能力。

1. 对保险人的赔偿义务进行封顶。显然保单限额能将保险人对每一个被保险人的索赔或每次索赔进行封顶，但封顶的合理性并不明显。

保单限额的一种合理性是，它有助于大数法则的应用。如果没有限额封顶，某些保险单项下潜在的损失风险会非常大——至少从理论上说，使得平均损失的预期会很困难。如果损失可预见性降低，保险人和他们的再保险人可能会收取更高的保险费，以降低这种不确定性的影响，或者干脆不承保。

保险人赔偿义务封顶的另一种合理性适用于在文字限额不可行的情况下，如对无法重置、无价的物品，或影响大量索赔人的产品责任险进行责任封顶。

有时保险单利用限额来达到类似除外条款的目的——把保险人的赔偿义务限制在象征性的金额上，而不是完全排除赔偿义务。有时很难用文字来表述除外条款，使得既排除保险人不希望提供的保障，又不影响打算提供的所有保障。尽管保险人在条款表述上竭尽全力，但法庭经常未能按照保险人所希望的那样解释这些条款，造成保险人不得不为自己认为已经除外的损失支付赔款。有时表述承保什么比表述不承保什么更加容易，看来这也是有些保险单仅为特定的风险提供微不足道的保障金额的原因。比如，在房屋和个人财产保障附表的污染物清理和移除额外保障中设定了很小的保单限额。普通责任保险单经过修改排除了几乎所有的第三方污染损失责任保障，此后，在财产保险单项下开始出现将清理残骸作为第一方污染索赔。从历史上看，保险人很难在责任保险单中通过明确表述，以排除某类不可保的污染损失风险。保险人不再设法制定令人满意的除外条款，而采用为清理费用提供特定保障的做法，但责任限额很小，年累计限额仅有象征性的 10 000 美元。这样做的原因是，法庭比较倾向于用限额而不是用文字来解释除外条款。

2. 适应客户的偏好。客户能够在两方面从保单限额选择中获益：

——消费者可以在财产或责任保单限额中选择满足自己需要的保障额度。

——由于限额低的保险单保费较少（反之亦然），消费者能够选择与自己的保费支付能力相适应的保单限额。

实际上，消费者选择保障额度通常受到一些限制。核保人一般不愿意提供保险金额大大高于或大大低于保险财产价值的财产保险。不足保险（underinsurance）未能满足客户的需求，因为他们的损失保障是不充分的，这也给保险人带来了一些问题，这些问题在第七章进一步解释。超额保险对被保险人毫无用处，后者为他们用不着的保障支付了保险费，而且，如果被保险人能够获得大大地超过其财产价值的赔款，就会引发道德风险。

责任保险在适应消费者偏好上提出了挑战。小额损失的数量大大地多于大额损失的数量。随着责任限额的提高，保险费率大大地降低，它反映了这一事实。许多购买了最低责任限额的保单持有者，只要支付一些额外保险费就可能购买到大额的保障。最好向保险消费者提供他们有能力购买的保障，但如果提供的保障限额无法涵盖大额损失，这种保险是不充分的。保险人通常在某些类型的责任保险中，提供了不少于最低责任限额如 100 000 美元的保障。机动车保险的最低责任限额由州财务责任法确定。

许多提供无过错保障的机动车保险单，提供了额外的个人伤害保障（PIP）。机动车保险单项下提供的第一方医疗利益保障，对许多拥有团体医疗费用和残疾收入保障的保单持有者来说是一种重复保障。那些没有其他医疗保障的人，可以购买较高限额的 PIP 保障，而那些存在重复保障的人，就可以选择少花钱购买保额较低的 PIP 保障，这对保险消费者来说是有利的。

3. 反映保险人的承保能力。保险人有时制定保单限额，以将自己的赔偿义务保持在能够承受的财务能力范围内。比如，火灾保险人可能对保险价值 600 000 美元但未得到安全保护的建筑物，拒绝提供超过 100 000 美元的保障；或者责任保险人可能仅同意为任何制造商提供限额为 1 000 000 美元的产品责任保障。上述情况可以体现核保人的“避免将所有的鸡蛋都放在一个篮子中”的风险控制措施，以及再保险人对保险责任限制的要求。

保单限额将保险人的损失风险限制在与其财务能力相适应的安全范围内，同时还要考虑其所购买的超额和再保险。保险人的承保能力和再保险不是本书所讨论的范围。

二、财产保险的保单限额类型

财产保险采用几种不同的保单限额，但这些限额在实践上尚无统一名称，保险单也并不一定都采用类似特定限额、毯式一揽子限额、分项限额等表述。为了分析和比较表达限额的不同方式，有必要选择一些描述性的标记，它们无须与保险单中实际使用的名称保持一致，虽然这些标记中的多数都是保险从业者经常使用的。

1. 每一项目和每次事故限额（Per item versus per occurrence）。有些财产保险单的限额适用于每一项目（each item），还有一些则适用于每次事故（per occurrence）。除了在发生损失后对赔偿金额进行限制之外，这两个名称在保障上并无实际区别。现在的问题是，在保险人赔偿了财产损失之后，保单限额会发生怎样的变化呢？这有可能会采用不同的方式。

有些提供“每一项目”保障的保险单有一个恢复限额条款（restoration of limits provision），有些保险单称之为损失条款，用来解决损失发生后的限额变化问题。至少可能有以下两种不同的方式：

——有些保险单干脆表示，发生损失后保单限额恢复，或损失赔偿并不减少限额。

——有些保险单表示部分损失并不减少限额。但在赔偿了全损后，保险人退回该项目的未赚保险费。

事故限额不存在这种表述，其重心在于事故而不在于财产，每次事故在限额内承保。每次新的事故，其限额不变。

（1）特定限额（Specific limits）。特定限额是保险人对每一物品、每一事故或与特定项目的物品或财产种类相关的每次损失所支付的最高金额。

（2）单独限额（Separate limits）。当一份保单中有几种特定限额，这些限额被认为是单独限额。单独限额可以适用于几种财产或几类财产中的一种或一类。比如，建筑物和个人财产保障附表包括以下限额：

——114 大街楼房，限额 120 000 美元

——114 大街企业个人财产，限额 80 000 美元

——312 南街楼房，限额 140 000 美元

——312 南街企业个人财产，限额 60 000 美元

这些特定限额中的每一项都是单独限额。一座楼房的限额不能用在另一座楼房上，楼房的限额不能用在企业个人财产限额上，反之亦然。

家主保险单提供另一种常见的单独限额的例子：

——其他建筑结构，限额 10 000 美元

——个人财产，限额 50 000 美元

——失去使用价值，限额 20 000 美元

通常情况下，这些限额的每一项分别有所适用。虽然这是一种常见的“100 000 美元限额保单”，但是保险人可能有义务为严重的损失支付不超过 180 000 美元的赔款。

（3）列表和未列表的财产限额（Scheduled versus unscheduled property limits）。特定限额通常用于一项财产（如楼房）或一类财产（如个人财产）。个人财产通常不是逐项列出或“列表”，而是该特定限额适用于所有“未列表”的个人财产。比如，家主保险单的个人财产保障将单一限额用于所有的被保险个人财产，而未将每项财产列出。上述保障方式可以用“毯式”（blanket）一词来描述。

当保险单承保清单上的财产时，这种财产被认为是“列表”财产，其每一项财产在清单上列出，而且予以明确描述，编上序列号或其他识别性标志或特征。每一项列表财产通常都有一个限额，显示出适用于该项财产的保险金额。特定的财产，如珠宝、毛皮或照摄像器材可以列在附贴于家主保险单

的个人财产清单上。根据这种方式，保险限额被认为是根据每项列表财产而设置的。

有时列表和无列表财产在同一份保单项下承保，每一项列表财产都有自己的限额，而未列表类的财产限额则适用于所有的其他该类财产。比如，为集邮人士签发的保险单，可以按照列表方式承保一些定值邮票，每一张特别列出的邮票都有单独的保险金额。同一份保险单也可以为未列表邮票确定一限额，有时称为毯式保障，以承保其他几本价值较低的邮票。再举一个例子，小型承包商可能为挖沟机购买了特定列表限额的保险，为推土机购买了另外一个特定列表限额的保险，还为其他未列表的工具和设备购买了毯式保险。

2. 毯式限额（Blanket limits）。毯式限额是适用于两项、两类或位于两个地点以上的财产的限额。假设被保险人在两个地点拥有自己的房屋和个人财产，它们的价值如下所示：

——114 大街楼房 120 000 美元

——114 大街企业个人财产 80 000 美元

——312 南大街楼房 140 000 美元

——312 南大街企业个人财产 60 000 美元

如果是特定保险，投保人会对这四项财产分别购买不同限额的保障。如果是毯式保险，投保人则会为上述财产购买 400 000 美元的保障，以适用于这些财产中的任何或所有项目发生的损失。

如果企业动产的累计价值比较稳定，而这些价值可能在不同的保险地点中发生变化，这种情况下，毯式保险可以提供较完善的保障。从上述例子来看，如果发生损失时，被保险人在 312 南大街有 90 000 美元的个人财产，在 114 大街有 40 000 美元的个人财产，毯式保险就可以提供完善的保障。但从上述特定保险显示的金额来看，其保险金额对承保 312 南大街的 90 000 美元损失来说显然不够，但对 114 大街的个人财产来说又显得太多，浪费了保险费，因为个人财产只有40 000美元。

用毯式保险承保楼房很难说是正确的，因为它们的价值不会发生变化。从另一方面看，即使个人财产价值不会从一个地点到另一个地点之间发生较大的变化，却也经常采用毯式保险。实际上，在承保多个地点的财产时，毯式保险经常被用来作为一种防范手段。通过对所有地点使用毯式限额保障，而不是对每个地点使用特定限额保障，在发生损失时，被保险人不会因为低估了任何特定地点的财产价值（因此不足投保）而受到惩罚。而且，适用的限额不能低于任何地点的损失价值。

虽然毯式保险似乎比特定保险来得简单，但它实际上处理起来比较复杂，而且它不是治疗所有不足保险的毛病的万应灵药。毯式保险增加了核保、定费以及理算过程的复杂性。毯式保险费率实际上是根据每个地点的特定费率计算，然后将每个地点的保险费加起来再除以总保险价值得出平均费率。如果在被保险地点颁布的火灾费率有较大的差距，则需要使用费率增加值（loading）。理赔时，可能需要确定所有地点的可保价值，以确定是否实施共保惩罚（见第七章介绍的共保惩罚）。

3. 分项限额（Sublimits）。上述讨论的限额通常由被保险人选择，然后在保单声明上载明，它们是被保险人可以索赔到的最高金额。除了这些最高限额，许多财产保险单还有一种或多种在费率表中印制好的分项限额，分项限额是最高限之内的限额，它们对某些特定种类的财产或损失规定了较小的限额。

比如，ISO家主保险单对位于被保险人第二居所内的个人财产规定了分项限额。虽然用百分比或分项金额表示，但只有在保障C（个人财产）的保险限额小于10 000美元时，才采用百分比方式计算。

“我们对通常位于被保险人的居所（residence），而不是住宅房屋（residence premises）内的个人财产的责任限额是保障C保险限额的10%或者1 000美元，以高者为准。”

如果被保险人的湖边小别墅或海边居所内有较大的财产损失风险，就应当购买该特殊风险保障。

家主保险单的个人财产保障也包括一些分项限额，如表 6–1 的“特别保险限额”所示。如前所述，这些分项限额并不增加适用于个人财产的最高保险限额，而且，它们对所列的不同个人财产类型规定了较小的限额。3 种分项限额仅适用于特定财产的盗窃损失，由其他风险事故造成的损失并不受该分项限额的限制。总之，这些分项限额排除了一般家庭所没有的风险暴露。由标准家主保险单承保的象征性风险暴露受到这些限制，较大的风险暴露最好由专门的保险单承保。

表 6–1　　ISO 家主保险单的特别保险限额

特别保险限额。这些限额并不增加保障 C 的保险限额。以下每一序号类财产的特别限额是所有该类财产每次损失的总限额。 1. 200 美元的现金、钞票、金条、金子（但不包括金器）、银子（不包括银器、白金、银币和奖章）。 2. 1 000 美元的有价证券、账目、契约、债务证据、信用证、除了钞票之外的票据、手稿、个人记录、护照、入场券和邮票。该限额适用于以上各类，而不考虑它们存在的媒介（如纸质或计算机软件）。该限额包括研究、重置或恢复灭失或损坏的信息的费用。 3. 1 000 美元的船只，包括它们的拖船、装备、设备和船外引擎或马达。 4. 1 000 美元的拖船（并未与船只一起使用）。 5. 1 000 美元的珠宝、手表、毛皮、宝石及次等宝石的盗窃损失。 6. 2 000 美元的枪支盗窃损失。 7. 2 500 美元的银器、镀银器具、金器、镀金器具和锡制品，包括由银、金或锡制成的扁平餐具、盘子、茶具、托盘及奖杯。 8. 2 500 美元的住宅场所内的财产，不管在任何时候或以任何方式为商业目的而使用。	9. 250 美元的位于住宅场所外的财产，不管在任何时候、以任何方式为商业目的而使用。但是，该限额不适用于在以下序号 10 和 11 中所述的电子设备的损失。 10. 1 000 美元的电气设备损失，该设备置于机动车或其他机动运输工具之内或之上，前提是这些设备由机动车或其他机动运输工具的电气系统提供动力，但又保留由其他动力驱动的能力。电气设备包括： a. 辅助设备或天线；或 b.磁带、电线、录音器、磁盘或其他媒介； 它们与电子设备同时使用。 11. 1 000 美元的电气设备损失，但未置于机动车或其他机动运输工具之内或之上，如果该电气设备： a. 装配在车上由机动车或其他机动运输工具的电气系统提供动力，同时又保留由其他动力驱动的能力； b. 位于住宅场所之外；以及 c. 在任何时候或以任何方式用于商业目的。 电气设备包括： a. 辅助设备或天线； b. 磁带、电线、录音器、磁盘或其他媒介； 它们与电子设备同时使用。

以下解释表 6–1 所示的分项限额。假设家主保单的被保险人的未列表个人财产的最高限额为 50 000 美元，一场大火烧毁了所有的个人财产。假设火灾烧毁了 500 美元现金、800 美元有价债券、1 000 美元小船、600 美元船外引擎以及 4 000 美元毛皮大衣（合计 6 900 美元），再加上一些衣服、家具和电气用具。在确定索赔金额的时候，被保险人计算以下各项：

——200 美元的现金（见分项限额 1）；

——800 美元的有价证券（实际价值小于分项限额 2）；

——1 000 美元的船只，包括引擎（见分项限额 3）；

——4 000 美元的毛皮大衣（分项限额 5 适用于盗窃而不是火灾）。

以上合计金额是 6 000 美元，还有 900 美元无保险。如果剩下的其他损失不超过 44 000 美元（即 50 000 美元减去上述 6 000 美元保险财产损失），被保险人将为剩下的财产损失获得足额赔偿。

上述分项限额中的三种仅适用于特定类型的财产的盗窃损失。类似的分项限额出现在损失原因部分——一种特殊附表，用来提供商用楼房以及个人财产的一切险保障。（这种一切险保障包括盗窃，这些分项限额用来限制某些在多数企业运营中不太看到的目标项目的盗窃保障。）

“由于盗窃造成的灭失或损坏，以下类型的财产仅在所示的限额范围内承保：

a. 2 500 美元的毛皮、毛皮服装和用毛皮镶边的服装。

b. 2 500 美元的珠宝、手表、珠宝、宝石和次等宝石、金条、金、银、白金和其他贵重合金和金属。该限额并不适用于价值低于每件 100 美元的珠宝和手表。

c. 2 500 美元的模型、模具、模子和形状。

d. 250 美元的邮票、入场券和信用证。”

房屋和个人财产保障附表还包括建筑物指示牌的每次事故 1 000 美元的

分项限额，该分项限额条款适用于商业财产保障附表而不是损失原因附表，而且不考虑造成损失的是什么风险事故。

4. 附加和扩展保障（Additions and extensions of coverage）。有些保险单包括题为“附加保障”或“扩展保障”的章节，它们自动包括在保单中，但不收取额外保险费。不幸的是，保单草拟者并不统一使用“附加保障”“扩展保障”等表述方式，而且需要在保单标题之外阅读条款以发现是否采用单独限额或分项限额。有些附加或扩展保障条款提供单独限额保障，该限额在其他保单限额之外提供。还有些附加或扩展条款的分项限额不增加保单项下的总保障金额。

房屋和个人财产保障附表包括 5 种扩展保障，每一种都有单独的限额，这些扩展保障如下所示：

“——新近获得的或建好的财产

• 房屋——房屋限额的 25%，但每一新房屋不超过 250 000 美元

• 企业个人财产——企业个人财产限额的 10%，但每一新房屋的个人财产不超过 100 000 美元

——个人物品以及他人的财产

• 每个规定的场所 2 500 美元限额

——有价值的文件和记录——研究费用

• 每个规定的场所 1 000 美元限额

——场所外财产

• 5 000 美元限额

——室外财产

• 1 000 美元限额，但每棵树、每丛灌木或每株植物不超过 250 美元”

同一附表还包含 4 种额外保障：

“——清除残骸

• 所支付的直接物质灭失或损坏金额加上免赔额的 25%

——财产保护

• 未告知限额

——消防部门服务费

• 1 000 美元限额——不计免赔额

——污染物的清理和搬运

• 10 000 美元限额”

这些分项限额是否包含在保单限额之外呢？有些是，如以下“保单限额条款”所示：

“适用于扩展保障、消防部门服务费以及污染物清理和搬运附加保障的限额在保单限额之外计算。

以下附加保障赔款将不增加适用的保单限额：

1. 保护财产；或

2. 清理残骸……”

该条款继续表示，在某些情况下，保险单将提供 5 000 美元的额外清理残骸保障，这些情况与上述讨论的限额无关。

ISO 家主保险单提供以下 9 种额外保障，有几种保障提供单独的限额：

——清理残骸：“该费用包括在适用于损坏财产的保险限额中。如果财产实际损坏加上清理残骸的赔偿金额超过损坏财产的保险限额，增加 5% 的清理残骸保险限额。”

——合理的修理费用：“该保障并不增加适用于保险财产的保险限额。”

——树木、灌木和其他植物：“保障金额不超过住宅保险限额的 5%，最高金额每棵树 500 美元。该保障额外提供。”

——消防部门服务费用：“该 500 美元为额外保障。”

——财产搬迁：“该保障并不增加被搬财产的保险限额。”

——信用卡、资金转移卡："该 500 美元为额外保障。"

——损失评估：保单对是否提供 1 000 美元的额外保障未作特别表述。

——坍塌："该保障并不增加适用于损坏保险财产的保险限额。"

——玻璃或安全玻璃材料："该保障并不增加适用于损坏财产的责任限额。"

5. 非美元限额。并不是所有的财产保险限额都用美元表示，如以下例子所示：

——机动车物质损坏保险限额通常是被盗或被损坏的财产的实际现金价值或修理或重置财产费用，以少者为准。

——有些家主保险单提供保证重置成本保障（guaranteed replacement cost coverage）。在未载明美元限额的情况下，保险人将支付损坏或毁坏的住宅楼房的实际修理或重置成本。

——干洗店受托人客户保障（bailees customers coverage）有时对客户衣服和其他物品提供保障，但无美元限额。

——企业所有人保险单包括直接物质灭失或损坏日之后连续 12 个月的营业中断损失保障，该附加保障无保险限额。

通过对以上例子的仔细分析可以发现，保险人的非美元限额程度看来并不是那么无限制的。机动车通常在公开市场上买卖，其实际现金价通过检查公布二手车售价的出版物很容易查到。通过了解保险车辆的厂家、车型、出厂年份和行驶里程，保险人和被保险人很容易确定其现在的价值。机动车物质损坏保险费率是根据这些信息确定的。

实际上，保证重置成本保障仅仅在保险人（或被保险人的代表）已经正式估计了房屋的重置成本之后在家主保险单项下提供。要获得保证重置成本保障的资格，被保险人必须购买相等于房屋估值的保险金额。通过保证足额支付房屋的重置成本，即使重置成本超过保险限额，保险人也只能保证估值的准确性，并承担通货膨胀风险。

由于干洗店较难确定顾客的洗涤和存放的衣服的价值，也无法购买合适的保险限额，因此采用了另一种方式。当在无限额的情况下投保受托人客户保障时，被保险人被要求定期提供干洗过程中收取的衣服数量的报告。在所收取的衣服的数量及其价值之间存在相对一致的关系，换句话说，所收取的衣服数量与衣服暴露于损失风险的价值之间呈正相关关系。保险费则按照衣服数量而不是按照衣服价值计算，使保险人收取的保费与其风险暴露相吻合，被保险人也获得能够承保任何损失的合适的保障。

企业所有人保险单从简化的角度进行开发，它能够为一般小型企业以一揽子的方式提供所需保障，用来计算保费的定费因子也比较少。营业中断保险的保险费也是以房屋和个人财产保险费为基础收取的。从理论上看，在财产暴露于损失风险的金额与潜在的营业收入损失金额之间有相对一致的关系。多数小型企业营业中断损失一般不会超过几个月，而 12 个月赔偿期限的目的是对保险人的赔偿责任进行封顶，使得索赔不会出现不合理现象。被保险人的合格性规则和保险人的核保指引的目的是将那些营业中断损失风险与财产价值不成比例的投保人剔除，这样，保险人一般按照直接物质损失的比例来考虑保单项下的营业中断损失风险。但是，仍然存在实际营业收入损失与这些假设不一致的情况。

以上讨论的要点是，财产保险单并不经常设置美元保险限额。但是，无美元限额的保险单所假设的基础是，可以用其他信息来确定保险人的美元限额的最高程度。

6. 可变限额（Variable limits）。近些年来，通货膨胀率有时达到两位数。人们意识到许多财产的价值随着时间推移而升值，其升值率受各种外部因素的影响。这些变化中的价值产生了关于用固定金额表示财产保险限额的合适性问题。一开始购买了勉强合适的限额的被保险人，到了保单届满时会发现，其保单限额已经不合适。另外，投保时购买了超过合适限额的被保险人要支付多于所需的保险费。这种情况可以通过以下介绍的方法来解决：

（1）作为核保惯例，每年增加保险费。有些保险人通过在核保时自动增加限额和保险费来解决这个问题，除非被保险人不同意这种增加。所增加的金额通常以年通货膨胀率为基础，按照一年或多年的价格水平指数衡量。这显然是一种较佳的方式，但它无法保证为被保险人提供合适的限额，有以下两种原因：

——在保单起始日不足保险的保单持有者续保后依然是不足保险；

——即使在每一保险期间的保障是合适的，但在发生损失时也可能不合适——特别是刚在续保前发生了全损。发生这种情况的原因是因为保障限额在两个续保日期之间并未增加。

财产保险人按照事先确定的方式，在保险期间内自动增加限额。

（2）通货膨胀保护（Inflation guard）。采用“通货膨胀保护”这一名称，是因为它用来防范经济通货膨胀。它原来用在家主保险单中，后来也用在商业楼房保险中，被正式认为是一种“保额自动增加批单。”该批单经常使用，以至于到现在为止成为标准房屋和个人财产保障附表的事先印制好的选择性批单，被称为“通货膨胀保护”。

在家主保险中，选择性通货膨胀批单适用于所有的财产保障——住宅楼房、其他建筑结构、个人财产以及失去使用价值。在房屋和个人财产保障附表中，它仅适用于声明中所指出的保障。

早期通货膨胀保护批单按照某一百分比每三个月增加一次保障（实际上1年3次，最后一次增加的时间与保单周年日一致），这种方式减少了与保险期间内财产增值相关的问题。现在的保险单在整个保险期间内按照事先确定的百分比增加，每日增加一次而不是每3个月一次。

比如，假设克莱德大楼财产保险限额为365 000美元，该保险单包括通货膨胀保护保障，并规定了 10% 的年增加额（即 36 500 美元），每天增加 100 美元，即 1/365（即 36 500/365=100 美元）。如果在保单生效后 100 天发生保险损失，适用的保单限额不是 365 000 美元，而是 375 000 美元（即 365 000 美元的限额 + 每天 100 美元 ×100 天 =375 000 美元）。

通货膨胀保护显然可以克服固定美元限额的一些不足之处，但也不是一种完善的解决方案，有以下两种原因：

——如果保单持有者一开始就不足保险，该批单无法纠正基本保障不足的问题；

——假设是以预期通货膨胀率为基础，那么所选择的百分比可能与实际通货膨胀率存在差异。

（3）根据价格指数确定的限额（Indexed limits）。保险人偶尔提供价格指数限额，目的是反映实际通货膨胀率。总之，价格指数限额是一种限额，它以事先确定的方式将保单限额与价格水平指数（如美国商务部建筑成本指数或者劳工部消费者价格指数）联系起来。

价格指数限额在保持合适的限额上比通货膨胀保护方式更加精确。然而，价格指数限额并不是没有缺陷的。使用政府指数主要是因为它们容易得到，但价格水平指数衡量的是累计价格水平的变化，它们并不提供计算损失发生时或发生地，修理或重置被保险人财产的特定劳动力和材料成本的准确方法。但至少，价格指数对评估或采用其他更加个性化的方式，保持反映当前的价值水平的限额是很有帮助的。

（4）新保单版本。上述几种方式用来增加保单限额来反映通货膨胀的影响，但它们无法反映用固定价格表示的保单分项限额。比如，1 000 美元的珠宝分项限额可能逐渐变得不合适，因为宝石和黄金价格随着时间增加而提高。当新保单版本引入时，这种分项限额可以增加，但这种增加绝不是自动的，也不受被保险人的控制。

三、责任保险保单限额的种类

责任保险的保单限额可以从多角度检查。虽然责任保险限额在有些方面类似财产保险，但它那独特的性质使其具有许多不同之处。

1. 责任保障限额。许多责任保险单包含多种保障，如医疗费用保障以及无过错第一方机动车保障，这些保障实际上并不是责任保险。本部分仅讨论责任保险单中的责任保障。责任保障往往涉及保险人同意代表被保险人支付后者因为人身伤害或财产损失依法承担的损害赔偿金。

（1）每一事件限额（Per event limits）。第五章曾经讨论过责任保险单项下与保险事件相关的保单触发机制。根据触发保险责任的事件，责任保险单通常规定了每次意外事故（per accident）、每次事故发生（per occurrence）或每次索赔（per claim）限额。单一限额（single limit），也称为组合单一限额（combined single limit）适用于所有事故（意外事故、事故发生、索赔）的最高赔偿金额，不管是否涉及由于一位伤者、多位伤者和/或财产损失引发的责任。以下是个人机动车保险单责任部分条款的例子：

"A. 在声明部分显示的责任限额是我们对任何一次机动车意外事故导致的所有损害赔偿的最高限额，它是我们支付的最高金额而不管：

1. 有多少被保险人；

2. 提出多少索赔；

3. 声明中载明多少车辆或保险费；或

4. 机动车意外事故涉及多少车辆。"

个人机动车保险单有一个500 000美元的组合单一限额，它为任何一次意外事故由于人身伤害、财产损失或两者均有所引起的责任提供500 000美元的保障。

分解的限额（Split limits）与过去相比已经不太使用，它对人身伤害和财产损失责任索赔使用分开的限额。比如，保险单可能提供 500 000 美元的人身伤害责任保障限额以及 100 000 美元的财产损失责任保障限额。该限额有时用 500/100 限额表示。

有些分解限额保险单实际上有 3 个单独限额：适用于每个伤者的人身伤害限额，适用于两个以上伤者的大额人身伤害限额以及财产损失限额。

分解的限额（Split limit）实际上是单独限额。假设奥德利是机动车保险单项下的被保险人，他有 25/50/10 限额（即在造成一人或多人受伤的情况下，每人限额 25 000 美元；两人或多人受伤的情况下，每次事故限额 50 000 美元；以及每次事故财产损失限额 10 000 美元）。由于奥德利的过失引发保险事故，但并未造成人身伤害，仅造成另一辆车 15 000 美元的损坏。保险人对该损坏赔偿不超过 10 000 美元——奥德利不能将任何人身伤害限额用于他的财产损失责任。同样，如果由于奥德利的过失造成史密斯女士 27 000 美元以及史密斯先生 4 000 美元的人身伤害，保险人最多向史密斯女士赔偿 25 000 美元，向史密斯先生赔偿 4 000 美元。或者如果奥德利承担史密斯一家 5 口人 134 000 美元的人身伤害以及 15 000 美元史密斯车辆损坏的责任，保险人将向索赔人最多支付 60 000 美元，即 50 000 美元的人身伤害以及 10 000 美元的财产损失，这是每次事故 25/50/10 限额项下所能支付的最高金额。

（2）累计限额（Aggregate limits）。累计限额是保险人在保险期间内为所有保险事件的合计损害赔偿所支付的最高金额。累计限额通常是每一事件（每次意外事故、每次事故发生或每一索赔）限额的 2 至 3 倍，而且通常用年（保单年度）限额来表示。

比如，保险单的每次事故发生限额为 100 000 美元，年累计限额为 300 000 美元。在保险期间的前 6 个月内发生了 3 次保险损失：第 1 次损失金额 50 000 美元，第 2 次损失金额 120 000 美元，第 3 次损失金额 200 000 美元。保险人第 1 次赔偿 50 000 美元，第 2 次赔偿 100 000 美元，第 3 次也是 100 000 美元，前 6 个月的合计总赔偿金额为 250 000 美元。到这时为止，被保险人的累计保险损失是 250 000 美元，保险期间剩下的 6 个月时间只有 50 000 美元的保障（即 300 000 美元 –250 000 美元）。如果又发生了一次责任事故，损害赔偿金额为 60 000 美元，保险人赔偿 50 000 美元之后将耗尽年累计限额 300 000 美元。300 000 美元是保险人同意在整个保险期间内为所有事故发生支付的累计最高金额，一旦累计限额由于支付赔款而用尽，被保险人在保单项下不再获得保障。

在家主保单、个人机动车保单和其他承保个人和家庭风险的保险单的责任保障部分很少看到累计限额。从现实情况看，个人和家庭在一个保险期间内很少会发生 2 至 3 次单独的责任损失。但是，在商业责任保险中，累计限额十分常见。

到 20 世纪 80 年代中期，普通责任保险为企业场所和运作提供的责任保障通常不受累计限额的制约。从理论上看，保险人有可能被要求在一个保险期间内，由于发生保险事故在每次事故限额项下多次支付赔款，对保险人在保单项下的累计责任无真正的封顶。实际上，在保险期间内，发生多次事故导致严重损失的现象比较少。那些确实多次发生的事故往往是难以预测的，偶然事件保险条款用来解决这一问题。但是，在有些案件中，法庭将一系列相关的事件作为单独的事故看待，整个保单限额分别适用每一事故。而且人们还不断意识到，新出现的风险暴露可能使保险人依然要在已经终止的保险单项下承担巨大的责任。

（3）抗辩费用和补充赔款（Defense costs and supplementary payments）。有些专业责任保险单将抗辩费用包括在保单限额内，换句话说，保单限额是保险人支付损害赔偿金和抗辩费用的合计最高金额。但是，在大多数责任保险单项下，抗辩费用在损害赔偿最高金额之外支付，而且从理论上看，要求保险人为针对被保险人的损害索赔支付抗辩费用是没有限额的。严格地说，这种做法针对的仅是保险人在支付了整个保单限额之前发生的理赔和抗辩费用。一般的责任保险承保协议都规定，保险人由于某种意外事故、事故发生或索赔所引起的抗辩义务，在其所支付的损害赔偿金额等于载明的责任限额后终止。

假设保险人签发了限额为 100 000 美元的职业责任保险单，再假设，保险人所发生的与职业责任索赔相关的调查和抗辩费用为 470 000 美元，法庭在诉讼中判决被保险人承担 90 000 美元的损害赔偿责任。该案件似乎不太现实，因为保险人完全可以在发生如此巨额的抗辩和理赔费用之前与索赔人达成和解赔偿协议。但是，这种情况也不是绝对不可能的，因为索赔人也可能拒绝保险人在限额内赔偿的建议，希望从陪审团那里获得更多赔款的裁决。在这个案例中，保险人会被要求支付初审抗辩费用。假设索赔人将该案件上诉到高等法院，保险人可能最终要支付所有的上诉抗辩费用。但是，保险人的抗辩义务在损害赔偿金额达到 100 000 美元时终止。

保险人经常被要求同时支付损害赔偿和抗辩费用，其金额可能远远地超过损害赔偿限额。但是，责任保险人的抗辩义务是无限额的概念只是理论上的，保险人支付抗辩费用的义务实际上是受到限制的：

——按照多数责任保险的做法，保险人对抗辩有绝对的控制权。虽然保险人无法控制索赔人或索赔人的律师，但保险人可以选择自己的抗辩律师来监控案件的进展。保险人能够密切关注抗辩费用的使用，如果费用有可能异常高，保险人会设法协商和解赔偿。

——诉讼保函的保险费和急救费用虽然是承保的，但金额都不会过大。

——由于被保险人参与索赔调查和抗辩，其收入损失的补偿是象征性的，每天只有 50~100 美元，而且这种造成收入损失的参与必须是在保险人的要求之下。虽然收入损失是承保的，但金额也不会很大。

抗辩费用有时似乎是一种非生产性的交易费用，它会推高保险机制的成本而不会带来收益。但对抗辩费用作出这种结论而没有强调它的好处是不合适的。经常通过激烈的抗辩会发现被保险人并无责任，保险人无须支付赔款。法律上对被保险人有利的判决会建立起有意义的案例法，以阻止类似的索赔发生。此类案件可以向索赔人的律师和其他想要索赔的人发出信号：保险人会竭尽全力抗辩此类索赔，而不是通过赔偿来了结案件。如果法庭判决了损失赔偿，赔偿金额可能由于成功的抗辩（尽管昂贵）而大大降低。当然，保险人并不经常在他们选择抗辩的案件中占上风，而且还要在那些本可以通过向索赔人支付其要求的损害赔偿金额的庭外和解案件上，发生抗辩费用。反过来，保险人有时也的确赔偿小额但有疑问的案件（即使是他们可能赢的案件），以避免支付抗辩费用或者排除支付巨额判决赔偿的可能性。

2. 无过错保障责任限额（Limits for non-fault based coverages）。家主保险单责任保险部分自动包括两类保障，但从严格意义上说，它们不是责任保障，因为要使该保障发挥作用，无须要求被保险人对损害赔偿承担责任。这两种保障如下所述：

——对他人财产的损坏（是一种额外保障，以 500 美元为限）；

——向他人支付医疗费用（保险责任 F. 通常有 1 000 美元或更高的限额，由被保险人选择）。

这两种保障应对的是可能造成责任索赔的事件，而且它们提供相对低的保障限额，即使被保险人无过错（不用负责）。通过对小索赔提供无过错保障，保险人可以尽快赔偿而不用承认被保险人有过失，也保留了对大额索赔进行抗辩的权利。这些保障有助于被保险人（其保险为另一方的人身伤害或财产损失支付赔款）向受害者作出某种善意的表现。

从涉及医疗费用索赔的简单案例可以看出这种无过错保障所具有的善意，而且能够降低诉讼的可能性。假设朵丽丝在她的朋友吉姆家的私人车道上摔了跤，伤了自己的脚，并发生了 500 美元的医疗费用。朵丽丝要求吉姆支付医疗费，因为车道不安全造成她摔跤。吉姆通知他的保险公司，后者在吉姆的家主保险单的“向他人支付医疗费”保障项下很快向朵丽丝支付了赔款。想一想，如果吉姆有责任保险但并没有医疗费用保障，那么会发生怎样的情况呢？

——保险人可能要设法为吉姆抗辩并支付一定的费用，以表明朵丽丝摔倒是因为自己不慎的缘故，而不是吉姆的过失造成。

——吉姆坚持认为自己在维护车道上并无过失，因此不用为朵丽丝的摔倒负责，这样做将对他和朵丽丝的友谊造成伤害。

——吉姆可能同意朵丽丝的抱怨，帮助她从保险公司那里获得赔偿。

——意识到抗辩可能要支付更多的费用，保险公司可能赔偿朵丽丝 500 美元。朵丽丝可能随后为额外医疗费用以及伤残提出更大金额的索赔，保险人将无法拒绝朵丽丝的后续索赔（禁止反言），因为它对朵丽丝第一次索赔的赔偿，表明它承认吉姆有责任。

（1）家主保险单中对他人财产的损坏。在标准的家主保险单中，对他人财产损坏的赔偿限额是每次事故 500 美元，该限额通常无法提高，即使增加了保险费。对于被保险人依法承担责任的大额索赔，则由责任保障部分承保，最低限额为 100 000 美元。

（2）家主保险单中的医疗费用保障。在家主保险单项下，对他人的医疗费用赔偿金额限于每人 1 000 美元。只要额外缴纳一些保险费，该限额就可以提高到每人 5 000 美元。在该限额项下，保险人同意从造成人身伤害之日起 3 年内支付所发生以及医学上确定的必要的医疗费用。该保障并不适用于指明被保险人或家中居住者。20 年之前的家主保险单还包括每人 250 美元以及每次事故 25 000 美元的限额，其目的可能是将保险人的赔偿义务限在每次事故 100 个伤者范围内。现在的家主保险单没有每次事故限额，可能因为使用到每次事故限额的可能性很低。

（3）商业普通责任保险单中的医疗费用保障。商业普通责任保险单包括医疗费用保障，限额为每人 5 000 美元，该限额是保险人赔偿由于被保险场所或运作遭受人身伤害的任何人的最高金额。所承保的医疗费用必须在保险期间内发生，并在事故发生日后一年内报告给保险人。每次事故和累计限额同样适用，如以下“限额层次”（hierarchies of limits）部分所描述的那样。

（4）机动车保险单中的医疗费用保障。由于承保了指明被保险人和乘客的医疗费用，机动车医疗费用保障与家主或商业普通责任医疗费用保障区别很大。机动车医疗费用保障限额很低，类似家主保险单的限额。

（5）机动车无过错保障限额。美国一些州立法通过机动车无过错保险以应对一系列问题。由于各州法律规定大不相同，因此很难对无过错保险作精确的概括。

总之，几乎所有依法提供无过错保障的个人伤害保护（PIP）批单都提供基本上属于人寿和健康保险金额的保障，该保障仅限于由于机动车意外事故造成的损失，而不管谁有过失。该批单至少提供一些医疗费用、丧葬费用、遗属抚恤金、收入损失以及基本服务替代保障。

现在美国只有两个州提供无限额医疗费用保障。丧葬费用通常有限额，如每人 1 000 美元。在机动车意外事故中死亡的被保险人的遗属，在规定的星期数或规定的限额内获得每星期一定金额的赔偿。收入损失和替代服务利益在每天限额、每星期限额或总限额内赔偿。

3. 劳工补偿和雇主责任限额。标准的劳工补偿和雇主责任保险单向雇主提供两部分宽泛的保障：

——第一部分：劳工补偿，与雇主根据适用的法律提供劳工补偿利益的义务相关。

——第二部分：雇主责任，与雇主在普通法项下的雇主责任风险暴露相关。

（1）劳工补偿限额。劳工补偿承保协议表述很简单：

“当劳工补偿法要求您赔偿相关的利益时，我们将立即支付。”

保单定义明确“劳工补偿法”的含义：

“劳工补偿法

劳工补偿法是指在信息页3.A项中载明的，每个州或地域的工人或工匠补偿法以及职业疾病法。它还包括在保险期间内生效的任何对该法所做的修改，但不包括提供非职业残疾利益的任何法律条款。”

那些制定劳工补偿法的州或地域名称在保单声明部分（信息页）列出。保险单无须告知保障限额，劳工补偿法对适用的限额作出规定。

总之，所有的劳工补偿法都要求受该法管辖的雇主按照法律规定，为由于与雇佣相关的伤害和疾病造成雇员的伤残或死亡支付医疗费用和赔偿金。所有的州都要求医疗费用无上限。但是，死亡、残疾、肢体断离以及相关的利益，毫无例外地受到法律规定的限额的制约。

（2）雇主责任限额。雇主责任承保协议声称，保险人“将支付由于雇主对其雇员造成所承保的身体伤害所必须承担的所有损害赔偿金。”该措辞也是其他责任保险单的承保协议的典型表述。保单声明部分（信息页）包含以下3种限额：

——每次事故身体伤害限额。它适用每次事故，而不管受伤的雇员人数是多少；

——疾病伤害限额（每一雇员）；

——疾病伤害限额（“保单限额”，实际上是累计限额）。

这些基本限额分别是100 000美元、100 000美元以及500 000美元。按照费率规章，它们可以提高到1 000 000/1 000 000/10 000 000美元。至少一个州要求对本州发生的索赔提供无限额保障。

（3）抗辩费用和补充赔款（Defense costs and supplementary payment）。

抗辩费用和补充赔款在第一部分或第二部分适用的限额之外支付。不像其他责任保险单，保险人在劳工补偿保障项下的抗辩和理赔费用赔偿义务实际上是无限额的。保险人抗辩劳工补偿索赔的义务，在保险人支付了法律要求的金额之后并未终止。但是，一旦保险人赔偿了适用的责任限额后，他为雇主责任索赔的抗辩义务终止。

4. 分层限额（Hierarchical limits）。商业普通责任保险（CGL）有一套限额，如图 6–1 所示，该图中的限额结构就是一种典型的组织图。

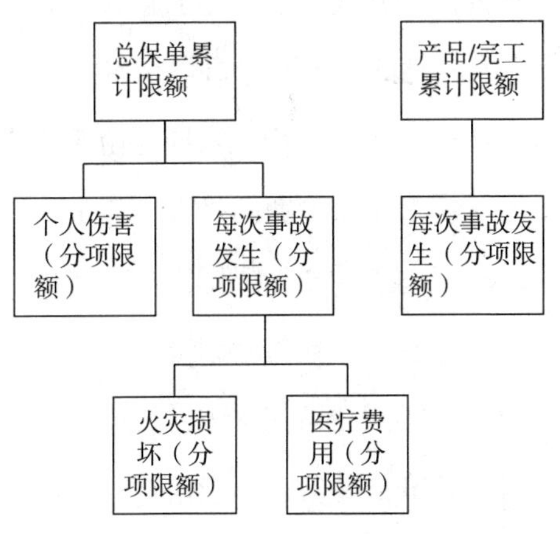

图 6–1　普通责任保险的分层责任限额

5. 恢复限额。虽然“恢复限额”一词一般仅用在财产保险中，但其概念也适用于责任保险。如果发生了赔款，每个人和每一事件限额不会因此降低。相比之下，如果发生了系列索赔，累计限额将相应减少。

（1）每人限额（Per person limits）。每人责任限额不会因为将来发生损失赔款而减少，因为该限额适用于每次意外事故、每次事故发生或每次索赔。显然，其目的是使保险期间内每一次单独事件都能有每人限额。但是，如果保险单有年累计限额，该限额就会起作用以取消对超过累计限额的将来索赔的保障。

（2）每一事件限额（Per event limits）。每一事件限额（每次意外事故、每次事故发生）设计用来为保险人对特定事故的总赔款进行封顶，而不管索赔人是多少。一旦该限额耗尽，对该特定事件就不能恢复。但是，对其他将来发生的事件，该限额将全部自动恢复（假设累计限额允许）。

（3）累计限额（Aggregate limits）。在某些责任保险单中，年累计限额对保险人在保险期间内所有单独的意外事故、事故发生或索赔的累计赔偿金额进行限制。一旦被耗尽，假设续保的话，年累计限额在下一个保单年度开始前不会自动恢复。同时，部分或完全耗尽的累计责任限额只有在支付了额外保险费，而且在保险人同意的情况下才可以恢复到原来的金额。

有些期内索赔制保险单，如商业普通责任保险中的期内索赔制版本，赋予被保险人在特定条件下，为在保险期间过后提出的，在保险期间终止前发生的事故所引起的索赔购买选择性“无限尾巴”保障的权利。虽然期内索赔制这一复杂、微妙的保障并不属于本书介绍范围，但至少还有必要提一提在“附加扩展报告期”项下，为所承保的索赔恢复累计责任限额的情形。

对于不受金额限制的保障，如劳工补偿法规定的医疗费用保障，显然不需要恢复保单限额，同样也没有必要在标准的劳工补偿保障项下，恢复已经是无限额的抗辩费用利益。对其他责任保险单来说，保险人的抗辩义务在其支付了损害赔偿责任限额时立即终止。这种保险单在是否可以恢复耗尽的责任限额这一问题上保持缄默，但有一点是明确的，即在责任限额恢复时抗辩保障也自动恢复。

6. 增加责任限额。责任保障是不采用通货膨胀防范批单的。任何提供无限额保障的保险单是无须采用可变保单限额的，如大多数责任保险单采用无限额抗辩费用保障。

劳工补偿保险赔偿法律所规定的利益。劳工补偿法确实涉及某种价格指数，因为它们将周收入利益与州平均工资联系起来。收入利益保障是以利益给付开始时的最新平均工资指数为基础。不幸的是，开始支付赔款后，通常并未对保险利益进行调整，尽管它们的支付要分好几年时间。法定保险利益的增加将自动增加对将来索赔人的给付——保单条款无须进行修改，因为保险单提供的是法律规定的保险利益。但是，法定保险利益的增加很少追溯性地适用于已经残疾的个人。

就人身伤害和财产损失来说，如果保单限额缺乏可变性，就失去了它的意义。关键的问题是“限额需要多大才能涵盖现在保单项下的损害索赔?”提出这个问题等于在问：“保单限额要高到什么程度?”如果被保险人在10年前拥有100 000美元的责任保险限额，而今天的限额是200 000美元，他现在拥有较高限额的保障。但是，他是否为明天的损失获得了较好的保障?他的保障又是否合适呢?

第二节　损失评估条款

财产保险单仅为被保险人的可保利益提供保障。在财产和责任保险项下的索赔还受保单限额的限制——当保险事件发生时，保险人不支付超过适用限额的赔款。但是，可保利益和保单限额并不是确定保单项下赔偿金额的唯一因素，它们与评估保险损失的价值所使用的方法相关。

在财产保险中，损失评估方式很大程度上取决于保险单中的损失评估条款、法庭对这些条款的解释以及外部因素衡量损失的方法。责任保险的损失评估主要取决于保险单的外部因素，这些因素确定保险人最终代表被保险人支付的损害赔偿金额。

一、财产保险

灭失或损坏的财产通常不是由保险公司直接修理或重置，保险人通常履行自己支付赔款的义务。保险单以通用的方式规定了合同双方用来确定保险财产价值的方法。

虽然“实际现金价值”（actual cash value）仍然是保险理赔上衡量财产价值的基本方法，但“重置成本”（replacement cost）评估方式越来越普遍。我们先讨论重置成本，因为它是与其他评估方式进行比较的逻辑基础。

1. 重置成本。在以重置成本为基础签发的财产保险单项下，用来评估损失的贬值是不用扣除的。保险人赔偿发生损失时，用相同类型和质量的新的财产修理或重置被损坏或被盗窃的财产的费用。

以下是美国保险服务协会（AAIS）的财产保险一般条件部分的节选，它包含了在重置成本评估条款中通常看到的一些信息。

“重置成本

如果在财产保险声明部分指出，保险单提供的是重置成本保障，财产价值评估采用重置成本方式，不扣除任何贬值。

重置成本条款并不适用于艺术品、珍品或古董，或他人的财产。

重置成本仅限于在相同的地点，为了相同的目的，用类似材料修理或重置的费用。保险赔款将不超过您花费在修理或重置损坏或毁坏财产上的金额。

重置成本估价直到实际修理或重置损坏或毁坏财产时才适用。如果您在发生损失后180天内通知我们您的打算，您就可以索赔实际现金价值，然后再索赔重置成本。”

该评估条款的关键表述是第一个句子中的“不扣除任何贬值”，其他表述只不过明确了重置成本的性质——“用什么、在哪里以及何时重置”——而且剔除某些物品如古董，因为重置成本估值对其不适用。不适用于重置成本评估条款的财产类型，不同的保险单各不相同，取决于保险财产的性质是什么。

保险人的赔款受适用的保单限额以及其他影响赔偿金额的保险条款（如免赔额）的限制。

重置成本是用现在价格的相同种类和质量的新的财产来重置灭失或损坏的财产的费用。一旦保险财产按照重置成本估值，即使财产已经存在了好几年，或者其重置成本超过了原来的购买价，被保险人依然有权收到购买新财产的费用。同样，如果购买新财产的费用降低了，就像购买电子设备那样，重置成本保障将通过支付现在的新财产的费用对被保险人进行补偿，即使该费用比原来的购买价少。

（1）对重置成本索赔的限制。有时有些人会提出，重置成本条款违反了补偿原则（“被保险人不应当从损失中获益”），因为它们通过用新的财产替换旧的财产使被保险人获益。另外，有些人认为，财产所有人并未从重置成本保险中直接获益，即使将它应用于磨损后的财产。假设家主重置成本保险赔偿了已经建造了 10 年的、因风暴损坏的屋顶的重置成本，由于住宅的屋顶一般使用寿命是 15~20 年，业主或许获得一些改善，因为旧屋顶再有 5~10 年时间就要更换了，而新屋顶在今后 15~20 年无须重置。但是，从另一个角度看，在风暴来临之前，该家主的屋顶是完好的；屋顶修缮后，他又有了一栋屋顶完好的住宅。他是否从该损失中获益？看待该事件的另一种方式是，无重置成本保障的被保险人会不得不比预期早 5~10 年备好现金来作为今后屋顶损坏的重置成本，而重置成本保险免除了这种不可预期的现金需求。从该角度考虑，被保险人并未从中真正获利。

财产以新换旧重置违反了补偿原则是一个学术性的问题。但是，如果被保险人能够将旧的财产“卖给”保险公司以获得新财产的费用，这就违反了补偿原则。为了避免出现道德风险，大多数保险单（如以上所摘录的）只在被保险人实际重置损坏或毁坏的财产时才提供重置成本保障。除非而且直到财产被重置，否则被保险人只有权接受以贬值为基础的“实际现金价值”理赔。如果被保险人选择不修理或不重置损坏的财产，那么情况会怎样呢？该重置成本条款的另一部分将陈述这一问题。

不同的保险单对于该条款的细节有着不同的表述。比如，是否被保险人必须在同一个地点建造一座用于相同目的、结构相同的房屋，才能认为是以重置成本为基础的赔偿。

（2）类似的材料和质量（Comparable material and quality）。经常某种特定的样式或类型的财产已经不再生产或建造，从严格意义上说，该财产已经是无法重置了。但是，仍然可以确定类似的材料和质量的财产的重置成本。比如，一种特定类型的扶手椅或拥有某些特征的器具已经停止生产了，但同一个厂家仍然有可能在生产类似的产品，原来的扶手椅的重置成本能够以现有类型的产品的成本来确定。只要重置的产品在各方面都不差，在此基础上理赔不会对被保险人造成问题。

2. 实际现金价值（Actual cash value）。"实际现金价值"这一词出现在美国财产保险单上已经有 150 年的时间。实际现金价在大多数提供财产保障的保险单中依然是一种估价方式。以下保单条款是典型的、以实际现金价为基础的财产估值条款。

个人机动车保单条款：

"责任限额

A. 我们赔偿损失的责任限额是以下较少者：

1. 被盗窃或损坏的财产的实际现金价值；或

2. 修理或重置财产所需的金额……。

B. 确定发生损失时的实际现金价值，要根据财产的贬值和物理状态进行调整。"

家主保险单条款：

"损失理赔

保险财产的损失按照以下方式理赔：

a. 以下类型的财产：

（1）个人财产；

（2）雨蓬、地毯、家庭器具、室外天线以及室外设备，不管是否附属在建筑物上；

以及

（3）非房屋结构；

按照发生损失时的实际现金价值理赔，但不超过所需的修理或重置成本。”

虽然“实际现金价值”在大多数保险单中并未予以定义，但它仍然是财产保险中最重要的词汇。法庭在确定该词的定义上发挥了主要作用，这些定义主要采用以下几种方式：

——重置成本减去贬值；

——市场价值；

——广泛证据规则。

（1）重置成本减去贬值（Replacement cost minus depreciation）。多数财产在新的时候价值最高，新的财产由于使用会变得陈旧或变坏，随着时间的流逝，多数财产失去价值——也就是说，由于老化或使用，它以稳定和可预见的方式贬值。

贬值的反义词是“改善”（betterment）。老化物品的贬值金额等于同类新物品的改善金额。当财产按照实际现金价承保，其损失赔偿金额要扣减改善部分，而改善部分存在于用重置成本赔偿的情况下。另一种看待贬值的方式是，将它扣减以反映被保险人已经从财产中获得的使用价值。

尽管贬值这一概念比较简单，但经常会对发生损失后财产的贬值金额产生异议。总之，被保险人在减少贬值金额上具有利益，使得损坏或毁坏的财产具有最大化的实际现金价值。另外，保险人显然在贬值金额最大化上也具有经济利益。

由于全新的财产没有贬值，它的价值通常等于重置成本。贬值表示失去价值，它可能因为磨损、年龄、过时等各种因素造成。

——物理磨损（Physical wear and tear）。物理磨损是价值损失的最明显的原因。许多物品的使用寿命，仅仅根据物品由于磨损过于严重而无法服务于原来目的的时间来确定。物理磨损经常在物品的整个寿命期间逐步发生，而且能够用年固定金额或百分比计算。比如，如果地毯的预期寿命是 8 年，那么它每年损失其价值的 1/8（即 12.5%）。用了 5 年后，它损失其价值的 5/8（即 12.5% × 5=62.5%）。从现在的重置成本中扣除贬值金额得出实际现金价值。如果用了 5 年的地毯的现在重置成本是 1 000 美元，那么它的实际现金价值是 375 美元（1 000–（62.5% × 1 000）=375 美元）。特定物品磨损或贬值的速度取决于该物品的性质以及使用的环境。8 年是地毯的平均使用寿命，其他物品的贬值速度可能更快也可能更慢。比如，衣服贬值速度较快，通常无法预期能够穿 8 年，而家具在正常使用的情况下寿命可能不只 8 年。房屋的不同部分具有不同的使用寿命，屋顶的预期寿命为 20 年，而木框架的使用时间可能是无限的，它会一直保持最初建造时的完好状态。

许多保险公司出版确定各种物品平均使用寿命的指引以供其理算师使用。它们仅是指引而已，代表的是各种物品的平均使用寿命，但围绕该平均值会有很大差异。必须考虑到特定财产使用的环境，这些环境可能造成物品的寿命比预期的长或短。如果经常踩踏或未保护好，地毯的寿命可能只有几年，如果不太踩踏，而且是珍贵的名牌，那它使用的时间将很长。

按照每年固定百分比的方式贬值称为直线折旧法（straight line depreciation）。虽然经常使用直线折旧法，但这种方法并不是在所有的情况下都适用。有些物品根本不贬值，它们在发生损失时还是全新的，扣除贬值不太现实。还有些物品贬值速度比直线折旧法所显示的更快。

——老化（Age）。物品老化通常与其物理磨损程度密切相关，但它也可以被认为是单独的因素。如果其他情况都一样，新的物品通常比旧的价值更高。当然也有些例外，如红酒随着其放置时间长而不断增值。

只要物品基本上是完好的，使用多久并不一定会造成其大幅度贬值。但是，旧的物品可能因为过时而失去价值。

——过时（Obsolescence）。过时是因为技术更新、时尚变化或其他外部因素而使财产失去价值。即使物品并未磨损，也会因为过时而失去价值。另外，过时会突然发生，而不管物品已经使用了多久。时尚可能一夜之间发生变化，技术进步以及生产实际成本的减少可能使得物品在一两年内过时。

通过一个涉及新的啤酒厂楼房价值的经典案例来说明“其他外部因素”的影响。该楼房在禁酒令法颁布之前建造，但在禁酒令法通过后被火灾烧毁。该楼房设计为一家酒厂，但用作其他目的就没什么价值。该楼房大大地贬值，是因为它不合时宜，而不是使用年龄的原因。

（2）市场价值（Market value）。许多法庭裁定，实际现金价值就是市场价值。某一物品的市场价值就是一个有知识的卖家，在无异常压力的情况下，愿意购买或销售的金额。能否确定物品的市场价值取决于是否有足够数量的卖家，以及关于该物品、价格、卖家和买家的信息是否都能够畅通。私人客运车市场就属于此类市场，车辆在那里公开买卖，车辆的价格记录下来，编制成清单，并不时在各种行业出版物上公布，这些出版物被用来作为理算保险车辆全损价值的基础参考资料。但是，很多物品的市场价值是不规则或不完整的，或者根本没有这种市场，这种情况发生在没有足够的潜在卖家或买家，或交易信息很难获得的情况下。对市场价值方法持批评态度的法庭，毫不例外地不支持在未正常运行的市场环境中确定的价值。在这种情况下，采用市场价值是不合适的。

如果没有类似的种类和质量的物品，如古董、艺术品和其他收藏品在市场上销售的话，市场估值就特别有用。另外，对某些采用过时的建筑方式，或用不再有的建筑材料建造的古老的房屋，市场估值是最精确的价值衡量方式。在这些情况下，就不存在真正的重置成本。

不动产的市场价值反映的是土地以及任何固定在土地上的建筑结构的价值。多数财产保险单仅承保楼房和其他结构，从保险角度看，土地的价值是无关的。总之，土地的价值不会因建筑物的损坏或毁坏而受到影响，发生损失后财产价值的任何变化，必须是完全由于建筑物价值的变化而引起。但是，也不经常是这样，比如有时未能充分使用其所在位置的建筑物发生损失后，土地反而增值。反之，如果分区法（zoning code）要求现在必须建造不同类型的建筑物，那么在建筑物发生损失后，土地可能失去其价值。

（3）广泛证据规则（Broad evidence rule）。美国许多州采用广泛证据规则。该规则明确要求，在确定财产的实际现金价值时，所有相关因素都必须考虑进去，这些特别适用的因素在建筑物和个人财产之间存在差异。

法庭在确定建筑物的实际现金价值时采用广泛证据规则，在他们的判决书中反复出现以下要件：

①重新建造的费用扣除贬值；

②基于以上①和以下③和④项的市场价值；

③收入的资本化；

④对所销售的类似产品进行比较；

⑤合格的评估师的意见，该意见是以除了上述①、③和④之外的其他因素为基础；

⑥该财产在过去的善意及公正的售价；

⑦损失发生前销售该财产的合同约定；

⑧销售该财产的意图，包括中介费在内的清单价，以及被保险人收到的

善意报价；

⑨被保险人的购买价加上改建费用；

⑩以纳税为目的的不动产评估价；

⑪ 被保险人的报价，不管是否在减税申报程序中、所得税申报中还是根据自己的账簿；

⑫ 建筑物的建造年龄，过去尚未修缮的损坏，贬值；

⑬ 是否过时；

⑭ 建筑物现在的用途以及从中获得的利润；

⑮ 建筑物的其他用途；

⑯ 现在的邻居的特点：建筑物所在地的长期社区发展计划，城市更新计划；

⑰ 被保险人拆除建筑物的打算；

⑱ 建筑物被空置或放弃；

⑲ 欠税情况；

⑳ 原来的建筑成本；

㉑ 通货膨胀或通货紧缩趋势。

涉及动产的法庭判决差异很大，但它们一般可以总结如下：

——住宅动产：按照其发生损失时新的重置成本扣除贬值来估值。它们的二手市场价（用过的家具和服饰）不能作为衡量其实际价值的基础。

——正在使用的动产（家具、设备和机器）：一般按照发生损失时的新的重置成本扣除贬值来估值。不像家庭动产，此类财产有其二手市场。如果财产所有人在二手市场购买，在相同情况下的类似财产的市场价被认为是其实际现金价。

——在商人手中的动产（商品库存）：按照重置成本而不是经销商的销售价估值。运费和其他运杂费要加上去。但是，无法在合理的时间内重置的活跃商品，对商品所有人来说，可以按照它们的销售价估值。广泛意义上的贬值，法庭是认可的，应当予以扣除。

——在生产商手中的动产，大多数法庭认为，按照厂家的销售价估值，前提是这种估值标准不会与保单条款冲突。任何未发生的费用，如运输费用，可以考虑在内。

（4）遭受的实际损失（Actual loss sustained）。营业收入保障以“所遭受的实际损失”为基础提供。早期的营业中断保险强调：

“……本公司将负责直接由于营业中断致使被保险人遭受的实际损失。”

现在的营业收入保障附表继续使用该表述，但强调的程度较弱。在下述保单摘录中，我们用斜体字来突出该关键词：

“我们将赔偿您在“恢复期内”由于必要的运营中止所遭受的营业收入实际损失。”

不管如何表述，它的效果可以与直接财产损失的“实际现金价”保障比较。这种表述在其他保单条款中可能更加详细，其最终目的是通过使被保险人获得完整（make whole）但无机会获利来支持补偿原则。

3. 其他损失理赔方式（Other loss settlement approaches）。用支付现金来进行重置成本或实际现金价赔偿是标准的理赔方式。在一些特殊场合还采用其他理赔条款。

（1）选择修理或重置（Repair or replace option）。多数索赔采用现金赔偿，但多数财产保险单赋予保险人修理或重置灭失或毁坏的财产的权利，被保险人无法坚持要求保险人修理或重置财产，保险人可以作出选择。

通常保险人不选择这么做，因为选择这么做就可能与被保险人就修理的质量合格性和重置合适性产生异议，就会给保险人监督提供修理或重置服务的机构带来额外负担。如果修理或重置是一种少花钱的理赔手段，或者当怀疑被保险人设法从索赔中获益时，保险人有可能进行修理或重置。保险人有时这样做是因为，与个人消费者相比，他的购买力能够使他在购买产品或服务时，如重置破损的玻璃，谈判到一个较低的价格。

（2）定值保障（Valued coverage）。保险单可以提供定值保障，或者在某些情况下根据定值保单法提供。

美国有些州制定了所谓的定值保单法（valued policy statutes），它要求，如果保险财产在法律指定的风险事故中全损，财产保险人赔偿保单面值。许多定值保险法仅适用于住宅和其他建筑物，而且仅适用于火灾或雷击风险事故。多数已经存在很久的定值保险法的目的，是为了消除一些案件中发生的条款滥用和争议现象。在这些案件中，保险人可能收取责任限额高的保险费，但在扣除贬值后仅支付少量赔款。至少从理论上说，在签发保险单之前，保险人有机会查勘每一保险地址，以确定是否超额保险。但在实务上，定值保单法在经常性的查勘或所销售的保险金额上作用不大。

如果采用定值保单法，而建筑物在火灾中损毁，保险人通常必须按照保单限额赔偿。实际现金价或重置成本赔偿不适用，而且保险人很少选择重建损毁的建筑物。但多数定值保单法允许保险人以发生损失时的实际现金价值为基础，或者如果金额较小，用类型或质量都相同的材料修理或重置损毁财产方式进行部分损失理赔。有些法律规定，部分损失赔款是保险金额的一个百分比，它与财产损坏的程度相等。

（3）功能估值（Functional valuation）。在有些案件中，用种类和质量都相似的建筑物或个人财产进行重置不切实际，用实际现金价估值也无法满足保险需求。功能估值方法可以用来恢复建筑物（不管是全损还是部分损失），使得它能够按照计划中的目的使用。

建筑物或个人财产的“功能估值”可以通过有些 ISO 商业保险批单来实现。采用这种估值方式的财产在批单中列明，同时还包含每项财产的保险限额或财产类型。

功能性的建筑物估值批单（Functional building valuation endorsement）规定，如果在合同约定的损失发生后 180 天内进行修理或重置，保险人将支付以下金额最少者：

——如果房屋全损，赔偿新的、成本较低但功能相同的房屋的费用；

——如果房屋是部分损失，赔偿以相同的建筑风格、使用成本较低的材料（如果能够获得）恢复该房屋的费用；

——采用成本较低的材料（如果能够获得）修理或重置房屋的实际和必要的金额；

——适用于损坏房屋的保单限额。

如果索赔不是以修理或重置为基础，那么理赔将采用功能性重置成本减去贬值或不包含土地成本的市场价值。市场价值在该批单中的定义是，如果财产在公平的市场上销售，该财产预期能够实现的价格。

原来建造作为住宅、但现在作为办公室的旧的豪华楼房的所有人，其财产损失风险在某些情况下可以采用功能估值或市场价估值方法承保。在建筑物发生部分损失后，该保障既能恢复其外表也能恢复其功能，即使全损也能提供功能相似但外表不同的楼房，或者提供被保险人可以在公开市场上购买到类似楼房的资金。

功能性个人财产估值批单（适用于非库存物品）规定，如果在损失发生后 180 天内签订修理或重置合同，保险人将支付以下金额之最少者：

——用最类似的财产（如果能够获得）重置的费用；

——进行修理或重置的实际和必要的金额；

——适用于损坏财产的保单限额。

如果索赔不是以修理或重置为基础，损失赔偿将为市场价值、重置成本扣除贬值（就是实际价值）或保单限额之最低者。

修改过的家主保障附表，有时称为 HO–8 附表，为住宅房屋提供类似的理赔方式。多数家主保险单对住宅房屋采用重置成本定值方式，但是，重置成本保障不适用于那些古老的住宅，它们原来十分豪华，但现在建筑结构和建筑材料已经过时了，而且还位于经济萧条的区域，它可能要花费 300 000 美元用性质和质量都类似的材料重置，而房屋的市场价只有 75 000 美元。在这种情况下，被保险人不愿意购买保额为 300 000 美元的保险，而保险人也同样不愿意销售该保险，因为这样做显然存在道德风险。

修改过的家主保险单，通过对损坏的房屋提供功能性重置成本保障来解决以上问题。保险人支付不超过用一般性的建筑材料和建筑方法修理或重置损坏财产的金额。已经过时的老房子将恢复它的功能，但保险人不负责恢复到损失发生前状况的额外费用，比如，可能用墙板来替换灰墙。如果房屋并不在同一个地点修理或恢复，保险人将支付以下最少者：

——保单限额；

——修理费用（如果修理的话）；

——房屋的市场价值，但土地价值除外（某些州采用实际现金价值）。

4. 售价条款（Selling price clauses）。如以上所解释，个人财产通常按照实际现金价估值，而经销商库存的实际现金价一般与重置成本相同。

所谓的售价条款自动包括在一些承保企业个人财产的保险单中，该条款规定，已经销售但尚未交付的库存，以售价扣除折扣和费用估值。简而言之，这种情况有时称为“已售但未交付”（sold but not delivered）。

生产商存货的实际现金价与其售价相同。选择性生产商售价批单（manufacturer’s selling price endorsement）明确表示，被保险人生产的制成品按照销售价格定值，即使还未售出。有时被称为“已制成但未售出”（manufactured but not sold）（一旦库存售出，则适用销售价格条款中的“已售但未交付”保障）。

（1）复制成本（Cost of reproduction）。研究、复制或抄写费用通常被用来作为承保有价值的文件和记录的基础，这些项目的价值不仅在于墨水和纸张，而在于用墨水记录的信息的价值，复制成本基本上就是恢复信息的费用。

对无法储存的纸张和记录，如贺卡生产商的原始插图，有时采用定值承保；对可以储存的纸张和记录，其索赔金额仅限于复制有价值的纸张和记录所发生的必要的研究和其他费用。

（2）成对成套条款（Pair and set clause）。在许多承保个人财产的保险单中，成对成套条款阐述了保险人在涉及配对或配套物品发生部分损坏时的赔偿义务，这些例子包括一套耳坠、一套烛台、一套壁炉工具或一套银器。假设一个耳坠被丢失或盗窃，对戴耳坠的人来说，有可能使得一双耳坠中的另一个变得毫无价值。如果保险条款不解决这一问题，被保险人也许会辩称，剩下的一个耳坠可能毫无价值，因为不可能仅戴一个耳坠。

许多保险单解决了这个问题。比如，家主保险单含有以下成对成套条款：

“成对或成套物品的损失

一旦发生成对或成套物品的损失，我们可以选择：

a. 修理或重置任何部分，以恢复该成对或成套物品在损失发生前的价值；或

b. 支付损失发生之前和之后的实际现金价差额。”

该表述将成双和成套物品的实际现金价差额作为估值基础，而且明确表示，保险人有权对该成双成套物品进行修理和重置使其恢复损失前价值，它也间接告知被保险人，损失半双或半套并不构成全损。

（3）改进和改善的使用价值（Use value of improvements and betterments）。租户经常对房东的房屋进行改善，该改善成为房屋的一部分，当租户搬走后，该改善部分依然留在楼房中。由于作为房屋一部分的财产是属于房东的，租户在该财产中的可保利益并不基于所有权而是基于“使用利益”——

租户拥有使用该财产的法律权利直到租期届满。

房屋和个人财产保障附表规定了，当租户对房屋的改进和改善部分由于保险事故造成损坏或损毁时，用来确定租户损失索赔的 3 种不同方式：

1）如果房屋所有人在不向租户收费的情况下对改善部分进行重置，租户的保险不赔。

2）如果租户立即进行修理、改进和改善，租户保单赔偿它们的实际现金价，仿佛该改进和改善由租户拥有一样。

3）如果受损的改善部分不重置，保险赔偿是以未摊销的原始成本为基础。比如，改善部分是损失发生前 9 年安装的，被保险人可以索赔到该改善部分 1/10 的原始成本。剩下的 9/10 被摊销掉，因为被保险人从预期使用期 10 年的投资中使用了 9 年。

（4）现金和有价证券。有些犯罪保险单为现金和有价证券提供保障，此类财产被大多数其他财产保险单所除外。这些犯罪保险单制定条款规定，现金和有价证券是如何定值的。但是，问题并不像看来那么简单，因为有价证券的价值每分钟都在变化，有些有价证券的现金价值在国际市场上上下波动。以下是此类条款的表述：

——如果发生所定义的现金损失，保险人的赔偿金额不超过其面值。如果是外币，根据保险人的选择，保险人赔偿该外币的面值或损失发现日的兑换率等值美元。

——如果发生有价证券损失，保险人赔偿不超过该有价证券在损失发生日停业时的价值。保险人可以选择，通过支付该有价证券的面值或用同样的有价证券来赔偿损失。

二、责任保险

除了抗辩费用，多数情况下，保险人在典型的责任保险单项下的赔偿责任是：(1)适用的保单限额或(2)损失可赔金额两者之较小者。

如第四章所述，被保险人在潜在的法律责任中有无限的可保利益。在责任损害赔偿中，第三方索赔人可索赔的最大金额是无法通过要求索赔人必须具有可保利益予以限制，因为索赔人不是保险合同的一方。保险人有义务根据保单约定，代表被保险人向索赔人支付损害赔偿金，而被保险人对索赔人的责任程度是以侵权法或合同法原则为基础确定。

当由陪审团裁决时，损失赔偿金额是陪审团裁定的向索赔人支付的任何损害赔偿金额，但以保单限额为限，该限额是保险人代表被保险人赔偿的最高金额。如果陪审团的裁决“冲击了法庭的良心”，虽然法官有权减少或驳回陪审团的裁决，但他们并不经常这么做。而且法官和陪审团都不受适用的保单限额的约束，如果陪审团的裁决金额超过了保单限额，责任保险人无义务赔偿该超过部分，该超过部分由被保险人/被告自行承担。

多数案件并不都是经过正式的法庭审判，赔偿金额则通过责任保险人(或保险人的律师)、索赔人(或索赔人的律师)通过非正式协商确定。总之，双方设法预期法庭是如何判决的，来确定案件是庭外还是庭内解决。保险人自然希望最大限度地减少赔款，而索赔人则要获得最大金额的赔偿。要鼓励谈判，双方都会意识到正式审判所耗费的时间和财力。在大多数种类的责任保险中，被保险人/被告无权拒绝庭外和解赔偿，或者在保单限额内理赔时去影响赔偿金额。如果赔偿金额超过保单限额，被保险人就有权自费委托律师来保护自己的利益。

责任保险人通常对抗辩和理赔费用进行控制，但对索赔人、索赔人的律师或法庭无任何控制力。

多数情况下，责任保险的损失评估方式不是由保单条款确定的。保单限额通常仅对保险人必须支付的最高损害赔偿金额进行封顶。否则，与财产保险人相比，责任保险人在最高赔偿金额上就没有太多的话语权。

小　结

保单限额和损失评估条款是确定保险人对所承保的损失可赔金额的两个重要因素。

保单限额（保险限额、责任限额）的存在有3种原因：对保险人的赔偿义务进行封顶，适合消费者的偏好以及反映保险人的承保能力。虽然在各种保险单中这些词汇并不一致，但财产和责任保单限额的各种特点还是一目了然的。某种财产保险限额可以具有本章所描述的多种特点。

有些财产限额对每项损坏或毁坏的财产设置了最高赔偿金额，还有些则采用每次事故发生最高赔偿金额。适用于每件、每类或每一地点的特定限额可以与适用于多件、多类或多个地点的毯式限额进行比较。单独限额仅适用于特定的一件或一组物品，如果每件物品分别列出或列表，保单限额则适用于每一件列表物品。反之，未列表的物品作为一组物品来承保。分项限额对小类财产设置更小的限额，否则该类财产就可能作为大类财产高额承保。有些分项限额仅适用于某些风险事故如盗窃损失，而其他分项限额则适用于任何风险事故造成的损失。

还有更复杂的情况，它取决于特定保单的表述，即财产保险中的附加或扩展保障可以在适用的保单限额上增加保障金额。有些财产保险单没有明确的限额，但凭借外部限制对保险人的赔偿义务进行封顶。还有些保险单提供每年可增加的可变限额保障、通货膨胀保护或指数限额保障。定期修改保险单使得保险人有机会调高预先印制的分项限额，以反映风险暴露或通货膨胀的变化。

责任保险限额规定了保险人对每一事件或特定保单年度累计的最高赔偿义务。抗辩费用和附加赔款通常但不总是在保单限额之外提供，这些费用并没有最高赔偿限额，但它们在某种程度上受外部因素的限制。

责任保险单的有些保障适用于在不考虑被保险人是否有过错的情况下。多数情况下，保险单提供名义性的保障限额，以帮助被保险人对受害方表示善意，以及使保险人在不承认被保险人承担责任的情况下赔偿小额索赔。这些保障包括家主保险中对他人财产的损害赔偿，家主保险、普通责任保险和机动车保险以及机动车无过错保障中的医疗费用赔偿。现在的商业普通责任保险单含有分层限额，它们以表格方式出现，显示出企业管理架构关系。

劳工补偿限额由每个州的劳工赔偿法而不是保单限额确定，雇主责任保障通常在同一份保险单中提供，但有明确的限额。

累计限额通过损失赔偿而减少。另外，每人和每一事件限额在支付了赔款之后不会减少将来损失赔款。

由于许多外部因素对责任损失和法庭判决产生影响，很难但也不是不可能确定多少责任保险限额是合适的。同样，还没有更好的方法来确定，现在的责任限额在处理通货膨胀变化上是否合适。责任损失金额主要取决于法庭判决，而不是依据类似在财产保险单中看到的估值条款的约定。

从保险角度看，财产通常是定值的，它以重置成本或实际现金价为基础，这两种方式的区别在于是否考虑贬值，而贬值是物理磨损、年龄和过时作用的结果。其他影响财产估值的因素有市场价值和宽泛证据规则。营业收入保险单用“所遭受的实际损失”或类似词汇来描述估值方式，这种方式与实际现金价大致相同。

在一些财产保险单上出现的其他损失估值方式，包括选择修理或重置（使保险人有权恢复财产的物理状态而不是向财产所有人支付现金），以功能价值为基础的估值，以售价为基础的估值，成双成对条款以及适用于现金和有价证券的特殊估值条款。

第七章　损失分摊条款

财产和责任保险的损失分摊条款，要求被保险人承担部分保险损失。如前一章所述，被保险人可能由于保单限额不合适，无法承保全部损失，而不得不分摊部分损失。也就是说，不合适的保单限额可能导致损失分摊。但是，本章重点并不是对保险人的赔偿义务进行封顶的限额，而是被保险人和保险人在保单限额内赔偿损失的其他条款，包括：（1）免赔（包括自保自留额）；（2）共保条款以及用来鼓励足额保险的其他条款。

第一节　免　赔

免赔是所承保的损失的一部分，保险人不负责赔偿。免赔条款在多数财产保险单中都可以看到。免赔在责任保险中是例外而不是规则，但现在它的使用频率在不断增加。

一、免赔的理由

使用免赔有以下几种目的：

①降低道德风险，鼓励损失控制；

②通过减少保险损失来减少保险人的损失成本和损失理算费用；

③减少被保险人的保费成本。

1. 降低道德风险、鼓励损失控制。当某人知道有保险承保损失，就不像本应该那样的谨慎行事，这种情况就存在道德风险。如果所发生的保险损失由保险公司赔偿，有些被保险人就不会愿意花费时间、精力和资金去避免损失。如果盗窃损失由犯罪保险单承保，为什么还要安装昂贵的报警器呢?

实际上，情况并不是那么简单。被保险人未能采取损失控制措施，会发现他很难获得保险或者可能要多支付保险费。在发生本可以避免的损失之后，续保可能变得更加困难或者更加昂贵。而且，有了保险赔偿损失，可能会降低损失控制的积极性，损失控制有助于避免损失或降低损失严重性。

由于免赔条款要求被保险人承担每次损失的一定份额，免赔被认为可以减少道德风险、鼓励损失控制。如果被保险人的资金存在损失可能性，就有助于他去控制损失。

2. 减少损失和损失理算费用。如果发生财产保险损失，保险人就必须按照合同约定对被保险人进行补偿。除了直接损失成本，保险人还必须花费时间、精力和资金去调查和处理赔案。记录和处理每一赔案，以及核算相关的费用和损失准备金，都需要花费管理费用。

特别是小型案件，保险人的管理费用经常达到或超过支付给被保险人的补偿金额。由于损失理算费用必须反映在保险费率中，许多小额损失的理算费用能够对作为整体的被保险人支付保险费的水平产生巨大影响。这种将货币来回支付的昂贵的过程，有时称为“美元交易”（dollar trading），被认为是未有效地利用资源。财产保险免赔有助于避免这种美元交易，并允许被保险人以正常的现金支出有效地处理小型、可预见的损失，同时在防范不可预见的主要损失上发挥保险的作用。

发生责任保险索赔时，保险人必须提供抗辩，支付损害赔偿金。大多数责任保险索赔都是小额的，重要的是保险人一开始就要介入抗辩。由于这些和以下所提及的原因，免赔对责任保险是不合适的。

3. 降低保费成本。由于免赔可以降低保险人的整个损失成本和理算费用，它们也可以减少保险人收取的保费金额。所减少保费金额的多少与免赔额的大小并不成等比，而呈滑动比例（sliding scale）关系，后者反映出大额损失逐渐降低的可能性。表 7–1 通过免赔得分（deductible credits）（即少交保费）来说明该规则，它特别适用于为建筑物提供保额为 1 000 000 万美元的火灾和相关风险事故保障的财产保险。

如该表所示，免赔得分与免赔额不存在直接等比关系，保费的升幅比免赔额来得小。从 1 000 美元的免赔额升到 2 500 美元，保险费少交 300 美元，被保险人多自留 1 500 美元的风险。免赔额从 50 000 美元升到 75 000 美元，保险费仅少交 300 美元，但自留的损失要增加 25 000 美元。

基本风险管理格言是这么说的："不要为了省一点而去冒大的风险"。即使企业能够自留 75 000 美元的损失，很少有风险管理人会为了省下 300 美元而去下意识地额外自留 25 000 美元的损失风险。因此，免赔额得分的效果是，它可以鼓励投保人购买适中的免赔额，既可以避免为小额损失进行美元交易，又能为大额损失提供索赔来源。"适中"的免赔额范围差异很大，它取决于实际保障情况。

二、免赔的影响

在所有保险中，免赔并不都能很好地达到以下 3 种目的：

1. 鼓励损失控制。免赔能够在所有保险中有效地鼓励损失控制，它们对可能发生大额损失的险种的作用特别有效，前提是免赔额要足够大，能够对那些遭受本可避免的损失的被保险人产生显而易见的财务影响。

2. 减少费用和保险费。在经常发生小额和部分损失的险种中，免赔额在减少费用和保险费上最有效。机动车碰撞保险就是一个例子。对许多机动车所有人来说，碰撞保险非常重要，因为他们往往无法支付更换整车或高额的修理费用。但是，许多碰撞损失可能只有几百美元。没有免赔条款的碰撞保险可能非常昂贵，因为要支付理算和赔偿许多小额索赔的费用。碰撞保险免赔额大约 500 美元，它提供了所需要的保障，还能通过让被保险人负责小额损失或大额损失中的一部分来控制保险成本。

免赔额在减少其他类型保险的成本上作用不大。举卫星发射财产保险为例。卫星的部分损失情况很少，多数损失都是全损，达到几百万美元。即使 50 000 美元的免赔也达不到损失控制的目的，也不会极大地降低损失成本。卫星要么全损要么完好的风险性质，显然使小额免赔的作用十分有限。还有更常见的例子，如将彩色玻璃窗从厂家运给最终用户的财产一切险，或对展会上的真迹油画提供的类似保障。除了财务上的考虑，这些物品的所有人在情感上是不希望这些财产遭受损坏的。

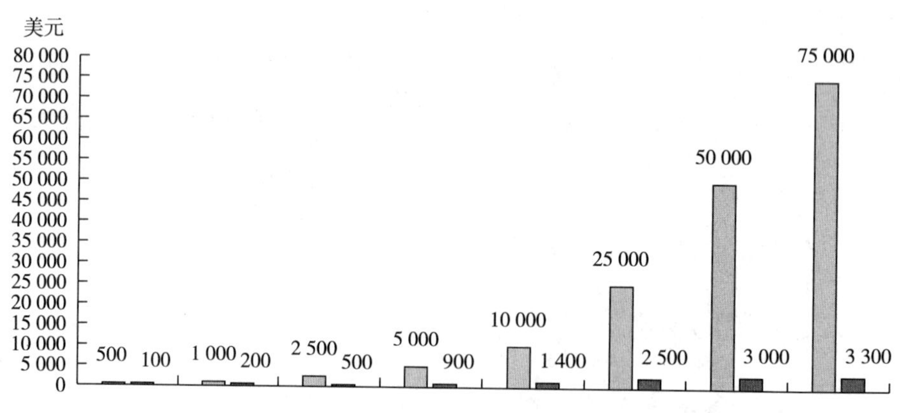

图 7–1　不同免赔额的保费得分

3. 对责任保险的影响。由于免赔在责任保险中的效果不太显著，与财产保险相比，免赔条款在责任保险中并不多见。责任保险免赔的一个问题是，被保险人可能不会报告看来是轻微的事故，直到事故情况恶化为止，这与保险人一开始就需要控制索赔，以避免或减少损失恶化的做法相悖。

财产保险和责任保险在免赔额上的差异性主要在于它们的损失理赔过程不同。在处理财产保险索赔时，保险人直接与被保险人打交道，赔偿时可以简单地扣减免赔额。而责任保险理赔需要与第三方索赔人而不是被保险人谈判。为了与索赔人达成赔偿协议，并让索赔人签署责任解除书，保险人通常需要全部赔偿协议达成的金额而不扣除免赔额。保险人有权从被保险人那里收回所赔偿的免赔额，该权利的价值取决于被保险人的财务能力和支付意愿。因此，保险人在提供带有免赔条款的责任险时，对被保险人的选择要十分谨慎。

当出具带有免赔条款的责任保险单时，保险人通常提供“第一块美元”(first dollar)抗辩费用保障，就像出具无免赔保险单一样。在大多数情况下，免赔额不适用于抗辩费用，仅适用于支付给索赔人的损害赔偿金。但是，有些保险单带有免赔额，既适用于抗辩费用也适用于损害赔偿金。

虽然免赔在多数责任保险单中并不太常见，但它在一些特殊的责任险类，如职业责任和董事高管人员责任险中经常使用，这些险类的免赔额通常比较大，主要用于鼓励损失控制。免赔额也可以用在受托人客户保险单中(bailees customers policies)，特别适用于洗衣店和干洗店。在这些保险单项下，小额索赔很常见，小额索赔可以由被保险人花最少的钱直接处理，这样就能够避免了美元交易，以鼓励损失控制、降低保险成本。

三、免赔的类型

免赔可以分为两大类。

——每一事件免赔，它适用于每件物品、每个地点、每次事故发生。如以下所解释，每一事件免赔可以用货币、某些价值、金额或期间的百分比来表示。

——累计免赔，它是货币免赔额，适用于某一期间，特别是一年。有可能将累计免赔额与每一事件免赔额合并起来，在这种情况下，每一事件免赔额在所发生的损失达到累计免赔额时被免除或减少。

在任何情况下，不管免赔是怎么表示的，保险人都不对被保险人在免赔额之内的损失进行补偿。但在某些责任保险中，尽管保险人最后不用对第三方进行赔偿，但他仍可能支付抗辩费用。

有许多类型的免赔，有些是常见的，还有些是过时或模糊的。尽管所讨论的免赔具有多样性，但以下列出常用的免赔方式。采用何种免赔方式，取决于风险的性质以及被保险人自留损失的意愿。

1. 直接免赔（Straight deductibles）。直接免赔用金额表示。在个人保险中，免赔额相对较小，通常小于 1 000 美元；在商业保险中，免赔额较大，可能达到几百万美元。

乍一看免赔额好像都类似，但并不是所有的 1 000 美元的免赔额都相同，它们的区别在于免赔额是从哪里扣除，或免赔额可以采用多少次。

（1）损失金额与可赔金额的比较。根据直接免赔条款，保险人从以下任何一种金额中扣除规定的金额：

——损失金额；

——可赔金额（即无免赔规定的情况下，本可以赔偿的金额）。

在任一种情况下，如果损失金额等于或小于免赔额，保险人不用作任何赔偿。（在某些责任保险单中，保险人可能要承担抗辩费用。）

当免赔额从损失金额中扣除时，如果损失金额足够大，被保险人可能获得保单限额的赔偿。如果从可赔金额内扣除，被保险人永远无法获得整个保单限额的赔偿，被保险人获得赔偿的最高金额是保单限额减去免赔额。

对以上情况作一解释。假设被保险人在保险金额 100 000 美元，直接免赔额 5 000 美元的保险单项下遭受 110 000 美元的损失。

——如果免赔额适用于损失金额，被保险人将获得保单限额 100 000 美元的赔款。110 000 美元的损失扣除 5 000 美元免赔额后等于 105 000 美元，该金额超过保险限额 100 000 美元。

——如果免赔额适用于在无免赔情况下的可赔金额，被保险人可以获得 95 000 美元的赔款。保险人在无免赔情况下本可以获赔 100 000 美元的保单限额，但扣除了免赔额之后只获赔 95 000 美元。

“本可以赔偿的金额”（Amount otherwise payable）有时称为“侵蚀限额”（erodes limits）的免赔额，因为如所解释的那样，被保险人永远无法获得全部保单限额的赔款。

（2）每件、每一场所以及每次事故发生免赔（Per item versus per location versus per occurrence deductible）。在财产保险中，免赔可以单独用于每件物品、每一地点或每次事故发生。因此，相同金额的免赔可能导致完全不同的结果，这取决于所处的环境。简单举例说明。假设面包坊有 20 辆卡车，分别停在自己的两个相距几个街区的停车场上，一场严重的冰雹对每辆车造成了至少 250 美元的损失，这些车辆投保了车损险，保险责任包括冰雹损坏，免赔额 250 美元。

——如果 250 美元的免赔额适用于每次事故，面包坊仅自留 250 美元损失金额。

——如果免赔额适用于每个地点，面包坊为每个地点自留 250 美元损失，合计 500 美元。

——如果 250 美元适用于每辆车，面包坊将为每辆车自留 250 美元，20 辆车共计 5 000 美元。

以下是典型的免赔条款：

“免赔额

在每次事故发生中，我们将不为所发生的灭失或损坏支付赔款，直到损失金额超过声明中所示的免赔额为止。我们将支付免赔额以上的灭失或损坏的金额，直到达到适用的限额为止。”

以上所述的免赔额适用于每次事故发生（而不是每件物品、每个地点或每次索赔。）损失金额（而不是可赔金额）。

（3）每次索赔和每次事故发生免赔额（per claims versus occurrence deductibles）。责任保险单项下的免赔额适用于每次索赔或每次事故发生，每次事故发生免赔更常见，每次索赔免赔额有时用在职业责任保险中。

——在每次索赔免赔项下，免赔额分别适用于保险单项下的每一索赔，即使索赔是由于同一件事故造成。几个人可能都提出索赔，或者索赔针对不只一个被保险人。

——在每次事故发生免赔额项下，免赔额仅适用于每次事故发生造成的所有索赔，而不管实际索赔案件数量是多少。

举例解释以上两种免赔额的区别。假设特拉格斯先生是医院的药剂师，由于不小心将受到污染的药物与其他处方药配在一起，结果对 10 位病人造成伤害。每个病人都向特拉格斯先生提出索赔，后来经证实特拉格斯要对此负责。法庭判每个索赔人可获得 100 000 美元的赔偿，总索赔金额为 1 000 000 美元。

——如果每次事故发生免赔额 10 000 美元，特拉格斯要自己承担该事件造成的 10 000 美元的损失。

——如果每次索赔免赔额 10 000 美元，特拉格斯要为每个病人的索赔自留 10 000 美元，共计 100 000 美元。

（4）分解式免赔额（Split deductibles）。保险单有时采用分解式免赔额，比如有一个盗窃免赔额，还有其他损失原因的较低的免赔额，较高的盗窃免赔额能够促使被保险人防范盗窃，减轻保险人调查小额盗窃案件的经济负担。

2. 百分比免赔（Percentage deductibles）。以上讨论的直接免赔条款规定了所扣除的金额，但是有时采用以下任何一种百分比免赔方式：

——保险金额；

——保险财产价值；

——损失金额。

显然，保险金额、保险财产价值或损失金额增加，百分比免赔额也相应增加。

（1）保险金额和保险财产价值。地震保险通常采用保险金额或保险财产价值的百分比免赔，该百分比范围通常是保险金额或保险财产价值的5%~10%，有时也采用较高或较低的百分比，这取决于所承保的财产和风险种类。

对以上两种方式作一解释。假设沙克尔公司为其价值 500 000 美元的楼房购买了 100 000 美元的地震保险，其免赔率为 10%。

——如果 10% 的免赔率适用于保险金额，沙克尔公司要自留每次保险损失的第一个 10 000 美元。

——如果 10% 的免赔率适用于保险财产价值，沙克尔公司要自留每次保险损失的第一个 50 000 美元。

最常用也是看来最逻辑的方式是将免赔率用于保险金额。但是，当免赔率以保险金额为基础时，被保险人可能通过购买小额保险来降低免赔额，这样做会促使被保险人不按照财产的实际价值购买保险（与本章后面所讨论的其他保单激励措施相反）。保险人认为这是一个严重的问题，因此他们会选择以财产价值为基础的免赔率。

（2）损失金额。免赔额可以按照损失金额的百分比确定，这种免赔额有时用在医生医疗职业责任保险中。免赔条款可以规定理赔金额 10% 的免赔额，再规定一个封顶金额，比如，免赔额是索赔金额的 10%，但不超过 25 000 美元。

由于被保险人参与每次损失的分摊，百分比免赔额有时称为损失参与条款（loss participation clause）。

百分比损失免赔方式在主要的医疗费用健康保险单中十分常见，它通常称为“共保”（coinsurance）或百分比参与（percentage participation）。此类共保实际上是一种免赔方式，与财产保险中的足额共保条款不同。

3. 相对免赔（Franchise deductibles）。适用于大额损失的免赔，可以鼓励损失控制及减少道德风险，免赔额的另一种目的是排除对小额损失的保障。对于大额损失，很难认为保险人有必要在保险单项下赔偿 300 000 美元的火灾损失之前扣除 250 美元的免赔额。

在直接免赔条款项下，不管索赔金额大小，免赔都适用。相对免赔可以免去处理小额索赔的费用，同时又能为大额索赔提供充分的保障。

在相对免赔项下，如果总的损失金额等于或小于免赔额，保险人不用作任何赔偿。但是，如果损失金额超过免赔额，保险人要全额赔偿而不扣除免赔额。比如，如果相对免赔额是 500 美元，损失也是 500 美元，保险人不用赔偿，但如果损失是 501 美元，保险人要全额赔偿。

相对免赔在海洋保险中已经使用了多年，它具有要么全赔要么不赔的性质。如果将它用在其他险类中，基本上是无法令人满意的。相对免赔方式在理论上有吸引人的地方，不过有些被保险人可能被诱使夸大小案件的损失金额以达到获得赔偿的目的，特别是当实际损失接近免赔额的情况下。除了海洋运输保险，相对免赔条款在其他保险中不常使用，主要因为存在夸大损失的问题。不过现在即使是海洋运输保险单，也大多采用直接免赔而不是相对免赔做法。

4. 消失式免赔（Disappearing deductibles）。它是一种公式性免赔，当损失金额增加时它减少，但损失达到特定金额时，它完全消失并提供充分的保障。消失式免赔过去通常用在财产保险中。消失式免赔的目的是发挥相对免赔的优势，同时又消除它的劣势，实际上，它们将相对免赔概念和百分比损失式免赔概念结合起来。消失式免赔在家主保险单中已经用了多年。消失式免赔有些名副其实，因为它实际上已经消失，近几年来已经被直接免赔替代。

虽然消失式免赔已经废止，但它在解决实际问题上仍然有可取的地方。为了避免由于相对免赔而导致夸大损失，只要损失金额超过免赔额，消失式免赔额都不会降到零。当损失金额增加时它逐渐消失，直到某一点时为零。

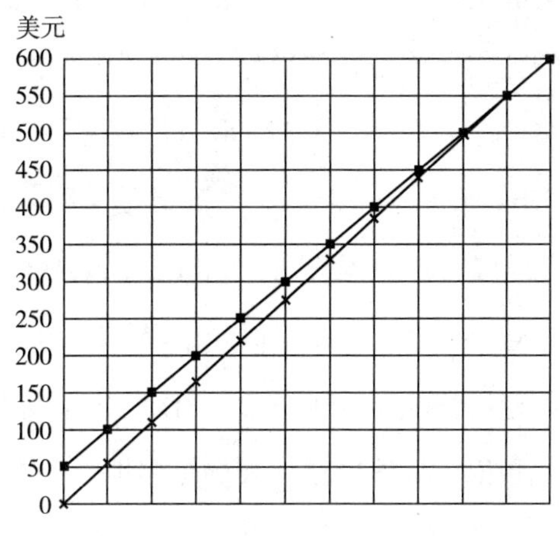

图 7–2　50 美元消失式免赔额

50 美元的消失式免赔条款经常用于早期家主保险单项下的财产损失保障，根据该条款，在发生 50 美元或不足 50 美元的损失时，保险人分文不赔，如果损失大于 500 美元，保险人在保单限额内全额赔偿损失，而不实施免赔。对 50 美元至 500 美元之间的损失，保险人扣减的金额从 50 美元至零元逐渐减少，在该区间，赔偿金额按照以下公式计算：

（损失金额 –50 美元）× 1.11= 赔偿金额

早期家主保险单中采用的 100 美元免赔额条款的赔款计算方式与上述公式基本相同，除了将乘数 1.11 改为 1.25，以及用 100 美元替代 50 美元之外。

表7–1解释了在50美元消失式免赔额保险单项下各种损失金额的赔款情况，如该表所示，50美元免赔额适用于50美元（含）以下的损失，如果损失金额超过500美元，则不扣除免赔额。

机动车物质损失保险也曾用过类似的消失式免赔，但它们是选择性的，而且使用面较窄。

消失式免赔避免了直接免赔和相对免赔的缺陷，它能够赔偿保险购买者的全部大额损失，同时又避免了用高成本处理小额索赔的保障。但是，这些优势却因实践上的劣势大打折扣。消失式免赔很难得到保险消费者理解，他们看到的只是复杂的公式，该公式似乎除了减少保险人的赔款之外再别无他用。虽然直接免赔在理论上不那么令人信服，但很容易操作。

5. 时间免赔（Time deductibles）。有些险类的免赔习惯上用时间而不是用货币表述，时间免赔经常称为等待期（a waiting period）。

如果保险车辆被盗窃，个人机动车保险单提供每天特定金额（如15美元）的交通费用保障（如租用替代车辆）。但是，该赔款从发生盗窃事件后48小时才开始支付，也就是说，保险单有2天的免赔期。许多被盗车辆往往在该期间内找到。

个人机动车保险交通费用时间免赔条款表述如下：

“我们只赔偿在该期间发生的费用：

①从盗窃发生后48小时开始；至

②您的保险车辆或非拥有的车辆恢复使用，或者我们赔偿了它的损失为止。”

在标准锅炉和机器保险项下的收入损失保障，既可以采用时间免赔，也可以采用金额免赔。对失能保险来说，选择较长的免赔期可以少交保险费。小额索赔可以被排除，因为小事故造成保险物品的损坏经常可以在等待期内修复。

锅炉和机器保障附表免赔条款表述如下：

“免赔

1. 时间免赔

如果在营业收入明细表上显示出时间免赔，我们将不负责在该批单项下为保险责任开始后紧接着的特定期间内发生的损失支付任何赔款。

2. 美元免赔

如果在营业中断明细表上显示出美元免赔，我们将从该批单项下本应支付的赔款中扣除免赔额，然后在适用的限额范围内赔偿超过该免赔额的损失和费用。”

分解式免赔（Split deductibles）可能与时间免赔和金额免赔一起使用。比如在健康保险领域，有些失能收入保险单对由于意外伤害事故造成的失能立即给付保险利益，但对于疾病造成的失能，直到被保险人失能发生两星期之后才给付保险利益。除了“立即”或“两星期”之外，还可以采用其他时间框架。

有些保险单提供等待期间的“追溯保障”（retroactive coverage），它与相对免赔类似。采用追溯保障时，如果损失时间小于等待期，保险人不用赔偿。但是，如果损失时间达到或超过等待期，损失全部赔偿，追溯到等待期开始。比如，失能保险单有两个星期的等待期，如果失能时间少于两星期，保险单不用赔偿。但是，如果失能时间超过两星期，所有损失全部赔偿，还包括两个星期等待期的失能损失。这些条款包括在某些州的劳工补偿保险单中，作为州法律规定，而不是作为保单条款的约定。等待期的追溯性保障在其他财产和责任保险中并不多见。

6. 累计免赔（Aggregate deductible）。到此时为止，所讨论的免赔方式分别适用于每次保险事件，而不管该事件是否是每一保险物品损失、每一保险地点损失、每次索赔或每次事故发生。如果保险事件在短时间内多次发生，被保险人将暴露于巨额财务损失之下，因为每次损失他们都要自留免赔额。

有些被保险人通过购买有累计免赔额的保险单，以明确自己潜在的最大自留损失程度。在累计免赔项下，所有发生在特定期间内（通常是一年）的损失累加起来，以满足免赔额的要求。当所有损失金额之和超过累计免赔额时，保险人才开始赔偿超过该免赔额部分的损失。

累计免赔经常在责任保险中使用，但商业财产保险单有时也采用这种免赔方式。累计免赔有时与每次事故发生直接免赔或百分比免赔一起使用。一种方式是让被保险人在每次事故发生免赔范围内自留所有的损失，保险人赔偿超过部分，但是，一旦被保险人每次事故发生自留的损失达到累计金额，之后的索赔将不扣免赔全部赔偿，或者扣除降低的免赔额。（降低的免赔额是一种保单约定，它表示在累计免赔额达到之后，保险人赔偿 95% 的保险损失，被保险人自留 5%。）

从风险管理人的角度看，理想的累计免赔应当能适用于所有保险保障。风险管理人比较关心会计年度所有免赔额的整体影响，而不是特定保单的免赔额。全面的累计免赔比较少见，大型企业投保人有时会安排这种免赔。

7. 自保自留额（Self-insured retentions，SIRs）。有些责任保险单采用自保自留额，它与大额免赔十分相似。

伞式保险单（Umbrella policies）为某些基础（primary/underlying）责任保险单所承保的责任索赔提供无免赔、走廊免赔（corridor deductible），或涉及某些基础保险单所承保的责任索赔之间的保障空缺部分保障。走廊免赔有时可以在主要的医疗健康保险单中看到。伞式保险也承保其他保险所不承保的一些索赔，这些保险采用自保自留额。保险人不负责低于自保自留额的损失，只赔偿自保自留额以上部分。

个人伞式保险单含有以下条款，它采用以上概念，在这里称为“自留限额”（retained limit）：

“保险责任 A—个人责任

我们将为被保险人依法承担的，超过自留限额的个人伤害或财产损失部分支付损害赔偿金。

定义

‘自留限额’是指以下较大者：

（a）在明细表 A 以及被保险人所持有的任何其他保险中所描述的基础保险的所有适用限额；

（b）1 000 美元。”

许多个人伞式保险有低至 250 美元的自保自留额，而不是以上所述的 1 000 美元。自保自留额类似自留额，它可以适用于每次索赔、每次事故发生或累计损失。

有些含有自保自留额条款的保险单，特别禁止被保险人购买其他保险以承保自留额，此类条款经常在董事和高管人员责任保险单中看到，但在其他保险单中并不多见。

四、无免赔保险单

某些类型的保险单不采用免赔，这样做的原因一般是因为免赔与该特定险类的特点不吻合。如前所述，大多数责任保险不用免赔，但自保自留额在具有大额损失风险的伞式责任保险单、职业责任保险单以及一些其他专业性保障中却很常见。

在流动性个人物品保险单中，通常看不到免赔如内陆海洋保险单，它承保某些受特定限额限制的列表个人物品。保险财产（如珠宝）经常比较小件但价值高，因此容易发生盗窃全损而不是部分损坏。在有些情况下，某些物品如乐器或照相机，其保险金额较低，免赔额可能会造成其失去全部或部分保障。

平板玻璃保险比较特别，因为部分损失很少发生，一旦玻璃破碎，不管破碎程度如何，都是按照全损处理。但部分损失也不是绝对不可能，因为印制在玻璃上的彩色图案的损坏也在平板玻璃保险项下承保，这种损坏是可修复的。因此，通过免赔来排除对部分损失的保障没有什么实际效果，除了减少对被保险人的赔偿金额之外。

提供时间因素（time element）保障的保险单可以有时间免赔，但经常不采用。营业收入保障附表以及家主保险单的失去使用价值保障，是两种常见的不用免赔的时间因素保障，它们不采用免赔是有一定道理的。在这两种保障中，时间因素保障仅适用于在首先发生直接财产损失的情况下——该损坏通常在其他保险项下承保。因此，虽然被保险人在时间因素保障项下无免赔，但他们通常已经有了适用于该事件的另一种免赔，即财产损失免赔。

第二节　足额保险

损失分摊条款的一种目的是促使被保险人购买足额保险（insurance to value），此类条款中最突出的一种是共保条款（coinsurance clause），共保条款和其他相关的条款都要求那些不足额保险的被保险人与保险人共同分摊损失。在介绍足额保险条款之前，本章先讨论购买对保险人和被保险人都有利的足额保险的理由。足额保险是指保险金额近似于保险标的最大的潜在损失金额。本章还检查实现类似目的的其他方式。

一、足额保险的重要性

在财产保险历史早期，鼓励足额保险的好处是很显而易见的。在大多数财产保险中，大量的损失仅涉及保险财产的小部分价值，全损情况很少，估计只有 2% 的财产损失是全损。除非被保险条款或核保规定禁止，任何愿意承担少量巨额损失的人，都可以为保险财产价值中的小部分购买保险，同时又能为几乎所有的损失获得完全的保障。

比如，假设楼房 A 和 B 在结构、保护、占用或风险暴露上相同，它们的火灾保险费率都是 1%，每栋楼房的可保价值都是 100 000 美元。楼房 A 的所有人购买了足额保险（100 000 美元），而楼房 B 的所有人只购买了 25 000 美元的保险。楼房 A 的保险费是 1 000 美元，而楼房 B 的所有人只需支付 250 美元的保险费。如果保险单中没有足额保险条款，两栋楼房的所有人可以在 25 000 美元范围内索赔回同样金额的任何损失，而楼房 A 的所有人支付了 4 倍于 B 的保险费。当然，楼房 B 的所有人无法索赔回超过 25 000 美元以上的全部损失，但是超过楼房价值 1/4 以上的损失是相对少见的。

如果这种操作持续多年，采用楼房 B 做法的房屋所有人只要支付楼房 A 保费的 25%。这种情况与那些足额购买保险人的人相比是不公平的，采用不足额保险的方法购买保险的人，可以合计从损失赔款中赚回大部分的保险费，而那些为其财产购买足额保险的人却要承担保险机制的大部分成本，不足额投保的人却支付少于他们的合理份额的保险费。

以上的假设是，所有投保人都按照相同的费率支付保险费。以上不公平现象的解决办法：一是对那些不足额投保的人采用较高的费率，二是在发生损失时限制他们所能获得的赔偿。

比较合适的做法是采用一种浮动定费机制，它按照足额保险程度的差别，收取公平的保险费。但是，即使该机制能够向那些选择不足额保险的人收取公平的保险费，它也仍然存在缺陷，因为不足额保险未能满足那些对可能遭受大额损失的人（尽管机会很少）的保障需求。最好的解决方法是鼓励购买金额合适的保险，它能够涵盖大额以及小额损失，并支付公平、合理的保险费，该目标能够通过结合费率技术、保单条款以及核保措施来实现。

二、促进足额保险的定费技术

反映大额损失降低的可能性的费率结构可以用来鼓励足额保险。比如，在犯罪保险中，习惯做法是在保险金额较低时，用较高的每 1 000 美元保额的费率收取保险费。典型的费率规章如下所示：

保险金额	费率
第一个 5 000 美元	1.25%
5 001~10 000 美元	1%
10 001~20 000 美元	0.7%
超过 20 000 美元	0.4%

上述递减式费率表表明，巨额损失是相对罕见的，但是较低的费率对被保险人投保大额保险具有一定的吸引力，这使得足额保险更得以实现。

三、足额保险条款

足额保险条款是保险单中的条件条款，它鼓励被保险人持有至少等于最大可能损失金额（maximum possible loss）的保险，它也可以通过减少不足额保险的人的利益，或向足额保险的人提供额外利益来鼓励足额保险。

对财产保险来说，所要求的保险金额通常是发生损失时保险财产价值的一个百分比。许多此类足额保险条款实际上属于损失分摊条款，因为未持有所要求的足额保险的人将分摊部分损失。

足额保险要求在责任保险中比较少见，主要是因为很难或不可能确定大多数情况下的最大可能责任损失。但在少数情况下，如对特定财产造成损坏的责任风险，有可能确定其最大可能损失。比如火灾责任保险为租户对房东的房屋的火灾损坏的潜在法律责任提供保障，其最大可能损失是楼房的价值。在这种情况下，所要求的足额保险要涵盖可能造成损坏的财产的全部价值。

1. 共保（coinsurance）。在财产保险中，与足额保险相关的共保概念不能与健康保险中的“共保”相混淆，后者如前所述，实际上是一种免赔。

共保条款是财产保险单中的条款，它要求被保险人所持有的保险金额等于或大于保险财产可保价值的某一规定的百分比，常用的共保比例有80%、90%和100%。可保价值通常是实际现金价值、重置成本或根据保险单估值条款确定的其他价值。虽然共保条款经常被称为“共保要求”（coinsurance requirement），但它不是强制的，如果被保险人未能满足该要求，保险单并不会不提供保障。如果未满足共保要求，保险单依然有效，但被保险人要受到惩罚，在发生保险损失时，他只能收到部分赔偿。

80%共保条款是最常见的。但是，被保险人在购买保险时可以选择更高的比例，这样做更有好处。当共保比例增加，保险费率相应降低。因此，购买足额保险的被保险人，通过选择增加共保比例，有资格为相同的保险限额支付较低的保险费。但是，随着共保比例增加，差错的概率降低，而且对被保险人来说，重要的是要能够确定，在可保价值变化时保险限额依然是合适的。

（1）共保条款。在旧的火灾保险单中，共保条款十分复杂，它表述如下：

“本保险单明确规定并将此作为本合同的条件，被保险人应当在任何时候对本保险单所承保的每一项财产持有分摊性保险，至少达到保险单第一页或其批单所规定的，发生损失时的实际现金价值的百分比。如果未能这么做，被保险人将在该不足额保障范围内，承担任何损失中属于他们的比例部分。”

现在的商业财产保险单中采用了以下条款，该条款以更详细的方式解释共保概念，并举出几种范例。

“共保

如果在声明中显示共保百分比，则采用以下条件：

a. 如果在发生损失时，保险财产的价值乘以声明中所示的共保百分比的结果大于该财产的保险限额，我们将不全额赔偿任何损失。

我们将根据以下步骤确定我们的最高赔偿金额：

（1）发生损失时保险财产的价值乘以共保比例；

（2）将（1）得出的结果除以财产保险限额；

（3）在实施任何免赔之前，将（2）得出的结果乘以总损失金额；

（4）将（3）得出的结果减去免赔额。

我们将支付（4）得出的金额或者保险限额，两者以少者为准。剩余部分您可以从其他保险项下获得赔偿或由您自己承担。

如果一个保险限额适用于两个或两个以上单独的项目，本条件将适用于采用该限额的所有财产。”

（2）共保公式。未能满足共保要求而受到的惩罚的结果是减少保险人的赔偿金额，保险人的赔款按以下公式计算：

$$\left(\frac{\text{保险限额}}{\text{保险财产的价值} \times \text{共保比例}} \times \text{所承保的损失的总金额}\right) - \text{免赔额} = \text{保险单赔偿的最高金额}$$

将以上公式压缩之后则按照以下方式表示：

$$\left(\frac{\text{实际保险金额}}{\text{应当持有的保险金额}} \times \text{损失金额}\right) - \text{免赔额}$$

举例说明该公式的应用。假设苏珊·史密斯拥有一座仓库，其可保价值为 300 000 美元，但她在采用 100% 共保条款的保险单项下投保了 200 000 美元，该仓库由于保险事故遭受 60 000 美元的损坏。按照上述公式计算得出以下结果：

$$保险赔款 = \left(\frac{200\ 000\ 美元}{300\ 000\ 美元 \times 100\%} \times 60\ 000\ 美元\right) - 免赔额$$

$$= \left(\frac{200\ 000\ 美元}{300\ 000\ 美元} \times 60\ 000\ 美元\right) - 免赔额$$

$$= \left(\frac{2}{3} \times 60\ 000\ 美元\right) - 免赔额$$

$$= 40\ 000\ 美元 - 免赔额$$

如果上述案例中的共保比例是 80%，计算结果如下：

$$保险赔款 = \left(\frac{200\ 000\ 美元}{300\ 000\ 美元 \times 80\%} \times 60\ 000\ 美元\right) - 免赔额$$

$$= \left(\frac{200\ 000\ 美元}{240\ 000\ 美元} \times 60\ 000\ 美元\right) - 免赔额$$

$$= \left(\frac{5}{6} \times 60\ 000\ 美元\right) - 免赔额$$

$$= 50\ 000\ 美元 - 免赔额$$

（3）应记住的要点。在采用共保公式的时候，需要记住 3 个重要的因素。

① 该公式仅适用于不足额保险的情况下，也就是说，当保险限额小于可保价值乘以共保比例的情况下。

② 保险人永远不可能支付超过保险限额的赔款。如果损失金额大于共保条款要求的最低保险限额，该公式可能指出，保险人将支付超过保险金额的赔款。但是，保险人的赔偿义务不得超过适用的保险限额。

③ 保险人永远不会支付超过损失金额的赔款。如果保险金额大于所要求的最低保险限额，共保公式会指出，保险人将支付超过实际损失的赔款。但是，保险人的最大赔偿义务仅限于保险单中实际遭受的损失。

（4）例子。表 7–2 解释各种场合下 80%、90% 和 100% 共保条款的应用方式。表格前 3 栏表示财产的可保价值，后 3 栏表明在扣除免赔额之前的可索赔金额。读者应当仔细阅读该表，做些计算以证实自己是否理解。特别注意当索赔金额是以保险限额或损失金额而不是通过采用共保公式得出的金额为基础的情况下。

第一套例子说明，如果可保价值发生变化而保险限额未变时会发生什么情况。当保险限额未定期审核时，经常会发生这种情况。在该表中，每一种例子的损失金额都是40 000美元。注意在每一种不同的共保条款将赔偿金额减少到损失金额40 000美元以下时的不足额保险程度。

第二套例子说明，当可保价值为100 000美元的财产的保险限额为70 000美元时（为可保价值的70%），不同损失金额的影响。要注意的是，共保惩罚也针对即使是相对小的损失。还要注意的是，90%和100%共保比例的惩罚金额大于80%的惩罚金额。但对大额损失来说，共保条款完全失去它的影响，按照70 000保险限额赔偿。

第三套例子显示出可保价值为100 000美元的财产在不同限额时的影响，用85 000美元的损失来说明索赔金额的变化。看一看80%共保栏，它显示出当损失金额（85 000美元）超过共保条款要求的保险金额（80 000美元）时会发生什么情况。在这种情况下，根据共保公式计算结果，索赔金额要么超过保险限额，要么超过损失金额。由于保险人的赔偿决不会超过这两种金额，共保公式确定的金额在这些情况下被放弃。到某一点为止（保险限额80 000美元），索赔金额被保险限额所封顶，如果超过了这一金额，索赔金额就被损失金额所封顶。

表7–1　　共保条款的应用

在免赔额之前的可索赔金额　　单位：美元

可保价值	保险限额	损失金额	80% 共保	90% 共保	100% 共保
可保价值发生变化					
100 000	100 000	40 000	40 000	40 000	40 000
110 000	100 000	40 000	40 000	40 000	40 000
120 000	100 000	40 000	40 000	37 037	33 333

续表

可保价值	保险限额	损失金额	80% 共保	90% 共保	100% 共保
可保价值发生变化					
130 000	100 000	40 000	38 462	34 188	30 769
140 000	100 000	40 000	45 714	31 746	28 571
150 000	100 000	40 000	33 333	29 630	40 000
160 000	100 000	40 000	31 250	27 778	25 000
170 000	100 000	40 000	29 412	26 144	23 529
180 000	100 000	40 000	27 778	24 691	22 222
190 000	100 000	40 000	26 316	23 392	21 053
200 000	100 000	40 000	25 000	22 222	20 000
不同的损失金额					
100 000	70 000	10 000	8 750	7 778	7 000
100 000	70 000	20 000	17 500	15 556	14 000
100 000	70 000	30 000	26 250	23 333	21 000
100 000	70 000	40 000	35 000	31 111	28 000
100 000	70 000	50 000	43 750	38 889	35 000
100 000	70 000	60 000	52 500	46 667	42 000
100 000	70 000	70 000	61 250	54 444	49 000
100 000	70 000	80 000	70 000	62 222	56 000
100 000	70 000	90 000	70 000	7 778	63 000
100 000	70 000	100 000	70 000	70 000	70 000
不同的保险限额					
100 000	10 000	85 000	10 000	9 444	8 500
100 000	20 000	85 000	20 000	18 889	17 000
100 000	30 000	85 000	30 000	28 333	25 500
100 000	40 000	85 000	40 000	37 778	34 000
100 000	50 000	85 000	50 000	47 222	42 500
100 000	60 000	85 000	60 000	56 667	51 000
100 000	70 000	85 000	70 000	66 111	59 500
100 000	80 000	85 000	80 000	75 556	68 000
100 000	90 000	85 000	85 000	85 000	76 500
100 000	100 000	85 000	85 000	85 000	85 000
100 000	110 000	85 000	85 000	85 000	85 000

（5）营业收入保障中的共保

以上案例涉及的只是房屋和个人财产的直接损失，共保条款也用在某些时间因素保险中（time element insurance），比如，营业收入保障附表包含以下共保条款，要注意该附表对保险金额是如何要求的。

“共保

如果在声明中显示出共保比例，则适用以下条件……

如果营业收入保险限额小于以下情况，我们将全额赔偿损失：

a. 声明中所示的营业收入共保比例乘以

b. 净收入（税前净利润或税前损失）和所有包括工资在内的运营费用之和，

而这些收入和费用本该由您在所描述的场所内，从本保险单开始生效或本保单上一个周年日后 12 个月的运营中赚到（如果未发生损失）。

我们将通过以下步骤确定我们的最高赔偿金额：

1. 本保险单开始生效或本保单上一个周年日后 12 个月的净收入和运营费用乘以共保比例；

2. 所描述的场所的保险限额除以步骤 1 的结果；以及

3. 损失金额乘以步骤 2 的结果。

我们将支付步骤 3 确定的金额或者保险限额，两者以少者为准。剩下的差额，您要么依靠其他保险获得要么自行承担该损失。”

如前所述，足额保险条款要求承保某个百分比的最大可能损失。在有形财产的情况下，最大可能损失指的是保险财产的可保价值，共保比例最少达到可保价值的 80% 是一种标准。对营业收入保障而言，共保公式所要求的保险金额是以 12 个月保险期间中的净收入和运营费用为基础。但是，营业中断的时间可能比 12 个月还要长或短，这取决于影响保险人从直接财产损失中恢复时间长度的因素（如建筑物的规模或类型）。恢复时间越长，营业收入损失越大。保险单采用 50%、60%、70%、80%、90%、100% 和 125% 共保条款，以反映这种变化。

2. 避免共保惩罚 。潜在的巨额共保惩罚是许多保险购买者和销售者十分关心的。当然，共保惩罚可以通过购买等于或超过共保要求的保险金额来规避，但在实务上并不是经常可行，这需要做一些“有根据的猜测”(informed guesswork)，而且，可保价值经常要等到财产重建或重置后才能够准确地衡量。

需要满足共保要求的保险金额是以损失发生时保险财产的价值为基础，但是保险限额是在购买保险时确定。显然，保险损失可能发生在保险单购买后一年内或更长时间，而且可保价值可能在该期间发生变化。因此可以采用多种方法来解决这一问题。

（1）定期修改限额。在快速通货膨胀期间，保险财产的可保价值可能在保单起始日和损失发生日之间大幅增加，所增加的金额往往难以预测。当然，被保险人可以在保险期间内提高保单限额，但这种调高的需要可能无法及时意识到。

（2）通货膨胀保护。第六章中提到的选择性通货膨胀保护条款，可以用来自动增加保单限额，以反映预期的通货膨胀。可以事先选择年增加百分比，但它可能无法准确地反映通货膨胀的实际影响。但是，该批单确实提供了解决通货膨胀问题的方法，至少部分上是这样。

由于通货膨胀保护条款在保险期间内逐渐增加适用的保单限额，它也可以使保险人在续保时更容易推销这种增加限额的做法。

（3）财产评估。在某些时候，保险人和被保险人可能对楼房的价值产生异议，特别是当楼房以实际现金价值承保的情况下，这种异议的机会更多，因为双方必须对适用的重建成本和贬值金额达成一致。由合格的评估人员对财产进行经常性的评估可以减少这种异议，但无法根本性地消除它。

（4）高峰季节批单（Peak season endorsement）。另外一种避免共保惩罚的方式是使用高峰季节批单。高峰季节批单按照规定的方式对保单限额进行调整，但它并未取消保险单中的共保条款，这一点在以下讨论存货价值的波动时再作详细的解释。那些财产价值呈周期性变化的企业最常采用该方式。

3. 除了共保之外的其他方法。保险人已经设计了一些方法和技术来避免价值评估问题造成的共保惩罚。

（1）扁平式保险单（Flat policies）。有些保险人愿意签发没有共保条款的保险单或从保险单中删除共保条款，没有共保条款的财产保险单有时称为扁平式保险单。在多数情况下，从保险单中删除共保条款要增收高比例的额外费用（如费率提高 3 倍），该加费在多数情况下使得删除共保条款十分昂贵而不可行——人们更愿意在较高的保险限额上花费保险费。

有些保险单不含有共保条款，如向租户签发的家主保险单中的个人财产保障。一种原因是难以确定一般租户个人财产的实际现金价，更不用说经常性地对所获取的、磨损或用过的以及抛弃掉的个人财产的价值进行调整。

（2）定值条款（Agreed value clause）。通过事先约定保险人同意的、足以满足共保条款要求的保险金额的财产价值，定值条款能够排除保险人在发生损失时实施共保惩罚的可能性。所有被保险人需要做的是，拥有等于或大于该价值的保险限额。过去这种保障修改是通过所谓的“约定金额批单”（agreed amount endorsement）实施，但是后来大家意识到，所约定的是财产价值而不是保险金额，因此该条款名称做了修改以提高准确性。

约定的财产价值是以被保险人提交的“价值声明”为基础。假设保险人接受该声明，它将用于保险单的共保比例，以形成所称的“约定的价值金额”。如果财产的保险限额等于或超过该金额，共保条款中止使用，发生损失时不再提出遵守共保规定的问题。约定价值条款生效后，被保险人事先知道要持有多少限额的保险才会避免受到共保惩罚。如果被保险人购买了满足约定价值的保险金额，就能保证其不受共保惩罚。

要注意的是，约定价值条款并不将保险单转变为定值保险单，保险单中的损失评估条款和实际现金价值条款继续使用，保险人仍然有义务仅赔偿被保险人遭受的实际损失或保单面值，以少者为准。约定价值条款仅仅是为了排除共保惩罚的风险。而且，约定价值条款无法对被保险人的不足额保险提供保护，比如，如果保险限额等于以 80% 共保为基础的约定金额，共保条款会予以中止，但被保险人仍然可能遭受超过保险限额的巨额或全部损失。

约定价值条款经常用在承保建筑物的保险单中，但有时也用来承保机器和设备、待售库存产品或其他个人财产，有时也用在承保营业中断损失保险中。采用约定价值条款，通常要增加 5% 的保险费。

4. 库存价值波动。批发商、零售商和生产商所持有的原材料和待售制成品也存在较大的共保问题。在任何时点，这些库存品的价值通常不难确定，但该价值在保险期间变化较大，特别是那些季节性产品。比如，与一年中的其他时间相比，玩具商店通常在秋天为准备圣诞销售囤积了大量的库存产品，而其他行业可能在其他季节存在库存高峰的问题。

如果被保险人确定的个人财产保险限额等于平均库存价值，就存在共保惩罚风险，当库存遇到季节性峰值的时候，就存在不足保险的问题。如果库存保险限额等于其峰值，可以避免共保惩罚，但如果超额承保，就要在低库存期间承担过高的保险成本。保险限额可以在一年中根据库存价值的变化而不同，但如果负责该工作的人未能按照要求进行必要的更改，就可能导致共保惩罚。保险人采取各种措施来解决由于库存价值波动造成的保险问题。

（1）季节峰值批单（Peak season endorsement）。对那些能够确定其季节性销售模式的企业，季节峰值批单是一种简单而且合适的解决方法。该批单按照季节表改变存货保障限额，它对被保险人库存价值高的季节提供较高的限额，价值低的季节提供较低的限额。这样，被保险人在需要的时候，而不是为整个保单年度，支付较高限额的保险费。

比如，该批单生效日期为2月1日的保险单提供以下保险限额（如图7-3所示）：

期限	保险限额
2月1日至4月30日	75 000美元
5月1日至8月31日	100 000美元
9月1日至12月31日	150 000美元
1月1日至1月31日	100 000美元

保险费根据一年内每种限额适用的时间长度按比例分配。

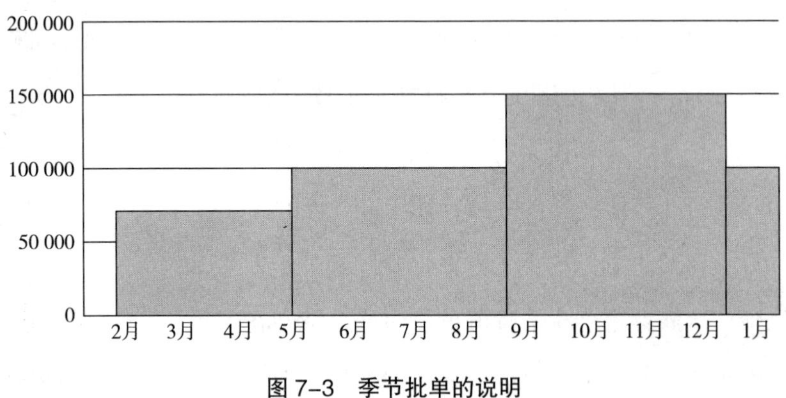

图 7–3　季节批单的说明

（2）报表保险单（Reporting form policies）。报表保险单跟踪的是具体价值而不是预期价值。因此，虽然它有些复杂，但它为承保企业的波动存货价值提供了很好的解决方法。

在报表保险单项下，保险限额通常定的比一年中预期的最高存货价值还要高。被保险人先支付最初保险费，在保险期间结束时，根据被保险人实际报告的全部价值对最初保险费进行调整。比如，假设保险限额是1 000 000

美元，平均报告价值是800 000美元，在计算最终应支付的保险费时，仅考虑800 000美元这一金额。保险费也以100%共保比例为基础，它比80%比例的来得低。采用报表保险单，被保险人能够确定合适的保险限额，又不用为低存货价值期间的保障支付过多的保险费。标准的共保条款并不适用于报表保险单项下承保的财产，但该报表有自己的共保条款，称为"充分报告"条款。该条款表述如下：

"**充分报告**。共保附加条款由以下表述替代：

共保

a. 如果您在财产灭失或损坏发生前最后报告的事故发生地的存货价值，比该地点保险财产在报告日的全部价值低，我们将不赔偿扣除免赔额之前比以下更高比例的损失：

1. 您所报告的灭失或损坏发生地的财产价值，除以
2. 该地点的保险财产在报告日的价值。

b. 对于最后一次报告价值后您所获得的地点，我们将不赔偿扣除免赔额之前比以下更高比例的损失：

1. 您所报告的所有地点的财产价值，除以
2. 在报告日所有地点的保险财产的价值。"

价值报表要求被保险人每天、每周、每月、每季或每年报告保险财产的价值。如果被保险人在规定日期按照表中要求的方式提交每一份报告，而且所报告的价值是正确的，保险人有义务足额赔偿所有的损失（当然受保单限额和任何适用的免赔额的制约）。

如果被保险人报告的价值比实际的低，则适用损失分摊条款。如果所有要求的报告都已提交，但所报告的价值比报告日的价值少，保险人的赔偿金额按以下公式计算：

$$\left(\frac{\text{所报告的价值}}{\text{应当报告的价值}} \times \text{保险损失总额}\right) - \text{免赔额} = \text{保险单赔偿的最高金额}$$

“应当报告的价值”在多数情况下是保险财产的全部价值。

如果保险单承保的地点超过一个，每个地点都有单独的限额，每个地点的保险价值分别报告，上述公式分别适用于每个地点。

由于应报告的价值等于财产的可保价值，充分报告条款基本上与100%共保条款相同。区别是，共保条款适用于损失发生日，而充分报告条款适用于报告日。这就是为什么100%共保费率用在报表保险单中。

如果报告并未及时提交，就要采用题为“未能提交报告”这一不同的损失分摊条款。该条款表述如下：

“**4. 未能提交报告**

a. 如果在发生灭失或损坏时您未能提交：

所要求的第一份价值报告：

（1）我们将赔偿不超过本应当赔偿的金额的75%；以及

（2）我们将仅赔偿声明部分所示的地点中发生的灭失或损坏。

b. 所要求的第一份报告之后的任何报告：

（1）我们将赔偿不超过任何地点的最后报告的灭失或损坏财产的价值；以及

（2）我们仅赔偿您在损失之前提供的最后报告的地点的灭失或损坏金额。”

根据该条款，如果被保险人未能提交保险单要求的首份报告，保险人仅赔偿如果及时提交正确的价值报告所应当赔偿金额的75%。

如果第一份报告提交了，但后来的报告未按时提交，保险人将赔偿损失发生前实际收到的最后一份报告中的价值。在该两种情况下，对新获得的地点的自动保障将不适用。保险人仅赔偿在保单声明页中所示，或在保险单项下提交的报告中的地点内发生的损失。

当然，这些惩罚可以通过及时、正确地提交报告予以避免。在知道保险价值的情况下提交了报告，以后就无须估计其将来价值，这样估计可保价值的不确定性就可以减少。

尽管该条款具有吸引力，但它并不是万应灵药。如果未能在到期时按规定提交报告，或者未能保证其准确性，仍然会出现问题，而且经常发生。由于所报告的可保价值直接反映在保险费中，会存在一种低报可保价值的趋势，其结果是损失无法得到全部赔偿。另一个问题是，当所报告的价值超过保单限额时，未能增加该限额。当所报告的价值超过限额时，尽管保险费是按照所报告的价值收取，但限额并未自动增加。

类似的价值报告条款也在各种商业保险单中使用。这些例子包括邮政包裹保险单、卡车运输货物保险单以及海洋运输货物保险单。这种事先报告的做法也可以用在保险期间开始时很难确定暴露于损失风险的保险价值的其他保险单中。

5. 月补偿限额（Monthly limit of indemnity）。有些营业收入保险单包含一个条款，它与共保条款略有不同，它鼓励足额投保，并在某些情况下实施损失分摊惩罚。月补偿限额方法的重点不在于暴露于损失风险的总金额，而在于时间因素，也就是营业收入损失可能发生的期间，它并不要求像共保条款那样足额投保特定百分比的可保价值，但它对在特定期间内发生损失的可索赔金额的百分比做了限制。

“月补偿限额

……我们将赔偿直接物质损失发生后每个连续30天内的营业收入损失的最高金额是：

（1）保险限额乘以

（2）声明中选择性保障部分所示的比例。”

ISO 营业收入保障附表可以采用共保条款或月补偿限额条款。月补偿限额条款通过在保单声明页中填入一比例数值来激活。如果该数值是“1/4”，那么任何 30 天时间内的损失只能索赔回 1/4。实际损失赔款为：（1）所遭受的实际损失或（2）保障限额的 1/4，以少者为准。

以下解释该条款是如何应用的。某家杂货店购买了营业中断保险，保险限额为 200 000 美元，还包括 1/4 月补偿限额。该杂货店遭受了一次营业利润损失：

损失发生的时间	损失金额
损失事件发生后第一个 30 天	60 000 美元
损失事件发生后第二个 30 天	40 000 美元
损失事件发生后第三个 30 天	30 000 美元
损失事件发生后第四个 30 天	20 000 美元
总损失金额	150 000 美元

保险人的赔偿金额（不考虑可能采用了免赔额）为：

损失发生的时间	损失金额
第一个 30 天	50 000 美元
第二个 30 天	40 000 美元
第三个 30 天	30 000 美元
第四个 30 天	20 000 美元
总赔偿金额	140 000 美元

第一个 30 天时间中剩下的 10 000 美元是不赔偿的，即使保单限额 200 000 美元还未用尽。为了避免分摊该案例中的损失，被保险人需要 240 000 美元而不是 200 000 美元的保单限额（因为 60 000 美元是 240 000 美元的 1/4）。在该案例中，如果营业中断的时间拖得更长，保险人还要支付额

外赔款，但仅针对保险期间内发生的损失。

为了在共保条款项下获得全额赔偿，被保险人必须正确地预估将来的可保价值，或者预估得略高一些。对营业收入保障而言，其可保价值是公司将来的收入。但是根据每月补偿限额条款，仅需预估公司在任何一个 30 天内所要挽回的利润损失以及所需的持续费用。对某些企业来说，特别在起步阶段，这种金额是容易估计的。

6. 家主保险条款。包括住宅房屋保障的家主保险单也有一个鼓励足额保险的条款，它仅用于房屋保障。但是，由于家主保险单的其他财产一般是住宅房屋保障的固定百分比，其具有鼓励为所有保单项下的财产购买合适的保险金额的作用。

家主保险单中的足额保险条款类似于共保条款，但在两个主要方面存在区别。它并不对不足额保险进行处罚，但对足额保险进行奖励（即达到或超过住宅房屋或其他结构重置价的 80%），该奖励是向那些足额保险的人赔偿房屋损失的重置价，但以保单限额为限。

根据家主保险单的足额保险条款，被保险人获得的赔款不会少于房屋损失的实际现金价，即使保险金额低于 80% 的实际现金价，除非适用的保单限额不够赔偿该实际现金价。共保条款并无这种最低赔偿金额的规定。

保险人的赔偿金额可以是损失的重置价或实际现金价，或介于两者之间。那些以 80% 共保比例为基础稍微不足额保险的人，根据类似共保条款，将获得实际现金价和重置价之间的赔款。

家主保险单的适用条款，可以在损失理赔条件条款中看到，以下是该条款的摘录：

“保险责任 A 或 B 项下的损失按重置成本赔偿，不扣除贬值，但受以下条件限制：

（1）如果在发生损失时，本保险单项下损坏房屋的保险金额，是损失发生前那一刻 80% 或以上的足额重置成本，我们将支付扣除免赔额，但不扣除贬值后的修理和重置成本，但不超过以下金额之最小者：

（a）本保险单项下适用于该房屋的保险限额；

（b）在相同的场所，对损坏房屋按照类似的建筑方式和使用目的重置的费用；

（c）实际修理或重置损坏房屋所需费用。”

（2）如果在发生损失时，本保险单项下损坏房屋的保险金额低于损失发生前那一刻 80% 的重置成本，我们将赔偿以下金额较高者，但不超过该房屋的保险限额：

（a）损坏房屋的实际现金价；或

（b）在扣除免赔额但不扣除贬值后，按照损坏房屋的保险金额与该房屋 80% 的重置成本的比例修理或重置该房屋的费用。

（3）为了确定所要求的，损失发生前一刻等于 80% 的房屋重置成本，不包括以下费用：

（a）挖掘、基础、桩和其他最底层地下室地面下方的支撑；

（b）如果没有地下室，上述（a）中的支撑，它们位于基础墙内的地面之下；

（c）地下室烟道、管道、电线和排水管。

（4）直到实际修理和重置完工后，我们才赔偿不超过损坏部分的实际现金价。一旦实际修理或重置完工，我们将按照以上（1）和（2）的约定赔偿损失。

但是，如果修理或重置成本是以下两者：

（a）低于保险单中的房屋保险金额的 5%；以及

（b）少于 2 500 美元；

我们将按照上述（1）和（2）赔偿损失，而不管是否实际修理或重置已经完成。

（5）您可以不考虑重置成本损失赔偿条款，在本保险单项下索赔损坏房屋的实际现金价。然后您可以在损失发生后180日内，按照条件（3）损失理赔条款的约定索赔任何额外费用。

本条款具体操作如下：

1. 如果保险金额至少等于损失发生前一刻80%的全部房屋重置成本，保险人将赔偿修理损坏房屋的费用，受保单限额和任何适用的免赔额的制约，但不扣除贬值。

2. 如果保险金额低于80%的房屋重置成本，保险人将赔偿通过以下公式计算出的金额：

$$保险赔款=\frac{保险金额}{(80\%\times 房屋的重置成本)}\times(损失部分的重置成本-免赔额)$$

3. 如果2中计算的金额小于损失部分的实际现金价，保险人将赔偿损失的实际现金价（不扣除免赔额）或保单限额，以少者为准。

表7–2　家主保险单损失条款的应用　单位：美元

可保重置成本	保险限额	损失金额（RC）	损失金额(ACV）	可赔金额
100 000	100 000	40 000	28 000	40 000
110 000	100 000	40 000	28 000	40 000
120 000	100 000	40 000	28 000	40 000
130 000	100 000	40 000	28 000	38 462
140 000	100 000	40 000	28 000	35 714
150 000	100 000	40 000	28 000	33 333
160 000	100 000	40 000	28 000	31 250
170 000	100 000	40 000	28 000	29 412
180 000	100 000	40 000	28 000	28 000
190 000	100 000	40 000	28 000	26 000
200 000	100 000	40 000	28 000	26 000
RC＝重置价 ACV＝实际现金价				

表 7–4 显示出家主保险单项下的可赔金额（不考虑免赔额）会因为可保价值的变化而受到影响。在该范例中，住宅房屋在家主保险单项下发生实际现金价 28 000 美元以及重置成本 40 000 美元的损失，其保险限额为 100 000 美元。将表中的可赔金额与类似的带有 80% 共保条款的保险单项下的可赔金额（如表 7-2 中第一组数据所示）进行比较。注意，家主保险单的损失理赔条款经常提供至少等于损失实际现金价值的最低保障。

7. 企业主保险条款。企业主保险单的财产保障可以从两个方面看。一方面，企业主保险单无共保或类似的不足保险惩罚条款，它通常假设，被保险人会购买足额保险，而且核保人会核实，在保险价值和保险限额上存在合理的关系。另一方面，虽然企业主保险单对不足额保险不予惩罚，但它通过一个条款来保持建筑物足额投保，以及通过另一个条款对那些足额投保个人财产的被保险人予以奖励。

（1）建筑物保障。ISO 企业主保险单以及其他类似的保险单都拥有自动通货膨胀防范条款，如果该条款在声明中载明，建筑物就可以每年增加 8% 或其他比例的保单限额，该年百分比在整个保险期间按比例划分。

（2）个人财产保障。季节性自动增加条款只有在声明部分的保单限额等于 100% 或大于损失发生前 12 个月的平均个人财产价值时才适用，如果采用了该条款，它有些类似旺季批单（peak season endorsement），在需要的时候自动生效，将企业主的个人财产保单限额增加 25%。该条款鼓励保单持有者，将个人财产保单限额保持在至少等于其平均可保价值上。

8. 实现足额投保的核保技术。有些保险单或其保险责任部分，如企业主保险单的建筑物保险责任部分，并不提出足额保险要求。即使保险条款鼓励足额投保而不采用不足保险惩罚，比较理想的做法是鼓励投保人足额投保，如果足额投保，保险人可以获得与损失风险相匹配的保险费。要记住的是，大多数损失都是小额的。除了道德或道义风险因素之外，保险金额不会对损失可能性产生影响。另外，足额投保的被保险人，其大额损失能够获得合适的保障。

除了一些例外，核保人最好对财产的价值进行核实，并要求投保人按可保价值的较大百分比投保，以作为提供保险的先决条件。核保人可以采用一些技术来确定或估计财产的价值。

（1）详细评估。要实现足额承保，保险人应当详细评估以确定投保时保险财产的价值。评估措施包括由有经验的评估人员详细地检查建筑物，然后在分析所有建筑特点和建筑材料的基础上计算它的重置成本。

评估工作可以由被保险人的雇员或独立评估师进行，评估费用可由或也可以不由保险人承担。知道财产价值后，保险人坚持要求被保险人按照评估价值的一个百分比投保，以作为保险人承保的先决条件。此外，评估结果可以作为定值保险的基础。

虽然评估工作在足额保险上效果显著，但它们也存在一些问题，主要的问题是费用，详细评估会产生大量的费用。技术评估经常在评估高价值的财产中使用，这样评估费用仅占保险费的一小部分。另一个问题是，所有的评估都会出现一些差错，财产的重置成本只有在真正重置时才知晓。

（2）初略评估（正式估值）。小型财产，如单一家庭住宅，无法支持详细的现场评估费用。有些保险人计算此类财产的近似价值，作为确定可保价值和保险金额的基础。以下方法可以用来计算此类近似价值：

——建筑价格指数。如果建造房屋的原始成本是已知的，它可以用建筑成本指数来上下调整用现在的劳力和材料重置建筑物的近似费用。

——平方英尺成本。建筑物的面积乘以按照现在价格水平建造类似建筑物的平方英尺成本金额。

——立方英尺成本。这是一种比较复杂的计算方式，采用的是立方英尺而不是平方英尺技术。

平方英尺（或立方英尺）成本取决于建筑类型、地理位置以及其他因素。当然，如果财产按照实际现金价承保，其可保价值可能低于根据建筑物的使用年限，采用以上技术计算出的重置成本。如果采用物理折旧方式，该方式必须在计算实际现金价值时反映出来。

从历史上看，保险人不太愿意在签发保险单时载明财产的价值。他们害怕一开始就确定财产的价值，可能造成发生损失时理赔谈判的复杂化。多数财产保险人相信，在保险单开始生效时确定保险价值是被保险人的责任，保险人仅在发生损失时才关心财产的估值问题。这种不愿意在保险单生效时确定价值的情况，近些年来大为减少，这种态度上的变化由以下 3 种因素造成：

①需要增加保险费，特别是在快速通货膨胀期间。

②当保单持有者发现，自己的保险无法合适地承保损失时，他们会不满意。

③可以从政府或私人来源获得准确的建筑成本信息。

（3）重置成本保证。如果被保险人在经保险人评估的基础上，购买了保险人建议的保险金额，后者同意承保任何损失的重置成本，即使它超过保单限额。这种特点似乎反映出保险人的慷慨，它也反映出一种现实，即保险人不管怎样都希望最终能够赔偿全部损失。如同在第九章中进一步解释的那样，保险人可能要为被保险人信赖保险人提供的不正确的信息所导致的任何损失承担责任。如果被保险人根据保险人的评估选择了不合适的保险限额，保险人的评估可能被认为是错误的。

第三节　将共保和免赔结合起来

类似鸡蛋和小鸡的寓言，人们经常会产生疑问，即先采用哪一种损失分摊条款——共保或免赔。按照不同的顺序使用这两个条款，保险人的赔偿金额区别很大。比如，假设：

建筑物价值	4 000 000 美元
共保比例	80%
保险金额	3 000 000 美元
损失金额	2 500 000 美元
免赔额	100 000 美元

如果在采用共保条款之前先使用免赔额，保险人会首先计算扣除免赔额之后的损失金额，然后用共保公式计算。该案件中，根据以下计算，保险人要赔偿 1 800 000 美元。

$$\frac{3\ 000\ 000}{4\ 000\ 000}\times（2\ 500\ 000-100\ 000）=3/4\times 2\ 400\ 000=1\ 800\ 000（美元）$$

如果先使用共保条款，保险人将赔偿：

$$（\frac{3\ 000\ 000}{4\ 000\ 000}\times 2\ 500\ 000）-100\ 000=1\ 775\ 000（美元）$$

两个条款所采用的顺序取决于保险单中两个条款的表述方式。许多保险单规定先使用共保条款，但还有些保险单规定，在使用共保条款之前，先从损失金额中，而不是仅根据共保条款确定的赔偿金额中扣除免赔额。

有些保险单可能未明确表示使用哪个条款。在这种不明确的情况下，法庭可能会考虑在保单条款表述不明确的情况下，作有利于被保险人的解释，使用可以使被保险人获得最大赔偿的顺序。这就意味着，使用免赔额。

第四节　将免赔和保单限额结合起来

通常，免赔额和保险限额不产生冲突。但在某些情况下，两者都可以用来减少被保险人的赔偿金额，而且将这些条款以不同的方式结合起来，会产生不同的结果。

在某些情况下，财产损失的免赔额可能被吸收。吸收免赔额是指，在采用保险限额之前，将免赔额用于被保险人实际遭受的损失。如果适用的保险限额被超过免赔额的损失金额所耗尽，那么被保险人可以索赔到整个限额而不用扣除免赔额。

以下例子可以说明上述要点。一天晚上，有个盗贼从罗伊的房屋内偷了以下物品：

物品种类	价值	估价基础
电视机	320 美元	实际现金价
录像机	250 美元	实际现金价
现金	500 美元	面值
合计	1 070 美元	

罗伊购买了每次损失 250 美元免赔额的家主保险单，其现金分项限额为 200 美元。该损失可以按照以下方式计算：

物品种类	索赔金额	估价基础
电视机	320 美元	实际现金价
录像机	250 美元	实际现金价
现金	200 美元	面值
合计	770 美元	

罗伊要承担 300 美元的未保险现金损失（500 美元被盗，从保险人那里索赔回 200 美元），该损失不能在保险单项下赔偿。既然他已经分摊了 300 美元的损失，就不用再扣除免赔额。可以说，他的 250 美元的免赔额已经被

300 美元未保险损失金额所吸收。

另外一个稍微不同的案例可以用来说明，免赔额是如何被部分吸收的。戴尔购买了免赔额为 500 美元的家主保险单，以下物品从他家中被盗：

物品种类	索赔金额	估价基础
钻石项链	1 400 美元	实际现金价
照相机	300 美元	实际现金价
步枪	500 美元	实际现金价
立体声设备	1 200 美元	实际现金价
合计	3 400 美元	

按照保单条款的约定，每件被盗物品要按照以下方式赔偿：

物品种类	索赔金额	估价基础
钻石项链	1 000 美元	珠宝盗窃限额
照相机	300 美元	实际现金价
步枪	500 美元	实际现金价
立体声设备	1 200 美元	实际现金价
合计	3 000 美元 -100 美元 =2 900 美元	

由于戴尔的珠宝盗窃分项限额，他有 400 美元的超额损失。500 美元免赔额中的 400 美元被该超额损失所吸收，3 000 美元的可赔金额中仅需扣除 100 美元，戴尔获得 2 900 美元的赔偿。

吸收免赔额原则适用于商业财产保障以及家主保险单。不论何时索赔金额超过保单限额，都要将超额损失应用于免赔额，以吸收部分或所有的免赔额。为了吸收整个免赔额，超额损失必须等于或超过免赔额。

虽然免赔额通常由保险人所吸收，但大多数保险单并未对这种做法予以约定。然而，许多赔款理算师都认为这是一种正确的做法。这种做法对那些明确表示，免赔额适用于可赔金额而不是损失的全部价值的保险单是唯一的例外。如前所述，此类保险单不会足额赔偿保单限额。

小　结

作为本章主题的损失分摊条款是一种保单条款，它可能要求被保险人部分承担所承保的损失。有两大类损失分摊条款：免赔和设计用来鼓励足额保险的条款。

免赔额存在的理由有三种：一是降低道德风险，鼓励损失控制；二是减少损失成本和损失理算费用；三是减少保险费。不同的保险，实现这些目的的程度也不同。免赔额并不适用于多种责任保险，在这些保险中，最好由保险人承担任何索赔中的"第一块美元"。

有不同特点的免赔额。直接免赔额（straight deductibles）看来很简单，但并不都相同。如前所述，免赔额可以适用于每件物品、每个地点、每次事故发生或每一索赔。百分比免赔可以扣除一个百分比的保险金额、保险财产的价值或损失金额。相对免赔（franchise deductibles）仅适用于在某一水平之下的损失。已经过时了的消失性免赔（disappearing deductibles）设法将直接和相对免赔额的特点结合起来，但由于它太复杂，注定要退出市场。时间免赔（time deductible）通常用于涉及时间因素的损失，如等待期，过了等待期之后保险人才赔偿。累计免赔额（aggregate deductible）通过规定被保险人在保险期间内必须自留的最高金额来增加索赔的难度。最后，自保自留额（self-insured retention）适用于大额免赔，它在伞式和一些其他类型的责任保险单中使用。

足额保险对被保险人和保险人都有好处。投保近似于全部损失风险的被保险人能够获得所有可预见损失的赔偿。如果保单持有人购买了足额保险，他们的保险人就可以收到能够合理地反映损失风险的保险费。

最常见的足额保险条款是共保条款。共保公式惩罚那些未足额投保的保单持有人。在本章中还举了些例子，它们清楚地表明，被保险人将无法获得超过保险限额或损失金额的赔偿。

如果由于任何原因，保险金额并未满足在共保计算公式中的“应当投保”的要求，在发生损失后，共保条款就要对被保险人予以惩罚。避免共保惩罚的措施包括：定期修改保单限额、使用通货膨胀防范条款、通过财产评估确定可保价值以及采用旺季批单。

价值波动增加了既能提供足额保险又不会超额保险的难度。旺季批单可以用来自动调整保单限额，以反映可预见的季节性价值变化。另外，也可以使用报表方式来调整保险费，以反映暴露于损失的财产的实际金额，这些金额通过定期报告来确定，该报告必须及时和准确，以避免在发生损失时受到惩罚。

还有一种足额保险条款称为每月补偿限额（monthly limit of indemnity），用在某些营业中断保险单中，它按照某种约定的比例，对保险人的最高月赔偿金额进行封顶。在家主保险单中还有一种条款，它对至少按照 80% 重置成本投保的被保险人予以奖励，向其提供重置成本保障。在家主保险单中还采用一种方法，包括通货膨胀防范和旺季类保障条款。

保险人也通过各种核保技术来应对足额保险问题的挑战，这些技术用来加强对财产价值的评估，包括详细评估或粗略评估。保险人也可以向被保险人提供重置成本保障保证，后者按照保险人预估的金额购买保险。

本章的结束部分简单地解释了免赔额、保单限额和共保条款，在发生损失后可能对可赔金额产生影响的一些考虑。对未经书面表述的“吸收”免赔额的做法也作了介绍。

第八章　多重索赔来源

遭受损失的一方经常可以从除了自己的资产之外的多处外部来源获得赔偿。显然，保险合同是最佳的财务损失索赔来源，但它并不是唯一来源。依据成文法、侵权法和合同法，遭受损失的人可能还有其他索赔权。同样，不只一份保险单或不只一家保险公司可能为同一件损失提供保障。本章介绍按照各种保单条款的规定，是如何处理实际或潜在多重索赔的。本章还检查，在多重索赔来源的情况下需要考虑的一些外部因素，这些因素具有不同的特点。

本章先对保险损失的多重索赔来源进行分类和说明。检查所有这些来源超过了本书范畴，这里强调的只是多重保险索赔来源。下一步，本章将检查解决多重索赔来源问题的条款表述。本书中，这些条款称为“其他保险”条款，它采用双引号以避免出现“与保险相关的其他条款”的含义。

第一节　多重索赔来源

保险保障分析通常从假设由一份保险单（或保险单中的部分章节）单独承保损失开始，但是，仍然存在一种可能性，即被保险人还可能全部或部分从承保同一件损失的其他索赔来源获得赔偿。

被保险人可能是某些慷慨的个人或实体的受益者，这些个人和实体可能在没有保险的情况下替被保险人赔偿损失，此类免费的赔偿来源不在这里考虑。我们的重点放在被保险人可以在法律上实施的权利，以下是我们要考虑的几种索赔来源：

①同一份保险单中的其他保险；

②类似保险单中的其他保险；

③不同保险单中的其他保险；

④非保险协议；

⑤第三方。

一、在同一份保险单中的其他保险

财产和责任保险单经常在保单内部——如不同的章节、部分或保险项目之间，存在保障重叠现象。由于现代保险的保障越来越复杂、越来越宽泛，这种保障上的重叠并不是保险草拟者的错误造成。保障重叠通常是明显的，它们可能无法避免或者是故意的。的确，对被保险人来说，保障重叠比保障空缺更有利。

50 年以前，一位保障完善的机动车所有人会持有责任和车损险两种保险，如果是这样，除了偶然会问到“承保物质损坏的风险事故中哪一种被认为是损失近因”之外，机动车责任和车损险两者是相互除外的。今天，根据法律规定和购车人的偏好，机动车保险单不仅包括责任和物质损坏保障，还承保：

——医疗费用；

——“无过错”个人伤害保障；

——无保险机动车驾驶员；

——不足保险机动车驾驶员。

第二章介绍了采用通用条款的保单结构方式，以及商业实体所需的不同险类的保障模块。当将不同的险类在一份保险单中合并或组合在一起时，单一保险单中多重索赔来源的机会就会增加。保险单草拟人不得不将注意力放在同一份保险单中的其他保险上。现代商业一揽子保险单可能涉及包括以下方面的保障重叠问题：

——犯罪保险和商业财产（火灾）保险；

——锅炉和机器保险以及商业财产保险；

——内陆海洋保险以及商业财产保险；

——锅炉和机器保险以及普通责任保险；

——机动车责任保险和普通责任保险。

多重索赔来源也能够在一揽子保险单的同一部分或模块中存在。比如，用来维护或服务建筑物的个人财产（如灭火设备）、室外家具、地板覆盖物或冰箱在许多商业财产保险单的建筑物保障部分承保。这些项目也作为个人财产在同一份保险单的另一个承保协议项下获得保障。

其他例子还包括模块保险单中同一种保险责任项下的不同保障附表。比如，在ISO商业一揽子保险单的商业财产保险部分，建筑物所有人可以用专门的保障附表来承保建筑物，也可以用专门针对玻璃的保障附表承保建筑物的玻璃。既然玻璃是建筑物的一部分，它就是建筑物保险中的保险财产，本身也在保单项下承保。

虽然上述例子的共同之处是，同一个保险人在任何情况下都要赔偿损失，但依然存在一些有趣的问题：

①是否有某种剥离出来的条款，使得保障只剩下一种而不是两种？

②保单限额是否会重叠，如果需要时，让被保险人通过合并两种保单限额来索赔大额损失？

③损失评估条款或免赔条款是否存在差别，使得最好在一种保障项下赔偿损失？如果是，被保险人是否可以选择使用任一种保障？

④建筑物玻璃、电冰箱或其他物品在采用共保条款时，是否也要受到包

括在建筑物保险价值中的重复保障的制约?

本章的目的并不是回答这些问题，而是列出那些不可避免地必须提出的问题。

关于重复保障的类似问题还存在于同一份保险单的不同章节中。家主保险单提供了一些保单内部保障重叠的范例。在保险单第一章家庭财产保险中，住宅保障部分通过条款约定承保用来修理住宅的材料和物质，只要它们位于住宅场所内或附近。然而，在房屋修缮之前，这些材料（如屋顶木瓦）属于个人财产。与被保险人的其他个人财产一起由第一章的个人财产部分承保，该部分适用于被保险人拥有或使用的个人财产。

“被保险人使用”一词明确表示，个人财产保障并不限于被保险人自己的财产，该表述造成了家主保险单的另一种保障重叠。被保险人可能正在使用其朋友的便携式摄像机，但它不慎跌落被摔坏。在同一份家主保单项下，该损失也在第一章项下承保。另外，保单第二章称为“对他人财产的损坏”也承保该损失，至少在适用于该保障的限额之内（通常是500美元）。

二、类似的保险单的其他保险

经常可以看到，由两份以上相同类型的保险单为同一方提供保障。这些保险单的被保险人可能是同一个人或同一个实体，但通常并不是这样。这种保障重叠的形成可能是因为保单设计的原因，是过渡性的或偶然性的。

考虑以下三个案例：

一家大型企业的风险程度超过了单个保险人的承保能力，于是两三家保险人都签发了保险单，共同在限额内提供保障。

——弗雷德搬到新家，买了新的家主保险单，他的旧房子正在销售，承保该旧房的家主保险单依然有效，两份保险单同时对弗雷德（和其他被保险人）提供保障。

——多特借了邻居的小车拉衣服去干洗店，多特和她的邻居都购买了个人机动车保险，多特在两份保险单项下都有责任保障。

不像单一保险单，在类似保险单项下的其他保险通常添加了另一种多重保障。现在并不是保险人是否要赔偿损失的问题，而是哪个保险人要赔偿。所使用的保单语言应当能够解决这一问题。虽然类似保险单可能采用一般类似的表述，但此类表述并不需要都是一致或都是完全为了被保险人的最大利益。但是，如以下所述，保单语言在确定保险人的义务时，既能产生问题，也能解决问题。

三、在非类似保险单中的其他保险

假设多特干洗店持有的顾客受托人保险单承保顾客放在店内的财产。第四章曾经明确表示，即使该保险的目的是为了客户的直接利益，但受托人在该财产中也具有代表性的可保利益。由于多特的家主保险单承保她在世界上任何地方的个人财产，她在该保险单和干洗店的商业内陆海洋保险单项下都获得保障——两种不同的保险单。这种情况还普遍存在于以下例子中：

——希尔达是家主保险单的被保险人，他在朋友同意的情况下借了后者23英尺的帆船，傍晚去海湾游玩。希尔达既在其家主保险单项下有人身伤害和财产损失责任保障，也可以作为被允许的船只使用者，在船东的船只保险单项下获得保障。

——爱德文有一辆多功能拖车。在某些情况下，由于该拖车引起的责任索赔，可以由爱德文的个人机动车保险单以及家主保险单所承保。

——古尔内是一家餐厅和派对场所。一次古尔内举行派对活动，其雇员为客人在后面的停车场停车，这种为客人停车的行为是可以在古尔内的普通责任保险单以及商业机动车保险单项下承保（还要看保险单是怎么规定的）。

——古尔内的雇员使用他的私人车辆把冷盘菜送到顾客家中。古尔内的与机动车相关的雇员过失替代责任，可以在雇员的个人机动车保险单以及古尔内的商业机动车保险单项下承保。

经常会出现非类似的保险单项下的其他保险问题，它往往与人身伤害意外事故以及因此产生的医疗费和收入损失相关，这种问题甚至无须考虑造成过失伤害的第三方的财务来源或责任保险保障。比如雇员上班时因车辆事故受伤，以下是所适用的保险保障清单：

①雇员的机动车保险；

②雇主的机动车保险；

③其他机动车驾驶员无过失或医疗费用保障；

④雇员的个人医疗费用保险；

⑤雇员的由雇主投保的团体医疗费用保险；

⑥配偶或父母亲的团体医疗费用保险；

⑦雇员的个人失能收入保险；

⑧雇员的由雇主投保的团体失能保险；

⑨劳工补偿保险，为法律规定的雇主对雇员在工作时受到的伤害提供保障。

如前所述，机动车保险单内的保障重叠可能导致重复保险。劳工补偿保险在大多数情况下仅适用于与雇佣相关的伤害，但是，如果意外事故与工作无关，上述①~⑦项保险依然可以适用。

四、非保险协议

被保险人也可以直接为其保险损失从其他非保险索赔来源获得赔偿，也就是说，这种索赔来源无须确定另一方是否有过错或原因是什么，有些产品质量保证就属于这一类。还有些其他类型的非保险合同风险转移方式，如承租人或托管人有义务为租赁或托管财产的安全负责，而且无须考虑他们是否有过失。雇佣合同可以使雇员（以及有可能是他们的家属）有权在雇主自保计划项下（如劳工补偿、医疗费用、短期或长期失能收入）获得利益，从字面意义上看，这些计划可能与保险存在保障重叠。

消费信用卡对某些损失也是一种有趣的索赔来源。有些“高端”卡（如用来支付租金）可以在车辆发生灭失或损坏的情况下，向在租车合同中承担义务的持卡人提供保障。该保障免除了租车人为所谓的碰撞损坏弃权（collision damage waiver）每天支付大量的费用，该保障与租车人在个人机动车保险单项下的非拥有车辆保障重叠。

与信用卡、租车损坏保障重叠的还有：（1）个人物品保险和（2）意外医疗费用保险。个人物品保险对租车人在车中的个人物品的灭失或损坏提供补偿，它显然与家主保险重叠。意外医疗费用保险与机动车意外医疗费用利益和劳工补偿保险重叠。与机动车意外医疗费用利益不同的是，有些旅游卡为持卡人在旅游过程中遭受的疾病或意外伤害提供紧急医疗服务利益。最后，与家主保险单明显存在重叠的是，有些信用卡还为使用该卡购买的物品的灭失或损坏在购买后一定时间内提供保障。

提供上述额外保障的发卡人通常不直接参与理赔，由专门的理算公司（经常是保险人）负责理算。在某些情况下，由保险人向发卡机构出具保险单来提供上述利益。从索赔人的角度，这不是一种保险，而是发卡机构的合同承诺。

五、第三方

被保险人可以根据法律而不是合同规定，拥有可通过法律实施的权利，从其他人那里为由保护该被保险人利益的保险所承保的损失，全部或部分获得补偿。该“第三方”可以拥有也可以未拥有保护他免受因履行义务招致财务损失的责任保险。如果安持有机动车碰撞保险，她的车被其他操作不当的车辆所撞，安拥有可以在自己的保险项下获得赔偿的合同权利，同时在侵权法项下也有权向对方肇事驾驶员索赔。是否由于存在肇事方而减轻或削弱安的保险人对她的责任？是否由于安持有碰撞保险而减轻或削弱肇事方对她的责任？总之，这两个问题的答案都是“不”。

第三方以侵权法为基础的义务，不管他有没有责任保险承保该义务，都不影响第一方保险人对其被保险人的责任的性质或程度，除非保单条款做了不同的约定。实际上，只要另一方（或其保险人）站出来，承认自己的义务并通过赔偿解除该义务，安的碰撞保险人可能不用赔，或者碰撞保险人先赔偿，然后再向另一方追偿。

总之，侵权方（或他的责任保险人）并不会因为受到侵权者伤害的另一方有了保险或非保险补偿来源而豁免或减轻其责任。侵权者作为负主要责任的一方，不能因为对方有了担保来源而避免或减轻自己错误行为的后果，这种概念体现在“担保来源规则”（collateral source rule）中，它将在以后讨论。

某些风险事故经常在第一方保单项下承保，只要发生了该风险事故，就会产生针对责任方的追偿权利。故意破坏和任何形式的盗窃都属于这一类——被认为对该行为有罪的人就有义务赔偿受害者的损失。在多数情况下，追偿权利的效果并不显著。有一种例外是雇员忠诚保险，该险种保险人的代位求偿金额可能十分可观，因为罪犯的身份经常是已知的。当然，责任保险不会承保第三方故意犯罪行为所造成的损失。

第二节　其他保险条款

本书使用“其他保险”条款一词是广义的，它包含了所有的类似保单条款，而不管它们的标题是什么，这些条款的目的是在损失发生前，阐明保险人的赔偿义务如何因为有了适用于同一种损失的其他保险而受到影响。

实际上，所有的财产和责任保险单至少有一种涉及其他保险的条款。许多财产和责任保险单都有题为“其他保险”一章，许多其他标题项下的保单表述也可以解决其他保险的问题，它们都属于“其他保险”条款，是由它们的内容而不是标题决定的。

有些健康保险单也有“其他保险”条款。在团体医疗费用保险单中，“保险利益的协调”（coordination of benefit）这一标题经常用来表示它是“其他保险”条款。虽然本书的重点放在财产和责任保险上，对健康保险做些讨论也有必要，因为会不可避免地产生疑问，健康保险是否也有类似责任保险项下的“其他保险”条款？

过去，人们总认为，“其他保险”条款是源于合同约定，只是通过文字来解决其他保险问题。现在，有些“其他保险”条款内容由法律确定，有些条款还包含了保险之外的其他索赔来源，这些要点在以下进一步讨论。

一、其他保险情形

当同一种利益、损失原因和损失金额有一种以上的保险索赔来源时，就存在其他保险的情形。除非存在一些外部索赔来源，否则“其他保险”条款就没有什么作用。什么是其他保险？在什么情况下，在不同的保险单之间或同一份保险单的不同部分会出现保障重复或重叠？以下举个简单的双保险单例子来回答这些问题，随后再检查用来解决这些问题的“其他保险”条款。

假设艾丽卡在两份保险单项下都是被保险人，后来发生了意外事故，并给艾丽卡造成了经济损失，该事故都可作为两份保险单项下的保险事件。假设每个保险人都对部分损失承担赔偿义务，这些重复承保的损失存在着其他保险的情形，两份保险单相互重复或重叠。艾丽卡并不需要作为任何一份或两份保险单的指明被保险人、保险费支付者或保单持有人，只要她是被保险人就行。

将该一般原则放在特定的保险单中。假设艾丽卡借了比尔的车，并在得到后者允许的情况下使用。艾丽卡自己的机动车责任保险单，同样承保她在使用借来的车辆时所造成的责任。比尔的保险单也向艾丽卡提供责任保障。如果不存在另一份保险单，这两份保险单中的任何一份都为艾丽卡提供抗辩，并代替她在限额内支付由于她使用比尔的车辆造成的人身伤害或财产损失依法承担的损害赔偿金。显然，这就是一种其他保险的情形，它涉及同一个被保险方、同一种损失原因以及同一种损失后果。这两份保险单中的任一份都要分别负责针对艾丽卡的责任索赔，但是，这些保险单并不是单独承担责任的。由于其他保险的存在，每个保险人的赔偿义务取决于“其他保险”条款是如何约定的。

另外，假设艾丽卡持有个人伞式责任保险单，通常情况下，该保险单承保与机动车相关的索赔。是否该超额保障也是其他保险，可以触发艾丽卡和比尔的机动车保险单的“其他保险”条款？通常不会。超额和伞式保险单可以承保同一方和相同的损失原因，但它们仅适用于超过某些保障层以上的损失，特别是伞式保险单，通常适用于超过被保险人的特定金额或特定限额的损失。表达这种关系的保单条款在以下讨论。

再从另一个角度看。如果马克在艾丽卡造成的机动车事故中受伤，马克的机动车保险又能发挥怎样的作用呢？该保险可能不会赔偿马克的部分损失，以至于与艾丽卡的责任保险人分摊对马克的部分赔偿。此类索赔来源并不是承保艾丽卡机动车责任风险的保险单的“其他保险”条款所称的其他保险。即使马克可能对部分损失有几种索赔来源，即使所有这些来源都是某种保险，直接对受到伤害的第三方承担赔偿义务的任何来源都不触发承保艾丽卡的保险单的“其他保险”条款。从每个被保险人的角度看，本案涉及不同的原因和后果的保险利益。艾丽卡的责任保险单承保其支付损害赔偿金的法律责任，马克的保险，不管是机动车医疗费用保障、无过错保障还是健康保险，承保的是马克自己的财务损失。在是否采用“其他保险”条款时，这一点是很重要的区别因素。

二、其他保险条款的特点

多数财产和责任保险单至少有一种处理其他保险的保单条款。有些“其他保险”条款明显而且简单，还有些条款却比较隐晦和复杂。在进一步检查“其他保险”条款之前，需要注意以下要点：

——“其他保险”条款并不仅限于贴上“其他保险”标签的条款，有些无该标签的条款实际上也具有其他保险功能。

——专门涉及“其他保险”的条款，通常可以在保险单的“保单条件”部分看到。

——拥有多种不同保障类型的保险单，经常有多个“其他保险”条款。比如，家主保险单在其财产和责任保险部分，分别有条款处理其他保险问题，即使两个条款都采用“其他保险”这一标题。有些商业一揽子保险单，根据其保单结构，可以包含 10 个甚至更多的“其他保险”条款，以及与其他保险相关的无标题的类似条款。

——单一的“其他保险”条款可能包含多种“其他保险”条款。在广泛使用的普通责任保险单中的相关条款（将在本章后面部分提供），包括三种类型的其他保险表述。

——任何某种类型的“其他保险”条款，无须与同类的另一个条款一致。在许多情况下，“其他保险”条款无法按照其文字表述实施。比如，两份保险单都对同一种索赔提供保障，每个条款都声称，自己所赔偿的是其他保险所赔偿的超额部分，这种表述并不意味着，每份保险单都能赔偿其他保险单的超额部分。

——由于存在保障上的差异，很难实现任何“其他保险”条款在应用上的一致性。

本章后面部分介绍在所使用的“其他保险”条款之间可能出现的冲突。

三、“其他保险”条款的类型

“其他保险”条款可以具有以下一种或多种作用：

①免除保险人的责任；

②将保险人的责任限于一定比例的损失；

③将保险人的责任限于其他保险的超额损失；

④将自己的保险作为其他保险的基础保障；

⑤坚持补偿原则，而不指出其他保险是如何规定的。

1. 免除责任条款（Exonerating provisions）

如果存在其他保险，在一些保险单中的“其他保险”条款可以免除或解除保险人的赔偿义务。包括此类条款的保险有时称为或有保险（contingent insurance），其免责表述有时称为“逃避条款”（escape clause）。

长期以来，此类其他保险至少采用以下四种方式：

①禁止其他保险；

②将其他保险所承保财产或活动除外；

③作出一般性的免责声明（如果其他保险适用的话）；

④一种抵消方式，它在自己的限额上减少其他保险的保障限额。

“其他保险”条款通过避免为同一件损失进行超额赔偿或重复赔偿来支持补偿原则。但是，免责条款是一种例外。补偿原则认为，被保险人不应当获得超过其遭受的实际损失的赔偿而获利。免责条款是一类条款，它并不关心将损失赔款仅限于实际损失。的确，根据其他保险的表述，这些条款也可以将被保险人所有的损失赔偿限制在损失金额范围内。

（1）禁止（Prohibitions）。严格禁止其他保险主要是因为历史性的缘故，尽管它们现在仍然可以在海洋船舶保险和未采取保护措施的农村财产直接损失保险（具有相对高的损失风险）中看到。禁止其他保险从字面意义上看，相当于一种保单条件，它将无其他保险作为一种或有条件，对保险人承诺提供的保障予以限制，违反该条件可能导致保险人拒绝赔偿。

多年来，许多保险公司使用的家主保险人都有以下针对其他保险的限制：

“承保所述住宅房屋（除了针对本保险单不承保的风险之外）的其他保险是不允许的。”

这种条款的一种原因是，保险人希望家主保险单以其可保价值的较高比例的合理金额来承保住宅，足额保险的重要性已在第七章作了介绍。早年的家主保险单涉及一些相关因素，这些保险单以较低的保险费提供一揽子保障，这些保障过去是用单独的保险单承保。首先，在已经考虑了一揽子折扣的定价结构下，不足额保险的问题反而更加严重。其次，不足额保险是家庭个人财产保险的一个传统上的问题。家主保险单设法通过提供等于住宅保险金额的固定比例的个人财产保障来解决这个问题，但如果住宅本身不足额承保，这种目的就无法达到。如果保险购买者能够为住宅购买到单独的火灾保险单，并用低限额的家主保险单作为补充保障（就像他们过去常做的那样），家主保险的费率结构和核保措施就失去其应有的作用。从某种意义上说，这种“其他保险”条款是一种通过保险条款而不是通过风险评估的核保措施。随着时间的推移，保险定价结构和保险购买习惯在发生变化，现在的家主保险单已经没有这种其他保险上的限制。很难想象，人们会故意重复购买家主保险，也许除了在一些短暂的过渡期内，如从一处住宅搬到另一处，或者在婚姻状态改变的情况下。另一种禁止其他保险的规定出现在董事和高管人员责任保险单中（D&O），它采用大额自留（免赔）的做法，其目的是，通过让被保险人承担大额损失来鼓励他们进行损失控制，如果取消免赔就无法达到这一目的。有一种 D&O 保险单的责任限额条款是这样表述的：

“本保险单将仅支付超过该自留额部分的损失，该自留额由被保险人自保。”

（2）除外条款。有些除外条款通过将保险责任中可能或应当由其他保险单承保的某些财产或活动剔除，来表示保险人的意图。比如，家主保险单的责任保障部分将大多数与机动车相关的损失除外，这些损失被认为应当由机动车责任保险承保。这些并不是“其他保险”条款，因为即使不存在其他保险，这些条款也适用。

还有一些保险单设置除外条款，它们只有在其他保险适用的情况下才限制保险责任。这些实际上是“其他保险”条款，但并不采用该名称。比如，家主个人财产保险责任部分通常将“在本保险或任何其他保险中单独载明和特别承保的物品”除外。如果家主保险单的被保险人购买了内陆海洋个人流动物品保险单（inland marine floater），或购买了类似的家主保险单附加险，以承保特定的珠宝首饰，并有专门的限额，该首饰将不再在家主保险单的个人财产部分承保。结果是，将所有的保险损失赔款责任转移到所收取的保险费仅用于承保珠宝首饰的保险单或批单项下。要注意的是，即使特定的保险不适合（如珠宝首饰的价值高于该流动物品批单的保单限额），该除外条款依然适用。

有些除外的“其他保险”表述，还包含一个在其他保险不适合的情况下的“恢复”条款，即如果“其他保险”条款不合适，该除外条款也不适用。该除外条款并不是免责条款，而是作为例外的超额保障条款，即保险人赔偿的是其他保险的超额部分，这种情况在以下讨论。

（3）一般免责声明（General disclaimers）。采用一般免责声明时，它仅限于保险责任的某些方面而不是整个保险单。经常可以看到有些保险责任的附加或补充部分仅在无其他保险的情况下采用。比如，承保建筑物的“商业财产”保险单，通常承保任何建筑物的在建附属工程，前提是该附属工程不被其他保险所承保。有些个人机动车保险单为新近获得的机动车提供保障，前提是无其他保险为该车辆提供保障。在期内索赔制保险单的扩展报告期或“尾巴”保障中提供保障的前提也是不能有其他保险承保相同的索赔。

有些法律规定的保险，如机动车个人伤害保险，由法律规定提供基础和排他性保障，它实际上排除了在另一份保险单项下可能适用的保障。比如有个州的法律规定，承保车辆的个人伤害保险单先向车上人员赔偿，重复保障是禁止的。车上有位客人，尽管他也有自己的机动车保险，只能希望从车辆保险人（即事故车辆保险单）那里获得个人伤害可保利益。即使乘客的损失超过保单限额，他自己的保险人也可以免除任何责任。

（4）抵消（Offset）。当一个保单限额被另一个适用于相同损失的其他保单限额减少时，就会发生抵消这种情形。以下是两种可能发生的抵消情形：

——当其他保险的限额等于或超过含有抵消条款的保单限额时，就可以完全免除后者的赔偿责任。

——当含有抵消条款的保险单限额较高时，它仅提供超额保障，即仅赔偿两份保单限额之间的差额。

在以上任何一种情况下，两种限额都不明确。换句话说，两种保险单的限额是无法叠加起来的。上述两种情况可以通过无保险驾驶员批单的表述来解释。

“我们向非由您拥有的机动车所提供的保障，是任何其他可索赔保险的超额部分，而且仅负责本保险单的责任限额超过其他可索赔的保险单的责任限额那一部分。”

该条款作为免责条款还是部分超额条款，取决于其他适用的无保险驾驶员保障的限额是多少。几乎在所有的情况下，其他适用的无保险驾驶员保障程度可能只是随机性的，而不是事先安排好的。

有些机动车保险人在处理同一个保险人向同一家实体重复出具保险单时也采用类似的方法。有一种经常使用的条款，或许以“由我们签发的两份以上的保险单”为标题，设法明确表示，保险人的总赔偿义务不会大于这些保险单中的最高限额，而且，限额不能重叠，在这种情况下，这些限额是指同一个保险人签发给同一个实体的所有保险单的限额。但是，该条款并不影响保险人在其他保险情况下的义务，就如同一个人是保险人签发给两个不同的指明被保险人的保险单项下的被保险人。比如，艾丽卡和比尔从同一家保险公司购买机动车保险单，而且艾丽卡驾驶比尔的车辆。

2. 比例条款。有一种最常见的“其他保险”条款，它将保险人的赔偿义务限于所有损失的一定比例，有时称之为“比例”（pro rata）条款或“分摊”（contributing）条款。所有涉及将保险人的赔偿限于一定比例或份额的损失也由其他保险所承保，这就是比例条款的目的，即对赔款进行限制，而这种损失分摊特点正属于“其他保险”条款之类。按比例分摊损失是实施这些条款的结果，但并不是它们的目的。

比例条款可能采取以下三种形式之一：

①按照面值或保险限额比例（Proration by face amount or limits of insurance）；

②按照可赔金额的比例（Proration by amounts otherwise payable）；

③等额分摊（Contribution by equal shares）。

有一种相关的条款也在这里讨论，它是所谓的“分摊”（apportionment clause）条款，这类条款也可以作为比例“其他保险”条款。剩下的就不是“其他保险”条款了，即使它的计算方式类似比例条款。

（1）按照面值的比例。如第六章所解释，所有保险单都有一个或多个保险限额，这些限额通常以数字的方式体现，但有些情况下，它们用文字表述，而且在损失发生后转换为数值（比如，损失赔款仅限于机动车的实际现金价）。

在此类典型的其他保险情况下，两份或两份以上的保险单（每一份都有自己的限额）适用于相同的损失。如果采用面值比例的做法，它将保险人的最高赔偿金额限于保险人的保单限额与所有适用的保险单限额之和之比，这种概念可以按照以下公式表示：

$$\frac{（A\text{ 的限额}）}{（A\text{ 限额}+B\text{ 的限额}+C\text{ 的限额}+\cdots\cdots）}\times\text{损失金额}=A\text{ 的最高赔偿金额}$$

如果两个保险人 A 和 B，A 的限额是 10 000 美元，B 的限额是 20 000 美元，发生了 3 000 美元的损失，那么 A 的赔偿义务不超过 3 000 美元损失的 1/3（即 1 000 美元）。如果 B 的保险单有类似的条款，B 的赔偿义务则限于 2 000 美元。要注意，在这些保险单中的限额不会因为此类“其他保险”条款而改变。比例条款并不会减少保障。如果损失金额为 30 000 美元或更多，每个保险人赔偿自己的限额。

这种和其他类型的比例“其他保险”条款，可能被看作在保险人之间分配或分摊损失而不是限制赔偿的方法，但这种观点会忽视了按照面值比例的历史特征。美国早期的火灾保险单并未提及其他保险，然而由多家保险人承保相同损失的情况的确发生。当这些情况引起的纠纷诉诸法庭时，如果没有其他更加合理的方法，法庭一般采用与按照面值比例相同的规则处理，但它们允许被保险人直接向任何相关的保险人追偿，支付赔款的保险人也有权向其他相关的保险人要求分摊，每个保险人的分摊金额根据其他保险人的保险限额在总保险限额中的占比确定。支付赔款的保险人别无选择，只能承担从其他保险人那里追偿属于后者份额的工作，也就是说，实施自己的补偿权利。要获得补偿，有时还比较困难，因此保险人开始通过限制赔偿的保单表述，而不是在保险人之间相互索赔来解决损失发生后的赔偿问题。这样，这些早期条款的目的是避免保险人不得不先支付超过自己应承担的份额，然后再按照普通法规则向其他保险人追偿。通过避免重复赔款来维护或强化保险补偿原则并不是问题，因为火灾保险单被认为是一种补偿性合同，法庭会一致禁止被保险人获得超过其实际损失的赔款。

长期以来，将按照面值比例作为解决“其他保险”问题的有效方法，在固定场所财产保险中成为一种标准，此类保险过去称为“火灾保险”或“火灾和同类风险保险”，而现在就直接称为“财产保险”。过去有许多版本的所谓“标准火灾保险单”，这些保险单都使用按照面值比例的做法。1943 年纽约标准火灾保险单中的“按比例责任”标题条款是这样表述的：

“本公司将不负责超过其保险金额与承保该财产的所有保险金额的比例的任何损失，而不管是否这些保险是可索赔的。”

固定场所财产保险合同的后几种版本均保留了这种规定，但在“是否可索赔”或类似表述上有不一致的地方。现在的趋势是保留该表述。类似的条款在其他险类如责任险中得到使用，但该表述通过要求其他保险是“有效和可索赔”（valid and collectible）或“可适用”（applicable）等要求予以限制，而有些条款则对此完全缄默。注意以下从广泛使用的相关责任保险条款中的节选表述：

“如果被保险人对我们所承保的损失存在其他有效和可索赔的保险，我们的赔偿义务仅限于……”

“本条件仅在被保险人持有承保相同赔偿义务的其他保险的情况下适用。”

上述第一句在有效和可索赔这一问题上是很明确的，但第二句并无这种规定。

这种区别是很重要的。保险可能由于多种原因，如获取保险单时欺诈或误告、违反保单条件、保险人破产等，无法在其项下获得赔偿。如果存在另一份保险单，但它对被保险人毫无益处，该保险单是否有资格作为“其他保险”并允许采用限制赔偿的“其他保险”条款呢？“是否可索赔”这种表述使得保险人将其赔偿责任限于，在其他保险单对自己的赔偿不作限制的情况下，他所应当赔偿的金额。该结果似乎对被保险人不公平，但这是双方协议的一部分，保险人收取的保险费反映了这种协议约定。换句话说，在计算保险人的赔偿义务时，如果将其他不可索赔的保险忽略，费率则要略高一些。降低保险费率是其他有效保险合同存在的法律对价。

有一种问题与上述问题稍微不同，它的焦点放在可索赔性与“其他保险”条款中常见表述的联系上。上述摘录的标准火灾保险条款提及“承保该财产的所有保险”，是否不可索赔的保险单也是承保该财产的保险单呢？现在通用的家主保险单的财产保障部分是这样表述的：

“其他保险

如果本保险承保的损失也由其他保险所承保，我们将按照本保险项下的保险金额占承保该损失的所有保险金额的比例支付赔款。”

该表述并未提及可索赔性的问题，因为“可索赔性”一词已经在早期保单版本中放弃。是否受到其他不可索赔保险限制的损失由其他保险所承保？是否其他不可索赔的保险是承保该损失总保险金额的一部分？这两个问题的回答可能是“不”。另外，一个资不抵债的保险人的赔偿义务经常由州保证基金履行。保证基金的义务是否被认为是“其他保险”，从而允许采用限制赔偿的“其他保险”条款呢？由于保证基金付款一般比较迟，法庭很可能会作出该基金并不构成其他保险的结论。

（2）按照可赔金额的比例。第二种按比例“其他保险”条款是在无其他保险的情况下，以每份保险单项下可赔偿金额的比例为基础。在这里保单限额不适用，除非保险单规定只能根据保单限额的比例来确定赔偿金额。如果保险单需要单独赔偿低于保险限额的赔款，那么该较低的赔款就是可赔偿金额。在确定该金额时，所有相关的保单条款——理赔条款、共保条款、免赔条款、分项限额——都要采用。

按照可赔金额比例方式，保险人的赔偿义务如上所述，仅限于按以上方式确定的可赔金额占所有其他保险单按相同的方式确定的可赔金额的比例，其计算方式如以下公式所示：

$$\frac{\text{A 的可赔金额}}{(\text{A 的可赔金额} + \text{B 的可赔金额} + \text{C 的}\cdots\cdots)} \times \text{损失金额} = \text{A 的最高赔偿金额}$$

举个有代表性的例子。假如 40 000 美元损失由 A 保险单所承保，保险金额为 90 000 美元，该损失也由 B 保险单所承保，保险金额为 10 000 美元，两份保险单都采用之前所述的按照面值比例的“其他保险”条款。保险单 A 要赔偿 90% 的损失（或 36 000 美元），而保险单 B 要赔偿 10% 的损失（或 4 000 美元）。按照公式计算如下：

按照面值的比例：

$$\text{A 保单赔偿} = \frac{90\ 000\ \text{美元}}{(90\ 000\ \text{美元} + 10\ 000\ \text{美元})} \times 40\ 000\ \text{美元} = 36\ 000\ \text{美元}$$

$$\text{B 保单赔偿} = \frac{10\ 000\ \text{美元}}{(90\ 000\ \text{美元} + 10\ 000\ \text{美元})} \times 40\ 000\ \text{美元} = 4\ 000\ \text{美元}$$

另外，如果两份保险单都采用按可赔金额比例条款，保险单 A 要赔偿 32 000 美元，保险单 B 要赔偿 8 000 美元，为什么呢？如果保额为 90 000 元的保险单是唯一的保险单，它的赔偿金额不超过 40 000 美元这一损失金额。如果保额为 10 000 美元的保险单是唯一的保险单，它应赔偿的金额不超过 10 000 美元这一保单限额。按照公式计算如下：

按照可赔金额的比例：

$$\text{A 保单赔偿} = \frac{40\ 000\ \text{美元}}{(40\ 000\ \text{美元} + 10\ 000\ \text{美元})} \times 40\ 000\ \text{美元} = 32\ 000\ \text{美元}$$

$$\text{B 保单赔偿} = \frac{10\ 000\ \text{美元}}{(40\ 000\ \text{美元} + 10\ 000\ \text{美元})} \times 40\ 000\ \text{美元} = 8\ 000\ \text{美元}$$

在以上公式中，分母不是两份保险单的保险金额之和，而是在无其他保险单的情况下，每份保险单应付金额之和。

过去，按照可赔金额的比例通常是锅炉和机器保险，以及可能与锅炉和机器保险重复的火灾保险中的约定。保险单中通常称之为“共同损失”（joint loss）条款，因为它规定，重复承保的那部分损失是一种“共同损失”，它使得锅炉和机器重复保险赔偿更具有合理性，因为火灾保险人都不愿意采用按面值比例的做法。按照面值比例方式承保被保险人的财产，保险金额达到几百万美元的火灾保险人一般要承担大比例的损失赔偿，而该损失通常由火灾保险单和保险金额很小的锅炉和机器保险单共同承保。按面值比例方式赔偿，对火灾保险人是不公平的，因为锅炉和机器保险人所收取的保险费的目的就是承保锅炉和机器。后来的火灾以及锅炉和机器保险单都对保险责任做了修改，以减少保障重叠的可能性，现在的标准火灾保险单都不采用按照可赔金额比例的做法。

1984 年之前，劳工补偿和雇主责任保险单采用按照可赔金额比例的做法，该条款表述如下：

“其他保险

如果被保险人持有针对本保险所承保的损失的其他保险，本公司将不负责超过在无其他保险的情况下被保险人在本保险单项下应获得的赔偿金额，占该金额与适用于该损失的其他保险单项下所有可赔金额之和的比例的损失。”

在涉及劳工补偿利益的典型案件中，如果两份保险单都采用该条款，将会导致每个保险人赔偿一半的损失，这是因为每份保险单在单独存在的时候要赔偿相同的金额——法律规定的利益。现在的保险单采用按照相同份额分摊的做法，该做法在以下解释，这种方法产生与劳工补偿保障采用可赔金额比例相同的结果，但雇主责任保障部分却不会这样。

这种限制或确定损失赔款的方法，在解决其他保险的问题上已经有了较长的历史，它是有些保险公司间协议的一部分，旨在解开当保单表述出现冲突、保单表述存在多种含义或保单约定显然不可能执行的情况下的绳结。按照可赔金额比例的做法被称为“责任限额规则”（limit of liability rule），“责任限额”一词与本文中使用的“可赔金额”一词的含义是相同的。

（3）等额分摊。第三种比例“其他保险”条款是20世纪60年代的产物，称为等额分摊。在普通责任保险单中可以看到这种例子，它跟在其他有效和可索赔保险这一介绍性表述之后：

“如果所有的其他保险允许按照等额分摊，我们也采用这种方式。根据这种方式，每个保险人分摊相同的金额直到他们赔偿了自己适用的保险限额为止，而且再没有剩下的损失未赔，两者以先发生为准。”

该保险单的复合“其他保险”条款还包含额外表述，以处理其他保险单并未规定按照等额分摊时的情形。

以下举例解释等额分摊是如何进行的。假设被保险人的两份普通责任保险单都负责60 000美元的索赔，保险单A的保单限额为100 000美元，保险单B为25 000美元，两份保险单都采用等额分摊方式。两个保险人都支付相同金额的赔款，直到较低限额的保险单达到其限额25 000美元为止，这时，50 000美元的赔款已经支付，保险单A赔偿剩下的10 000美元。假如索赔金额只有30 000美元，每份保险赔偿15 000美元。两个保险人之间达成协议，决定由谁负责对索赔进行调查以及提供法律服务，这些服务的费用在两者之间分摊（按照赔款支付方式），除非在保险单中作了其他规定或者保险人之间另外达成协议。

等额分摊方式，与在同一份保险合同中向责任限额较高的保障收取较低的费率的做法相关，因为考虑到金额越大，损失的可能性越低。换句话说，保险费率的增加与责任限额的增加是不成比例的。这一点可以在表8-1中得到显示，该费率表在轻型和中型卡车商业机动车人身伤害和财产损失责任保险中使用。

表 8-1　　　　保险费与责任限额之间的关系

增加的责任限额	因子
25 000 美元	1.00
25 000 美元	1.08
50 000 美元	1.16
100 000 美元	1.33
250 000 美元	1.56
300 000 美元	1.61
350 000 美元	1.66
500 000 美元	1.76
1 000 000 美元	1.98

上述保费基础适用于 25 000 美元的责任限额。对于更高的责任限额，该保险费再乘以适用的增加限额因子。随着限额增加，费率逐步降低，以反映大额损失减少的可能性。1 000 000 美元的责任限额是 25 000 美元责任限额的 40 倍，但是前者的保险费不到后者的 2 倍。同样，1 000 000 美元责任限额的保险费只比 500 000 美元的高 8%，虽然前者限额是后者的 2 倍。

等额分摊对限额较低的保险单是一种较大的负担，但更加公平。在上述例子中，保险单 A 有 100 000 美元的限额，保险单 B 有 25 000 美元的限额。保险单 A 提供 4/5 的保障，但保险人仅收到 4/7 的年保险费（根据上述表 8-1 的因子计算），因为该费率结构反映的事实是，损失金额在 25 000 美元和 100 000 美元之间的可能性比在 25 000 美元之内的小。如果按照保单限额分配损失，对限额为 100 000 美元保险单的保险人不公平，因为他要赔偿 80% 的损失金额，但仅获得两份保险单合计年保费的 57%。等额分摊通过减轻保单限额大的保险人的损失分摊负担来减少这种不合理性。

（4）分摊（Apportionment）。该词在其他保险领域有两种使用方式。从广义上看，它只用来指称在其他保险的所有情况下，在保险人之间分配损失的过程或方法。在相关但比较特定的使用上，它在某些保险单，特别是标准火灾保险单加上扩展承保火灾和雷击风险之外的其他风险事故的附表中，作为“其他保险”条款的标题。这里重点讨论的是后一种用法。

分摊的概念可以通过标准火灾保险单发展的方式来分析。标准火灾保险单在所承保的风险事故上不断扩大，将这一事实与过去在多份火灾保险单项下承保同一种财产（如商业楼房）的通常做法联系起来看，这些条件为多份火灾保险单承保相同的财产但不同的额外风险事故的做法创造了空间。

考虑以下涉及两份保险单以及两个损失的简单例子：

——保险单 A：保额 100 000 美元，仅承保建筑物的火灾和雷电风险事故；

——保险单 B：保额 50 000 美元，承保同一建筑物的火灾和雷电，但也扩展承保风暴和其他风险事故。

假设发生了以下两件单独的损失：

——损失 1：3 000 美元的火灾损失；

——损失 2：3 000 美元的风暴损失。

火灾损失 1 显然由两份保险所承保，每份保险单按照面值比例赔偿。保险单 A 赔偿 2 000 美元，保险单 B 赔偿 1 000 美元。每份保险单的赔偿金额是封顶的，被保险人的损失全部得到赔偿。

风暴损失 2，扩大了赔偿范围。该损失是保险单 A 不承保的，但它属于保险单 B 的责任范围，后者提供风暴保障。由于不适用其他保险，是否由保险单 B 赔偿所有的 3 000 美元的损失呢？如果保险单 B 含有以下条款，答案是“不”：

“分摊

本公司将不负责由于本保险单所承保的风险事故造成的，任何超过本保险单的保险金额与承保（或如果在没有本保险的情况下，应当承保）该财产的火灾保险单（不管是否可以获得赔偿，或不管是否其他火灾保险单承保本保险项下的风险事故或额外风险事故）的全部保险金额的比例，再扣除免赔额（如有）之后损失。”

保险单中“分摊”条款，除了其中括弧内的字之外，与经过修改的标准火灾比例责任条款相似。这些表述，加上先前提及的“火灾保险的全部金额”，表明保险单 B 对自己的赔偿义务做了限制，如同当保险单 A 也承保风暴风险事故时那样，保险单 B 仅负责自己份额的损失。因此，B 赔偿的风暴损失仅限于 1 000 美元。

显然，从分摊条款的特点来看，它根本不是一种“其他保险”条款。“其他保险”条款一般解决的是两份保险单提供相同保障时的赔偿问题。在上述情况下，虽然保险单 A 未提供重复保障，但保险人 B 依然降低了自己的赔偿义务。如果所有的保险单都扩展承保风暴风险事故（或造成损失的任何风险事故），被保险人 B 不会因为不足保险而受到惩罚。同样，如果保险单 B 承保洪水或其他风险事故，而任何其他保险单都不承保，被保险人 B 也不会因此单独承担洪水或其他风险事故造成的损失。分摊条款提供一种信息，即被保险人应当像承保基本风险事故那样全部承保火灾保险的附加风险事故，既获得充分保障，也不会因为不足保险而受到惩罚。

从某种意义上说，分摊条款鼓励被保险人针对所有的风险事故购买足额保险，它不鼓励对不同的风险事故用不同的限额承保。如果没有分摊条款（或共保或损失分摊条款），被保险人可能会为基本风险事故购买高限额的保障，为不太可能造成巨额损失的风险事故购买较低限额的保障。

这种火灾保险单潜在的惩罚性特点，与过去相比，造成的问题更少，有以下几种原因：

——标准火灾保险单作为固定场所财产保险合同的惯例已经不复存在。

现在许多保险单，不管是个人还是商业的，自动承保的风险事故至少与标准火灾保险单一样宽泛，最一般的风险事故作为扩展责任承保。这些风险事故的保险金额与火灾风险一样，极大地降低了在一份保险单项下仅承保火灾，而在另一份保险单项下承保火灾加上额外风险事故的可能性。

——更多的保险人使用再保险，以减少被保险人通过购买多份保险单来获得合适的保单限额的必要性。

——广泛采用共保或其他保障激励措施以鼓励足额保险。

——固定场所财产保险的表述已经不太使用。

——代理人和核保人已经意识到，单独承保火灾和承保火灾附加额外风险事故的做法的不一致性可能会带来许多问题。

ISO 住宅财产保险单还在继续使用潜在惩罚性条款，该条款现在的版本采用以下表述：

“其他保险

如果本保险承保的财产也由其他火灾保险所承保，我们将仅赔偿本保险单项下的任何风险事故造成的，本保险单的保险金额占承保该财产的火灾保险总金额的比例的损失。”

虽然与旧的“分摊”条款在细节上有所区别，但基本内容是相同的。该保险单在限制自己的责任上考虑到其他“火灾保险”以及“火灾保险总金额”。对火灾造成的损失，不实施不足额惩罚性赔偿。但是，如果住宅保险单承保其他火灾保险所不承保的额外风险事故，而且这些风险事故之一造成了损失，该条款的处理结果与旧的“分摊”条款一样。

3. 超额保险条款（Excess provisions）。许多财产和责任保险单采用“其他保险”条款，使自己的保险在其他保险之上提供保障。超额条款经常在犯罪、内陆海洋、海洋运输、机动车和普通责任保险中使用。

多数责任保险超额条款仅适用于其他保险是有效和可索赔的情况下。多数财产保险单对在其他保险不可索赔的情况下是否也提供超额保障，未予明确表示。比较以下两种“其他保险”条款的表述，第一种摘自商业机动车保险单，第二种摘自小型企业一揽子保险单。

这两种条款都适用于各自保险单项下的财产和责任保障：

“对任何所承保的，非由您拥有的机动车，本保障附表提供其他任何可索赔保险的超额保障。

如果您拥有承保相同灭失或损坏的其他保险，我们将仅赔偿其他保险应赔金额的超额部分，而不管您能否在该其他保险项下获得赔偿。”

类似比例“其他保险”条款，真正的超额“其他保险”条款并未使被保险人丧失在无其他保险的情况下所拥有的保险限额，其目的是避免使自己成为基础保险，也就是说，不用支付或分摊由其他保险负责的任何损失。如果损失金额较大，以致耗尽了其他保险的限额，含有超额条款的保险单就可以在限额内赔偿。比如，假设南希借用凯的车辆。南希和凯都在自己的个人机动车保险单项下承保，南希的责任限额是 300 000 美元，凯的责任限额是 100 000 美元。南希开车撞倒了行人，后者起诉她，法庭判南希赔偿 100 000 美元。根据南希的保单条款约定，对非由南希拥有的机动车，该保险单提供其他可索赔保险单的超额保障，因此南希的保险单不用赔偿。但如果法庭判决南希赔偿 150 000 美元，南希的保险单赔偿 50 000，是凯作为基础保险赔偿限额 100 000 美元的超额部分。如果法庭判赔 400 000 美元，那么南希的保险单要赔偿 300 000 美元。

如果无法从凯的保险单项下获得赔偿，或许因为凯违反了保单条件或凯的保险人资不抵债，南希的保险单就作为基础保险承担赔偿责任，它显示出，受超额“其他保险”条款制约的保障（coverage subject to an excess “other insurance” provision）与超额保险单（excess insurance policy）之间的区别。在有其他保险的情况下，超额“其他保险”条款将自己的保险作为超额保险；如果没有其他保险，自己的保险就是基础保险，超额条款是多余的。相比之下，真正的超额保险单的目的是，从一开始它就是超额保险，且一直是超额保险，即使在无基础保险的情况下，但受免赔额或自保自留额的限制。超额保险单和伞式保险单在责任保险中十分常见，基础保险单的“其他保险”条款经常明确表示这两种保险单的存在。家主保险单的个人责任保障部分表述如下：

“其他保险—保险责任 E—个人责任

本保险是其他有效和可索赔保险的超额保险，除非其他保险单明确表示，它在本保险适用的责任限额之上提供保障。”

要注意上述摘录中的后半部分明确指出的例外情况。该条款确认，对那些同样由任何超额保险单所承保的风险暴露，家主责任保障的目的是将自己作为基础保险。

多数超额“其他保险”条款将自己作为其他保险的超额保障，不管其他保险的生效日期是什么时候。但是，海洋运输保险通常采用不同的做法。在涉及两份或两份以上保险单时，海洋运输保险单根据自己的生效日期，把自己作为基础或超额保险。比如，假设两份保险单都承保同一件货物。根据一般的海洋运输“其他保险”条款，生效日期早的保险单提供基础保障，生效日期迟的保险单提供基础保单限额以上的保障。如果第三份保险单的生效日期更迟，那它就是第二份保险单的超额保障。所有生效日期相同的保险单，被认为是同时生效，每个保险人的赔偿责任按面值比例确定。

ISO 个人机动车保险单中有一种有趣的超额条款，它是题为“其他索赔来源”的复合型条款的一部分。该条款并不仅局限于在有其他保险的情况下，如该标题所示，它的范围包含了保险和非保险方面的索赔来源，该条款的超额保障部分是这样表述的：

“但是，我们向‘非拥有的机动车’提供的保障，是任何其他索赔来源的超额部分，包括但不限于：

①任何‘非拥有的机动车’的使用者提供的保障；

②任何其他适用的物质损坏保险；

③任何其他适用于该损失的索赔来源。”

该条款是“其他保险”条款中的一种，它的使用范围很广，以至包含了其他非保险索赔来源，第③项甚至可以包括在本章前面部分提及的信用卡保障。至于该超额保障如何适用于信用卡功能尚待进一步讨论。有些信用卡表示，它们的保障是基础的，但大多数仅适用于包括机动车承租人个人保险在内的，尚未通过其他方式承保的损失。在多数情况下，信用卡提供超额保障，它显然未与个人机动车保险的超额保障协调起来。

4. 基础保险条款（Primary provisions）。到现在为止，显然“超额”和“基础”可以指称不同水平或相同水平的保障。

——由于存在大额免赔，超额保险单提供高层次的保障，将自己的保障层置于任何基础或下面的保险单的最高限额之上。

——由于它是超额“其他保险”条款，一种基础保险单可能成为其他基础保险单的超额保险，尽管两份保险单的保障起点是一样的。

——某份保险单可能制定条款明确表示，其提供基础保障，其保险人同意在其他保险单赔偿之前先在自己的保单限额内赔偿。

有一种明确表示提供基础保障的保险单的例子是海洋运输保险单，它成为基础保障是因为生效日期的缘故。另一种基础保险单是商业机动车保险单，它含有以下其他保险表述：

“对您所拥有的机动车，本保障附表提供基础保险。对任何您所未拥有的机动车，本保障附表是其他可索赔保险的超额保险。

当本保障附表和任何其他保障附表或保险单提供相同的保障时，不管是超额还是基础，我们仅赔偿我们份额的损失。我们的份额是我们的保单限额与所有提供相同保障的保单限额之和的占比。”

如同两份保险单不能够同时提供超额保障那样，任何一份保险单也不能同时与另一份保险单都提供基础保障，因此，通常采用二中选一的方式来解决此类冲突问题。一种是按照面值比例方式。在普通责任保险中，采用的是按照面值比例方式；或者，如果其他保险也有类似的条款，那就采用相同份额分摊的方式。还要注意的是上述摘录中第二段关于处理同一份保险单中的其他保险问题的表述，提及任何其他“保障附表或保险单”是因为预见到，可能在同一份保险单的不同部分或不同的保险单中存在保障重叠或重复现象。比如，以上摘录的机动车物质损失保障附表可能与其他保障附表存在保障重叠（包括同一份保险单中的普通责任保障附表，或商业机动车保险单项下的被保险人持有的个人机动车保险单）。保险责任上的复杂性所造成的保障重叠不是本书所讨论的内容，这些复杂性不是设计保险单时的疏忽或过分解释所造成的，它是有意这么做的。

就机动车无过错保险或个人伤害保障利益而言，“其他保险”条款必须与适用的法律保持一致。通常情况下，“其他保险”条款的目的是将机动车无过错保险作为劳工补偿法或强制性暂时失能保险法项下可保利益的超额保障。另外，机动车无过错保险单的“其他保险”条款的目的，也是使该保险成为自愿健康保险的基础保障。自愿健康保险可以也可以不与无过错机动车可保利益重复，这取决于自愿健康保险的“其他保险”条款是怎么规定的。

当两份或两份以上的无过错机动车保险单承保同一件意外事故时，有些法律规定，车辆所有人的保险利益，对于车辆所有人或其住家亲戚是基础保障，对于所有其他符合条件的人（不是保险车辆所有人亲戚的乘客，或被保险车辆撞伤的行人）是超额保障。美国还有一些州规定，车辆所有人的可保利益对所有保险车辆的乘坐人提供基础保障。不管采用哪一种法律，机动车无过错保险利益的重复性得到避免。有一种机动车保险单以基础保障的方式提供无过错保障。

除了含有大额直接免赔的真正的超额保险单之外，每一种保险单在作为唯一保险承保特定损失时，提供的都是基础保障。这种情况发生在以下例子中：

——财产保险单在作为唯一的保险承保财产时，提供的是基础保障。

——即使有几份保险单承保同一种财产，当其中一份保险单承保类似地震或洪水，而被保险人的所有其他保险单都将之除外，这份保险单提供基础保障。

——标准的劳工补偿保险单是唯一适用的保险单时，它提供基础保障，因为与工作相关的意外事故和疾病实际上是经常被机动车和健康保险单所除外，或以超额保障的方式承保。在很少情况下，如果两份劳工补偿保险单都适用，那么按照前面所介绍的那样，损失按比例分摊。

——当不存在其他保险或（在某些情况下）其他保险是不可索赔或无效时，采用超额“其他保险”条款的保险单成为基础保险。

——当保险单的“其他保险”条款采用可赔金额比例方式时，如果其他保险不能赔偿，前者提供基础保障。

上述每一种情形提供的都是基础保障，而不管是否明确告知采用基础类的“其他保险”条款，因为所发生的损失仅由该保险单所承保。

5. 维护补偿原则。有些“其他保险”条款提供基础保障的目的是维护补偿原则（即被保险人不应当从损失中不当获益）。考虑以下在商业财产保险单的条件部分，标题为“两种或两种以上保障项下的保险”条款的表述：

“如果本保险单中的两种或两种以上的保障适用于同一种灭失或损坏，我们将不支付超过实际灭失或损坏的赔款。”

该条款认识到，在同一份保险单项下的同一个保障部分，或不同保障部分之间可能存在保障重叠的问题。该条款明确表示，保险人的赔偿不超过被保险人实际遭受的损失，而不管是否存在保障重复。

6. 复合“其他保险”条款（Compound “other insurance” provision）。如

本章前面所讨论的，任何“其他保险”条款并不需要仅描述一种其他保险的处理方式。前面已经逐一讨论了各种其他保险的处理方式，现在从整个保险单的角度来介绍“其他保险”条款，这种保险单有一些其他条款，它们虽然没有“其他保险”的标识，但内容与其他保险相关。

表 8–2　　商业普通责任保险保障附表中的“其他保险”条款

其他保险

对于本保险人根据本保障部分的保险责任 A 或 B 所承保的损失，如果被保险人存在其他有效、可索赔的保险，则本保险人的义务受以下限制：

a. 基础保险

除以下 b 项所适用的情形之外，本保险为基本保险。在本保险为基本保险的情况下，本保险人的责任范围将不受影响，除非任何其他保险也为基本保险。此时，本保险人将按以下 c 项所述方式与该其他保险分摊赔偿金额。

b. 超额保险

本保险对以下赔偿金额的超额部分负赔偿责任，不论其为基本保险、超赔保险、或有保险或任何其他类型的保险：

（1）该等保险是“您的工程”的火险、附加险、承建商险、安装险或类似保险；

（2）该等保险是您所承租的场所的火灾保险；

（3）如果该损失是因维护或使用飞机、“汽车”或船舶导致，但不受第一章保险责任 A 中的除外条款 g 的约束。

当本保险为超额保险时，本保险人无义务在保险责任 A 或 B 项下，为被保险人对任何“诉讼”进行任何其他保险人有责任进行的抗辩。如其他保险人不进行抗辩，则由本保险人承担抗辩之责，但本保险人将有权获得被保险人向其他保险人追偿的权利。

当本保险作为其他保险的超额保险时，本保险人将仅赔付超过以下金额的，由本保险人分摊的损失（如有）：

（1）在无本保险的情况下，其他保险应赔付的总金额；及

（2）其他保险中所有免赔额和自保金额的总和。

本保险人将与任何其他保险人分摊剩余的损失（如有），此类其他保险在本超赔保险条款中未被提及，且并非为本保障部分声明中所示的保险限额的超额部分而特别购买。

c. 分摊方式

如果所有其他保险允许等额分摊，本保险人亦按此方法处理。在此方式下，每一保险人等额分摊赔偿，直至该被保险人的责任限额已赔尽或损失已全部获得赔偿（以先发生者为准）。

如果任一其他保险不允许等额分摊，本保险人将根据限额分摊。在此方式下，每一保险人应付的赔偿金额按照该保险人的适用的保险限额，在所有保险人的总保险限额中所占比例进行分摊。

该条款有以下值得注意的地方：

1. 只有在其他保险是有效而且可索赔的情况下，该条款才发挥作用。

2. 从“其他保险”条款仅适用于“本保障部分”这一规定可以看出，在同一份保险单中还有另一种保障可能触发其他保险条款的实施。

3. 除了以下例外，该保险单提供基础保障。如果还存在其他基础保险，则采用以下介绍的分摊方式。

4. 条款中列出基础保障的例外情形，在这些情形下，保险单提供超额保障。以下进一步介绍该保险单是如何成为其他保险单的超额保险的。

5. 上述表 8–2 中的 b（1）和 b（2）是指财产保险的直接损失保障，该保障可以在普通责任险项下承保同一个实体的利益。b（3）表明，普通责任保险除外条款并未将由于飞机、机动车或船只造成的责任全部除外。

6. 当该保险单由于上述条款成为超额保险时，在其他保险人有抗辩义务时，“超额保险”部分免除了保险人的抗辩义务，除非其他保险人拒绝履行该义务。该部分明确表示，其他保险的免赔额或作为基础保险的被保险人的自留额，不在该保险单项下作为其他保险的超额损失予以承保。

7.“超额保险”的最后一段是“分摊”条款，但对如何分摊并无详细约定。

8. 如果最终采用分摊方式，则采用等额分摊或按面值分摊法，采用何种方式取决于其他保险单的“其他保险”条款是如何约定的。

商业普通责任保险单的“谁是被保险人”一章含有两个免责类的“其他保险”条款。表 8–3 摘录了整章内容，用以强调“其他保险条款”可以隐藏在其他保险单的保险标的内。相关的条款以下划线方式在表中突出显示。

第一条与以被保险人的名字注册的机动设备在公路上使用相关，保险单为被允许的车辆使用者和对前者的行为承担责任的其他人提供保障。第二条与新近成立或获得的，由指明被保险人拥有或控制的组织相关。除了一些例外，而且在有限的时间内，该组织有资格作为指明被保险人——但仅在该组织没有其他类似保险的情况下。

CGL 期内索赔制版本还有另一个免责条款，它适用于保险单的“基本扩展报告期”项下，由“尾巴”保障所承保的索赔。任何在该条款下提供的保障都不适用于指明被保险人后来购买的保险所承保的索赔。

表 8–3　与“其他保险”相关的其他商业普通责任保障附表条款

谁是被保险人
1. 如果您在保险单明细表中被称为： a. 个人，则您和您的配偶是被保险人，但仅限于您单独拥有的业务经营行为。 b. 合伙或合资企业，则您是被保险人。您的成员、您的合伙人和他们的配偶也是被保险人，但仅限于从事指明被保险人的业务经营行为。 c. 除合伙、合资企业外的组织，则您是被保险人。您的“执行管理人”和董事是被保险人，但仅限于他们作为管理人或董事的职责。您的持股人也是被保险人，但仅限于他作为持股人的责任。 2. 下列各项也是被保险人： a. 除了您的执行管理人之外的雇员，但仅限于履行您的雇佣范围内的行为。但在下列情况下，这些雇员都不是被保险人： （1）对于您或对雇员在您的雇佣范围内履行职责时的“身体伤害”或“个人侵害”；或因此对其配偶、子女、父母、兄弟或姐妹造成的“身体伤害”或“个人侵害”；或由于与任何人分摊损害赔偿金或偿还任何人由于该伤害所支付的损害赔偿金；或 （2）提供或未能提供专业保健服务造成的“身体伤害”或“个人侵害”；或 （3）对雇员拥有、占用的财产，或出租或贷款给该雇员，或任何您的其他雇员、合伙人或公司成员（如果您是合伙或合资企业）的财产的损坏。 b. 作为您的不动产管理人的任何个人（除了您的雇员之外）或任何组织； c. 如果您去世，作为您的不动产管理人的任何个人或组织，但仅限于： （1）对该财产的维护或使用所引起的责任；以及 （2）直至您的法定代理人被指定为止。 d. 如果您去世，您的法定代理人，但仅限于法定代理人职责。该法定代理人将拥有您在该保险责任部分的所有权利和义务。 3. 关于在机动车注册法项下以您的名义注册的“机动设备”，在您的允许之下，在公共道路上驾驶该设备的任何人都是被保险人。对该个人行为负责的任何人或组织也是被保险人，但仅限于由于操作该设备所引起的责任，<u>而且在该个人或组织对其责任没有任何其他保险的情况下</u>。但是，对于下列情况，任何个人和组织都不是被保险人： a. 该个人在驾驶该设备时对雇员同事造成的“身体伤害”；或 b. 对您的或作为本条款项下的被保险人的雇主所拥有、租借、负责或占用的财产的损坏。 4. 您新近收购或设立的，且您持有全资或大部分股权的任何组织（合伙、合资企业除外），均被视为合格的指明被保险人，<u>条件是该组织无其他类似保险</u>。但是： a. 本款所提供的保险有效期至您收购或成立该组织之日后的第 90 日或保险期间届满日为止，以先发生者为准； b. 保险责任 A 不适用于您收购或设立该组织前发生的“人身伤害”或“财产损失”；及 c. 保险责任 B 不适用于您收购或设立该组织前的违法行为导致的“个人伤害和广告侵害”。 与任何现在或过去合伙、合资企业的行为相关的个人或组织都不是被保险人，这些个人或组织都未在明细表上显示为指明被保险人。

第三节 “其他保险”条款之间的冲突

从本质上看，“其他保险”条款的目的是理顺在协调各种索赔来源的保险单时可能出现的不畅。这些保险单采用各种不同的模式，每一种都把重点放在特定的保障需求上。即使采用了通用的比例分摊条款，由于这些保险单中的其他差异性，要以满足各方要求的方式执行该条款也有一定的难度。以下例子可以说明这一点：

——两份保险单都有适用的免责条款，也就是说，各自都在无其他保险的情况下提供保障。是否由于两份保险单都采用了免责条款，导致两份保险单都不赔？类似的情况也存在于有两个超额保险条款或两个基础保险条款的情况下。

——一份保险单是另一份保险单的超额保障，而另一份保险单有个免责条款，根据该条款，后者在无其他保险的情况下才提供保障。是否该或有保障触发了其他保险单的超额保障，使前者成为后者的超额保障？或者是否该免责条款优先，使得在超额保障条款之下无基础保障？

——一份保险单采用超额保障方式，而另一份保险单采用比例分摊方式。能否后者用比例分摊的方式限制自己的责任？如果可以，前者在什么基础上提供超额保障，是其他保险的比例份额还是其他保险的保险金额？如果不可以，超额保障条款有可能使比例分摊条款变为基础保障条款。

——一份保险单采用按面额比例方式，另一份保险单采用按可赔金额比例方式。如果两者都采用，可能导致被保险人获得的赔款比仅采用一份保险单时少。

——两份保险单承保同一座建筑物。一份保险单的保险限额仅适用于建筑物，另一份保险单以毯式保障的方式承保建筑物和其内物，也就是说，一个限额适用于两种财产。两份保险单都采用按面值比例的方式。那么“其他保险”条款是如何用于建筑物和其内物的损失？承保建筑物的保险人在限制其责任时是否仅考虑毯式保险单的全部限额？毯式保险人赔偿的内物损失金额是否应当先从保单限额中扣除？

要解决以上矛盾问题，至少可以采取以下 5 种措施：

①一种方式是，在草拟“其他保险”条款时，要预见到可能出现上述矛盾；

②另一种常见的方式是，发生损失时在相关保险人之间协商；

③条款表述应当能够减少保障重叠，以避免出现其他保险情形；

④保险人制定指引和程序，由各方严格执行；

⑤当各种方式都无济于事时，可以采取诉讼方式。

以下检查上述方式中的后 3 种。

一、在草拟保险责任时避免出现保障重叠

要避免发生其他保险上的冲突的一种方式是避免出现保障重叠，因为它会带来其他保险问题，这是保险条款要达到的一种目的。

大量的责任保险方面的冲突，与普通责任保险及商业机动车责任保险中的机动车装卸责任保障相关。机动车保险单通常承保由于装卸车辆所引起的责任索赔，而普通责任保险力图将其除外。传统上的保单表述并未涉及“车辆的装卸”上的细节问题。有一种困惑与“何时”装卸开始或终结（时间、地点或活动）这一问题相关，该问题对普通责任保险人和机动车责任保险人十分重要，任何答案都会触发其中一份或两份保险单的保险责任。

为了将机动车责任和普通责任保障区别开来，现在的 ISO 保险单增加了对装卸活动的描述。这两种保险单都有基本上相同的活动表述，通过该活动表述实现相互衔接，使得两份保险单彼此不产生冲突。企业机动车保障附表

表示，它排除了在以下处理财产过程中造成的身体伤害或财产损失：

“从被保险人接收财产以搬运到所承保的机动车上的地点将其运走之前，或……”

商业普通责任保障附表排除了由于使用机动车造成的身体伤害和财产损失，然后在责任免除部分进一步约定，机动车的使用包括“装卸”。在保险单定义部分，“装卸”一词包括以下对财产的处理：

“从被保险人接收财产以搬运到飞机、船只或机动车上的地点将其运走之后，……”

机动车和普通责任保险单提及“从接收财产的地点运走”，在运走之前，企业机动车保险不提供保障，而由商业普通责任保险提供。普通责任保险除外条款在从该地点运走之后起生效，因此可以推断，该除外条款在运走之前不起作用。

以上条款表述上的协调是为了明确，在上述情况下，至少这两类保险是相互除外的，既不重叠也不空缺，两份保险单分别适用，而不是同时适用。其他保险情况不应当发生。

在解决其他保险的冲突问题时，保险表述会受到一些限制。显然，无法仅用一种方式来解决所有保险人的其他保险问题。许多保险公司使用所谓的标准保险单，但其他保险人不受这种强制性保单条款的约束。所以任何人都无法明确，在特定情况下能够采用一种完全协调的强制性保单表述的约束。而且如前所述，有些保障重叠可能因为保险单要满足各种需求而不得不特意设计或保留。最后，保单设计并不是一种精密的科学，也不能够完全预见将来。许多保单表述是一种对客观情况的反映，如上述所举的车辆装卸例子。将来会发生什么（保险单在什么情况下使用）、被保险人和法庭对保单条款会作如何解释等，都是未知数。

二、行业制定的指引和程序

可以准确地说，今天多数其他保险上的冲突都能通过指导性原则或在特别仲裁协议（Special Arbitration Agreement）下提交仲裁解决。

1. 指引原则（The guiding principles）。1963 年，在一些保险行业贸易和服务组织的共同努力下，制定了一套指引原则。在此之前，有些特定的协议属于相同险类间的协议（intra-line，仅涉及火灾和类似风险保险）或不同险类间的协议（inter-line，如火灾和内陆海洋保险）。从整体上看，早期的协议并未很好地满足使用多险类保险单（multiple-line）的需求，还混淆了传统上的险类划分。

该指引原则主要用于处理财产损失和一些涉及受托人和承运人责任保障的情况，后者被认为在性质上属于内陆海洋保险，它们的目的是消除由于保障重叠所造成的纠纷。如果“其他保险”条款与这些原则冲突，就将该条款搁置一旁。坚持这些原则纯粹是自愿的，没有哪家保险公司在这些原则上签字。该指引原则包含以下条款表述：

“这些原则规定了如何在保单项下进行公平的损失分摊。在保险公司之间，保险单中的‘其他保险’条款可能采用超额保障方式，这些条款可能被弃用，因为它们与这些原则产生冲突。不过，这些原则不会改变任何保险单中的保险责任和其他条款。而且，采用这些原则不能使被保险人的索赔少于他在其他承保该风险的任何保险单项下的赔款。”

根据“指引原则”的定义，如果种类相同的财产保险单（如两份或两份以上的家主保险单），承保相同的财产和利益，并在保险单或保险公司之间分担风险，这些保险单为并发保险单（concurrent insurance policies），即使它们并未包含相同的生效日期或保险限额，以及不管它们是否有免赔额或共保条款。这样，承保同一个被保险人的、完全相同的财产损失的家主保险单，被认为是并发保险单，即使它们的生效日期不同。

“指引原则”还指出各种非并发保险单，或多份保险单中至少有一份不是并发保险单时的情形。保险单可以是相同种类的，如火灾保险单，但如果它们不承保完全相同的财产，就不是并发保险单。如前所述，保险单 A 可以在毯式保险单项下承保楼房及其内物，而保险单 B 仅承保建筑物，它们就不是并发保险单。另外，两份或两份以上的不同种类的保险单（如火灾保险单和内陆海洋保险单），就不能被认为是并发保险单。

“指引原则”中的（1）基础保障顺序和（2）按可赔金额比例是其操作核心部分。根据保险财产和保险地点的保障程度，基础保险分 6 个层次。承保以下财产的保险单按照基础保险的递减顺序排列：

①已明确了指定地点的物品和物体；

②特别明确的物品或物体，对地点没有限制；

③已明确了指定地点的分组或分类物品或物体；

④明确了分组或分类的物品或标的，但未指定地点；

⑤在指定地点的所有财产，但未明确特定的项目或相关的分组或分类财产；

⑥未事先指定地点或特定项目或相关类别的财产。

如果重复保险的保险单与上述第①类相符，它是所有其他从第②类至第⑥类保险单的基础保险。要注意的是，第①类在所有的财产类别和财产地点中是最底层的（最基础的）。第②类保险单是从第③类至第⑥类的基础保险，但又是第①类的超额保险。

如果两份或两份以上的保险单属于相同层次的基础保险（如两份保险单都属于第②类），那么根据上述原则，这两份保险单要按照本章前面所描述的“按可赔金额比例”分摊。“指引原则”称之为“责任限额规则”（limit of liability rule），如以下所描述：

“分摊

除非如总原则‘1–G’所规定，损失分摊是以每份保险单或每组并发保险单（groups of concurrent policies）的适用的责任限额为基础，仿佛无其他保险存在。在每份保险单或每组并发保险单项下分别确定的限额为以下金额的最小者：

（a）保险金额；

（b）损失金额；

（c）在采用保单限额之后的可赔金额。

将按照以上方式确定的所有保险单或每组并发保险单的责任限额加起来。如果总金额超过整个损失金额，每份保险单或每组并发保险单将赔偿自己的限额与所有限额之和的比例的损失。但如果合计责任限额小于整个损失金额，那么每份保险单或每组共同保险单将支付自己的责任限额。所确定的每组并发保险单的责任将在该组保险单中按比例分配。”

要注意的是，如果涉及两份以上的保险单，有些是并发，有些却不是，并发保险单被认为是“一组”。任何分摊给该组并发保险单的那部分损失，将按照上述责任限额规则在该组保险单中分摊。

这些原则明确了在某些情况下（如多份保险单在所承保的财产或所承保的损失金额上并不是一样宽泛）规则是如何应用的。比如，假设两份保险单都受责任限额规则的制约，但只有一份有免赔额。无免赔额的保险单计算自己的责任限额（可赔金额）时如同不存在有免赔额保险单那样，有免赔额的保险单的责任限额需要先扣除免赔额，剩下部分用来计算应分摊的保险损失。类似的方法可以用在两份或两份以上保险单的免赔额不同的情况下。免赔额较小的保险单则需承担两个免赔额之间的差额。

除了基础保障层次以及责任限额规则所提供的一般性指引，这些原则还列举了一些特定的保障重叠类型，并建议采用一些基础和超额保障关系以解决保险人的责任问题。以下内容为从一般原则 2–C 中的摘录：

“对由被保险人使用过或穿戴过的财产的保障，对仆人或客人的财产的保障，以及对财产物质损坏的保障，是任何以相关财产所有人的姓名购买的其他保险的基础保障。承保特定物品或物体的保险，不管是否有明确的金额，都是基础保障。”

在一个涉及家主保险单的典型案件中，一位家庭客人有自己的家主保险单。如果主人要求其保险人向自己的家庭客人提供保障，该客人也能在主人的家主保险单项下获得保障。在这种情况下，指引原则建议，两份保险单的“其他保险”条款应当放在一边不予考虑，主人的保险作为基础保险，但客人保险单特别承保的物品或物体除外。

最后，该原则还包含单独的一章。在文件第二部分，有三种“特别原则”，每个原则仅适用于相同险类中的“其他保险”。

——“损害对损害”（Casualty-casualty）原则只确认，保障重叠仅限于损害保险单，将按照本章前面所陈述的规则处理。

——“火灾对火灾”（Fire-fire）原则的处理方式与前述相同，但增加某些仅在火灾保险情况下适用的说明。

——“内陆对内陆”（Inland-inland）原则规定了，当某些内陆海洋保障重叠时的一些总原则的例外情况。

当涉及不同险类的保障重叠时，如火灾和内陆海洋保险，上述特定协议并不优先于一般原则。

对现在那些习惯于包含多种传统险类型保障的一揽子保险的财产和责任保险从业者来说，这些特定原则可能有些过时，但实际并不是这样。在“指引原则”文件的前言中已经明确表示，将多险类保险单的组成部分（损害保险、忠诚保险、火灾保险、内陆海洋）区分开来，以确定在所有的原则中适用哪一种。如果一揽子保险单的火灾保障（现在可能叫作“财产”保险）与单险种火灾（财产）保险单重叠，该重叠的本质是“火灾对火灾”，即使一揽子保险单还包含其他险类的保障。

“指引原则”无损失金额资格规则，它们并没有规定在采用这些原则时，最低或最高损失金额是多少。

2. 特别仲裁协议（Special arbitration agreement）。不像“指引原则”规定的那样，只有在保险人未能对采用特定规则达成一致时才诉诸仲裁，特别仲裁协议是解决所有纠纷的仲裁措施。该协议涉及的领域是责任保险，协议签字方可以是保险人、自保公司或有大额免赔的商业被保险人。作为协议签字方，保险人和被保险人都要将争议事由提交仲裁。强制性争议解决范围之外的问题也可以提交仲裁，但必须附上签字方表示同意的文件，即使他们与以下所列的强制性仲裁接受方不同。由仲裁庭负责指导和管理仲裁协议，该仲裁庭是非营利组织，得到保险业的支持。

在涉及两个或两个以上的签字方之间的争议时，特别仲裁协议扮演了强制性仲裁角色，这些争议方已经签发了以下保险单：

（a）向一方或多方签发一份损害保险单，每一方都被指称对意外事故或事故发生（accident or occurrence）承担法律责任，该事故导致身体伤害或财产损失索赔或诉讼；或者他们作为自保被保险人，被指称依法对保险事故或事故发生承担责任。

（b）向相同的一方或多方签发单独的多份损害保险单，承保意外事故或事故发生，该事故造成身体伤害或财产损失索赔或诉讼。

上述（a）段与共同被告相关，而且可能涉及其他保险，而（b）段与实际或可能存在的其他保险情形相关。“损害保险”一词包括任何承保身体伤害或财产损失责任索赔的保险合同，主要与（b）相关，包括以下各类：

——个人伤害保障（无过错保障）；

——无保险驾驶员保障；

——不足保险驾驶员保障；

——劳工补偿保障。

对其他一些非规定的争议案件，强制性仲裁在某些情况下可以放弃。如果以下条件之一适用，协议签字方无须通过仲裁解决索赔或诉讼问题：

①采用追溯定费或经验定费的保险；

②超过或可能超过保单限额的索赔；

③仲裁过程可能对以同一事件为基础的索赔或诉讼的实施或抗辩造成损害；

④在共同被告争议案件中，保单项下出现了保险责任的抗辩问题；

⑤保险单要求被保险人同意庭外协商理赔；

⑥争议金额大于 250 000 美元；

⑦在案件所在州未设立仲裁机构。

另外，如果与争议相关的法律尚未确定，而且尚未得到管辖权法庭的解释，协议签字方可以向仲裁机构董事会提起诉讼而不是仲裁。

特别仲裁协议是保险业发起的争议解决机制，保险人也可以采用其他非诉讼争议解决方式。有些所有权“私人法院”（private court）可以用来解决争议问题。另外，美国仲裁协会在解决保险争议问题上已有较长的历史，该协会是一个公正的机构，专门从事商业领域争议案件的谈判、调停和仲裁。

3. 诉讼。涉及其他保险的法庭诉讼案件主要包括以下两类：

①由多份保险单提供保障，涉及的基本问题是每个保险人应当赔多少；

②主要的问题是，是否保险责任适用于一份或多份保险单。如果发现多份保险单提供保障，再解决“其他保险”问题。

上述两种情况的法律问题主要涉及保险人之间的宣告式判决诉讼，虽然有时被保险人也成为诉讼方。从法庭判决的案件中找出规则可能过于简单，因为即使基本上相同的保单表述所引起的争议都可能产生不同的诉讼结果。

由于保险单在各种各样的环境中发挥作用，诉讼结果的多样化也是合情合理。以下对法庭在这些问题上的判决作一总结：

——忽视了相互矛盾的条款（如既有超额又有免责），但责任却按照面额或可赔金额比例分摊。

——采用比例分摊条款的保险单被认为是基础保险，它与超额保险条款产生冲突。

——如果可以进行某些选择，在保障和保费收取上针对特定风险的保险单是基础保险。

第四节　其他保险和健康保险

尽管本书重点介绍财产和责任保险，但在讨论多种索赔来源时不提及健康保险是不完整的。健康保险也是身体伤害责任保险、机动车或场所医疗费用保险、无过错个人伤害保险或劳工补偿保险的潜在的其他索赔来源。本部分讨论的是关于潜在保障重叠的一些特别重要的问题。

一、个人健康保险

财产和责任保险单的标准化通常包括由咨询机构制定的标准化保险单，而个人健康保险的标准化则通过管理规定来实施。每个州的“统一保单条款法”体现的是由国家保险监督官协会（National Association of Insurance Commissioners，NAIC）制定的模板法。有些保单条款是强制性的，它们与现在的讨论无关；还有一些选择性条款，保险人可以选择使用，它们与其他保险相关：

——同一个保险人的其他保险（Other insurance with the same insurer）。如果被保险人与同一个保险人存在重复保障问题，保险人可以将赔款限于累计补偿金额，或者在一份保险单项下的最高可赔金额。

——与其他保险人的保险（Insurance with other insurers）。该条款用在医疗费用保险单中，它的效果类似财产保险单的比例责任条款。总之，如果存在重复性的个人保障，保险人仅负责属于自己比例的可赔利益。该条款通常不适用于由其他团体健康保险、机动车医疗费用保险、劳工补偿保险或针对第三方责任索赔项下的重复保障。

——收入与保险的关系（Relation of earning to insurance）。该条款用在个人失能收入保险单中，此类保险单规定，在某些情况下，当被保险人有多份保险单时，按比例给付保险利益。如果被保险人的所有适用的保险单的可给付失能利益总额超过：（1）被保险人在失能时的月收入，或（2）被保险人在失能前两年的平均月收入，总月给付金额仅限于这两种金额之高者，各保险单则按比例给付。除非保险单中另有约定，该条款并不适用于劳工补偿、雇主责任或团体失能收入计划项下的可保利益。

由于费用问题以及难以强制实施，多数保险人不使用前两种条款。

二、团体健康计划

在团体失能收入和团体医疗费用保障中，经常提及其他保险问题，这两种保障的模式不同。

1. 团体失能收入保障。团体失能收入保障保险利益的给付，通常限于被保险人失能前收入的一个百分比或一个固定金额，或两者都采用。这样，团体失能计划可能同意每月给付的金额等于 60% 的失能前收入或一个固定金额如 1 500 美元，或它们之间的较低者。不管怎样，团体失能保障通常会预期有其他失能收入来源，因此制定条款以减少在有其他保险的情况下的给付金额。大多数此类条款采用抵消（offset）或集合（integration）方式。在本章之前曾经讨论的财产和责任保险内容中，此类条款是免责条款的子条款，根据该条款，其他来源的赔款减少采用抵消条款的保险单的限额。在失能收入保险中，适用的保单限额是最高定期（如按月）给付金额。

举例说明。假设由雇主发起的失能计划同意给付 60% 的失能前收入，最高给付金额为每月 5 000 美元。对每月收入 3 000 美元的雇员来说，失能给付限额是 1 800 美元，是保险人同意赔偿的金额，但仅限于在无其他赔偿来源或给付计划的情况下。这些其他来源可能包括：

①劳工补偿或类似强制性保险计划；

②机动车无过错法；

③任何其他团体保险计划；

④雇主的退休福利计划；

⑤任何以向雇主提供服务为基础的其他退休福利计划；

⑥临时非职业失能福利法；

⑦社会保障或类似法律。

不在以上清单中的是个人失能收入保障，该保障很少并入团体保险中。根据其他收入利益来源以及失能雇员的失能前收入情况，此类保险表述可能使得团体失能收入保障完全免责。

2. 团体医疗费用保障。团体医疗费用保险单以及许多自保计划通常制定了利益协调条款（coordination of benefits， COB）。

由于双劳动力家庭的增加，保险利益重复的机会更多。经常看到丈夫和妻子都包括在前者或后者的保险计划中，家属的保障也存在重复的可能性。COB 条款的目的是减少过度赔偿医疗费用，以及由于这种多赔造成不当使用健康护理资源的可能性。美国国家保险监督官协会（NAIC）意识到这种双重目的的重要性，它设法鼓励在处理该问题时各州保持一致。NAIC 制定了 COB 条款模板指引，并定期修改。四分之三的州采用了该指引，有些州仅做了少量修改。

NAIC 模板规定了团体医疗费用基础和超额保障之间的关系。无 COB 条款的计划是有该条款计划的基础保险。在有 COB 条款的计划之间，是基础还是超额保险则取决于是否由雇员还是其家属产生医疗费用以及一些其他情况。如同财产保险指引原则那样，COB 模板制定了“打破平局”（tie breaker）规则，以处理指引未涵盖的情况。以下是优先顺序安排情况：

——承保个人雇员的计划是承保其个人家属计划的基础保障。

——在出生较早的（月、日但不是年）父母亲的计划下获得保障的子女拥有基础保障。父母亲的其他计划是超额保障。这种出生日期规则仅适用于父母亲尚未分开或离婚的情况下。

——离婚或分开的父母亲的子女，在作为监护人的父母亲的计划下获得基础保障。继父母，即监护人父母亲的配偶的计划提供超额保障。不是监护人的父母亲的计划提供第二层次或第三层次的保障。

——具有共同监护责任的、分开或离婚的父母亲的子女，其保障适用于出生日期规则。

——承保正在工作的雇员（或其家属）的计划，是承保不工作的雇员（退休或下岗）的基础保障。

——对那些在“经合并的综合预算调整法”（Consolidated Omnibus Budget Reconciliation Act，COBRA。该法规定，某些雇主有义务向被解雇的雇员和他们的家属继续提供团体保险）持续权项下获得保障的人，雇佣保障计划是 COBRA 持续保障的基础保险。

——在非由上述指引管理的情况下（比如家属保障以及父母亲的出生日相同），已经承保个人的时间较长的计划提供基础保障，其他计划提供超额保障。

NAIC 指引规定，由基础计划确定自己的给付义务，如同不存在其他保险计划一样。第二层计划计算在没有基础计划的情况下自己应当支付的金额，但仅支付基础计划所不负责的部分，而且不超过自己单独应支付的金额。应支付的费用（allowable expenses）是任何必要以及合理的医疗费用，全部或部分这些费用至少由一个 COB 计划所承保。第二层计划所省下的赔款金额记录为贷记金额，可以用来为将来的部分索赔提供赔偿金，比如赔偿免赔额，免赔额不属于任何计划的保障范围。

由于“应支付的费用”的定义很宽泛，第二层计划可能要支付这些在单独承保的情况下无须支付的费用。比如，基础保险在其限额内提供某些类型的家庭健康护理保障，而第二层计划可能需要支付基础保险未完全承保的相关费用，即使该费用在第二层计划单独承保时根本不用支付，其目的是将综合赔款限在 100% 的可支付费用上。COB 计划的另一个有趣的地方是，第二层计划可能需要支付基础计划的全部免赔额，即使该计划在单独承保时规定了免赔。

按照 NAIC 模板，COB 计划并不包括个人或家庭医疗费用保险合同，但包括法律规定任何强制性保障。按照 NAIC 规定，机动车“无过错”保障是一种保险计划，它将 COB 健康保险作为第二层计划。但是，指引中所称的计划必须是团体而不是个人购买的保险。

三、值得注意的地方

个人和团体健康保险是如何与其他类型的保险发生关系，值得引起注意。

1. 与机动车保险的关系。有些机动车保险提供的索赔来源经常与健康保险计划重叠。实际上，机动车医疗费用保障和机动车（无过错）个人伤害保障的作用类似健康保险，尽管它们出现在责任保险中（更确切地说，这些保障类似意外伤害保险，属于健康保险的分支，也承保非意外疾病所造成的费用）。除了这些第一方保障之外，无保险和不足保险驾驶员保障也向被保险人支付后者依法有权向造成其伤害的无保险或不足保险驾驶员索赔的损害赔偿金。如果责任方有保险，那么他的机动车责任保险人可能向伤者赔偿医疗费用和收入损失。

由于已经通过了机动车无过错法，立法机关会设法将机动车个人伤害保险作为其他保险的基础保障，除了劳工补偿或其他法律规定的可保利益计划之外。至少在一个州，机动车保险购买人选择将自己的医疗费用保险作为强制性个人伤害保障利益的基础保障。

如果允许的话，有些个人和团体健康保险人会将机动车个人伤害保险项下的医疗费用保障除外，其结果是，健康保险单会包括超额“其他保险”条款。

总之，健康保险单没有可能与医疗费用或无保险 / 不足保险驾驶员保障重复的相关条款。

2. 代位求偿。健康保险一直在设法从其被保险人那里获益，因为后者有可能向其他方或他们的责任保险人索赔。但是，这种获益渠道不多，因为伤者的健康保险公司对责任保险公司无直接追偿权，后者对一些非相关方提供保障，这些非相关方对伤者以及因此产生的医疗费用依法承担或不承担责任。向这些来源追偿只能通过代位求偿方式。

从历史上看，法庭一直认为健康保险无固有或衡平代位求偿权。但是，现在越来越多的法庭允许健康保险项下的代位求偿，特别在法律未禁止以及保险单有明确的代位求偿条款的情况下。不足为怪，这种趋势可以从健康保险单中并入代位求偿条款的习惯做法上看出。

3. 赔偿后的补偿条款。有些健康保险单还制定条款，规定了由被保险人在损失后对保险人的给付作出补偿，而不提及损失发生后转让追偿权的这种传统的代位求偿方式。以下是典型的补偿条款表述：

“法律允许之下，如果您或您的家属：

a. 由于患病或受到伤害而获得本保险单描述的保险利益；

b. 由于该疾病或伤害，具有向其他方索赔的合法权利，而且；

c. 从其他方获得赔款，

本公司将有权为在保险单项下给付的利益获得补偿。”

该条款的含义比一般代位求偿条款更加宽泛，因为它提及“合法索赔”，这种表述显然适合以针对第三方侵权者的诉因为基础的索赔，不过，它也可能适合被保险人在自己的机动车保险单项下的索赔。

第五节　附属来源规则

举一个机动车意外事故案件。该事故由于司机的过失造成，而伤者由医疗费用保险单和失能收入保险单所承保。假设这两份保险单的保险责任被触发，保险人将按照条款约定向其给付保险利益。现在的问题是，这些保险给付是否对该过失侵权者向受害者支付损害赔偿金的义务产生影响？这些利益来源是否会减轻侵权者的负担，或者是否这些利益来源与该事故无关？

一、规则

作为一般规则，侵权者为其行为或疏忽造成的损害负责，而不管受害者存在实际或可能的赔偿或利益来源。根据上述情况，过失驾驶员的金钱赔偿义务不会因为受害者的损失由该两份保险单所承保而受到影响。这两份保险单是附属来源（collateral source），或侵权者之外的索赔来源的例子。附属来源经常包括保险以及其他各种索赔来源，如与雇佣相关的病假或工资持续计划等。在受害者向侵权者提出索赔时，附属来源规则（Collateral sources rule）实际上禁止侵权者拿出受害者可以从间接来源获得赔款的证据，以设法减少侵权者的赔偿金额。侵权者的责任保险也可能这样做。

本章中使用的“附属来源”一词，采用的是它的宽泛含义。但从作为“附属来源规则”的法律原则上看，不符合前面所述的其他保险情形。其他保险涉及直接由多份保险单或者在同一份保险单中的多种保障部分所承保的利益。与附属来源规则相关的案件涉及多种索赔来源，这一点与其他保险类似。但在后者，其中一种索赔来源的义务是以侵权而不是以合同为基础。即使侵权者有责任保险，其在保险单中的合同义务是为被保险侵权者而不是受害者提供赔偿，保险单不承保受害者。

附属来源规则的合理性在于它的直接性，即过错方应当全部为其过错行为的后果承担责任，而不会因为过错方有了附属利益来源而免除其任何责任。但是该规则有引起争议的地方，它的应用显然可能引起索赔人或原告为所遭受的损失重复索赔。有些观点认为，这种情况在整个赔偿体系中是一种资源浪费。而且，该规则可能诱使索赔人扩大由附属来源承保的医疗费用和收入损失，侵权者也可能从损害赔偿中不当得利。另外，一般损害赔偿金额，如疼痛或痛苦赔款，经常与所涉及的特别损害赔偿，如医疗费用、收入损失赔偿等金额大小相关。由于附属来源规则禁止按照从附属来源索赔到的金额相应减少特别损害赔偿金，人们可能辩称，疼痛和痛苦损害赔偿金比不采用该规则时更大。最后，“系统性成本”如律师费将因此增加，因为这些成本与所判决或所支付的损害赔偿金额密切相关。

二、一些保险上的考虑

对责任保险人而言，有个相对一般性的、关于同一份保险单中作为责任保险的附加医疗费保障问题。如本章开头部分所述，如果伤者是过失司机所驾车辆的乘客，司机的机动车保险人向受害者乘客支付了医疗费，然后受害者又起诉司机要求赔偿，该损害赔偿由同一份保险单项下的责任保障部分所承保，其结果会是怎样呢？就受害者的损害赔偿而言，医疗费用保障是否也属于一种附属来源？有些法庭认为，被告的保险单中的医疗费用利益并不是一种附属来源，也就是说，医疗费用保障不能与被告的责任保险所支付的损害赔偿金分开或与其无关。这种观点看来是合理的，因为在大多数案件中，被告并不是向受害者提供两种索赔来源的合同项下的陌生人。相比之下，被告与其他可能存在的附属来源有任何联系的情况是比较少的。

最近，保险人通过在保险合同中对医疗费用保障与责任保障之间的关系进行特别处理，以解决个人机动车保险合同中存在的上述问题。现在经常可以看到，在医疗费支付上，要求被保险人予以冲抵。以下是ISO个人机动车保险单中医疗费用责任限额的节选：

“B. 任何本保障项下的可赔费用，将因保险责任A或C项下所支付的相同的费用而减少。

C. 除非伤者或其法律代表书面同意，任何赔款都将适用于前者在保险责任A或C项下收到的和解或判决赔款，否则保险人不负责赔偿。”

保险单A部分是责任保障部分，C部分是无保险驾驶员保障部分。上述两个条款的目的是明确在保险单项下，医疗费用只能赔偿一次。由于接受医疗费用赔款的被保险人，作为保险合同项下的陌生人（如客人乘客），就其可保利益而言，仍要受到保单条款或条件的制约，此类保单冲抵要求有效地避开了可能存在的、不可预见的附属间接来源规则的影响。

有些州的无过错保险法部分地否定了附属来源规则。这些法律排除了受害者在无过错个人伤害保险项下向责任方索赔损害赔偿金。这样，责任方的责任保险人就不用向受害者赔偿医疗费用以及收入损失，这些损失可以由个人伤害保险赔偿。

劳工补偿利益是否属于附属来源规则中的一种附属来源？总之，劳工补偿利益并不减轻侵权方（除了雇主之外）对于雇员伤害或死亡的补偿义务。因此，附属来源规则仍然适用。但在大多数州，情况并不相同，因为劳工补偿利益的支付者，不管是雇主还是雇主的保险人，对雇员索赔人的侵权索赔收益拥有扣留权，或者在赔偿金额范围内代位索赔人（或索赔人的雇主）的权利。这样，在大多数州，雇员索赔人是无法为自己遭受的损失获得两次赔偿的。

附属来源规则不限于对受伤或死亡的损害赔偿。在财产损害赔偿中也存在重复赔偿的可能性。但是，如前所述，任何从财产保险中不当得利的行为，通常能够通过保险人的代位求偿予以避免。许多财产保险单允许被保险人放弃针对他人的权利，可能使代位求偿失去意义，但是被保险人放弃该权利也损害了自己的利益。因此不存在重复索赔的问题。

小　结

本章讨论了遭受损失的一方能够从多种来源为其损失获得赔偿的问题，这些情况经常通过保险单中的“其他保险”条款予以解决，但是，保单条款不可能解决所有涉及多种索赔来源的问题。

本章从检查其他来源的索赔的性质开始论述，这些来源包括同一份保险单中的其他保险、类似保险单中的其他保险、不同保险单中的其他保险、非保险合同以及第三方。

然后再检查财产和责任保险当中的“其他保险”条款。要注意的是，保险单中有许多与“其他保险”相关的条款，即使它们不采用“其他保险”这一标题。

“其他保险”条款一般设法达到以下五种目的：

①免除保险人的责任；

②将保险人的责任限于某一比例的损失；

③将保险人的责任限于其他保险的超额损失；

④将自己的保险作为其他保险的基础保障；

⑤维护补偿原则，而不指出任何与其他保险相关的特定情况。

本章还分析了每种类型的模板条款以及它们的合理性。

不足为怪，“其他保险”条款可能会与其他类似条款产生冲突，在处理索赔时需要解决这些冲突。保单制定者在草拟保单语言时，通过降低保障重复性，以及通过“其他保险”条款来避免这种冲突，这些条款阐明如何处理最常见的其他保险问题。如果仅靠保单条款无法满足解决该问题的需要，就要使用行业指引。“指引原则”用来解决许多财产保险上的问题，而“特别仲裁协议”则用来解决责任保险上的问题。如果冲突依然无法解决，可以采用诉讼方式。

健康保险有时也向同一种损失提供保障，这些损失可能由普通责任、机动车责任、医疗费用赔偿、劳工补偿以及无过错个人伤害保障所承保。本章简单地介绍健康保险解决“其他保险”问题的一些方法，并对一些与机动车保险、代位求偿和索赔后补偿条款相关的问题做了进一步讨论。

最后，本章还简单地检查了附属来源规则。本章中的其他原则用于多重索赔来源的理算，而附属来源规则用来排除这种理算，因为侵权者不能从受害者所拥有的其他利益来源获益。从保险人的观点来看，这种规则有可能增加整个赔偿体系的成本。

第九章　影响保单分析的外部因素

多数涉及回答保险合同方的权利和义务的问题，除了通过分析书面保险条款外，还需要考虑各种外部因素，本章探讨这些大量的外部因素。本章所讨论的每一种主题，直接或间接地涉及未在保险单中表述的事项，这些事项可能对保险解释产生影响。

第一节　法庭的作用

许多影响保险合同分析的外部因素是以法庭判决为基础的。

法庭在解决保险索赔纠纷时，通常涉及两方面的问题：一是确定保险责任是否适用于所提出的索赔；二是就责任保险索赔而言，确定被保险人是否依法承担损害赔偿责任。

保险责任（coverage ）和责任（liability）是两种不同的概念，保险专业的学生、保险从业者和保险消费者经常将其混淆。比如，精神病患者夜里从医院逃脱，然后将存放着客户车辆的汽车修理店的房屋点着了。修理店老板向保险公司提出索赔，因为客户的车辆受到损坏。保险公司的理赔人员说，修理店对车辆损坏不负责任。修理店老板对其答复感到很生气。虽然理赔人员说："您不用负责"，但修理店老板的解释是"您的损失不属于保险责任"。

它们之间存在以下区别：

——保险责任问题涉及保险人对被保险人的合同义务。在财产保险和一些其他的第一方保险中，保险人具有向被保险人支付赔款的合同义务。在责任保险单项下，保险人有义务为被保险人抗辩对后者提出的索赔，而且如果需要的话，代表被保险人向第三者支付赔款。

——责任问题涉及被保险人向第三者支付损害赔偿金的义务。这些问题是责任保险人和其被保险人关系之外的问题。

容易引起混淆主要是两方面的问题。首先，“责任”一词也用在指保险人对被保险人的合同义务（即保险人在保险单项下的义务）。其次，在保险实务上，“责任”也指保险单的“责任限额”（limits of liability），不过这种表述已经逐步淘汰，许多现在的保险单用不太容易混淆的“保险限额”（limits of insurance）一词来取代。

如果存在关于责任或保险责任的问题，通常会要求通过诉讼来解决。法庭听证两类案件：刑事和民事案件。刑事案件涉及某人被指控犯罪，社会采用罚款或囚禁方式对其予以惩罚。所有其他案件都是民事案件，由民事法庭审理。涉及保险方面的问题一般由民事法庭判决。

民事案件涉及指控违反某种针对社会成员的私人义务，这些义务由普通法或民事成文法规定，或通过合同自愿承担。如果个人或企业实体违反此类私人义务，要依法承担损害赔偿责任。

某种行为完全有可能同时受到刑事和民事指控，违法者受到刑事处罚和承担民事责任。比如，某人殴打了另一个人，前者受到人身攻击指控，而且还要对受害者承担民事损害赔偿责任。同样，司机在交通事故中造成他人死亡，前者可能受到车祸致死（vehicular homicide）的犯罪处罚，还要在民事诉讼中承担损害赔偿责任。在上述例子中，违法者由于犯罪对公众承担刑事责任，而且对受害者个人承担私人民事过错责任。

损害赔偿民事诉讼在民事法庭审理，刑事诉讼在刑事法庭进行。这两种审判分别采用不同的救济方式，民事和刑事案件的举证责任也不同。在民事案件中，原告只要通过优势证据（preponderance of the evidence）来赢得案件，在刑事案件中，举证相对困难，所要求的证据必须是不容任何合理的怀疑（beyond a reasonable doubt）。因此，被告可能在刑事法庭上被认为是无辜的，但可能在民事法庭上输了官司。通常在民事法庭上，受到伤害的原告从被告那里获得损害赔偿，而后者在刑事指控上被判无罪。

保险单承保民事诉讼上的损害赔偿，它不承保刑事惩罚。承保刑事惩罚是违法公共政策的。

第二节　解决保险纠纷的程序

当保险人接到索赔或诉讼的通知时，他有四种选择处理方式：

这些选择并不一定在保险合同中写明，不过前两种方式是不言而喻的：

1. 保险人可以接受索赔，或对诉讼进行抗辩。如果涉及责任索赔，保险人支付赔款或同意为被保险人对诉讼进行抗辩，并在保单限额内支付损害赔偿金。如果涉及财产保险索赔，保险人同意支付赔款。

2. 保险人可以完全拒绝在保险单项下承担义务。这样做，他将承担后来可能受到被保险人指控的风险，而且可能最终发现，他违反了保险合同项下的义务。

3. 如果在责任或保险责任两方面均存在问题，保险人可以出具保留权利函（reservation of rights letter）或不放弃协议（nonwaiver agreement）。选择这两种程序表明，保险人同意对索赔进行调查。如果属于责任保险案件，保险人提供抗辩，但如果保险人后来通过调查发现某些保险责任并不存在，他保留拒赔的权利。

4. 保险人可以设法获得宣告式判决。换句话说，保险人可以要求法庭在未判决任何实际救济措施的情况下，裁决或宣告各方的权利。

虽然最好尽快处理索赔案件，但保险人必须十分谨慎，使得理赔决定不会匆忙作出。不管作出怎样的不成熟的决定，对保险人来说都可能产生不利的后果。

——如果保险人在提供保障上作出了不成熟的决定，或甚至暗示保险责任适用，保险人可能被禁止以后拒赔。根据保险人的行为或言论，保险人可能放弃自己今后提出拒赔理由的权利（放弃和禁止反言在本章后面详细讨论）。

——如果保险人拒赔，被保险人可能不得已要自费处理索赔问题。如果他仍然相信索赔属于保险责任范围，他有权起诉保险人以索赔损害赔偿金和费用。

一、被保险人起诉

保险人拒绝承担保险责任之后，指明被保险人和额外被保险人可能向其提起诉讼，以收回其在处理原始索赔上支付的费用。保险人需要对此类诉讼迅速作出回应，以避免法庭作出缺席判决。但是，如果指明被保险人和额外被保险人并未满足履行特定保单条款约定的义务，保险人可以驳回诉讼。

财产保险和责任保险的诉讼条款之间存在很大的区别。在家主财产保险单中，标题为“针对我们的诉讼”的条件条款声称，“除非遵守了保单条件的约定，否则不能在损失发生日之后一年内向我们提起诉讼”。家主保险单的责任保险部分，也有关于遵守保单条款的相同约定，但在起诉时间上没有限制，原因是因为责任保险单约定，直到被保险人的义务最终得到判决或通过协议确定后，被保险人才可以向保险人提起诉讼，而这种确定需要很长的时间。

保单条款约定，针对保险人的诉讼是以被保险人遵守保单条件为基础，并不意味着被保险人的某些违反约定的行为会使其丧失强制履行保险责任的机会。如果保险人直接拒赔，被保险人可以采取任何措施处理针对他的原始索赔，保险人丧失了保险单项下的相关权利。比如，假设保险人拒绝承担保险责任之后，通过与索赔人谈判，被保险人接受了对索赔人的部分损失的责任，然后被保险人起诉保险人，要求后者承担其原来所拒绝承担的责任。保险人在应对被保险人的诉讼中，不能辩称，被保险人为了理赔而承认自己的责任是违反“损失发生后的义务”这一保单条件。

作为一般规则，第三方索赔人是不能向侵权者（被保险人）的保险公司提起诉讼的。但是有些州例外，这些州允许索赔人直接起诉保险公司，允许这种起诉的州法律成为“直接诉讼法”。

二、保留保险人的权利

保留权利函和不放弃协议应当被认为是对被保险人（或可能其他人）的一种强烈的信号，即存在潜在的保险责任问题。通过采取上述方式中的任一种，保险人提出一个问题，即索赔是否适用于保险责任尚不明确。

1. 保留权利函。当保险人向被保险人签发了保留权利函，它表明保险人正在处理索赔，但有可能拒绝赔偿。保险人指出所存在的争议的性质，另外声称，他将调查索赔和诉讼，必要的时将提供抗辩。但是，一旦保险人的调查表明保险责任不适用，他保留今后拒绝赔偿的权利。保留权利函的目的有以下两种：

——保护保险人，如果条件许可，他今后可以拒赔而不会受到指控，说他过去的行为使其放弃了拒赔的权利。

——通知被保险人存在保险责任问题，并提供被保险人保护自己利益的机会。

签发保留权利函意味着在被保险人和保险公司之间存在利益冲突。只要保险人正在处理案件，他就必须自费指定律师为被保险人抗辩。根据潜在的利益冲突情况，被保险人有时宁可选择自己的法律顾问来保护自己的利益，费用则由保险人支付。不管由谁支付被保险人的费用，重要的是保留权利函应当表明保险人的立场。保留权利函必须是特定和简洁的，必须特别指出或摘录保险单的相关表述。重要的是，只要理赔人员一旦意识到索赔案件存在责任问题，就必须将保留权利函尽快地送达被保险人。不合理的拖延可能使保险人遭受极不诚信诉讼。

只要保险人的调查继续下去，保险人可以改变自己原来的抗辩以及承认保险责任的立场，或者可以由于额外理由而拒绝承担保险责任。

2. 不放弃协议。虽然保留权利函或不放弃协议都表明，保险人并不放弃自己今后拒赔的权利，但它们之间还有一种重要区别。保留权利函仅由保险人签署，而不放弃协议必须由保险人和被保险人共同签署。

不放弃协议并不像保留权利函那样经常使用，至少有两种原因：

——被保险人可以拒绝签署不放弃协议。如果这样，保险人可能拒绝抗辩，并要求法庭通过宣告式判决(declaratory judgment)来解决保险责任问题。

——有一种权威性观点，即不放弃协议可能无法强制执行，因为缺乏对价（lack of consideration）。承诺为被保险人抗辩的保险人，在被保险人接受不放弃协议之后，可能不会向被保险人提供比后者应当获得的更多的帮助。

“缺乏对价”的理由是，对诉讼进行抗辩的义务比支付赔款更加重要。即使有些索赔人的指控不在保险责任范围内，保险人仍然有义务对所有的指控进行抗辩，但可以限制对受到指控的被保险人的损害赔偿。因此，当保险人拿出不放弃协议而不是直接拒赔时，表明至少部分诉因是承保的。

3. 宣告式判决。在宣告式判决诉讼中，保险人向法庭提出保险责任上的问题，并要求法庭确定（宣告）保险合同方的权利。此类诉讼涉及的问题可能包括，是否“发生事故”,（occurrence）是否某种除外条款适用，或是否保险人有义务为被保险人针对某些特定的指控进行抗辩。宣告式判决诉讼的目的是解决除了被保险人侵权责任之外的保险责任问题。

当保险人遇到大额的第三方索赔，该索赔又涉及严重的保险责任问题时，宣告式判决诉讼特别有用。如果处理及时，在第三方未提起诉讼之前，宣告式诉讼就能对保险责任问题作出裁决。如果法庭宣告保险责任适用，保险人可以采取措施更好地处理诉讼案件；另一方面，如果法庭宣告，保险人在保单项下不承担赔偿责任，保险人就可以结案。

宣告式判决诉讼可以与保留权利函或不放弃协议一起使用，或者作为它们的替代方式。如果被保险人拒绝签署不放弃协议或保留权利函，宣告式判决诉讼可能是保险人避免放弃和禁止反言的唯一措施。

宣告式判决诉讼通常被看作是保险公司采取的一种程序性手段。但是，被保险人也可以要求宣告式判决。美国除了两个州之外，其他州都允许宣告式判决诉讼。

第三节　法律原则

本章对一些影响法庭在保险合同解释上作出最终判决的法律原则作一总结，这些原则在庭外协商赔偿时也同样适用。

一、附合合同原则（Contract of adhesion doctrine）

如本章前面部分所提及的，保险单是附和合同。附和合同中不明确的地方，作对合同草拟方不利的解释。保险合同中不明确之处是否必须作不利于保险人解释，取决于：（1）谁实际上厘定保险条款，以及（2）被保险人对保险的熟悉程度。

在最普通的保险交易中，保险公司是有经验的保险销售者，他们草拟保险单，并将其卖给不熟悉保险的买方，后者在保险合同表述上很少有或根本没有发言权。通常，任何条款上的模棱两可作不利于保险人的解释。但是在一些案件中，保险合同全部或部分由保险购买者或其代表草拟，或者在保险公司和有经验的保险购买者之间协商制定，在这些情况下，附和合同原则采用方式略有不同。

1. 保险人准备协议。保险人通常草拟保险合同。如果条款含义存在疑问，法庭作不利于保险人即有利于被保险人的解释。这种做法看来比较公平，因为保险人选择保单表述和协议条款，因此有机会为自己的最佳利益服务。

在一些案件中，法庭判决保险合同存在模棱两可的现象。"模棱两可"一词有两种含义。

——它可以指，合同条款可以合理地以多种方式解释。

——它可以指，在使用了所有的解释工具后，法庭无法确定条款表述的真实含义。

在以上任一种情况下，保险条款通常作有利于被保险人的解释。换句话说，被保险人从任何疑问中获益。

2. 被保险人准备协议。许多大型实体有自己的风险管理部门。还有一些实体雇用知识丰富和有经验的风险管理人、经纪人或保险顾问，由他们草拟手工保险条款。这些专业人员经常具备丰富的保险专业知识，如同保险公司的核保人一样。

如果风险管理人、经纪人、保险顾问或代表被保险人的其他人员草拟的保险条款意思不明确，这些条款可能作不利于被保险人的解释，即使相关条款由保险人公司制定。

3. 有经验的被保险人规则（Sophisticated insured rule）。越来越多的法律主体认为，在确定表述不清晰的保单语言的意图时，被保险人或其代表的经验程度应当予以考虑，即使该条款由保险公司制定。

在一个案件中，一座楼房被火灾烧毁，其保险人向市政当局提起诉讼，声称消防部门存在过失。市政当局的责任保险人拒绝为消防部门提供保障，理由是：（1）保险责任不适用，以及（2）保险单并不打算提供此类保障。尽管部分保险单约定不明确，但它并不作不利于保险人的解释，原因是根据法庭的意见，由保险顾问委员会代表市政当局购买保险，前者是有经验的保险提供者（insurance producer）。由于市政当局具备保险专业知识，法庭认为，它与保险人处于相同的地位。

是否确定被保险人属于“有经验的被保险人”，则取决于一些情况。法庭经常考虑以下因素：

①被保险人的规模；

②被保险人是否雇用专业风险管理人员；

③是否由律师代表被保险人；

④是否被保险人委托有经验的保险经纪人；

⑤是否使用手工保险单；

⑥相关方的谈判地位。

无经验的被保险人在解决保险合同表述不明确的问题上具有法律地位上的优势，但是不建议由此类被保险人在无任何帮助的情况下向保险人购买保险。

二、合理预期原则（Reasonable expectations doctrine）

虽然并不是所有的法庭都认可“合理预期原则”，但该原则经常用来在被保险人的权利和保险人的权利之间实现平衡。合理预期原则并不会因为保单表述出现含混不清，而是由于被保险人对保单条款的应用方式感到惊讶而被触发。在采用合理预期原则时，保险单按照被保险人合理预期其所提供的保障方式予以解释，尽管该预期并未明确表述在保险单中或得到保险单的支持。

合理预期原则有两种主要的基本原理。一是保险单应当按照其所履行的经济目的予以解释。当公众购买保险的时候，他们有权获得达到其合理预期的保障。保险单应当按照有利于实现该保障目的的方式解释，他们不能受到技术上的妨害或遇到隐藏的陷阱，使得其预期无法实现。二是保险单系附和性保险单，它由一方所草拟，另一方要么接受要么放弃。当外行人阅读保险合同时，他们通常感到困惑。保单购买者无机会要求修改合同表述，他们中的大多数提出投保申请，交纳保险费，甚至根本不去阅读合同条款，他们对条款的理解只是通过保险销售人员的解释。收到保险单之后，他们可以自由阅读，但与保险人或其代表谈判的机会已经丧失。

三、不合理优势原则（Unconscionable advantage doctrine）

法庭在审理案件时往往以一般性衡平法格言为依据，而且在他们认为需要的时候，对这些格言进行扩展或缩小。虽然一方不能够对另一方具有不合理优势这一原则，并未受到严格的限制，但是，一旦被保险人设法保留保险合同，但又发现有些条款存在异议，执行起来有困难，或者几乎无法执行时，法庭就会对被保险人提供帮助。不管法庭是否明确认可该原则，他们都会把该原则作为判决的依据。

在一个案件中，被保险人向保险人提交了火灾损失书面通知，详细列出损失物品的清单，该信息比损失证据所要求的内容更加完整。（类似许多其他财产保险单，该保险单要求被保险人必须提交签署以及宣誓过的“损失证据”，它通过填写由保险人提供的表格来实施。）尽管保险人向被保险人询问关于索赔的情况，但前者从未要求后者填写损失证据表，同时，保险人向财产抵押权人赔偿其保单项下的利益损失时，也未要求后者提供任何损失证据表。后来保险人以被保险人未能提供损失证据表为由拒绝赔偿被保险人的损失。法庭不允许保险人不合理地利用其对被保险人的优势。

在所有的保险单中，都有非明示的最高诚信和公平对待承诺，它要求保险人必须公平对待所有的被保险人。

四、大体上履约原则（Substantial performance doctrine）

与合理预期概念密切相关的是“大体上履约”这一衡平原则。该原则承认，虽然保单条件必须满足，但在有些情况下，缺乏逐字逐句的履约仍然是可以接受的。该原则适用于那些被保险人，他们已经以诚实的方式实质性地在大量的细节上履约。是否他们已经真正地履约是一个事实上的问题，要围绕着案件的具体情况进行评估。被保险人必须能够证明，不存在故意遗漏或不履行合同约定的情形。

过去，要求被保险人要严格履行所有保险合同的条件，但是，后来通过立法介入，竞争性的业务实践以及司法解释放松了这种要求。现在，采用了大体上履约原则，而不是逐字逐句遵守，作为被保险人必须满足的最低标准。只要被保险诚实和善意地行事，大体上遵守保单条款的约定通常是认可的，不允许保险人以被保险人未能遵守经狭隘解释的保单要求而拒绝承担保险责任。

五、放弃和禁止反言原则（Doctrine of waiver and estoppel）

放弃和禁止反言这两种概念是密切相关的，需要在解释如何应用它们之前对其下定义。

——放弃是自愿放弃已知的权利。

——当由于一方现在所声称的立场与其过去行为不一致而无法强制执行时，就存在禁止反言情形。

放弃和禁止反言经常结合在一起。比如，假设保险人在保单到期日（即保险责任终止日）之后 20 天接受了保单持有者的续保要求，保险人自愿放弃了由于被保险人未及时交纳保险费而终止保险合同的权利。假设一年后，保险人拒绝赔偿被保险人因保费到期日 10 天后发生的保险事故所遭受的损失，理由是保险事故发生时保险责任已经终止。但是，被保险人坚持认为，在保险人同意的情况下，他在去年保单终止日后 20 天内就支付了保险费，这表明他愿意续保。保险人接受了被保险人迟交的保险费（过去行为），就放弃了终止保险合同的权利，他被禁止强制终止保险合同（现在所声称的权利）。

1. 附带禁止反言（Collateral estoppel）。简单地说，附带禁止反言是指，争议双方通过诉讼裁决的问题，对后来涉及相同方的诉讼具有约束力，相同的问题不能再次审理。如同一位法官所指出的，“附带禁止反言是一种原则，它对于后来为不同的索赔所进行的诉讼具有决定性的作用，该问题实际上已经在过去的诉讼中作了判决。”

该原则的应用需要具备以下三种条件：

①以后的案件必须涉及相同的问题；

②这些问题必须已经得到有效的最终判决；

③争议方必须是相同的或具有共同的利益，或被禁止反言一方必须曾经拒绝过参与诉讼的机会，这种情况称为相互禁止反言原则。

该原则是以一种理论为基础，即如果已经对问题做了充分和完整的判决，就不允许争议方再次为同一个问题提起诉讼。

如果第一次诉讼判决对保险人有利，保险人就会经常采用该原则来挫败其他索赔人提起的诉讼。举个常见的例子。比如发生了机动车事故，许多乘客对司机提起诉讼。多数法庭认为，一旦该司机被判无过失，其他乘客就不能对该事故再次提起诉讼。但是，并不是所有的州都采用该原则。

2. 司法禁止反言（Judicial estoppel）。该原则认为，当某人以某种方式申辩，或者坚持某种立场，他要受该立场的约束，而且今后不能对基本相同的事件采取不同的态度。如果保险人以某种方式解释保险条款并赢得官司，今后他就不能以另一种方式解释保险条款，以避免承担保险责任。

比如，在涉及石棉伤害案件中，保险人辩称，只有在身体伤害被证实的情况下，才触发保险责任（往往在保险期间终止后很久）。假设后来在一个完全不同的案件中，保险人企图辩称，保险责任的触发是在个人最初暴露于石棉伤害之时（最初暴露于伤害风险时间大大早于保险单签发的日期）。在司法禁止反言项下，一旦保险人对保险单如何使用作出辩解并赢得官司，他就不能够在后来的案件中声称，保险单适用不同的方式，以避免为其他索赔承担赔偿责任。

第四节　保单条款形成的外部因素

虽然有些相关的权利和义务并未在保险合同中表述，但它们由保险合同所产生或引起，此类权利和义务包括，根据适用的法律规定或对保险单的修改，来修改保险合同的内容。有些类似的“外部因素”在本章前面部分已经作了介绍，比如，劳工补偿保险按照州劳工补偿法的规定支付保险利益。同样，有些保险单约定，保险人的操作规则和费率手册是计算保险费的基础，虽然这些规则和手册并未附在保险单上。

这里讨论的保险条款会在本书的其他地方提及，由于它们在形成最终影响保单解释的外部因素上的重要性，需要从不同的角度重新予以检查。

一、通过修改保险单自动扩大的保障

许多保险合同都制定了放宽限制条款（liberalization clause），该条款具有将一些文件并入保险合同的作用。

ISO 商业财产保单条件附表包括以下条款：

“放宽限制

如果我们在保险期间开始前 45 天或保险期间内，采用了可能扩大保险责任部分的保障的任何条款，而不加收额外保险费，该扩大的保障立即适用于该保险责任部分。”

有了这个条款，被保险人可以获得在保险单签发时未预期的额外合同权利。

无论何时保险人修改保单条款，在不加费的情况下扩大保险责任，放宽限制条款就能发挥作用。在引入放宽限制条款之前，对保单条款作了改进的保险人，会收到许多取消现有保险单并用新的、责任更加宽泛的保险单取代的要求。那些未重新签发保险单的被保险人不能享受修改后保单条款所带来的好处。

放宽限制条款从新保险单生效日期开始自动修改现有的保险单，并将扩大的保险责任并入现有的保险单。但是，该条款的作用是单向的，也就是说，它并不自动限制保险责任。该条款的目的是使被保险人有机会享受保险责任扩大带来的好处，但是，现在这种单方面的好处已经不再持续。现在的新保单版本表示，放宽限制条款不适用于对一般性条款的修改，这种修改既会扩大也会缩小保险责任。这种做法是否会成为一种趋势，现在还难作定论。

多数被保险人不可能意识到，何时他们有权享受他们从未看到的新保单版本中扩大的保险责任。与新保险单相比，保险人的理赔代表自然更加熟悉正在使用的旧保险单，因此对他们来说，熟悉这些保单变化的每一个细节也有一定的困难，意识到这些修改对旧保险单项下的索赔的影响就更加困难。但是，放宽限制条款向保险购买者提供了有权获得的合同权利，即使这些权利仅仅依据的是含有放宽限制条款的保险合同之外的其他文件的规定。

保险公司的理赔代表有道义上的责任向保单持有者提供他们依法获得的所有利益。

二、修改保险责任使之与法律规定保持一致

长期以来，保险单经常采用特定的“与法律规定保持一致”条款，该典型条款表述如下：

“如果保单条款与签发保险单的州法律有所冲突，本保险单特此修改，使之与州法律保持一致。”

经常通过了仅对少数保险合同产生影响的法律。即使没有该一致性条款，保险合同也要受州法律管辖。但是，有了该条款，更能促使监管部门对保险合同的约定与现行法律不一致的情况引起重视。

ISO 已经不再使用该一致性条款。但是美国保险服务协会（American Association of Insurance Services）仍然在其个人和商业财产保险单中使用该条款。不管保险单中是否明确包含了“与法律保持一致”条款，保单持有者都有权享受现行法律所规定的利益。

第五节　承保未知因素

许多保险条款向未指明的被保险人、未拥有的财产、未确定的风险暴露或未明确的风险事故提供保障。同样，还存在延迟出具保险单的问题，使得被保险人需要在一段时间内对保险合同的细节做些猜测。

一、未指明的被保险人

作为一般规则，只有在保险合同中被指明的一方才有权通过诉讼来强制执行合同。不过，财产和责任保险单也承保某些未指明方的利益，因为有些

保单条款通过提示的方式，将这些未指明方包含在合同内。未指明的被保险人包括那些一般性描述的一类人，或那些指明被保险人的合法替代人员，他们都可以通过批单增加在被保险人名下。

第四章讨论了在保险合同项下指定被保险方的各种做法，这里再简单提及，以表明这些被保险方的身份是难以仅根据保单表述来确定的。

二、未拥有的财产

在许多情况下，有些未指明的财产会成为保险标的。在某些案件中，由于指明被保险人和财产所有人之间的关系，产生对未指明的财产的灭失或损坏进行补偿的法律义务。有些情况下，这种补偿义务是合同所约定的。未指明的财产有以下几类：

——托管的财产（Bailed property）。由于洗店、洗衣店、仓库和维修店所有人负责照看、监管和控制的客户的财产，他们对这些财产可能承担或不承担法律责任。

——租赁的财产（Leased property）。机动车、计算机和其他在书面合同项下租赁的设备，该合同分别描述了各方的责任。

——寄售的财产（Property on consignment）。放置在分销商或零售商场所、等待销售的他人的财产，一般在相关方的书面合同中约定谁必须对之负责。

——雇员的财产。这些财产类似工具和服装，属于雇员的，但放置在雇主的场所内。有些劳务合同约定，雇主对它们的损失负责。

经常无须在保险单中载明这些财产的所有人，以保护它们的可保利益。各种财产保险单向这些未指明的个人或受益者提供不同程度的保障，但有时需要得到指明被保险人的同意。

——家主保险单的财产保险部分通常承保在被保险人照看、监管或控制下的其他人的个人财产的损失。

——根据被保险人的要求，家主保险单一般也承保客人或家庭雇员所拥有的、放置在被保险人占用的场所内的个人财产。

——有些由干洗店或其他托管人购买的内陆海洋移动财产保险单，承保顾客物品的损失，即使托管人不用对此负责。

——ISO 的标准房屋和个人财产保障附表，在“您的企业个人财产”保险责任部分，也承保指明被保险人具有合同义务去承保的租赁财产，有适用于其他人的个人物品或个人财产的附加保险条款，但有一定的限额。在指明被保险人照看、监管或控制下的其他人的个人财产保障也可以在单独的保险协议项下安排。

三、尚未明确的风险暴露

在保险期间内出现新的风险暴露时，保险单通常自动提供保障，而不用立即通知保险人。在某些情况下，自动保障一直适用，直到保险期间结束为止，此时，新的风险暴露必须报告给保险人。还有些情况下，该风险暴露自动承保，被保险人在规定的时间内将新的风险暴露报告给保险人，后者将其加到保险单上。这种自动保障有时在保险条款中表述，但在有些情况下，它是一种惯例，目的是减少文书工作。

在机动车保险单项下，有一个关于新近获得的车辆保险的例子。该保险单将指明被保险人或其配偶在保险期间内获得的额外车辆作为保险车辆，前提是指明被保险人必须在其获得该车辆之后 30 天内要求保险人提供保障。假设保险单生效后 3 个月内，指明被保险人又购买了一辆私人客运车辆。购车后两个礼拜时间，她还未报告给保险公司，而且还发生了一次交通事故，事故因其过失造成，并且损坏了其他人的车辆。指明被保险人在保单项下承保，因为事故发生在购车后 3 个月内。

商业财产保险单也通常在规定的时间内提供自动保障。这种责任扩展可能包括新建或新购的房屋，这些新增加的房屋在保险金额、被保险人必须通知保险人的时间上有所限制。但是，如果在自动保障期间房屋发生损坏，而该损失是保险单所承保的，被保险人可以获得赔偿。

商业普通责任保险单通常对保险单签发后出现的新的风险暴露提供各种形式的保障，但保险单在终止时需要进行审计，并加收一定的保险费。比如，CGL 保险的被保险人从事便利店业务，并在保险期间，在相同的场所内增加了洗车业务。在保险期间内，在不用通知保险人的情况下，CGL 保险单也承保该洗车业务，而不管洗车业务是否必要，或是否它是便利店的附带业务。

但是，在 CGL 保险单项下出现新的风险暴露时，必须注意到存在的某些限制。如果指明被保险人成立了合伙或合资企业（有限合伙制），需要立即向保险人报告，因为许多保险单约定，只有报告给保险人的合伙或合资企业才是承保的。指明被保险人在保险期间内获得的、拥有所有权或部分所有权的任何其他机构，都需要在获得后 90 天内报告给保险人。如果在获得后 90 天内发生人身伤害或财产损失事故，指明被保险人获得保障，但须受保单条款的制约。但是，如果未将获得机构的情况报告保险人，在规定的报告期间后，被保险人自己承担损失责任。

四、未确定的风险事故

火灾是最严重的和最常见的财产风险事故，它在多数指明风险事故财产保险单中（除了那些特别承保洪水、盗窃、抢劫或其他风险事故的保险单之外）作为指明风险事故被列出，而且不排除在一切险保险单之外（不包括玻璃保险单以及那些采用不同保险条件的保险单）。但是，虽然财产保险单并不明确表述，有些燃火并不认为是所承保的损失原因或风险事故。在某些不常见的案件中，法庭做了例外处理，总的规则是，保险责任不承保益火（friendly fire，即留在预期地点内之火）造成的保险财产损失。如果一些有价值的物品不慎落入正在燃烧的炉子或壁炉内，保险人是不赔偿该物品的毁坏或损失的，即使保险单并未以书面方式将这种情况除外。

但是，恶意之火（hostile fire，意外之火，离开了预期地点之火）被认为是所承保的风险事故。这样，如果从燃烧着的壁炉中冒出的火花将屋子点着，该火就是恶意之火，它对屋子的损坏由保险单承保。一般的保单条款并未对这种区别作特别的说明。

五、保险单延迟签发

经常，完整的保险单直到其生效日期开始后才出具。为了使被保险人放心，并保证尽管缺乏完整的书面合同，保险责任依然有效，保险人通常签发保险承诺书（binders）或暂保单（cover note）。保险承诺书是一种临时性合同，它表明保险人已经同意提供某些保障。现在的问题是，承诺书一般只有一页，它并未包含所有的书面保险合同条款，不过它们可以指出所适用的保险单的名称或号码。但是，如果损失在保险单签发之前发生，合同双方可能会对实际保障产生误解。

一旦出现以上情况，又无规则可循时，就需要全面考虑该问题的所有是非曲直。州法律对保险承诺书的定义有助于对该问题的解决。总之，当保险单未递交给被保险人时，保险责任程度依据的是保险条款的描述。比如，假设火灾在保险单尚未递交给被保险人之前发生，保险人提供的保障依据是火灾保险单的约定。在提供重置成本保障的保险单项下，如果被保险人不选择重置被火灾烧毁的房屋和设备，他就无权获得重置成本，只能获得财产的实际现金价。

在另一个案件中，在保险单未签发之前发生了保险事故，但是承诺书中并未提及适用免赔额。被保险人辩称，不能扣除免赔额。但是，法庭认为免赔额适用，因为免赔额是保险人为此类风险签发的保险单的一般条件。

第六节　未载明的持续获得保障的权利

当保险保障不像人们所预期的那样结束或失效时，会出现各种情形。在某些情况下，由于法律规定、保险公司收费程序问题、续保推迟、保单签发的时间惯例或保险合同构成等原因，被保险人的保障依然继续有效。

一、法律规定

20 世纪 60 年代中期，保险业的经营严重亏损，特别是私人客运机动车保险，保险人掀起了一波保险合同解除浪潮，引起消费者的强烈反感。此后不久，许多州制定法律限制保险人解除合同和不续保的权利。原来这些法律仅适用于机动车责任保险，但现在它们也适用个人和商业实体的财产和责任保险。

现在大多数州对那些打算终止保障的保险公司进行了限制。法律允许保险人有一定的时间去调查新的投保申请，一旦所谓的“一般调查”（look-see）期限结束后，保险人才可以以特定的理由拒绝投保申请。

根据前面所提及的，与“法律规定保持一致”的规定，法律规定优先于保险条款的约定。ISO 个人机动车保险单在以下保单条件中反映了这一事实：

“如果在本保险单签发、续保或继续有效时，您所在的州法律：

a. 要求更长的通知期限；

b. 要求按照特别方式或程序通知；或

c. 修改了任何所述的合同终止理由；

我们将遵守这些要求。”

二、合同解除惯例

有时，被保险人可以因为保险公司在处理解除合同通知上的惯例，获得本无法获得的保障。比如，如果分期支付的保险费并未按时支付，可能觉得保险合同已经终止。但是，法律和保单条款经常要求，在保险合同解除生效前，保险人应当提早数天通知被保险人。在该期间结束之前，保险人有义务履行自己的承诺，就好像合同未解除那样。

如果保险人撤销解除通知，并继续提供保障，后来又另外签发解除通知书，问题就变得复杂了。如果保险人采用了提前通知，后又恢复保障的做法，他可能会被禁止在同样的情况下拒绝承保。在这种情况下，法庭可能不会同意保险人由于推迟支付保险费而解除合同，因为长期以来，保险人一直采用先解除保险合同，又接受逾期支付的保险费，然后又恢复保险合同的习惯做法。

第七节　举证责任

总之，由被保险人承担举证责任，以表明保险单承保所发生的事故。比如，如果由于被保险人的产品造成了他人的身体伤害或财产损失，受害者向被保险人索赔，被保险人需要向保险人表明，他购买了后者的产品责任保险。这时，举证责任转移给保险人。如果保险人拒赔，他就要表明，保险单除外条款适用于该索赔。如果采用“一切险”而不是指明风险事故保险单，那就由保险人举证其不承担赔偿责任。以下是这两种保险单在举证上的区别：

——指明风险事故保险单。如果财产由指明风险事故保险单所承保，被保险人负责举证，保险损失大概是由于指明风险事故中的一种或多种造成。

如果被保险人出示有效的证据（如果保险事件的其他要素都具备），表明损失由保险单所承保，举证责任就转移给保险人。如果保险人拒绝赔偿，他就必须举证，保险单中特定的除外条款或其他限制性约定明显适用于该事故。

——“一切险”保险单。如果财产保险单承保“一切险”，被保险人只要表明，遭受损失的财产是“一切险”保险单所承保，并不要求被保险人确定损失原因。的确，证实财产遭受灭失或损坏比证实损失原因来得容易。一旦被保险人满足了这些最起码的要求，如果保险人要拒绝赔偿，就必须举证该索赔不属于保险责任范围。

有时保险人简单地指出，其在“一切险”项下拒赔是因为有一个或多个除外条款，这是不够的，他还必须表明，损失大概是由于除外风险事故造成，这增加了保险人的举证负担，因为附和合同原则表示，保单除外条款通常作有利于被保险人的解释。为了履行自己的举证义务，保险人仅以合理的方式解释损失是保险单所除外，这是不够的。

这样看来，指明风险和“一切险”保障在举证程序上有如此重要的区别。采用指明风险事故保险单，被保险人承担主要举证责任，以证实损失是由指明风险事故造成。采用“一切险”保险单时，保险人承担更大的举证责任，以证实损失因除外风险事故造成。上述两种举证方式并未在保险单中阐明。

第八节　重复的索赔来源

保险公司无须了解所有被保险人拥有的保险或非保险索赔来源，即使保单持有者也可能直到损失发生时才意识到存在重复的索赔来源。如第八章所介绍的那样，保险单中有各种条款阐明，在出现多种索赔来源的情况下，保险单是如何应对的。但是，一份保险单中的条款无法约定该保险单之外的其他保险人在重复保险中的责任。

“其他保险”这一课题已经在第八章中做了论述。以下必须强调的是，影响保险人在保险合同项下的义务的外部因素可能包括：其他保险单，其他非保险索赔来源，以及如何协调其他保险情形的外部正式协议。

一、保险人的代位求偿

被保险人并不需要向自己的保险公司索赔，然后再将自己的追偿权代位给保险人。被保险人也可以绕过保险公司，直接向对人身伤害或财产损失承担责任的第三方索赔。大多数保险单并不对这种方法作出描述。

多数财产和责任保险单的代位求偿条款规定，当保险人向被保险人或代表人支付赔款后，保险人承接被保险人可能拥有的权利，从其他损失责任方收回损害赔偿金。代位求偿将最终损失成本转移给造成损失的责任方。

1. 法律诉讼的基础。保险人的代位求偿权不必以保单条款的约定为基础。实际上，法庭一致支持保险人在所有财产和损害保险项下实施代位求偿权，即使这些保险单并未明确约定这种权利。但是，几乎所有的财产责任保险单都制定了这种条款，原因是保险人担心，没有明确的条款表述，可能会被解释为放弃了自己的代位求偿权利。

代位求偿权利的来源依据的是成文法和普通法。但是，一旦确定了该权利，法律诉讼能够以任何适用的私法为基础，也就是说，保险人代位求偿的性质依据的是被保险人针对侵权者的权利和救济。保险人从其他方挽回损害赔偿金的权利是以过失、严格责任、故意妨害、违约或未能履行代理关系的法律义务为基础。同样，保险人代位求偿的基础也仅限于被保险人有权从其他方获得补偿的程度。

当被保险人遭受财产损失，他可以具有也可以不具有向另一方索赔的权利。如果被保险人没有这种权利，保险人也就没有代位求偿权。在财产保险中，通常的代位求偿措施是以过失为基础。

2. 代位求偿的对象（Target of subrogation）。尽管一般规则是，保险人无权为追偿损失或损害赔偿起诉被保险人，但保险人一直设法这么做。保险人的这种努力在财产保险上特别流行。在一些经常引用的案例中，法庭支持被保险人向分包商追偿的权利，即使分包商也是建设工程保险单项下的被保险人。法庭认为，分包商的可保利益仅限于自己所从事的工程的价值，而不是遭受损坏的由他人施工的工程。有些与建设工程相关的其他案件也作出相同的判决。

在另一个财产险案件中，一家企业的保险人无权拥有针对其高管人员的代位求偿权，后者的过失造成火灾并导致财产损失，尽管该高管人员并未在保险单项下载明。该公司高管人员被认为是保险单项下的额外被保险人，因为其在保险地点的 2 500 美元之内的个人物品属于保险财产。由于该高管人员是被保险人，保险人不能够从他那里为自己的损失赔款获得补偿。

保险人在责任保险单项下针对个人被保险人的代位求偿，成功的案例比较少。实际上，指定某些人作为额外被保险人，是一种用来避免保险人对前者实施代位求偿的一种技术。但如果条件许可，保险人绝不会放弃这种努力。在一个保险人代位求偿获得成功的案件中，法庭认为，保险人有权向所承保的合伙制企业的合伙人代位求偿，因为后者为了个人原因故意放火，造成保险损失。

上述针对被保险人的代位求偿，与针对第三方的代位求偿案件相比，数量相对较少。

二、自保来源（Self-insured sources）

以正式的融资安排、无准备金自留或免赔方式的自保措施是否也被认为是一种保险，这些问题经常在诉讼中提出，提出该问题的目的是获得另一种索赔来源。许多责任保险单提及“其他保险”，同时也产生了是否某种自留安排实际上也是一种保险这一问题。

在一个案件中，保险人为护士协会签发了责任保险单，前者承诺将为每个索赔支付限额为200 000美元的赔款，但前提是，每个成员的其他有效和可索赔的保险先履行赔偿义务。有个雇用了一位该协会成员护士的医院，持有类似的责任保险，每次事故限额是500 000美元。但是在医院保险单项下，损害赔偿金的自保自留额是100 000美元，保单条件规定，保险单赔偿其他保险的超额部分。该护士在履行职责过程中存在过失，造成病人伤害，损害赔偿金是375 000美元。两个保险人以及医院支付了损害赔偿金，然后将如何分摊赔款这一问题提交法庭解决。

初审法庭认为，医院100 000美元的自保自留额，在协会责任保险单的超额保险条款项下成为"其他保险"。法庭还判决，两个保险人等额分摊275 000美元的差额。后来该案件提交上诉法庭，上诉法庭推翻了原来的判决。上诉法庭认为，在医院责任保险单中具有自保特点的100 000美元，只不过是免赔额，并不构成"其他保险"。因此，协会保险单的保险人得支付由医院先行支付的100 000美元，然后两家保险人按比例分摊剩下的金额。另外，在其他一些案件中，法庭认为，免赔额在确定附带索赔来源上（collateral recovery sources）被认为是"其他保险"。

由于在此类问题上的纠纷案件不断增加，许多保险单，特别是那些由自保公司、联营公司、风险自留团体以及特别险类的保险人制作的手工保险单，都将"自保""自保自留或免赔"包含在保险合同的"其他保险"条款中，这样做有可能最大限度地扩大保险人的追偿来源。

第九节　外部非保险合同

另一种能够影响保险单项下损失赔偿的外部因素，涉及将一方的责任转移给另一方的附加协议。这些在各种类型的合同项下制定的协议每天都在签订，这些合同被广泛称为“非保险合同”，因为他们并不是保险合同，尽管在风险转移上类似保险。建筑合同、场所租赁合同、地役权协议、设备租赁协议、购物订单和销售协议以及电梯维修协议，都属于具有风险转移功能的非保险合同。

免罪协议和无损害协议是两种一般类型的、对保险责任产生影响的非保险合同。前面所讨论的损失发生前的权利放弃，是一种通常影响财产保险的免罪协议。

——免罪协议（Exculpatory agreement）。在免罪协议中，一方告诉另一方，“我将不会让你为你对我所做的事承担责任”。免罪协议可以免除另一方的责任。

——无损害协议（hold harmless agreement）。在无损害协议中，一方对另一方说，“我将为第三方针对你的索赔承担责任”。在无损害协议项下，侵权者对第三方的法律责任不受影响。但是，无损害协议项下的一方同意为另一方（抗辩）支付损害赔偿金，后者要承担赔偿责任。

非保险合同约定了由哪一方赔偿损失。但是，多数非保险合同的根本目的并不是迫使一方自留损失，而是在损失发生之前指出，希望由谁的保险公司对损失负责。

比如，A 方同意不对另一合同方造成损害，并对另一方遭受的特定损失进行补偿。A 方的目的是，如果需要履行无损害协议的话，让自己的保险公司来履行。如果 A 方持有合同责任保险，假设 A 方同意的话，所有或部分合同项下的财务后果可能由其保险人承担。保险公司如何承担该后果，将依据基础合同条款（非保险条款）的性质，以及保险单承保该合同义务的程度。

一、免罪协议

总之，免罪协议是一种合同条款，其性质或目的都是设法免除、减轻合同一方由于过错、过失或责任，依法应承担的抗辩义务和财务后果。换句话说，该词“免罪”是指各种合同条款，用来将损失风险从一方转移给另一方。

二、无损害协议

合同中的无损害协议是一种协议，通过它，一方（补偿人）同意不为因为法律规定的、针对第三方的某些责任，对另一方（受偿人）造成损害。这种责任承担范围很广，从仅因受偿人的过错所承担的责任，到补偿人与受偿人共同承担的责任，再到对受偿人的保障可能因补偿人的过错而引起的比较有限的协议。

三、损失发生前放弃权利

财产保险单通常含有代位求偿条款，它约定在发生损失后，被保险人将其对财产损失承担责任的第三方的追偿权转让或自动转让给保险人。许多财产保险单的代位求偿条款禁止被保险人在发生损失后，实施任何对保险人的代位求偿权造成不利影响的行为。如果被保险人违反该规定，保险人可能会解除自己在保单项下的所有的义务。为了保留保险人的代位求偿权，一般的代位求偿条款禁止被保险人在发生损失后放弃自己的追偿权。

发生损失后，被保险人可能放弃的不是自己而是保险人的权利。在损失发生前，情况则不同。损失发生前的放弃，是一般财产保险条款所明确允许的，这种放弃协议很常见。因此在本章中，需要检查这种损失前放弃的性质，虽然这种放弃是属于保险合同之外的行为，但能够对各方在保险合同项下的索赔权产生影响。

损失前放弃有时称为放弃代位求偿权，它的目的是不让保险人实施被保险人放弃的针对其他人的权利。举个房屋承租人或居住者的例子。房东（出租人）可能仅在其财产保险单所承保的范围内，放弃向居住者（承租人）索赔的权利。换句话说，双方同意，居住者不用为其对房东的保险单所承保的财产损坏负责。这种放弃经常是相互的，即居住者放弃对房东的索赔权，房东则放弃对居住者的索赔权。

以下是两个代位求偿条款的例子。第一个例子是采用损失发生前放弃的典型的财产险条款，该条款通常构成题为“将针对其他人的索赔权转移给我们”的保单条件的一部分，以下是该条款的表述：

“如果我们向任何个人或组织在本保障部分支付了赔款，而后者有权从其他人那里追偿损害赔偿金，在我们赔偿金额范围内的这些权利将转移给我们。该个人或组织必须采取任何必要的措施获取我们的权利，而且不能在损失发生后做任何损害该权利的任何事。但是，您可以在以下情况下，书面放弃您针对任何方的权利：

1. 在您的保险财产或保险收入发生损失之前；

2. 在您的保险财产或保险收入发生损失之后，前提是，在发生损失时，该方是：

a. 由该保险承保的个人；

b. 一家企业，

（1）它由您拥有或控制；

（2）它拥有或控制您，或

c. 您的承租人。”

第二种代位求偿条款可以在建筑商风险保险单项下看到，对那些实际上很少看到保险条款的被保险方，它并不常见也不明显。该条款表述如下：

“追偿权利的损害

被保险人在灭失或损坏发生之前的任何行为或协议（由于该行为或协议，被保险人向任何承运人、受托人或其他责任人，全部或部分索赔保险财产的灭失或损坏的任何权利被豁免、损害或丧失），将使得本保险单无效，但是保险人保留和追索保险费的权利则不受影响。”

该保单条款有些特别，它表明了一种重要的观点。现在存在一种趋势，认为某种类型的所有条款都是相同的，但是，任何人都不应当根据标题来判断条款的内容。多数财产保险单允许在损失之前放弃代位求偿权，但认为所有的保险单都这么规定是十分危险的。按照上述条款表述，损失前放弃追偿权利，在该保单项下是不允许的。如果存在含有损失前放弃权利的外部合同，可能使得保险单失效。这一信息很重要，那些仅简单浏览保险条款标题的人是不容易注意到的。

第十节　未载明的理赔选择

尽管多数保险单都有关于如何处理索赔的陈述，但有些合同双方同意的理赔方式，并不直接与保单约定保持一致。有三种未列出的理赔选择方式，它们是协商、结构性理赔和康复服务。

一、协商（Negotiation）

理赔协商经常涉及给和取，这边做些妥协，那边接受妥协。比如，购买了机动车车损险之后，保险人同意用现金赔偿损失，或者修理或重置被损坏或盗窃的车辆，再减去适用的免赔额。由于保险单未显示机动车的价值，理赔时，保险人不得不考虑车辆的制造、使用年限、车辆状况、车辆损坏的程度，以及结构损坏的车辆修理后价值降低等情况。如果被保险人不愿意接受保险人第一次提议的赔偿金额，保险人的最终赔偿金额需要通过协商确定。

特别是在机动车修理费用超过车辆损失前一刻的价值以及损失发生后那一刻的价值的差额情况下，特别可能采用协商赔偿的方式。在这种情况下，车辆通常被认定为“推定全损”（constructive total loss）。保险人支付机动车的全部价值（扣除免赔额），然后获得损坏车辆的所有权，并将其作为残值出售。在保险人和被保险人对全损车辆的价值达成一致前需要进行协商，特别是在车辆存在一些不正常现象，或被保险人愿意保留残值的情况下。

同样的谈判可能发生在责任保险上。比如，保险人的理赔代表经常与第三方就损害赔偿金额进行协商。在损失严重的案件中，许多协商是在代表双方的律师之间进行。

二、结构性理赔（Structured settlement）

结构性理赔（有时指定期支付理赔）与传统的、向受到伤害的索赔人一揽子支付赔款的理赔方式不同。在结构性理赔方式项下，保险人在将来定期支付损害赔偿金，不管是受害者终身还是在一定期限内。通常，保险人安排购买年金。结构性理赔在涉及判决大额赔款的身体伤害和过错死亡案件中特别流行。这种技术类似劳工补偿法规定的周或月给付方式。也可以采用每隔 5 年或 10 年的一揽子赔款安排。索赔人可以使用这些一揽子赔款来支付预期的医疗和康复费用，也可以采用其他复杂和创造性的付款方式，这取决于索赔人的个人需要。

三、康复服务（Rehabilitation services）

康复的定义是：“使受到伤害或患病的人恢复到其身体、精神、职业和经济能力的最佳状态。”康复计划如劳工补偿法项下提供的项目，被认为是一种降低失能伤害严重性的措施，它们通过对伤者提供职业或身体上的帮助，使他们能够参加某种工作以获得报酬。

失能者最好尽快地开始康复治疗。实际上，康复活动被认为是完整的医疗方案中的一部分，但它更进一步，包括职业培训、训练驾驶特殊装备的车辆等。

全面的康复计划可能涉及的范围很广，很难保证成功，有许多节省费用的机会，使得康复计划成为重要的损失控制领域，这在大多数保险单中未作阐述。（许多机动车保险单的无过错个人伤害保护批单对康复费用做了明确规定。）

第十一节　影响赔偿金额的因素

有些财产或责任保险单含有足够的信息以表明，保险公司将赔偿多少损失金额，这也可能是一种例外而不是惯例。不管保险单是否承保被保险人的财产或责任，通常要依靠保险单的外部信息来确定该金额是全部还是部分赔偿。

一、财产损失价值

尽管财产保险单通常约定了最高保单限额，但并不要求保险人赔偿该金额，即使在全损发生的情况下。也可能被保险人持有的保单限额低于应投保金额，这样他得自留部分损失。限制财产损失索赔的另一个因素，是被保险人拥有的可保利益程度。可保利益在第三章中已作了介绍，本章不再重复。这里讨论的要点是，在发生损失时，被保险方在财产中的可保利益的性质和程度，虽然是财产保险单的外部因素，但是它们对于保险单项下的赔款产生重要影响。

衡量个人财产损失金额通常采用实际现金价。虽然大多数保险单并不对实际现金价下定义，但它习惯上是指重置成本减去贬值。通常用许多外部因素来确定财产的贬值率，这一点已经在第六章中详细作了介绍。当损失发生后确定财产价值时，该估值方式以及保险单中的共保和其他损失分摊条款都对损失赔偿产生影响。

上述提及的外部因素已经在前面章节中提到。还有一种未提到的外部因素是定值保单法。

二、定值保单法（Valued policy laws）

定值保险单法或所谓的全损法，适用于固定地点的财产保险，它们主要在火灾保险（虽然有些州还包括风暴）中使用。这些法律不能与定值保险单相混淆，后者是在损失发生前先确定财产的价值，然后在发生全损时赔偿该金额。

定值保单法于 18 世纪和 19 世纪早期在美国部分州制定，主要是为了让被保险人知道，保险单要赔些什么。这些法律规定，当被保险人的财产（主要是不动产）由于一种或多种特别约定的风险事故如火灾导致全损时，保险单声明部分载明的金额被认为是发生损失时建筑结构的价值，并在不扣除免赔额的情况下全额赔偿。如果财产的实际价值少于保单限额，定值保险法禁止保险人辩称，应当赔偿该金额之较小者。由于该原因，定值保险单法被认为对被保险人有利。

如前所述，与包括定值保单法在内的法律规定相冲突的保单条款是无效的。这样，共保条款、比例分摊条款以及对修理或重置的选择，在财产发生全损时都是无效的。但是，定值保单法通常不推翻类似诉讼或损失通知那样的保单条款。

这些法律还有许多特点。由于它们在少数州使用，因此无须提及这些州的名称。重要的是，定值保单法是一种外部因素，它们可能在财产发生损失后予以考虑。采用了定值保单法，赔偿金额将受到影响，而不管保单条款是否作了不同的约定。它们并不是影响可赔金额的唯一法律。不管保险单是怎么表述的，这些适用的法律都优先于保单约定。

三、责任索赔估值

如果发生了身体伤害，责任索赔金额经常取决于医疗记录以及主治医生的报告和意见，索赔金额的确定要求对医疗信息作合适的评估。

财产损害赔偿金确定方式类似于财产保险损失金额的确定，而人身伤害损害赔偿金的确定方式却完全不同。人身伤害不仅涉及特别损害赔偿，而且也涉及一般损害赔偿，惩罚性损害赔偿也可能包含在人身和财产损害索赔中。

1. 特别损害赔偿（Special damages）。特定的费用支付和收入损失被认为是特别损害赔偿。在人身伤害案件中，这些费用通常包括医院费用、医生和各种治疗费、救护车费用、药品费用以及在治疗和康复期间的工资损失。由于是特定而且是可证实的，特别损害赔偿金比一般损害赔偿金更容易计算。不过，在治疗程度是否合适、治疗费用是否合理、失能期长度是否恰当，以及将来医疗护理的程度和期限是否合适方面，却难以确定。

2. 一般损害赔偿（General damages）。一般损害赔包括疼痛和痛苦、毁容、失去肢体、视力或听力以及丧失生育能力。由于这些项目与可衡量的特别费用不相联系，从理赔的角度确定其金额需要丰富的经验，即使某些确定带有任意性。

3. 惩罚性损害赔偿。在某些州，当法庭发现被保险人的行为应当受到谴责，它就可以判决第三种类型，称之为惩罚性损害赔偿。惩罚性损害赔偿的目的是惩罚过错人。有些州认为，不能允许保险人代表被保险人支付惩罚性损害赔偿金，因为这样做将使得被保险人逃避应当受到的惩罚。有些保险单特别将支付惩罚性损害赔偿金除外，即使它在有些州被认为是可保风险。

4. 抗辩费用。多数责任保险单对保险公司支付的抗辩费用金额不加以限制。（例外情况包括超额和一些伞式责任保险单，以及少量的、将抗辩保障包括在保单限额内的其他保险单。）一旦保单限额被所赔偿的损害赔偿金用尽，保险人再无义务提供抗辩。但重要的是，抗辩费用很少与保单限额有任何直接联系，因此在保单限额外赔偿。

但是有些实务操作上的制约，使得抗辩费用金额受到限制。比如，保险人不太可能花费 100 000 美元为 10 000 美元损害索赔的案件抗辩。但是，存在保险人为对 1 000 000 美元损害索赔的诉讼支付 100 000 美元的抗辩费用。高昂的抗辩成本成为一种重要的因素，使得许多保险人建议采取各种限制措施或条款约定，由保险人和被保险人分摊费用。但是迄今为止，这些建议都未得到采纳。

法律抗辩费用激增的主要原因是，保险人的抗辩义务重于支付损害赔偿金的义务，这意味着，只要存在潜在的责任保障，保险人就有义务为被保险人抗辩，尽管有些诉因是毫无理由的、虚假的、欺诈性，以及甚至有些指控非由保险单所承保。换句话说，只要有些诉因由保险单所承保，保险人都必须对所有诉因进行抗辩（不管是否由保险单所承保），但保险人最终只负责为保险单所承保的责任支付损害赔偿金。

5. 三倍赔偿（Treble damages）。在受影响的敲诈者和腐败机构法（Racketeer Influenced and Corrupt Organizations Act，RICO）或反垄断法项下，可能判决保险人支付 3 倍损害赔偿金。

（1）RICO。受影响的敲诈者和腐败机构法，由美国国会在经过多次对有组织犯罪进行调查之后，于 1970 年制定，它规定了对禁止的行为实施刑事和民事处罚。其宽泛的民事救济部分与保险人关系密切，因为任何法庭判决的损害赔偿金都是强制规定的 3 倍。

作为与有组织犯罪行为进行斗争的工具，RICO 法得以引入，该法在实务上被用于各种涉及会计、银行、破产、公司接管、房东和租户、教会内部争议以及不诚实的雇员的诉讼案件中。直到20世纪80年代早期，该法才开始应用在保险上。现在，在保险诉讼案件中，RICO法得到普遍应用。该法的民事救济一章表述如下：

"由于违反本章1962节的规定，在其经营或财产上受到伤害的任何个人，可以在合适的美国地区法院提起诉讼，而且能够获得3倍的损害赔偿金和包括合理的律师费用在内的诉讼费用。"

该法的要点是，它规定了3倍损害赔偿以及其他诉讼费用，这种3倍损失赔偿不是随意决定的，它们必须在由于违反该法对任何人造成伤害时判决。由于3倍赔偿对原告具有一定的诱惑力，被告关心的是该损害赔偿是否可以由责任保险单承保。

责任保险单是否在被保险人由于违反联邦法律遭到起诉时对其提供保障，则取决于具体情况。许多职业类型的责任保险单（包括董事和高管人员责任保险）通过修改，特别将在RICO、谢尔曼反垄断以及克莱顿法项下规定的3倍损害赔偿以及其他惩罚性损害赔偿除外。特别将这些损害赔偿除外，是因为仍然存在3倍损害赔偿在性质上具有惩罚性特点。在惩罚性损害赔偿和RICO 3倍损害赔偿之间存在以下3种区别：

"根据普通法，实施惩罚性损害赔偿要求，必须发现违法者具有恶意或令人厌恶的行为。而RICO并无这种要求，如果法律规定的条件成立，自动实施3倍损害赔偿。

根据普通法，一般允许被告的财产作为评估惩罚性损害赔偿的基础，因为其概念是，损害赔偿金额必须足够大，使之对特定的个人进行惩罚并阻止他人再犯。在RICO项下，3倍损害赔偿是自动的，原告有没有财产则无关紧要。

普通法惩罚性损害赔偿由陪审团裁决，原告并不是绝对有权获得这种赔偿。但是，只要满足法律规定的要求，就实施 RICO 损害赔偿，甚至无须告诉陪审团要判决 3 倍损害赔偿。”

如未将 RICO 和其他联邦法律规定的损害赔偿除外，就有足够的理由认为，保险单承保被保险人的责任，如果不作特别约定，RICO 以及其他惩罚性损害赔偿是可保风险，包括在保险责任范围内。即使此类损害赔偿由于某些原因不包括在保险责任范围内，仍可以要求保险人为那些受到违反 RICO 法指控的被保险人抗辩，因为保险人的抗辩义务比损害赔偿义务更重要。如果一种诉因包括在保险责任范围内，保险人就必须对所有的诉因进行抗辩，而不管它们是否由保险单所承保。

经过上述分析，保险人可能无须支付 RICO 规定的 3 倍损害赔偿金，但他们可能得抗辩此类诉讼直到案件结束为止。

（2）反垄断法。3 倍损害赔偿也适用于违反反垄断法案件。谢尔曼法于 1890 年制定，它认为“任何限制贸易的合同……或阴谋，都被宣告为违法。”不像 RICO 法，有些案件与责任保险单项下的反垄断违法行为的保障问题相关。在一个案件中，责任保险人有义务为针对被保险人的反垄断法诉讼进行抗辩，诉讼中原告还受到普通法商业侵权指控。法庭发现，保险单表述有些模棱两可，因为有一个条款承保故意侵权或行为，还有个条款又将这些行为的保障除外。特别是伞式保险单的承保协议，一方面表示承保个人伤害和广告违法行为，后者是一种故意侵权行为；但另一方面，保险单以“每次事故发生”作为这些违法行为的承保条件，这是一种矛盾，因为后者要求，从被保险人的角度，伤害行为是不能预期或故意的。由于保单条款存在矛盾，作对被保险人有利的解释，法庭要求保险人为被保险人抗辩。

但是，在另一个涉及反垄断法诉讼案件中，法庭判决不用为被保险人抗辩，因为被起诉的定价方案只是对原告造成利润损失，未能构成保险单定义的“财产损失”，因此认为，基础和伞式保险人都无义务在反垄断法诉讼中为被保险人抗辩。

四、保单限额的应用（The application of policy limit）

保险单声明页载明了最高保单限额，这并不意味着所有的损失赔款将少于或等于该限额。有些保险单提供额外或附加保障，它们不仅扩大了保障范围，还提供了额外保障限额。

比如，家主保险单提供多种额外保障和额外限额。一份 100 000 美元的家主保险单，对住房提供 100 000 美元的保障，通常还提供 10 000 美元的附属结构保障，50 000 美元的个人财产保障，以及 20 000 美元的失去使用价值保障。保险单还向树木、灌木、植物和草坪提供有限的额外保障。通常，清理残骸费用包含在损坏财产保单金额内。但是，如果财产损坏加上清理残骸金额超过了保单限额，保险单对清理残骸提供 5% 的额外保障。另外一种超过保单限额的额外保障针对的是信用卡伪造和假钞，赔偿金额限于每次索赔最高 500 美元。

可能一次事故同时造成财产和责任损失。比如，由于房主的过失，造成自己的财产失火，火灾蔓延对邻居财产造成损失，房主对此承担法律责任。在火灾或其他财产损坏事故中，企业可能在劳工补偿法项下对受伤雇员承担责任。

多数现代企业责任保险单还有累计限额（aggregate limit）。一旦保险单载明的累计限额由于一次或多次事故赔偿被用尽，保险责任随即终止。保险单并不载明，在累计限额项下，在保险期间任何时点的保障金额。

即使保险单采用累计限额，如果在保险责任触发期间，多份保险单有效（或者同一份保险单在几个保险期间有效），保险人仍然有可能赔偿该限额数倍的金额，这种情况发生在损失被“持续或多次”造成的情况下。按照这种“持续或多次”触发理论，保险责任从索赔人最初暴露于有害的条件或物质开始，直到人身伤害或财产损失显现出来为止。这意味着，在整个保险责任持续触发期间，每个保单年度的每次事故发生限额（occurrence limit）都可能被用来支付赔款。如果无累计限额适用于此类事件，保险期间的损害赔偿金额可能为每次事故发生限额的多倍。

第十二节　针对保险人的损害赔偿或其他惩罚

虽然多数保险人的赔款受到保单约定的限制，但有些保险合同的外部因素可能大大地增加保险人的赔偿金额，有时这些增加赔款的外部因素导致保险人的最终赔款超过适用的保单限额。有些针对保险人的损害赔偿或惩罚性赔偿的性质以及它们的合理性，保险专业人员应特别予以重视。

一、补偿性损害赔偿（Compensatory damages）

如果保险人违反合同约定或延迟支付赔款，法庭可能判保险人支付补偿性损害赔偿金。

1. 违反合同约定。在美国，一般规则是，违反财产保险合同的损害赔偿限于保险项下的索赔金额加上利息。由于被保险人受到保险人的不公平对待，近些年存在一种趋势，即找出提高该限额的方法。一种方法是，采用一般合同法中流行的规则，即在违反诚实和合理交易这一暗示契约的情况下，允许索赔补偿性损害赔偿。

要注意的是，诚实和合理交易约定是暗示的，因此未在保单条款中明确表述，而且，这种约定既适用于保险人也适用于被保险人。这样，被保险人有义务向保险人提供真实的核保或索赔信息，而保险人反过来也有义务诚实和合理地处理索赔。

在许多案例中，被保险人表明，由于保险人违反合同约定对其造成一定的财务损失。假设企业财产遭受损毁，而保险人不合理地拒绝支付 100 000 美元索赔金额，该企业因此倒闭。企业所有人可能证实，由于保险人未履行合同项下的义务，使得被保险人不仅失去了价值 100 000 美元的房屋，而且失去了如果房屋及时重建可能赚取到的 400 000 美元的收入。在该案件中，基于普通法原则，法庭判决的损害赔偿就会超过保单规定的索赔金额（在保单限额之内的财产实际现金价）。这种做法是合理的，因为诉讼不是针对保险单本身，而是针对保险人未能支付赔款而形成的责任，这样，保单条款就不能对保险人应当支付的损害赔偿金进行封顶。

2. 判前利息（Prejudgment interest）。当保险事件发生时，被保险人通常立即遭受财务损失。由于保险人并未立即赔偿该损失，索赔人遭受了由于金钱的时间价值所形成的财务损失。换句话说，在一段时间中，索赔人失去资产或者恢复该资产所需的资金。如果法庭判决判前利息，索赔人可以获得所失去的金钱的时间价值的赔偿。

判前利息为从确定赔偿金额到实际支付这段时间中该赔款产生的利息。由于案件证据、推断或解释上出现矛盾，使得损失无法计算，这时索赔金额是不确定的（unliquidated）。在财产保险上，如果损失金额确切，或者能够通过已经确定的市场价值准确计算，索赔金额就是确定的（liquidated）。在责任保险上，如果陪审团从法庭判决之前就裁定了损害赔偿金额，索赔金额就是确定的。判前利息使得法庭在判决日所判定的金额达到其最新的价值。

判前利息能够使得遭受伤害的一方恢复到当延迟支付的一方及时付款时所处的相同位置，它反映的是受害方被其他方错误地扣留其款项所失去的使用价值。判前利息通常由审判者裁定，许多州对如何判决判前利息都有法律规定。

在财产保险单项下，当财产损失索赔金额在某一时刻已经确定，而保险人错误地扣留赔款，这时就会产生判前利息。即使保险人扣留赔款并非恶意行为，如果事实表明赔偿金额已经确定，法庭就可能裁定判前利息。但是，如果财产保险人的总赔款金额超过了保单限额，一般认为，保险人不用负责该利息，除非拖延赔款是极不诚信或任意行为。

在责任保险项下，这种利息可以按照以下任意一种方式处理：

——如果法庭判决被保险人在原始侵权诉讼案件中赔偿判前利息，责任保险单要支付该利息，将其作为损害赔偿的一部分，但以保单限额为限。这是一种传统的做法。

——ISO 商业普通责任保障附表的附加赔款部分约定，假如保险人需要为其支付的判决赔款支付判前利息，该判前利息在保单限额外支付。

CGL 保险单的保险责任比伞式责任保险单更宽，后者一般将判前利息作为损害赔偿的一部分。

二、极不诚信惩罚性损害赔偿（Punitive damages for bad faith）

如前所述，惩罚性损害赔偿不是为了让被保险人赔偿索赔人遭受的实际损失而判决，而是为了对被告进行惩罚。在责任保险单项下，原告可能同时获得补偿性和惩罚性损害赔偿。在许多州，责任保险人可以支付这两种损害赔偿金。

法院可以判保险人支付惩罚性损害赔偿金。一旦被保险人证实，保险人存在欺诈、恶意或胁迫行为，前者有权获得惩罚性损害赔偿。这些损害赔偿经常与补偿性损害赔偿无直接关系。由于其目的是惩罚被告，允许将被告的资产作为索赔证据的一部分。原告的律师可以向陪审团对大型和富有的保险公司进行描绘，再将其与无助、贫困的被保险人进行比较，这种情况往往会打动陪审团。

另外，可以这样认为，判决保险人承担损害赔偿会产生间接成本，抬高保险费率。但是，判决或威胁判决惩罚性损害赔偿对保险消费者有利，因为这样做可以阻止保险人的极不诚信的行为。

惩罚性损害赔偿针对的是保险人的极不诚信行为，如果保险人感到被保险人的索赔存在欺诈或为了不当得利，保险人也可以设法获得针对被保险人的惩罚性损害赔偿判决。

三、在不公平理赔实践法项下的惩罚

不公平理赔实践法（Unfair Claim Settlement Practice Acts）解决的是保险公司在理赔上的许多问题，包括保险人应迅速与被保险人联系，进行合适的调查、详细解释拒赔理由等。总之，该法律要求保险人迅速处理赔案，迅速调查、估损以及如果索赔是正当的，尽快赔偿。通常，如果发现保险人违反公平理赔实践法的规定，而且保险人经常这么做，州保险部可能会对其实施处罚。

多数不公平理赔实践法涵盖以下方面：

——向索赔人误告相关事实；

——向索赔人误告与保险责任相关的条款；

——未能确认收到保险单项下的索赔，并迅速采取措施；

——未能采取和实施立即调查和处理保单项下索赔的合理标准；

——未能在被保险人履行和提交损失证据要求之后，在合理的时间内确认或否认保险责任；

——在保险责任比较明确的情况下，未能诚信地设法采取迅速、公平和衡平的理赔方式；

——所提议的赔偿金额大大少于在类似案件中可获赔的金额，逼迫被保险人采取诉讼方式获得赔偿；

——设法以某一金额处理被保险人的索赔，该金额比一个通情达理的人，根据保单条款相信他有权获得的赔偿少得多；

——设法在未通知被保险人、其代表、代理人、经纪人，或未得到他们确认或同意的情况下，修改投保申请，并以此为基础理赔；

——支付赔款后，未能回应被保险人或受益人作出的、与赔款相关的保险责任的询问；

——在没有合适的原因、未对被保险人或索赔人作出有利的仲裁裁决的情况下，采取上诉措施，以逼迫他们接受少于仲裁裁决的理赔金额；

——通过要求被保险人、索赔人或其医生提供初步理赔报告，然后又要求他们再提供正式损失证据（如果两种资料提供基本相同的信息）来拖延调查和支付赔款；

——在保险单一个保障部分的责任已经明确的情况下，未能立即理赔，以影响保险单其他部分的理赔；

——在拒绝赔偿或提议协商赔偿时，未能立即提供作为理赔基础的、与事实及适用法律相关的合理解释；

——直接通知索赔人不要雇用律师索赔；

——在诉讼有效期方面误导索赔人。

小　结

前一章的重点放在分析保险单的各类信息上，本章的重点则放在影响保险单分析的保险单外部因素上。

如果对保险条款的解释产生争议，这些争议最终将在民事法庭上处理。有一种争议解决程序是由被保险人提起诉讼。被保险人与其他人一样，有权向任何人提起诉讼，其中包括保险人。但是，保险单的诉讼条款可能很容易使保险人拒绝被保险人的诉讼要求，除非后者履行了保单条款的约定。针对保险责任尚不明确的索赔，保险人可以在处理赔案之前签发保留权利函或者不放弃协议。在一些情况下，保险人或被保险人可以进行宣告式判决诉讼，以便在开始处理被保险人的责任问题前，先确定保险责任。

影响保险解释的法律原则包括附和合同原则、合理预期原则、不合理优势原则、大体上履约原则以及放弃和禁止反言原则。在要求法庭解决关于保险合同解释上的争议时，法庭可以采用所有或任何这些原则。这些原则也可以用在庭外协商理赔上。

有些保单条款会调用外部因素。比如，放宽限制条款可以将保险人在新保单版本中的责任扩展条款引入现在的保险单。虽然法律规定优先于合同条款，但许多保单条款特别阐明，如果需要的话，保险条款可以进行修改使之与任何适用的法律保持一致。

保险单可以承保许多“未知”因素。保险单可以承保未指明被保险人，因为他们与指明被保险人存在某种关系。保险单也可以承保未知财产。新风险暴露也可以自动承保或仅在有限的时间内承保，但在该期间内，这些风险暴露必须报告给保险人。有些保险风险事故可能尚不明确。如果保险单延迟签发，保险人的承诺书可以提供保障，这些保障直到书面保险单提供时才能完全确定。所有这些情况都可能引起争议。

保险单持有者可能有一些未确定的权利，以继续他们在保险单项下的保障。法律规定可以对保险人解除合同或者在解除生效之前需提前通知被保险人的天数予以限制。另外，保险人解除保险合同的惯例，如通常接受迟交保险费的惯例，有时会造成漏洞。

保险单并未阐明“举证责任”是如何履行的，但举证责任对保险损失责任的确定具有重要影响。比如，在指明风险事故财产保险中，被保险人具有举证义务，以表明损失由保险风险事故造成。在“一切险”保险单项下，被保险人被认为已经满足了举证要求，除非保险人可以表明，造成损失的风险事故非由保险单所承保。

其他索赔来源是指保险单之外的索赔来源，对保险人的赔偿金额产生影响，这些例子包括其他保险或代位求偿。许多保险单尚未解决的一个问题是，某些“自保计划”是否可作为其他保险看待。

由被保险人签订的非保险合同，如免责协议或无损害协议，对确定提供合同责任保障的保险人的责任产生重要影响。同样，被保险人在损失前放弃索赔权利的行为，可能会影响到财产保险人的代位求偿机会。如同其他外部因素，这些非保险合同并不是保险合同的一部分。

财产险保单项下的可赔金额取决于各种因素，这些因素在确定受损财产的价值或修理费用时，无一例外地要予以考虑。在某些州，定值保险单法可能指出财产全损赔偿的计算方式，而不管这种方式是否与保单约定一致。责任保险单的可赔金额通常与法庭判决或者庭外协商的特别或一般损害赔偿相关。在某些案件中，也可能索赔惩罚性损害赔偿，有些州的责任保险也承保惩罚性损害赔偿。在违反 RICO 或反垄断法的案件中，可能判决 3 倍损害赔偿，这种赔偿也可能由保险单承保。但不管怎样，抗辩费用是要支付的。

最后，针对保险人的诉讼可能导致保险人承担非直接由于保险合同产生的损害赔偿。如果表明保险人违反其在保险合同项下的义务，法庭可能会判补偿性损害赔偿。如果保险人在处理索赔时拖延，他可能要支付判前利息。如果保险人违反了公平理赔实践法，可能会受到处罚。

总之，保险合同分析需要详细检查书面保险条款，但是只分析保险条款是不够的，还要考虑一些外部因素，如本章中所介绍的那样，外部因素对如何解释和执行书面条款产生影响。

参考文献

[1] 埃里克 · A. 威宁:《保险合同分析》(*Insurance Contract Analysis*), CPCU, 美国财产和意外险注册核保师协会, 1992 年。

[2] 肯尼斯 · S. 沃尔纳:《如何草拟和解释保险合同》(*How to Draft and Interpret Insurance Policies*), 国际风险管理协会, 2013 年。

[3] 陆荣华:《精编英汉保险词典》(*A Refined English-Chinese Insurance Dictionary*), 中国金融出版社, 2009 年。

[4] 安联保险服务公司:《保险合同要求》(*Insurance Requirements in Contracts*), 2016 年。

[5] 代克律师事务所:《保险合同: 你需要知道的 7 种原则》(*Insurance Contract: 7 Principles You Need to Know*), 2017 年。

[6] 约翰 · P. 麦克劳克林:《第三方保险指引》(*Third Party Insurance Guidelines*), 大学风险管理和保险学会, 2009 年。

[7] 杰克 · P. 吉布森:《每个风险专业人员应当知道的 50 个保险案例》(*50 insurance Cases Every Self-Respecting Attorney of Risk Professional Should Know*), 国际风险管理协会, 2005–2013 年。